Verhältnismäßigkeit im europäischen Wirtschaftsverwaltungsrecht

Europäische Hochschulschriften
Publications Universitaires Européennes
European University Studies

Reihe II
Rechtswissenschaft

Série II Series II
Droit
Law

Bd./Vol. 4087

PETER LANG
Frankfurt am Main · Berlin · Bern · Bruxelles · New York · Oxford · Wien

Katja Hauke

Verhältnismäßigkeit im europäischen Wirtschaftsverwaltungsrecht

Eine Untersuchung zur Kontrolldichte des Europäischen Gerichtshofs

PETER LANG
Europäischer Verlag der Wissenschaften

Bibliografische Information Der Deutschen Bibliothek
Die Deutsche Bibliothek verzeichnet diese Publikation in der Deutschen Nationalbibliografie; detaillierte bibliografische Daten sind im Internet über <http://dnb.ddb.de> abrufbar.

Zugl.: Bielefeld, Univ., Diss., 2004

D 361
ISSN 0531-7312
ISBN 3-631-53134-6

www.peterlang.de

Vorwort

Die vorliegende Arbeit wurde im Sommersemester 2004 von der Rechtswissenschaftlichen Fakultät der Universität Bielefeld als Dissertation angenommen. Für die Veröffentlichung wurde das Manuskript auf den Stand vom Juni 2004 gebracht.

In erster Linie danke ich meinem Doktorvater Herrn Professor Dr. Armin Hatje für die engagierte Betreuung. Er hat durch zahlreiche Anregungen und stete Gesprächsbereitschaft wesentlich zum Gelingen der Arbeit beigetragen. Darüber hinaus hat er mir während meiner Zeit als wissenschaftliche Mitarbeiterin an seinem Lehrstuhl den nötigen Freiraum gelassen, das Promotionsvorhaben zu verwirklichen. Herrn Professor Dr. Hellermann ist für die Erstellung des Zweitgutachtens zu danken.

Besonders danke ich allen Freunden, von denen ich während der Zeit der Promotion unterstützt wurde. Hierbei sind vor allem Katja Pommerening, Sarah Führer und Matthias Koch zu nennen, die mir nicht nur durch ihre Diskussionsbereitschaft sehr geholfen haben, sondern auch die Höhen und Tiefen der Promotion mit viel Verständnis und größtmöglicher Unterstützung begleitet haben. Gerade in der Schlussphase der Arbeit waren sie mir eine unverzichtbare Hilfe.

Bei den Mitarbeitern des Lehrstuhls von Professor Dr. Hatje bedanke ich mich für die ständige Hilfsbereitschaft und die schöne Zeit.

Mein herzlichster Dank gilt meinen Eltern Karin und Reinhard Hauke sowie meiner Schwester Jacqueline Hauke. Sie haben mich nicht nur bei der Promotion, sondern auch im Übrigen unterstützt und gefördert und mir immer den nötigen Rückhalt gegeben.

Hamburg, im Juni 2004

Katja Hauke

Inhaltsverzeichnis

Einleitung

Aufgrund einiger neuerer Entscheidungen des Europäischen Gerichtshofs[1] ist von der deutschen Literatur und Rechtsprechung an der Prüfung des Grundsatzes der Verhältnismäßigkeit bei Grundrechtseingriffen durch den Gerichtshof Kritik geübt worden.

Dem EuGH wird dabei vorgeworfen, bei der Verhältnismäßigkeitsprüfung nicht sorgfältig genug vorzugehen. Weder die grundrechtliche Prüfdichte noch die Gewichtung privater Belange sollen den Grundrechtsgehalten des Gemeinschaftsrechts entsprechen.[2] Die Verhältnismäßigkeitsprüfung des EuGH führe im Rahmen der vorzunehmenden Abwägung zwischen dem Privatinteresse des Grundrechtsbetroffenen und dem Gemeinschaftsinteresse zu einer systematischen Verzerrung bei der Interessenabwägung zu Lasten des Einzelnen.[3]

Es wird kritisiert, dass keine stringente Festlegung des Schutzbereichs und keine Ermittlung und Bewertung geschützter Interessen in der Verhältnismäßigkeitsrechtsprechung des EuGH erfolge.[4] Ohne eine positive Schutzbereichsbestimmung sei es aber unmöglich, Grundrechtseingriffe zu bestimmen und diese am Maßstab der Verhältnismäßigkeit zu messen.[5] Alle einschlägigen Entscheidungen seien darauf beschränkt, die Geeignetheit und Erforderlichkeit einer Regelung für die normative Zielsetzung festzustellen.[6] Eine Verhältnismäßigkeitsprüfung im engeren Sinne[7] finde nicht oder nur sehr eingeschränkt statt.

Der EuGH gehe vielmehr sofort zu der Frage über, ob die angegriffene Maßnahme von einem gewichtigen öffentlichen Interesse getragen sei und daher dem Gemeinwohl diene.[8] Die Bestimmung des wichtigen öffentlichen Interesses obliege jedoch dem Gemeinschaftsgesetzgeber. Die Gründe, die dieser zur Rechtfertigung eines Eingriffs geltend macht, soll der EuGH unkritisch und ohne verfassungsrechtliche Gewichtung zugrunde legen.[9] Dabei schränke er seine Prüfung

---

1 Insbesondere: EuGH Rs 265/87, Schräder/Hauptzollamt Gronau, Slg. 1989, 2237; Rs 331/88, Fedesa, Slg. 1990, I-4023; Rs C-280/93, Bundesrepublik Deutschland/Rat, Slg. 1994, I-4973; inhaltlich bestätigt in: Rs. C-122/95, Bundesrepublik Deutschland/Rat, Slg. 1998, I-973; EuGH Rs C-306/93, SMW Winzersekt/Land Rheinland Pfalz, Slg. 1994, I-5555.

2 *Nettesheim*, EuZW 1995, S. 106.

3 VG Frankfurt a.M. EuZW 1997, S. 182, 190; *Nettesheim*, EuZW 1995, S. 106; *Huber*, EuZW 1997, S. 517, 521.

4 Dies insbesondere nicht bei der Berufs- und Eigentumsfreiheit, vgl. *Huber*, EuZW 1997, S. 517, 521; *Storr*, Der Staat 36 (1997) S. 547, 552; erweitert diese Kritik aber auch auf andere Grundrechte, S. 558.

5 *Huber*, EuZW 1997, S. 517, 521.

6 *Huber*, EuZW 1997, S. 517, 521; *Storr*, Der Staat 36 (1997) S. 547, 566f; *Nettesheim*, EuZW 1995, S. 106.

7 Oder auch Angemessenheitsprüfung; die Terminologie ist hier uneinheitlich. In der vorliegenden Arbeit werden die Begriffe ebenfalls synonym gebraucht.

8 VG Frankfurt a.M. EuZW 1997, S. 182, 190; *Storr*, Der Staat 36 (1997) S. 547, 566.

9 *Nettesheim*, EuZW 1995, S. 106, 107; VG Frankfurt a.M. EuZW 1997, S. 182, 190.

zusätzlich ein, indem er eine Maßnahme nur dann als nicht geeignet ansieht, wenn sie „offensichtlich ungeeignet"[10] ist und die vorzunehmende Vorhersage für zukünftige Entwicklungen „offensichtlich irrig" erscheine.[11] Diese geringe Prüfdichte sei nicht geeignet, den politischen Gestaltungsspielraum des Gemeinschaftsgesetzgebers ernsthaft einzugrenzen.[12] Diesem verbleibe ein praktisch unkontrollierbarer Ermessensspielraum[13], an welchem ein Verstoß gegen den Grundsatz der Verhältnismäßigkeit (meist) scheitere.[14] Eine Rücknahme der Prüfdichte bei der Grundrechtsprüfung sei aber insbesondere unstatthaft, weil dies die gewaltenteilend-grundrechtswahrende Funktion des EuGH unterlaufen würde.[15] Einen Eingriff in Grundrechte könnten nur Erwägungen rechtfertigen, die vom EuGH auf ihre Verfassungsrelevanz überprüft und für gut befunden würden.

Kritisiert wird ebenfalls, dass der Gerichtshof bisher jedes von ihm anerkannte Grundrecht für beschränkbar gehalten hat[16], der Inhalt der Schranken aber in den meisten Urteilen unklar bleibe[17], weiterhin, dass der EuGH den Grundsatz der Verhältnismäßigkeit isoliert – losgelöst vom eigentlichen Grundrechtseingriff – untersucht.[18]

Darüber hinaus wird kritisiert, dass der EuGH bei der Beurteilung der Frage der Verhältnismäßigkeit einer Maßnahme mit unterschiedlichen Maßstäben messe, je nachdem, ob es sich um Gemeinschaftsmaßnahmen oder um Maßnahmen der Mitgliedstaaten handele. Letztere würden anhand der Grundfreiheiten einer strengen Kontrolle unterworfen, während die Kontrolle von Gemeinschaftsakten anhand der Grundrechte deutlich geringer sei.[19]

Als Konsequenz wird dem EuGH eine Unvereinbarkeit seiner Rechtsprechung mit Art 220 EGV, Art 6 Abs. 2 EUV[20] oder – am weitesten – Art. 23 Abs. 1 S. 1 GG

---

10 *Storr*, Der Staat 36 (1997) S. 547, 566; VG Frankfurt a.M. EuZW 1997, S. 182, 190; *Berrisch*, EuR 1994, S. 461, 466; *Stein*. EuZW 1998, S. 261, 262; *Kokott*, AöR 121 (1996), S. 599, 609; *Herdegen*. Europarecht, 1999, S. 159f.

11 *Berrisch*, EuR 1994, S. 461, 466; *Stein*, EuZW 1998, S. 261, 262.

12 *Dauses*, EuZW 1997, S. 705.

13 *Stein*, EuZW 1998, S. 261; *Kokott*, AöR 121 (1996), S. 599, 608f.; *Berrisch*, EuR 1994, S. 461, 466f.

14 *Huber*, EuZW 1997, S. 517, 521.

15 *Nettesheim*, EuZW 1995, S. 106, 107.

16 *Storr*, Der Staat 36 (1997) S. 547, 560.

17 *Storr*, Der Staat 36 (1997) S. 547, 560f.

18 *Storr*, Der Staat 36 (1997) S. 547, 552, 570; *Berrisch*, EuR 1994, S. 461, 465f.

19 *Caspar*, DÖV 2000, S. 349, 359; v. *Danwitz*, in: Schmid-Aßmann/Hofmann-Riem, Strukturen des Europäischen Verwaltungsrechts, 1997, S. 171, 174; *Kingreen/Störmer*, EuR 1998, S.263, 277f.

20 *Nettesheim*. EuZW 1995, S. 106, 107; *Stein*, EuZW 1998, S. 261, 262.

vorgeworfen.[21] Gemessen wird er dabei ausdrücklich oder implizit an der vom BVerfG entwickelten Dogmatik zur Verhältnismäßigkeitsprüfung.[22]

Ziel der folgenden Arbeit soll es sein zu untersuchen, ob und gegebenenfalls wie weit dem EuGH bei der Prüfung der Verhältnismäßigkeit ein "strukturelles Defizit"[23] vorgeworfen werden kann. Zu diesem Zweck soll nach einer rechtstheoretischen und rechtsvergleichenden Grundlegung und einer kurzen Darstellung der historischen Entwicklung sowie der Struktur des Verhältnismäßigkeitsgrundsatzes auf Gemeinschaftsebene zunächst ein Maßstab entwickelt werden, an dem die Grundrechtsrechtsprechung des EuGH im Allgemeinen und die Rechtsprechung zur Verhältnismäßigkeit im Besonderen zu messen ist. Anschließend wird anhand einer Rechtsprechungsanalyse überprüft, ob sich der EuGH an diesen Maßstab hält oder von ihm abweicht.

---

[21] *Stein*, EuZW 1998, S. 261, 262; *Storr*, Der Staat 36 (1997) S. 547, 568; VG Frankfurt a.M. EuZW 1997, S. 182, 189.

[22] *Storr*, Der Staat 36 (1997) S. 547, 561; *Kokott*, AöR 121 (1996), S. 599, 609.

[23] So das VG Frankfurt a. M. EuZW 1997, S. 182, 189.

1. Teil: Theoretische Grundlagen des Grundsatzes der Verhältnismäßigkeit

Der Grundsatz der Verhältnismäßigkeit als Mittel zur rechtsstaatlich gebotenen Begrenzung hoheitlicher Macht ist in Deutschland am stärksten ausgeprägt, spielt aber auch in anderen Mitgliedstaaten und im Gemeinschaftsrecht eine wichtige Rolle.[24] Zwar hat der Verhältnismäßigkeitsgrundsatz von Deutschland aus Eingang in die EG-Rechtsordnung gefunden, die jeweiligen Grundsätze sind aber nicht gleichzusetzen.[25] Der Europäische Gerichtshof, dessen Rechtsprechung die maßgebliche Entwicklung und Ausformung des gemeinschaftsrechtlichen Grundsatzes zu verdanken ist, hat vielmehr eine eigene Dogmatik geschaffen, die sich in den Kontext des Gemeinschaftsrechts einfügt. Zu Beginn der Untersuchung sollen die theoretischen Grundlagen des Grundsatzes der Verhältnismäßigkeit dargestellt werden, seine Idee, seine Funktion, seine Anerkennung in anderen Rechtsordnungen sowie seine Herleitung im Gemeinschaftsrecht. Denn nur unter Berücksichtigung des rechtstheoretischen Kontextes des Grundsatzes lässt sich seine Bedeutung erfassen.

A. Idee der Verhältnismäßigkeit

Die dem Verhältnismäßigkeitsprinzip zugrundeliegende Idee hat ihren Ursprung in der Antike.[26] Für das Verständnis des heute in der Rechtsprechung des EuGH angewandten Grundsatzes sei auf zwei Quellströme hingewiesen, welche die Entwicklung des Verhältnismäßigkeitsgrundsatzes bestimmt haben, auf die aus der Gerechtigkeitsidee entwickelten Postulate einer proportionalen Tatvergeltung (justitia vindicativa), und auf die angemessen zuteilende Gerechtigkeit (justitia distributiva). Darüber hinaus begünstigte die seit Ende des 19. Jahrhunderts vordringende liberale Staatsauffassung, wonach sich die Staatstätigkeit auf begrenzte oder abgrenzbare Zwecke zu beschränken habe, die Entwicklung des Verhältnismäßigkeitsgedankens.[27] Diese Quelle des Verhältnismäßigkeitsgebots beruht auf der Vorstellung, dass Recht nützlich, also zweckrational zu sein habe und somit auch in einer quantifizierbaren Zweck-Mittel-Relation zu einem gewünschten Erfolg stehen müsse. Wenn danach öffentliches Handeln durch gesellschaftliche Zwecke legitimiert ist, dann muss dieses Handeln durch seine Zweckmäßigkeit und damit auch durch seine Proportionalität zu dem jeweils verfolgten Interesse

---

[24] Vgl. etwa: *Knill/Becker*, 2003/1, S. 6ff., die auf Diffusionsprozesse im Hinblick auf den Grundsatz der Verhältnismäßigkeit hinweisen.

[25] So etwa auch: *Koch*, Verhältnismäßigkeit, 2003, S. 34.

[26] Vgl. dazu ausführlich *Wieacker*, FS Fischer 1979, S. 867ff.; vgl. auch *Hirsch*berg, Verhältnismäßigkeit, 1981, S. 2ff.; *Koch*, Verhältnismäßigkeit, 2003, S. 39ff.

[27] *Hirsch*berg, Verhältnismäßigkeit, 1981, S. 2ff.; *Schwarze*, Europäisches Verwaltungsrecht Bd. II 1988, S. 662; *Knill/Becker*, 2003/1, S. 7.

limitiert sein. Zweck und Mittel stehen also in einem kausalen und kraft der Rechtsregeln in einem normativen Zusammenhang.[28] Der Gedanke der Verhältnismäßigkeit zwischen Zweck und Mittel beruht letztlich auf der Forderung nach Gerechtigkeit im Einzelfall, auf dem Bestreben, widerstreitende Interessen angemessen auszugleichen.[29] Die grundsätzliche Möglichkeit für die Aufnahme des Verhältnismäßigkeitsgedankens ist stets dort gegeben, „wo eine der gesetzgeberischen Gewalt gegenüberstehende Sphäre als Eigenwert empfunden wird, in die der Gesetzgeber einschneidet"[30] oder, anders ausgedrückt, wenn eine Sphäre hoheitlicher Gewalt der Sphäre von Individualrechtsgütern eingreifend gegenübersteht, Hoheitsmacht im Hinblick auf die Rechtssphäre des Individuums begrenzt werden muss. Dies wurde im Hinblick auf die Anwendung des Grundsatzes der Verhältnismäßigkeit im demokratischen Verfassungsstaat nicht nur in Fällen verdeutlicht, in denen die Begrenzung der Staatsgewalt über ihre limitierte Zweckbestimmung begründet wurde, sondern auch über eine materiale Bestimmung und Eingrenzung dessen, was Zweck des Staates sein soll. Alles, was nicht Staatszweck ist, ist danach rechtlich fehlerhaft.[31] Zudem wird der Verhältnismäßigkeitgedanke dort bedeutsam, wo der konkrete gesetzgeberische Zweck eine besondere Qualität aufweisen muss, da nur diese den konkreten Eingriff in die Individualrechtsposition rechtfertigen kann.[32]

B. Funktion des Grundsatzes der Verhältnismäßigkeit

Die heutige Schutzfunktion des Verhältnismäßigkeitsgrundsatzes wurde durch das naturalistische Rechtsdenken gefördert.[33] Durch die Begrenzung staatlicher Macht sollen Grundrechte und sonstige subjektive Rechte des Einzelnen angemessen zur Geltung gebracht werden.[34] In erster Linie dient der Grundsatz der Verhältnismäßigkeit also der Aktualisierung und Effektuierung grundrechtlichen Freiheits-

[28] Vgl. *Schwarze*, Europäisches Verwaltungsrecht Bd. II 1988, S. 662f., der auf die dahinter stehende, maßgeblich von Ihering entwickelte, rechtsphilosophische Konzeption hinweist.

[29] *Gentz*, NJW 1968, S. 1600f.

[30] *Lerche*, Übermaß und Verfassungsrecht 1961, S. 26f.

[31] *Lerche*, Übermaß und Verfassungsrecht 1961, S. 27. Der Unterschied ist entscheidend. Im ersten Fall geht es um die Begrenzung der Staatsgewalt aufgrund ihres eigenen begrenzten Zweckes. Die Frage ist, was Staatszweck – oder auf Gemeinschaftsebene ausgeweitet – Zweck hoheitlicher Gewalt eines verfassten Gemeinwesens ist. Auf Gemeinschaftsebene könnte etwa die Integration ein überlagernder Zweck sein. Wichtig ist, dass die nachfolgenden Erörterungen unter dem Gesichtspunkt geführt werden, dass die jeweiligen Träger von Hoheitsgewalt der (Rechts)Sphäre des Einzelnen begrenzend gegenüberstehen, also die Macht zum Eingriff haben. Der Verhältnismäßigkeitsgedanke dient dem Ausgleich der sich widerstreitenden Interessen, der Individualrechtsposition auf der einen Seite und der hoheitlichen Gewalt auf der anderen Seite.

[32] *Lerche*, Übermaß und Verfassungsrecht 1961, S. 28.

[33] Vgl. *Schwarze*, Europäisches Verwaltungsrecht Bd. II, 1988, S. 663.

[34] Vgl. *Lerche*, in: *Isensee/Kirchhof* HStR V, § 108 Rn. 3.

schutzes.[35] Da er jedoch in seiner Wirkung nicht an ein bestimmtes Grundrecht gebunden ist, sondern im gesamten Grundrechtsbereich gilt, dient er der Verwirklichung eines gerechten Ausgleichs und damit des Gerechtigkeitsprinzips.[36]

C. Anerkennung des Grundsatzes in den mitgliedstaatlichen Rechtsordnungen und in der EMRK

Der Europäische Gerichtshof, dem für die Entwicklung des gemeinschaftsrechtlichen Grundsatzes der Verhältnismäßigkeit maßgebliche Bedeutung zukommt, zieht als Rechtserkenntnisquellen die wertende Rechtsvergleichung, also die Zusammenschau der Verfassungstraditionen der Mitgliedstaaten, sowie die EMRK heran. Aus diesem Grund soll zunächst auf die Anerkennung und Ausgestaltung des Grundsatzes der Verhältnismäßigkeit in den einzelnen Mitgliedstaaten sowie im Recht der EMRK eingegangen werden.[37]

I. Deutschland

1. Verhältnismäßigkeit als übergreifendes Rechtsprinzip

Der Grundsatz der Verhältnismäßigkeit[38] hat im deutschen Recht sowohl in der Literatur[39] als auch in der Rechsprechung[40] seine weitreichendste Bedeutung und deutlichste Ausprägung erfahren. Dem aus dem Polizeirecht entwickelten, ursprünglich verwaltungsrechtlichen Grundsatz[41] wird mittlerweile übereinstimmend Verfassungsrang zuerkannt.[42]/[43]

---

[35] Vgl. *Grabitz*, AöR 98 (1973), S. 568ff., 584; *Wendt*, AöR 104 (1979), S. 414ff., 416.

[36] *Schwarze*, Europäisches Verwaltungsrecht Bd. II, 1988, S. 663.

[37] Vgl. dazu auch umfassend: *Schwarze*, Europäisches Verwaltungsrecht Bd. II, 1988, S. 663ff.; *Emmerich-Fritsche*, Verhältnismäßigkeit, 2000, S. 136ff.; *Koch*, Verhältnismäßigkeit, 2003, S. 48ff.

[38] Der Grundsatz der Verhältnismäßigkeit umfasst die Teilgrundsätze der Geeignetheit, Erforderlichkeit und Angemessenheit. Vgl. zur historischen Entwicklung der Terminologie etwa: *Schwarze*, Europäisches Verwaltungsrecht Bd. II, 1988, S. 669ff.; *Koch*, Verhältnismäßigkeit, 2003, S. 54f.

[39] Vgl. z.B. *Hirsch*berg, Verhältnismäßigkeit, 1981, S. 2ff.; *Jakobs*, Verhältnismäßigkeit, 1985, S. 7ff.

[40] Vgl. etwa die Zusammenstellung der umfangreichen Rechtsprechung des Bundesverfassungsgerichts bei *Grabitz*, AöR 98 (1973), S. 568ff.

[41] Zur historischen Entwicklung des Grundsatzes vgl. ausführlich z.B. v. *Krauss*, Verhältnismäßigkeit, 1954, S. 3ff.; *Hirsch*berg, Verhältnismäßigkeit, 1981, S. 2ff.; *Jakobs*, Verhältnismäßigkeit, 1985, S. 2ff.; *Heinsohn*, Verhältnismäßigkeit, 1997, S. 3ff.

[42] Vgl. *Stern*, Staatsrecht I, 1984, S. 861ff.; zum Verfassungsrang des Verhältnismäßigkeitsgrundsatzes vgl. bereits: *Grabitz*, AöR 98 (1973), S. 568, 570.

Da im Grundgesetz das Verhältnismäßigkeitsprinzip keine ausdrückliche Erwähnung findet, hat das BVerfG die Grundsätze der Verhältnismäßigkeit und des Übermaßverbots als „übergreifende Leitregeln allen staatlichen Handelns zwingend aus dem Rechtsstaatsprinzip“[44] abgeleitet oder sie an anderer Stelle „im Wesen der Grundrechte selbst“[45] verortet, die als Ausdruck des allgemeinen Freiheitsanspruchs des Bürgers gegenüber dem Staat von der öffentlichen Gewalt jeweils nur soweit beschränkt werden dürfen, als es zum Schutz öffentlicher Interessen unerlässlich ist.[46]

Diese beiden Herleitungsmöglichkeiten sind heute allgemein akzeptiert.[47] Entscheidenden Einfluss auf die Bedeutungserhöhung des Grundsatzes als Verfassungsgrundsatz hatte die Ausrichtung des deutschen Verwaltungsrechts auf das subjektive Recht, durch die es sich auch heute noch von vielen europäischen Rechtsordnungen unterscheidet.[48]

An den Grundsatz der Verhältnismäßigkeit sind sowohl die Legislative als auch die Exekutive gebunden.[49] Als allgemeiner Grundsatz in Ausprägung des Rechtsstaatsprinzips ist seine Geltung nicht auf bestimmte Rechtsgebiete beschränkt.[50] Die größte Bedeutung kommt ihm im Bereich der Grundrechte zu.[51]

2. Verfassungsrechtlicher Rahmen

Der Grundsatz der Verhältnismäßigkeit ist kein isoliertes Rechtsproblem, sondern findet als verfassungsrechtliches Rechtsprinzip seine Rückbindung an grundlegende Entscheidungen der Verfassung.

---

[43] Das BVerfG hat zur Entwicklung des Grundsatzes der Verhältnismäßigkeit wesentlich beigetragen. Zur Bedeutung, die der Judikative in diesem Zusammenhang zukommt, insbesondere: *Emmerich-Fritsche*, Verhältnismäßigkeit, 2000, S. 58ff.

[44] BVerfGE 19, 342, 348f.; 43, 101, 106; 61, 119, 134.

[45] St. Rspr. vgl. BVerfGE 19, 342, 348f.; 29, 312, 316; 61, 119, 134.

[46] BVerfGE 35, 382, 401; *Ress*, in: Kutscher, Verhältnismäßigkeit in europäischen Rechtsordnungen, 1985, S. 5ff., 14

[47] *Stern*, Staatsrecht III/2, München 1994, S. 771.

[48] Vgl. den folgenden Rechtsvergleich; ferner: *Koch*, Verhältnismäßigkeit, 2003, S. 49; *Knill/Becker*, 2003/1, S. 6ff.

[49] *Ress*, in: Kutscher, Verhältnismäßigkeit in europäischen Rechtsordnungen, 1985, S. 5ff., 16; *Jakobs*, Verhältnismäßigkeit, 1985, S. 127ff.; *Emmerich-Fritsche*, Verhältnismäßigkeit, 2000, S. 141; *Koch*, Verhältnismäßigkeit, 2003, S. 50f.

[50] BVerfGE 19, 342, 348f.; 43, 342, 388.

[51] *Ress*, in: Kutscher, Verhältnismäßigkeit in europäischen Rechtsordnungen, 1985, S. 5, 7.

a. Grundrechtsgeprägtheit der Verfassung

Die Wertentscheidung der Verfassung wird deutlich an deren Grundrechtsgeprägtheit.[52] Der Schutz individueller Rechte wurde als Ausdruck eines nicht nur formal, sondern auch materiell empfundenen Rechtsstaats durch die Schaffung eines Grundrechtskatalogs gestärkt, dessen Beachtung von einer mit umfangreichen Kompetenzen ausgestatteten Verfassungsgerichtsbarkeit abgesichert wird. Grundrechtliche Freiheiten sind rechtliche Freiheiten und als solche stets inhaltlich bestimmt, das heißt begrenzt. Wie die grundrechtlichen Freiheitsgewährleistungen durch die Verfassung begründet werden, können auch die Grenzen dieser Gewährleistungen ihre Grundlage allein in der Verfassung finden.[53] Aufgabe der Begrenzung von Grundrechten ist es, die durch die Freiheitsrechte gewährleisteten Lebensverhältnisse einander zuzuordnen. Dem Verhältnismäßigkeitsgrundsatz als einer Schranke für Grundrechtsbegrenzungen (sogenannte „Schranken-Schranke") kommt für diese Zuordnung maßgebliche Bedeutung zu.

Das Grundgesetz enthält für die Beschränkung der einzelnen Grundrechte keine Generalklausel, sondern unterschiedliche einfache, qualifizierte oder verfassungsimmanente Vorbehalte[54], die einen differenzierenden Grundrechtsschutz bewirken sollen. Verschiedentlich wurde befürchtet, die Verhältnismäßigkeitsprüfung von Fall zu Fall berge die Gefahr, das System der Grundrechtsgewährleistungen und Schrankenvorbehalte zu nivellieren.[55] Auch ist das Konzept der Güterabwägung als Mittel der Rechtsfindung nicht unumstritten.[56] Das deutsche Eingriffs- und Schrankendenken hat seine Grundlage in der Auffassung[57], dass die Grundrechte in erster Linie Abwehrrechte gegen den Staat seien.[58] Der liberale negative Freiheitsbegriff setzt die Trennung zwischen Staat und Gesellschaft[59], von Allgemein- und Individualinteresse voraus und führt zu dem beschriebenen

---

52 Hervorgehoben seien insbesondere die Funktionen der Grundrechte als statusbegründende Rechte, subjektive Rechte, sowie als Elemente objektiver Ordnung. Vgl. dazu *Hesse*, Grundzüge des Verfassungsrechts, 2000, Rn. 280ff.

53 *Hesse*, Grundzüge des Verfassungsrechts, 2000, Rn. 309.

54 Vgl. dazu *Pieroth/Schlink*, Staatsrecht II 2002, Rn. 252ff.; *Hesse*, Grundzüge des Verfassungsrechts, 2000, Rn. 288.

55 So etwa *Wendt*, AöR 104 (1979), S. 414, 418ff.; *Schlink*, Abwägung im Verfassungsrecht, Berlin 1976, S. 47. Diese Auffassung hat sich jedoch nicht durchgesetzt.

56 Vgl. erstmals versuchte *Schlink*, Abwägung im Verfassungsrecht 1976, S. 154ff., die mangelnde empirische Fassbarkeit von Abwägungsvorgängen zu belegen. Vgl. auch: *Leisner*, Der Abwägungsstaat, 1997, S. 25ff.

57 Vgl. dazu etwa BVerfGE 7, 198; 30, 173, 188; 33, 303, 329; 35, 79, 112f.; *Ossenbühl*, NJW 1976, S. 2100ff.

58 Vgl. *Ossenbühl*, NJW 1976, S. 2100, 2107: „Die liberale Grundrechtsauffassung enthält mit der Charakterisierung der Grundrechte als Abwehrrechte gegen den Staat eine zeitlose, ewig gültige Aussage."

59 *Ossenbühl*, NJW 1976, S. 2100, 2101; *Grabitz*, Freiheit und Verfassungsrecht, 1976, S. 3 ff.

Eingriffs- und Schrankendenken.[60] Dem Grundsatz der Verhältnismäßigkeit kommt damit die Funktion des Ausgleichs „kollidierender allgemeiner und individueller Interessen“ zur „Effektuierung des Grundrechtsschutzes“ zu. Dabei stehen sich das die grundrechtsbeschränkende Maßnahme legitimierende Gemeinwohl und das durch das Grundrecht als Abwehrrecht geschützte Interesse des Einzelnen kollidierend gegenüber.

b. Grundsatz der Verhältnismäßigkeit als Interpretationsmaxime

Als Rechtsprinzip ist der Grundsatz der Verhältnismäßigkeit als Interpretationsmaxime insbesondere dann bedeutsam, wenn zwei verfassungsrechtlich geschützte Rechtsgüter miteinander kollidieren. Für die Lösung dieses Konflikts ist das Prinzip praktischer Konkordanz[61] entwickelt worden. Danach müssen verfassungsrechtlich geschützte Rechtsgüter einander so zugeordnet werden, „dass jedes von ihnen Wirklichkeit gewinnt“. Wo Kollisionen entstehen, darf nicht in vorschneller „Güterabwägung“ oder gar abstrakter „Wertabwägung“ eines auf Kosten des anderen realisiert werden.[62] Vielmehr stellt das Prinzip der Einheit der Verfassung die Aufgabe einer Optimierung: *beiden* Rechtsgütern müssen Grenzen gezogen werden, damit beide zu optimaler Wirksamkeit gelangen können. Die Grenzziehungen müssen daher im jeweiligen konkreten Fall verhältnismäßig sein; sie dürfen nicht weiter gehen als es notwendig ist, um die Konkordanz beider Rechtsgüter herzustellen. „Verhältnismäßigkeit“ bezeichnet in diesem Zusammenhang eine Relation zweier variabler Größen, und zwar diejenige, die jener Optimierungsaufgabe am besten gerecht wird, nicht eine Relation zwischen einem konstanten „Zweck“ und einem oder mehreren variablen „Mitteln“.

c. Verhältnismäßigkeit und Wesensgehaltsgarantie

Ein dem Verhältnismäßigkeitsgrundsatz bedeutungsähnliches Prinzip ist die Wesensgehaltsgarantie, welche – im Gegensatz zum Grundsatz der Verhältnismäßigkeit – in Art. 19 Abs. 2 GG ausdrücklich in der Verfassung verankert ist.

Das BVerfG führt zum Wesensgehalt aus: „Die Wesensgehaltsgarantie hat verschiedene Komponenten: Die erste „materielle“ ist die Gewährung eines Mindestinhalts der Freiheit oder des sonstigen Gutes, der nach dem gesetzlichen Eingriff übrigbleiben muß. Worin dieser unantastbare Mindestinhalt eines Grundrechts besteht, muß für jedes Grundrecht aus seinem besonderen Gewicht im Gesamtsystem der Grundrechte ermittelt werden...Der genaue Umfang dieses Mindestinhalts läßt sich nicht ein für allemal begrifflich scharf umreißen, schon nicht

[60] Vgl. dazu umfassend: *Isensee* in: Isensee/Kirchhof, HStR Bd. V, 2000, § 111, Rn. 37ff.

[61] Der Begriff wurde geprägt von Konrad *Hesse*. Vgl. etwa, *Hesse*, Grundzüge des Verfassungsrechts, 2000, Rn. 72, 317ff.

[62] Vgl. *Hesse*, Grundzüge des Verfassungsrechts, 2000, Rn. 72, insbesondere Fn. 31.

für die einzelnen und erst recht nicht generell für alle Grundrechte. ...Eine zweite Komponente der Wesensgehaltsgarantie liegt im Grundsatz der Verhältnismäßigkeit und im Übermaßverbot."[63]

d. Verfassungskonforme Auslegung

Auch die vom BVerfG in ständiger Rechtsprechung praktizierte „verfassungskonforme Auslegung" ist auf eine bestimmte Ausprägung des Verhältnismäßigkeitsgrundsatzes zurückzuführen.[64] Das Gericht hat dieses Interpretationsprinzip folgendermaßen definiert[65]:

„Widerspricht die Norm in jeder möglichen Auslegung dem Grundgesetz, so ist sie als solche verfassungswidrig. Läßt die Norm mehrere Auslegungen zu, die teils zu einem verfassungswidrigen, teils zu einem verfassungsmäßigen Ergebnis führen, so ist die Norm verfassungsmäßig."

Der Sinn dieses Auslegungsprinzips ist es, den Vorrang des Gesetzgebers bei der Verwirklichung der verfassungsrechtlichen Wertentscheidung zu achten, indem von der Absicht des Gesetzgebers das Maximum dessen aufrechtzuerhalten ist, was nach der Verfassung aufrechterhalten werden kann.[66]

3. Funktionen

Der Grundsatz der Verhältnismäßigkeit dient in Deutschland dem Schutz der individuellen Rechts- und Freiheitssphäre.[67] Als sogenannte „Schranken-Schranke" dient er der Begrenzung von Grundrechtseingriffen durch den Staat. Im Kern geht es um einen Maßstab, der staatlicher Machtausübung, die individuelle Freiheit begrenzt, angelegt wird.[68] Generell ist das Verhältnismäßigkeitsprinzip ein Gebot allgemeinen Maßhaltens, einer vernunftgemäßen Zweck-Mittel-Relation. Die Betonung der Schutzfunktion als konstitutives Merkmal des Verhältnismäßigkeitsgrundsatzes ist eine Besonderheit der deutschen Verhältnismäßigkeitsdogmatik. Dabei hat die starke Stellung des Grundsatzes bei der Prüfung von Grundrechtsbeschränkungen den Grundsatz des Gesetzesvorbehalts praktisch zum „Vorbehalt des verhältnismäßigen Gesetzes" gewandelt.[69]

Die Verhältnismäßigkeit spielt aber nicht nur bei der Begrenzung übermäßiger Eingriffe eine Rolle. Auch bei den staatlichen Schutzpflichten zieht das Bundes-

---

[63] BVerfGE 22, 180, 219f. Vgl. dazu auch umfassend: *Häberle*, Wesensgehaltgarantie, 1983, S. 67ff., 286ff.

[64] So *Ress*, in: Kutscher u.a. Hrsg., Verhältnismäßigkeit in europäischen Rechtsordnungen, 1985, S. 5, 31; *Schwarze*, Europäisches Verwaltungsrecht Bd. II, 1988, S. 673.

[65] BVerfGE 19, 1, 5.

[66] BVerfGE 2, 266, 282.

[67] Vgl. BVerfGE 79, 311, 341; 81, 310, 338.

[68] *Stern*, Staatsrecht I, 1984, S. 862.

[69] Vgl. *Pieroth/Schlink*, Staatsrecht II, 2002, Rn. 269ff.

verfassungsgericht zur Bestimmung der jeweils erforderlichen Maßnahme das Verhältnismäßigkeitsprinzip in der Funktion eines Untermaßverbotes heran.[70] Konkret verlangt es, dass das eingesetzte Mittel zur Zweckerreichung geeignet und erforderlich ist und Mittel und Zweck in einem angemessenen Verhältnis zueinander stehen.

4. Teilgrundsätze

Danach können auch die drei Teilgrundsätze des Grundsatzes der Verhältnismäßigkeit unterschieden werden.[71] Staatliche Maßnahmen müssen zunächst *geeignet* sein, den angestrebten Erfolg zu fördern oder zu verwirklichen. Das geeignete Mittel muss *erforderlich* in dem Sinne sein, dass kein gleich geeignetes milderes Mittel zur Zielerreichung zur Verfügung steht, und die Maßnahme darf nicht außer Verhältnis zu den mit ihr verbundenen Beeinträchtigungen stehen.[72] Die auch als *Angemessenheit* oder *Proportionalität*[73] bezeichnete Güterabwägung soll sicherstellen, dass das jeweilige Ziel nicht um jeden Preis verwirklicht wird, sondern eine vernünftige Relation zwischen Schutzzweck und Eingriffsgrundlage gewahrt bleibt. Die drei Prüfungsstufen werden dabei nicht alternativ, sondern kumulativ herangezogen.

5. Kontrolldichte

Eine Besonderheit der deutschen Verhältnismäßigkeitskontrolle durch die Gerichte ist die hohe Kontrolldichte, die zum Teil erheblich über das Kontrollniveau in anderen Mitgliedstaaten hinausgeht. In keinem anderen Mitgliedstaat spielt der Verhältnismäßigkeitsgrundsatz in der täglichen Entscheidungspraxis eine so große Rolle.[74]

---

[70] Vgl. dazu *Isensee*, in: Isensee/Kirchhof, HStR Bd. V, 2000, § 111, Rn. 77; *Hesse*, Grundzüge des Verfassungsrechts, 2000, Rn. 350.

[71] Die hier zugrunde gelegte Terminologe hat sich weitestgehend durchgesetzt und soll für die folgenden Betrachtungen zugrunde gelegt werden, wonach vom Grundsatz der Verhältnismäßigkeit als dem die drei Teilgrundsätze Geeignetheit, Erforderlichkeit und Angemessenheit umfassenden Grundsatz gesprochen wird.

[72] Vgl. etwa BVerfGE 48, 396, 402, in der das Gericht den Grundsatz der Verhältnismäßigkeit folgendermaßen umschreibt: „Der Eingriff muß geeignet und erforderlich sein, seinen Zweck zu erreichen; er darf den Betroffenen nicht übermäßig belasten, muß diesem also zumutbar sein.“ Vgl. auch BVerfGE 63, 131, 144.

[73] Vgl. *Stern*, Staatsrecht III/2, 1994, S. 782; *Jakobs*, Verhältnismäßigkeit, 1985, S. 102.

[74] Vgl. dazu *Grabitz*, AöR 98 (1973), S. 568, 612ff. Vgl. auch zur großen Bedeutung und hohen Kontrolldichte der deutschen Verhältnismäßigkeitsrechtsprechung im europäischen Vergleich: de *Búrca*, YEL 1993, S. 105, 110; *Schwarze*, Europäisches Verwaltungsrecht Bd. II 1988, S. 669; *Hölscheidt*, EuR 2001, S. 376, 393; *Koch*, Verhältnismäßigkeit, 2003, S. 59f.

Die Gerichte leiten aus dem in Art. 19 Abs. 4 GG verankerten Rechtsschutzgebot einen richterlichen Kontrollauftrag ab, der sie berechtigt, behördliche Entscheidungen – soweit den Behörden nicht ausnahmsweise ein Beurteilungsspielraum eingeräumt ist – grundsätzlich einer vollen Verhältnismäßigkeitsprüfung zu unterziehen.

6. Begrenzung der Kontrolldichte

Die große Kontrolldichte ist dabei jedoch nicht als zwingende Folge des hohen formalen Differenzierungsgrades des Grundsatzes im deutschen Recht anzusehen. Dies wird schon daran deutlich, dass dem Gesetzgeber und der Verwaltung bei jedem der drei Teilgrundsätze gewisse Einschätzungsspielräume gewährt werden.[75] So überprüfen die Gerichte bei der Geeignetheitsprüfung lediglich, ob eine Maßnahme bei ihrem Erlass und unter Zugrundelegung des Kenntnisstandes zum Erlasszeitpunkt „*schlechthin ungeeignet*“ war.[76] Dementsprechend scheiterten bislang nur sehr wenige hoheitliche Maßnahmen am Kriterium der Geeignetheit.[77] Auch bei der Prüfung der Erforderlichkeit ist die Frage nach der *gleichen Wirksamkeit* eines Mittels insbesondere bei gesetzgeberischen Maßnahmen nicht immer eindeutig zu beantworten. Auch hier wird dem Gesetzgeber ein Prognose- und Entscheidungsspielraum eingeräumt. „Nur wenn sich eindeutig feststellen läßt, daß andere weniger einschneidende Mittel zur Verfügung stehen, kann die gesetzliche Regelung übermäßig belastend und deshalb verfassungswidrig sein.“[78]

Auch bei der Angemessenheitsprüfung wird die Maßnahme nur daraufhin überprüft, ob der Eingriff in die individuelle Freiheit die Grenze des Zumutbaren überschritten hat.[79]

Eine Begrenzung erfährt die Verhältnismäßigkeitskontrolle durch die Rechtsprechung im Bereich der Grundrechte insbesondere bei wirtschaftspolitischen Prognoseentscheidungen[80], wo dem Gesetzgeber ein sehr weiter Entscheidungsspielraum eingeräumt wird. Auch das differenzierte dreistufige Prüfungsschema wird nicht in allen Entscheidungen eingehalten, sondern gelegentlich durch eine pauschale Verhältnismäßigkeitsprüfung ersetzt.[81]

---

75 Vgl. dazu unten ausführlich.

76 Vgl. etwa: BVerfGE 16, 147, 181; 19, 119, 126f.

77 Vgl. die Nachweise bei *Stern*, Staatsrecht III/2, 1994, S 776ff.

78 BVerfGE 37, 1, 21.

79 Vgl. etwa: BVerfGE 67, 157, 178; 77, 84, 111f.; 81, 70, 92; 83, 1, 19.

80 Weitere Beispiele einer eingeschränkten Verhältnismäßigkeitskontrolle bei *Schneider*, in: FS BVerfG II 1976, S. 390, 396ff.

81 So etwa in: BVerfGE 76, 256, 259; 80, 244, 255; 80, 286, 295; 80, 367, 380; vgl. dazu auch *Stern*, Staatsrecht III/2, 1994, S. 810.

II. Frankreich

1. Französisches Grundrechtsverständnis

Die französische Verfassung enthält anders als das deutsche Grundgesetz keinen Grundrechtskatalog. Trotzdem hat sich in Frankreich eine feste Tradition der rechtlichen Sicherung der Menschen- und Freiheitsrechte entwickelt.[82] Die „libertés publiques"[83] werden als allgemeine Rechtsgrundsätze (principes des généraux du droit)[84] der französischen Rechtsordnung angesehen, wenn sie der französischen Rechtstradition entsprechen.[85] Ihnen kommt nach überwiegender Ansicht Verfassungsrang zu.[86] Die „libertés publiques" werden nicht als subjektive öffentliche Rechte gegen den Staat im Sinne der herkömmlichen deutschen Dogmatik verstanden, sondern als Bestandteil der objektiven Ordnung.[87]

Obwohl auch eine Abwehrfunktion der wesentlichen Grundfreiheiten anerkannt ist[88], ist dem traditionellen französischen Rechtsdenken die verfassungsrechtliche Absicherung eines genau umschriebenen Bestandes einzelner individueller Abwehrrechte oder Freiheitsräume gegenüber dem Staat fremd.[89] Dem Parlament fällt als Vertretung des Volkes die Aufgabe zu, durch die Gesetze Inhalt und Schranken der „libertés publiques" zu bestimmen und damit der Macht der Regierung und Verwaltung die erforderlichen rechtlichen Schranken zu setzen.[90] Das Gesetz wird daher im Unterschied zum deutschen Grundrechtsverständnis vor

---

82 *Stahl*, Grundfreiheiten, 1970, S.1f.; allgemein zu den „libertés publiques" z.B. *Colliard*, Libertés Publiques, 1989, S. 1ff.; *Duverger/Sfez*, in: Bettermann/Neumann/Nipperdey, Die Grundrechte, 1967, Bd. I, 2. Halbband, S. 543ff.; *Savoie*, in: Grabitz, Grundrechte in Europa und USA, 1986, S. 203ff. Vgl. auch *Emmerich-Fritsche*, Verhältnismäßigkeit, 2000, S. 160, die in diesem Zusammenhang auf die besondere Bedeutung der Bezugnahme auf die Präambel von 1946 hinweist. Vgl. ferner: *Grewe*, EuGRZ 2002, S. 209, 211.

83 Zum Begriff: *Colliard*, Libertés Publiques, 1989, S. 1ff.

84 Die „principes généreaux du droit" sind die rechtlichen Grundgedanken, die sich aus dem Gesamtzusammenhang des französischen Rechts ableiten lassen. Vgl. *Stahl*, Die Sicherung der Grundfreiheiten, 1970, S. 44ff.

85 Vgl. dazu *Bernhardt*, Bulletin EG, Beilage 5/76, S. 34ff.

86 Vgl. dazu *Bernhardt*, Bulletin EG, Beilage 5/76, S. 36; *Savoie*, Frankreich, in: *Grabitz* (Hrsg.), Grundrechte in Europa und USA, 1986, S. 203, 219.

87 Vgl. *Stahl*, Die Sicherung der Grundfreiheiten, 1970, S. 54, 140ff.

88 *Colliard*, Libertés Publiques, 1989, S. 25ff. Die Abwehrfunktion galt jedoch zunächst nicht gegenüber dem Gesetzgeber, der die Freiheit nach dem traditionellen Verständnis erst verwirklicht.

89 Dazu *Stahl*, Die Sicherung der Grundfreiheiten, 1970, S. 53ff.; *Bernhardt*, Bulletin EG, Beilage 5/76, S. 35; *Stadler*, Die Berufsfreiheit in der Europäischen Gemeinschaft, 1980, S. 262.

90 *Stahl*, Die Sicherung der Grundfreiheiten, 1970, S. 72.

allem als „garantie des libertés“ verstanden und nicht als „Schranke der Freiheit“.[91]

2. Verhältnismäßigkeitsprinzip

a. Keine umfassende Anerkennung als allgemeines Rechtsprinzip

Die Idee der Wahrung der Verhältnismäßigkeit bei Eingriffen in Freiheitsrechte ist auch dem französischen Recht bekannt.[92] Dennoch hat der Grundsatz der Verhältnismäßigkeit als allgemeines Rechtsprinzip bislang im französischen Recht keine umfassende Anerkennung gefunden.[93] So wird speziell im Verwaltungsrecht, das kein allgemeines Abwägungsgebot kennt[94], das Verhältnismäßigkeitsprinzip nur in gewissen Bereichen angewendet. Der klassische Anwendungsbereich der Verhältnismäßigkeitsprüfung ist auch im französischen Recht das Polizeirecht.[95] Eine polizeiliche Maßnahme ist dort auf das Ziel gerichtet, den „ordre public“ zu schützen und geht regelmäßig mit einer Beschränkung der Ausübung der persönlichen Freiheit einher.[96] Dabei ist auch im französischen öffentlichen Recht anerkannt, dass zwischen der Beschränkung der individuellen Freiheit und der von der Freiheitsausübung drohenden Gefahr für den „ordre public“ eine adäquate Relation bestehen muss[97], auch wenn der Begriff „Verhältnismäßigkeit“ dafür nur selten gebraucht wird. So findet der Grundsatz der Verhältnismäßigkeit bei der Kontrolle von Maßnahmen zum Schutz des „ordre public“ zwar grundsätzlich Anwendung, jedoch abhängig vom Einzelfall in unterschiedlicher Art und Weise.[98] Während es durchaus Beispiele für eine eingehende gerichtliche Kontrolle des Verwaltungsermessens gibt, bei der der Richter das Verhältnis von Einschränkung der Freiheitsausübung und Bedeutung des verfolgten öffentlichen

---

91 *Stahl*, Die Sicherung der Grundfreiheiten, 1970, S. 72f.; *Colliard*, Libertés publiques, 1989, S. 42 (Rn. 31); vgl. auch *Savoie*, in: Grabitz, Grundrechte in Europa und USA, 1986, S. 203, 214. Vgl. dazu auch: *Arnold*, JöR Bd. 38 (1989), S. 197ff.; vgl. auch *Emmerich-Fritsche*, Verhältnismäßigkeit, 2000, S. 172.

92 Vgl. *Teitgen*, in: Kutscher, Verhältnismäßigkeit in europäischen Rechtsordnungen, 1985, S. 55.

93 Vgl. *Teitgen*, in: Kutscher, Verhältnismäßigkeit in europäischen Rechtsordnungen, 1985, S. 53; *Koch*, Verhältnismäßigkeit, 2003, S. 63ff.

94 Vgl. *Woehrling*, NVwZ 1985, S. 21, 25; *Emmerich-Fritsche*, Verhältnismäßigkeit, 2000, S. 166ff.

95 Vgl. dazu etwa *Schwarze*, Europäisches Verwaltungsrecht Bd. II 1988, S. 664f., *Emmerich-Fritsche*, Verhältnismäßigkeit, 2000, S. 166; sowie *Koch*, Verhältnismäßigkeit, 2003, S. 66.

96 *Teitgen*, in: Kutscher, Verhältnismäßigkeit in europäischen Rechtsordnungen, 1985, S. 55; *Schwarze*, Europäisches Verwaltungsrecht Bd. II 1988, S. 664.

97 *Teitgen*, in: Kutscher, Verhältnismäßigkeit in europäischen Rechtsordnungen, 1985, S. 56; *Schwarze*, Europäisches Verwaltungsrecht Bd. II 1988, S. 665.

98 Vgl. *Bernhardt*, in: Bulletin EG, Beilage 5/76, S. 38; *Schwarze*, Europäisches Verwaltungsrecht Bd. II 1988, S. 665; *Emmerich-Fritsche*, Verhältnismäßigkeit, 2000, S. 168.

Interesses nachgeprüft hat[99], wird im Fall der Kontrolle des „offenbaren Ermessensirrtums" Unverhältnismäßigkeit nur dann angenommen, wenn sie evident ist.[100] Im Wirtschafts- und Sozialbereich kann die Verwaltung sogar diskriminierende Maßnahmen erlassen, wenn sie aus Gründen des allgemeinen Interesses oder wegen objektiv unterschiedlicher Lagen gerechtfertigt sind. Auch hier muss aber ein angemessenes Verhältnis zwischen der Notwendigkeit der Ungleichbehandlung und der Art und Bedeutung der eigentlichen Maßnahme bestehen.[101]

Das Prinzip der „proportionnalité" findet zwar zunehmend in bestimmten Bereichen des französischen Rechts Anwendung[102], beherrscht aber nicht als überragendes Rechtsprinzip jegliches Verwaltungshandeln. Elemente des Verhältnismäßigkeitsgrundsatzes finden sich allerdings im Rahmen der Argumentation mit dem allgemeinen Gerechtigkeitsprinzip.[103]

b. Stellung des Verhältnismäßigkeitsprinzips als Eigenart des französischen Rechts

Die bisherige Stellung des Verhältnismäßigkeitsgrundsatzes im französischen Recht lässt sich aus einigen seiner Eigenarten erklären. Für das französische Verwaltungsrecht spielt der „pouvoir discrétionnaire", das Verwaltungsermessen, eine maßgebliche Rolle.[104] Der „pouvoir discrétionnaire" ist insoweit begrenzt durch das Verbot des „detournement de pouvoir", des Ermessensmissbrauchs.[105] Dabei ist die Einwirkungs- und Kontrollintensität der Verwaltungsgerichte gegenüber der Verwaltung deutlich geringer als in Deutschland.[106] Dies gilt insbesondere für die Ermessensverwaltung, die im Unterschied zum deutschen Recht in Frankreich eher den Regelfall darstellt. Ermessen ist insoweit nicht nur auf der Rechtsfolgenseite der Gesetzesnormen, sondern auch bei unbestimmten Rechtsbegriffen im Tatbestand derselben anerkannt.[107] Insbesondere dann, wenn es bei Verwaltungsmaßnahmen um die Wahrung des „ordre public" geht, entfalten die „libertés publiques" und das Prinzip der „proportionnalité" einen nur vergleichsweise geringen Schutz und führen nur zu geringen Beschränkungen des Verwal-

---

99 Vgl. etwa Rs. Grassin, CE 26.10.1973, Rec. 598, sowie Rs. Société civile Sainte-Marie de l'Assomption, CE 20.10.1972, Rec. 657.

100 Grundlegend: Rs. Lagrange, CE 15.02.1961, Rec. 121; vgl. auch Rs. Société Librairie François Maspero, CE 02.11.1973, Rec. 611, 612.

101 *Schwarze*, Europäisches Verwaltungsrecht Bd. II 1988, S. 666.

102 Vgl. *Schwarze*, DVBl. 1999, S. 261, 263f.; *Koch*, Verhältnismäßigkeit 2003, S. 66f.

103 So *Jarass*, DÖV 1981, S. 813, 815, Fn.29.

104 Vgl. etwa: *Braibant/Stirn*, Le droit administratif français, 1997, S. 238ff.

105 Vgl. dazu: *Braibant/Stirn*, Le droit administratif français, 1997, S. 239.

106 Vgl. *Jarass*, DÖV 1981, S. 813, 815; *Fromont*, RDP 1984, S. 1203, 1223f.

107 Vgl. *Schwarze*, Europäisches Verwaltungsrecht Bd. II 1988, S. 668.

tungsermessens.[108] Die Funktion des Grundsatzes der Verhältnismäßigkeit im französischen Recht wird aber weitgehend durch andere Regeln ersetzt[109], so insbesondere durch die Kontrolle an den Maßstäben des offenbaren Irrtums (erreur manifeste)[110], der Rechtsverletzung (violation de la loi) und des Ermessensmissbrauchs (détournement de pouvoir)[111]. In Gestalt dieser Kontrollmaßstäbe können durchaus auch Elemente einer Verhältnismäßigkeitsprüfung wirksam werden.[112] Allerdings erklären die Verwaltungsgerichte eine Maßnahme erst dann für rechtswidrig, wenn sie offensichtlich und schwerwiegend ermessensmissbräuchlich oder unverhältnismäßig ist.[113]

3. Gerichtliche Kontrolle

a. Abwägung und Auslegung

Für das Verwaltungsrecht kommt in der Rechtsprechung des Conseil d'Etat in jüngerer Zeit der „theorie du bilan“[114] größere Bedeutung zu.[115] Die danach durchzuführende Abwägung zwischen dem Nutzen der angegriffenen Maßnahme und den von ihr verursachten Beeinträchtigungen ähnelt der Angemessenheitsprüfung. Der Richter erklärt die Maßnahme für rechtswidrig, wenn sich bei der Abwägung ein erhebliches Missverhältnis herausstellt. Der Conseil d'Etat versteht das Verhältnismäßigkeitsprinzip auch im Sinne einer „conciliation“ (praktische Konkordanz).[116] Im französischen Recht erfolgt – anders als etwa in der Rechtsprechung des Bundesverfassungsgerichts – die Abwägung ausschließlich in objektiver Weise als Gegenüberstellung von (objektiven) Prinzipien. Die subjektive, tatsächliche Betroffenheit des Einzelnen wird im Rahmen der Angemessenheitsprüfung nicht gewürdigt, eine Gegenüberstellung von Allgemein- und Individualinteresse findet nicht statt. Als unverhältnismäßig verwirft der Conseil d'Etat in

---

[108] Vgl. *Jarass*, DÖV 1981, S. 813, 815; *Teitgen*, in: Kutscher, Verhältnismäßigkeit in europäischen Rechtsordnungen, 1985, S.53, 61.

[109] Vgl. *Schwarze*, Europäisches Verwaltungsrecht Bd. II 1988, S. 668; *Emmerich-Fritsche*, Verhältnismäßigkeit, 2000, S. 169.

[110] Dazu etwa: *Emiliou*, The Principle of Proportionality in European Law, 1996, S. 92ff.: *Koch*, Verhältnismäßigkeit, 2003, S. 71f.

[111] Dazu: *Teitgen*, in: Kutscher, Verhältnismäßigkeit in europäischen Rechtsordnungen, 1985, S. 53, 55f.; *Emiliou*, The Principle of Proportionality in European Law, London 1996, S. 88.

[112] Vgl.*Braibant/Stirn*, Le droit administratif français, 1997, S. 238ff.; *Costa*, AJDA 1988, S. 434.

[113] *Jarass*, DÖV 1981, S. 813, 815f.; *Costa*, AJDA 1988, S. 434, 435f.; *Emmerich-Fritsche*, Verhältnismäßigkeit, 2000, S. 169.

[114] *Costa*, AJDA 1988, S. 434, 435f. Vgl. dazu auch *Koch*, Verhältnismäßigkeit, 2003, S. 72ff.

[115] Vgl. *Bernhardt*, in: Bulletin EG, Beilage 5/76, S. 36ff.; *Colliard*, Libertés Publiques, 1989, S. 176ff.; Rn. 165ff.;*Emmerich-Fritsche*, Verhältnismäßigkeit, 2000, S. 166f.

[116] Vgl. *Emmerich-Fritsche*, Verhältnismäßigkeit, 2000, S. 167, 169ff.

der Regel „absolute, generelle und zeitlich unbegrenzte Verbote".[117] Auf die Anerkennung des Verhältnismäßigkeitsprinzips in der Rechtsprechung des Conseil d'Etat, der insbesondere bei grundrechtsrelevanten Urteilen zunehmend auf die Europäische Menschenrechtskonvention Bezug nimmt, hatte das Europarecht entscheidenden Einfluss.[118]

Obwohl auch die Legislative an alle „libertés publiques" mit Verfassungsrang gebunden ist[119], soweit diese nicht nur programmatischer Natur sind[120], hat sich in Frankreich anders als in Deutschland eine höchstrichterliche Letztentscheidungskompetenz wie sie das Bundesverfassungsgericht wahrnimmt, bis heute nicht voll etabliert.[121] Eine Vorlage an den Conseil constititionnel ist bislang nur zulässig, solange das Gesetz noch nicht verkündet ist (abstrakte vorbeugende Normenkontrolle, Art. 61 Abs. 2 Verfassung).[122]

Mangels einer nachträglichen Normenkontrolle durch den Conseil constitutionnel gegenüber Gesetzen ist die verfassungskonforme Auslegung der Gesetze durch den Conseil constitutionnel besonders wichtig. Besondere Bedeutung kommt der verfassungskonformen Auslegung bei Gesetzen zu, die über das zulässige Maß an innerer Begrenzung der Grundrechte hinausgehen oder denen eine fehlerhafte Abwägung zugrunde liegt.[123]

b. Kontrolldichte

Die Kontrolle von Gesetzesentwürfen durch den Conseil constitutionnel ist nicht mit der umfassenden Kontrolle, wie sie das Bundesverfassungsgericht vornimmt, zu vergleichen.[124] Der Conseil constitutionnel ist im Hinblick auf seine Zusam-

---

[117] Vgl. die Nachweise bei *Stahl*, Die Sicherung der Grundfreiheiten, 1970, S. 70; sowie *Emmerich-Fritsche*, Verhältnismäßigkeit, 2000, S. 167.

[118] Vgl. dazu etwa: *Chapus*, Droit du contentieux administratif, 2002, Rn. 897; *Fromont*, AJDA 1995, S. 156, 163; *Schwarze*, EuR 1997, S. 419, 421ff.; *Schwarze*, DVBl. 1999, 261, 264.

[119] Grundlegend: CC vom 16.07. 1971, abgedruckt in: *Rivero*, Le Conseil constitutionnel et les libertés, 1987, S. 24ff. Vgl. auch: CC vom 28.11.1973, abgedruckt in: *Rivero*, Le Conseil constitutionnel et les libertés, 1987, S. 41; CC vom 17.1.1974, a.a.O. S. 42; CC vom 26.2.1974, a.a.O. S. 44; CC vom 15.1.1975, a.a.O. S. 56ff.; CC vom 23.7.1975, a.a.O. S. 68ff.; CC vom 12.1.1977, a.a.O. S. 81f.; CC vom 23.11.1977, a.a.O. S. 97ff.; vgl. auch *Arnold*, JöR Bd. 38 (1989), S. 197, 203.

[120] *Savoie*, Frankreich, in: Grabitz, Grundrechte in Europa und USA, 1986, S. 203, 231.

[121] *Emmerich-Fritsche*, Verhältnismäßigkeit, 2000, S. 164.

[122] Vgl. auch CC vom 23.7.1975, abgedruckt in: *Rivero*, Le Conseil constitutionnel et les libertés, 1987, S. 68ff.; CC vom 12.1.1977, in a.a.O. S. 81ff.; CC vom 23.11.1977, in: a.a.O. S. 97ff.

[123] *Arnold*, JöR Bd. 38 (1989), S. 197, 203f.

[124] Dazu: *Stahl*, Die Sicherung der Grundfreiheiten, 1970, S. 126ff. Der Conseil Constitutionnel kann seine Befugnis, Gesetze vor ihrer Verkündung „auf ihre Vereinbarkeit mit der Verfassung" zu überprüfen, nur auf Antrag des Präsidenten der Republik, des Premierministers, des Präsidenten der Nationalversammlung oder des Senats oder von sechzig Abgeordneten oder

mensetzung mehr ein politisches Organ, das von sich aus tätig wird und nicht auf Klage eines Bürgers. Er überwacht die objektive Rechtmäßigkeit, die verfassungsmäßig gesicherten Ansprüche und „libertés" werden nur unter dem objektivrechtlichen Aspekt der richtigen (angemessenen) Wertung und Abwägung im Rahmen der „consiliation" (praktischen Konkordanz) geprüft.[125]

Die richterliche Zurückhaltung zeigt sich auch in der Kontrolldichte des Conseil constituionnel gegenüber Legislativakten. Dem Gesetzgeber wird insbesondere im wirtschaftlichen Bereich ein weites Ermessen zugestanden. Nur bei einem offensichtlichen Fehler („erreur manifeste") greift der Conseil constitutionnel ein.[126]

Demgegenüber bedeutet der formelle Rechtsschutz gegen Freiheitseingriffe der Exekutive[127] durch unabhängige Gerichte ein wesentliches Element der Rechtsstaatlichkeit in Frankreich.[128] Dem Schutz der „libertés publiques" dient dabei sowohl der ordentliche Gerichtsschutz im Rahmen der „voie de fait"[129] als auch durch Erhebung des „recours pour excès de pouvoir" (Anfechtungsklage)[130] der Verwaltungsgerichtsschutz durch den Conseil d'Etat. In dem bedeutenden ökonoMi*sch*en Bereich der Wirtschaftsintervention wird durch die Verwaltungsgerichte allerdings keine Verhältnismäßigkeitskontrolle durchgeführt.[131] Hier hat der Conseil d'Etat vielmehr in ständiger Rechtsprechung vertreten, dass etwa die Festsetzung eines bestimmten Preises eine Frage der Opportunität sei, die außer im Falle des Rechtsirrtums nicht seiner Kontrolle unterliege.[132]

Senatoren ausüben, Art. 61 Verfassung. Eine für verfassungswidrig erklärte Norm darf weder verkündet noch in Kraft gesetzt werden, Art. 62 Verfassung.

125 Vgl. dazu *Emmerich-Fritsche*, Verhältnismäßigkeit, 2000, S. 162.

126 Vgl. auch *Emmerich-Fritsche*, Verhältnismäßigkeit, 2000, S. 165.

127 Diese nimmt in Frankreich einen großen Teil der Rechtsetzungstätigkeit wahr. Nach Art. 37 Abs. 1 Verfassung unterliegen der Exekutive alle nicht dem Parlament durch Art. 34 enumerativ zugewiesenen Materien.

128 *Stahl*, Die Sicherung der Grundfreiheiten, 1970, S. 133.

129 Danach sind die ordentlichen Gerichte ausschließlich für Schadensersatzklagen der Bürger zuständig, wenn die Verwaltung unter grober Missachtung des Rechts das Eigentum oder eine "liberté essentielle" verletzt. Dazu: *Stahl*, Die Sicherung der Grundfreiheiten, 1970, S. 135ff.

130 Dazu *Stahl*, Die Sicherung der Grundfreiheiten, 1970, S. 139ff.

131 Vgl. *Koch*, Verhältnismäßigkeit, 2003, S. 77.

132 Vgl. *Schwarze*, Europäisches Verwaltungsrecht Bd. II 1988, S. 667.

III. Belgien

1. Verfassungsrechtlicher Hintergrund

Die Grundrechte der belgischen Verfassung binden alle staatliche Gewalt, also auch den Gesetzgeber.[133] Anders als etwa in Deutschland folgt aus dieser Bindung aber nicht die Konsequenz, dass Gesetze einer gerichtlichen Kontrolle unterliegen. Vom Gesetzgeber als Vertreter der Nation wird grundsätzlich nicht angenommen, dass er die Grundrechte verletzt.[134] Demnach ist in Verbindung mit dem Argument der Gewaltenteilung eine richterliche Normenkontrolle von bereits beschlossenen und verkündeten Parlamentsgesetzen ausgeschlossen.[135] Die Grundrechte und der Grundsatz der Verhältnismäßigkeit setzen daher vor allem der Exekutive Schranken.

2. Grundsatz der Verhältnismäßigkeit

Unter dem Einfluss der EMRK[136] und der Rechtsprechung des EGMR[137] hat sich die Bedeutung des Verhältnismäßigkeitsprinzips in Belgien in den letzten Jahren maßgeblich verändert.[138] Während es zunächst nur „in wenigen Fällen des Disziplinarrechts“[139] berücksichtigt wurde, findet es mittlerweile auch in anderen Rechtsbereichen Anwendung.[140] Allerdings ist ein „allgemeines Prinzip“ der Verhältnismäßigkeit bislang in Belgien noch nicht von allen Gerichten anerkannt worden.[141] Auch gibt es Unterschiede in der Kontrollintensität etwa von Conseil d´Etat und Cour d´arbitrage.

In der Rechtsprechung der Cour d´arbitrage spielt der Grundsatz der Verhältnismäßigkeit besonders im Zusammenhang mit der richterlichen Kontrolle einer Verletzung des Gleichheitsgebotes („contentieux d´égalité“) eine wichtige Rol-

---

133 *Bernhardt*, Bulletin EG, Beilage 5/76, S. 30; *Pieters*, in: Grabitz, Grundrechte in Europa und USA, 1986, S. 1, 40; *Emmerich-Fritsche*, Verhältnismäßigkeit, 2000, S. 173.

134 *Stadler*, Die Berufsfreiheit in der Europäischen Gemeinschaft, 1980, S. 221 m.w.N.

135 *Stadler*, Die Berufsfreiheit in der Europäischen Gemeinschaft, 1980, S. 225 m.w.N.

136 Vgl. *Meeùs*/Velu, EuGRZ 1981, S. 66, 69f.

137 Vgl. *Boes/Stuyck*, in: Schwarze, Verwaltungsrecht unter europäischem Einfluß, 1996, S. 333, 367ff.

138 Da es bislang im belgischen Recht weitgehend an einer eigenen Verhältnismäßigkeitsrechtsprechung mangelt, greift die Rechtsprechung auf bekannte Prinzipien aus dem niederländischen und französischen Recht zurück. Vgl. dazu: *Schwarze*, Europäisches Verwaltungsrecht Bd. II 1988, S. 680; *Emmerich-Fritsche*, Verhältnismäßigkeit, 2000, S. 173; *Koch*, Verhältnismäßigkeit, 2003, S. 114ff.

139 *Schwarze*, Europäisches Verwaltungsrecht Bd. II 1988, S. 680.

140 So etwa im Strafrecht, Ausländerrecht, Polizeirecht oder Bau- Planungsrecht. Vgl. *Koch*, Verhältnismäßigkeit, 2003, S. 114f.

141 *Lewalle*, in: Barreaux de Liège, Le principe de proportionnalité, 1995, S. 23, 31.

le.[142] Dabei nimmt die Cour d´arbitrage in Anlehnung an die Dogmatik des EGMR im Zusammenhang mit Art. 14 EMRK[143] immer dann eine Verletzung des Diskriminierungsverbots aus Art. 11 der Verfassung[144] an, wenn „keine angemessene und verhältnismäßige Beziehung zwischen angewendeten Mitteln und angestrebtem Ziel besteht".[145] Die Verknüpfung zwischen Diskriminierungsverbot und Verhältnismäßigkeitsprüfung ist eine der auffälligsten Besonderheiten der belgischen Verhältnismäßigkeitsdogmatik.[146] Hinsichtlich der Prüfungsstruktur ist die belgische Verhältnismäßigkeitsprüfung vor allem eine Kontrolle der Interessenabwägung. Vereinzelt wird zwar die Geeignetheit, kaum aber die Erforderlichkeit im Sinne einer milderen Alternative geprüft.[147]

Die Verhältnismäßigkeit spielt auch bei der im Rahmen der Erwägungen zum Vertrauensschutz vorzunehmenden Abwägung eine Rolle.[148]

Die Verhältnismäßigkeitskontrolle des Conseil d´Etat beschränkt sich meist auf eine Evidenzkontrolle, bei der hoheitliche Maßnahmen nur dann als rechtswidrig verworfen werden, wenn sie *offensichtlich*[149] unverhältnismäßig sind. In vielen Bereichen des öffentlichen Rechts spielt der Grundsatz der Verhältnismäßigkeit bis heute gar keine Rolle, so etwa in weiten Teilen des Wirtschaftsverwaltungsrechts.[150]

---

[142] Das Gleichheitsgebot ist in Art. 10 der belgischen Verfassung normiert. Dort heißt es:
Es gibt im Staat keine Unterscheidung nach Ständen.
Die Belgier sind vor dem Gesetz gleich; nur die können zur Bekleidung der zivilen und militärischen Ämter zugelassen werden, vorbehaltlich der Ausnahmen, die für Sonderfälle durch ein Gesetz festgelegt werden können.
Die Gleichheit von Frauen und Männern ist gewährleistet. Vgl. dazu ausführlich: *Colla*, in: Barreaux de Liège, Le principe de proportionnalité, 1995, S. 85, 89ff. Vgl. auch *Koch*, Verhältnismäßigkeit, 2003, S. 115.

[143] *Colla*, in: Barreaux de Liège, Le principe de proportionnalité 1995, S. 85, 90.

[144] Dieses lautet: Der Genuss der den Belgiern zuerkannten Rechte und Freiheiten muss ohne Diskriminierung gesichert werden. Zu diesem Zweck gewährleisten das Gesetz und das Dekret insbesondere die Rechte und Freiheiten der ideologischen und philosophischen Minderheiten.

[145] CA Rs. 21/89 vom 13.07.1989, Biorim, Moniteur belge, 21.07.1989, B.4.5.b.: „(...)le principe d´égalité est violé lorsqu´il est établi qu´il n´existe pas de rapport raisonnable de proportionnalité entre les moyens employés et le but visé."

[146] Vgl. dazu auch *Koch*, Verhältnismäßigkeit, Berlin 2003, S. 117.

[147] Vgl. dazu übereinstimmend: *Hannequart*, in: Barreaux de Liège, Le principe de proportionnalité, 1995, S. 125, 137; *Lewalle*, in: Barreaux de Liège, Le principe de proportionnalité, 1995, S. 23, 55; *Colla*, in: Barreaux de Liège, Le principe de proportionnalité, 1995, S. 85, 90.

[148] Vgl. CA, Rs. 25/90 vom 05.07.1990, Pilotage, Moniteur belge vom 06.10.1990, 8.B.7.2., in der die Nachteile einer rückwirkenden Regelung als „nicht unverhältnismäßig in Bezug auf das verfolgte Allgemeinwohlziel" bezeichnet wurden.

[149] „Tout à fait déraisonnable" bzw. „manifestement disproportionnée". Vgl. dazu *Lewalle*, in: Barreaux de Liège, Le principe de proportionnalité, 1995, S. 23, 55.

[150] Weitere Nachweise bei: *Lewalle*, in: Barreaux de Liège, Le principe de proportionnalité, 1995, S. 23, 40ff.

Die Cour d'arbitrage hingegen legt strengere Maßstäbe bei der Verhältnismäßigkeitsprüfung an. Dies zeigt schon die Anlehnung an die Rechsprechung des EGMR. In diesem Zusammenhang kann der Verhältnismäßigkeitskontrolle neben der Funktion einer Billigkeitskontrolle durchaus auch eine individualschützende Funktion im Bereich des Grundrechtsschutzes zugesprochen werden.[151]

IV. Niederlande

1. Anwendungsbereich

Das Verhältnismäßigkeitsprinzip („evenredigheidsbeginsel" oder „proportionaliteitsbeginsel") hat in den letzten Jahren unter dem Eindruck der Verhältnismäßigkeitsrechtsprechung des EuGH in den Niederlanden eine beträchtliche Bedeutungserhöhung erfahren. Während noch in den achtziger Jahren der Anwendungsbereich des Grundsatzes der Verhältnismäßigkeit im niederländischen Recht ausgesprochen schmal war und ihm kaum praktische Bedeutung zukam[152], zogen niederländische Gerichte den Grundsatz seit den neunziger Jahren verstärkt als Prüfungskriterium heran. So prüfte etwa das oberste Gericht, der Hoge Raad, in einer Entscheidung vom 07.05.1993[153], ob eine Lohndiskriminierung ein „zulässiges Ziel" verfolge und „geeignet sei", dieses Ziel zu erreichen.[154] Üblicherweise legen die Gerichte jedoch den Schwerpunkt auf die Abwägung, also die Kontrolle des Verhältnisses zwischen verfolgtem Ziel und beeinträchtigtem Interesse.[155]

Das seit dem 01.01.1994 geltende Verwaltungsverfahrensgesetz (Algemene wet bestuursrecht – AWB) enthält im Kapitel „Allgemeine Vorschriften für Entscheidungen der Verwaltung" mit Artikel 3.4 Absatz 2 erstmals eine übergreifende gesetzliche Regelung des Verhältnismäßigkeitsgrundsatzes. Dort heißt es: *„Die negativen Folgen einer Maßnahme für eine oder mehrere Personen dürfen nicht außer Verhältnis zu den mit dem Beschluss verfolgten Zielen stehen."* Auch in Normen des neuen Verwaltungsverfahrensgesetzes und des Verwaltungsgerichtsgesetzes finden sich spezielle Verbürgungen des Verhältnismäßigkeitsprinzips. Durch diese Neuregelungen ist die Beachtung des Grundsatzes für alle Verwal-

---

[151] So auch: *Koch*, Verhältnismäßigkeit, 2003, S. 119.

[152] Vgl. *Schwarze*, Europäisches Verwaltungsrecht Bd. II 1988, S. 683. Vgl. auch: *Prechal/Heukels*, SEW 1986, S. 287, 301. (Anwendung nur im Straf- und Beamtenrecht).

[153] Vgl. HR vom 07.05.1993, AB 1993, S. 440.

[154] Vgl. dazu: *De Lange/Widdershoven*, in: Schwarze, Das Verwaltungsrecht unter europäischem Einfluß, 1996, S. 529, 552ff.

[155] *De Lange/Widdershoven*, in: Schwarze, Das Verwaltungsrecht unter europäischem Einfluß, 1996, S. 529, 555.

tungsentscheidungen normiert, was eine beträchtliche Ausdehnung seines Anwendungsbereichs bedeutet.[156]

2. Kontrolldichte

Trotz dieser Ausdehnung des Anwendungsbereichs des Grundsatzes der Verhältnismäßigkeit im niederländischen Recht ist die gerichtliche Kontrolle ausgesprochen eingeschränkt und es existieren Rechtsbereiche, in denen der Grundsatz bis heute keine Anwendung findet. Dies lässt sich nicht nur mit der vergleichsweise geringen praktischen Bedeutung der Grundrechte für das Verwaltungsrecht[157] oder dem Fehlen einer Individualverfassungsbeschwerde erklären[158], sondern insbesondere mit der Beschränkung der gerichtlichen Ermessenskontrolle.[159]

Bis zum Erlass des AWB war weitgehend unbestritten, dass die niederländischen Gerichte Maßnahmen der Verwaltung nur auf ihre *offensichtliche Unbilligkeit* überprüfen durften.[160] Dadurch sollte verhindert werden, dass sie ihre Beurteilung an die Stelle der für die Abwägung von Allgemein- und Individualinteressen zuständigen Verwaltung setzen.[161]

Seit dem Erlass des AWB ist jedoch eine Ausweitung des im Rahmen des Art. 3.4 Abs. 2 AWB anzulegenden Kontrollmaßstabes festzustellen.[162] Diese Tendenz wird von einigen Autoren unterstützt, die eine intensivere Überprüfung mit einer Orientierung an der EuGH-Rechtsprechung fordern.[163]

---

156 Dennoch richtet sich der Grundsatz der Verhältnismäßigkeit in den Niederlanden ausschließlich an die Eingriffsverwaltung. Eine gerichtliche Kontrolle formeller Gesetze ist nicht möglich. Vgl. *Simons*, EuGRZ 1978, S. 450, 451; *Kortmann*, JöR 33 (1984), S. 175, 178.

157 Vgl. dazu *Feger*, Jura 1987, S. 6, 12; *Emmerich-Fritsche*, Verhältnismäßigkeit, 2000, S. 175f.

158 Art. 120 der Verfassung verbietet ausdrücklich eine richterliche Normenkontrolle. Wortlaut: „Der Richter beurteilt nicht die Verfassungsmäßigkeit von Gesetzen und Verträgen."

159 *Schwarze*, Europäisches Verwaltungsrecht Bd. II 1988, S. 683f.; *Koch*, Verhältnismäßigkeit, 2003, S. 112.

160 Vgl. *Schwarze*, Europäisches Verwaltungsrecht Bd. II 1988, S. 683f.

161 *Schwarze*, Europäisches Verwaltungsrecht Bd. II 1988, S. 684. Die Verwaltungsrechtsprechung zur Verhältnismäßigkeit war bis in die späten achtziger Jahre dadurch gekennzeichnet, dass Verhältnismäßigkeitserwägungen meist unter Rückriff auf aus anderen Rechtsgebieten bekannte andere Prinzipien angestellt wurden, etwa dem aus dem Zivilrecht bekannten Maßstab der „zorgvuldigheid", „verbod van willekeur" oder „beginsel van zorgvuldige belangenafweging". Vgl. dazu auch: *Koch*, Verhältnismäßigkeit, 2003, S. 111f.

162 Vgl. dazu: De *Moor-van Vugt*, in: Tilburg Foreign Law Review 7 (1998), S. 7, 15.

163 Vgl. insbesondere: De *Moor-van Vugt*, in: Tilburg Foreign Law Review 7 (1998), S. 7, 15; *De Lange/Widdershoven*, in: Schwarze, Das Verwaltungsrecht unter europäischem Einfluß, 1996, S. 529, 551ff.

V. Luxemburg

Parallel zum französischen Recht[164] prüft der luxemburgische Conseil d'Etat die Rechtmäßigkeit des Verwaltungshandelns anhand der vier Klagegründe des *recours pour excès de pouvoir*, wobei in der jeweiligen Prüfung auch Erwägungen über eine angemessene Zweck-Mittel-Relation angestellt werden.[165] Diese Prüfung wird allerdings nicht ausdrücklich als Anwendung des Verhältnismäßigkeitsgrundsatzes bezeichnet.[166]

Obwohl in Luxemburg die Grundrechte Vorrang vor einfachen Gesetzen haben, können Gesetze nicht auf ihre Verfassungsmäßigkeit (z.B. Grundrechtskonformität, Verhältnismäßigkeit) überprüft werden.[167] Dies wird mit dem Grundsatz der Gewaltenteilung begründet, der dem Richter eine solche „Einmischung in die Gesetzgebung" verbiete.[168] Der Grundsatz der Verhältnismäßigkeit als richterlicher Prüfungsmaßstab für Gesetze konnte sich somit nicht herausbilden und ist daher in der Rechtsprechung auch nicht anerkannt. Ein weiterer Grund, warum Fragen des Grundrechtsschutzes in Luxemburg nur eine untergeordnete Rolle in der juristischen Diskussion spielen[169] ist das Fehlen einer Verfassungsgerichtsbarkeit.[170]

VI. Dänemark

Ein allgemeiner Grundsatz der Verhältnismäßigkeit mit Verfassungsrang ist im dänischen Recht nicht anerkannt.[171] Das Verhältnismäßigkeitsprinzip findet lediglich Anwendung im Verwaltungsrecht.[172] Dies ist unter anderem dadurch zu er-

---

164 Vgl. dazu: *Thewes*, in: Schwarze, Das Verwaltungsrecht unter europäischem Einfluß 1996, S. 487, 488.

165 *Schwarze*, Europäisches Verwaltungsrecht Bd. II 1988, S. 682.

166 *Schwarze*, Europäisches Verwaltungsrecht Bd. II 1988, S. 682.

167 *Stadler*, Die Berufsfreiheit in der Europäischen Gemeinschaft, 1980, S. 306f.; *Liesch*, EuGRZ 1981, S. 84; *Feger*, Jura 1987, S. 6, 11.

168 *Pieters*, in: Grabitz, Grundrechte in Europa und USA, 1986, S. 437, 476f.; *Emmerich-Fritsche*, Verhältnismäßigkeit, 2000, S. 175.

169 So ausdrücklich: *Wivenes*, in: Battis/Tsatsos/Stefanou, Europäische Integration und nationales Verfassungsrecht, 1995, S. 303, 332.

170 Seit dem 01.01.1997 sind in Luxemburg von der ordentlichen Gerichtsbarkeit getrennte Verwaltungsgerichte mit der Sicherung des Verwaltungsrechtsschutzes betraut. Vgl. dazu: *Arnold*, in: Müller-Graff/Riedel, Gemeinsames Verfassungsrecht in der Europäischen Union, 1998, S. 123, 145.

171 Vgl. *Germer*, in: Schwarze, Das Verwaltungsrecht unter europäischem Einfluß, 1996, S. 377, 401; *Emmerich-Fritsche*, Verhältnismäßigkeit, 2000, S. 174; *Koch*, Verhältnismäßigkeit 2003, S. 127.

172 *Schwarze*, Europäisches Verwaltungsrecht Bd. II 1988, S. 681. Vgl. auch *Koch*, Verhältnismäßigkeit, 2003, S. 127, der den Anwendungsbereich lediglich auf die eingeschränkte Willkürkontrolle im Polizeirecht reduziert.

klären, dass Grundrechte in der dänischen Verfassungsordnung eine nur relativ geringe Bedeutung haben[173], was auf das politische Freiheitsverständnis, die Demokratielehre und die daraus resultierende Vorrangstellung des Parlaments zurückzuführen ist.[174] Danach ist insbesondere der Gesetzgeber zur Verwirklichung der Grundrechte verpflichtet. Darüber hinaus bestimmt die dänische Verfassung Grundrechte oft nicht als materielle Begrenzungen für den Gesetzgeber, sondern regelt teilweise nur Zuständigkeiten und Verfahrensvorschriften.[175] Die Grundrechte werden vor allem als „due-process-Garantien" angesehen, deren Einschränkung einem bestimmten Verfahren und gerichtlicher Kontrolle unterliegen soll.[176]

Zwar existiert auch eine Grundrechtsbindung des Gesetzgebers[177] und Gesetze sind gerichtlich überprüfbar[178], es gibt allerdings weder eine Verwaltungsgerichtsbarkeit[179] noch ein Verfassungsgericht.[180]

VII. Schweden

In der schwedischen Rechtsordnung ist heute unbestritten, dass das Verhältnismäßigkeitsprinzip von Gesetzgeber und Verwaltung zu beachten ist.[181] Seit dem 01.01.1975 ist das Verhältnismäßigkeitsprinzip als Maßstab für Grundrechtseingriffe ausdrücklich in § 12 Abs. 2 S. 2 der Verfassung verankert.[182] Da diese Regelung aber nur für den Grundrechtsbereich gilt und die Gerichte bei Entscheidungen zur Verhältnismäßigkeit nur selten auf die Grundrechte (und damit die Schrankenbestimmung des Art. 12 Abs. 2 S. 2 der Verfassung) eingehen, kommt der Norm in der Rechtsprechungspraxis nur geringe Bedeutung zu.[183] Ursächlich dafür könnten zum einen das Fehlen einer Verfassungsgerichtsbarkeit und zum anderen Vorbehalte gegenüber einer richterlichen Kontrolle politischer Entschei-

---

173 *Thygesen*, EuGRZ 1978, S. 438, 439f.

174 Vgl. *Emmerich-Fritsche*, Verhältnismäßigkeit, 2000, S. 174.

175 *Gralla*, JöR 38 (1989), S. 299, 307ff.

176 Vgl. *Gralla*, JöR 42 (1994), S. 507, 539f.

177 *Bernhardt*, Bulletin EG Beilage 5/76, S. 31.

178 *Thygesen*, EuGRZ 1978, S. 438, 440.

179 *Arnold*, in: Müller-Graff/Riedel, Gemeinsames Verfassungsrecht in der Europäischen Union, 1998, S. 123, 145.

180 *Thygesen*, EuGRZ 1978, S. 438, 440; *Streinz*, Grundrechtsschutz, 1989, S. 138; zur Übernahme der Funktion eines Verfassungsgerichts durch den dänischen Højesteret vgl. *Mors*, EuGRZ 2001, S. 201ff.

181 *Bergh*, EuGRZ 1980, S. 579, 587; *Wahlgren*, REDP 10 (1998), S. 955, 964.

182 Diese lautet: „Einschränkungen (...) sind nur zulässig für Zwecke, die in einem demokratischen Gemeinwesen gutzuheißen sind. Eine Einschränkung darf nie über das hinausgehen, was im Hinblick auf den Zweck der Einschränkbarkeit notwendig ist." *Hahn*, AöR 102 (1977), S. 576, 580, bezeichnet § 12 des Grundrechtskapitels als „die vielleicht wichtigste Neuerung" der Verfassung von 1976.

183 *Koch*, Verhältnismäßigkeit, 2003, S. 122.

dungen sein[184], die sich etwa in der Begrenzung der Normenkontrolle auf „offensichtliche“ Rechtsverstöße zeigt.[185] In jüngerer Zeit wird allerdings das Verhältnismäßigkeitsprinzip von den Gerichten unabhängig von Art. 12 Abs. 2 S. 2 der Verfassung zunehmend als Entscheidungsmaßstab herangezogen. Die Prüfung des Verhältnismäßigkeitsgebots wird dabei nicht an die Voraussetzungen eines Eingriffs in Freiheits- oder Gleichheitsgrundrechte gebunden, sondern ist bei allen Entscheidungen zu beachten.[186] Diese Entwicklung wurde maßgeblich durch das Europarecht[187] und insbesondere durch die Verhältnismäßigkeitsrechtsprechung des EuGH beeinflusst.[188]

VIII. Finnland

In Finnland findet der Grundsatz der Verhältnismäßigkeit unabhängig von einer gesetzlichen Normierung seit langem Anwendung.[189] Die neue finnische Verfassung vom 1. August 1995 enthält mittlerweile aber auch Hinweise auf das Erfordernis einer Verhältnismäßigkeitsprüfung. So sind etwa Eingriffe in das Briefgeheimnis (§ 8 Abs. 3 S. 2) und in die Rundfunkfreiheit (§ 10 Abs. 1 S. 2) ausdrücklich auf das „Notwendige“ beschränkt.

Allerdings können Gerichte die Übereinstimmung eines vom Parlament beschlossenen Gesetzes mit der Verfassung, einschließlich der Grundrechte, nicht überprüfen.[190] Auch gibt es bislang kein Verfassungsgericht. In Finnland ist theoretisch jede Einschränkung eines Grundrechtes durch Gesetz verfassungsrechtlich möglich, wenn eine 5/6 Mehrheit des Parlaments diese beschließt.[191] Viele Grundrechtsbestimmungen enthalten die Möglichkeit, durch ein mit einfacher Mehrheit des Parlaments beschlossenes Gesetz das entsprechende Recht einzuschränken. Gesetzesvorbehalte geben dem (einfachen) Gesetzgeber mitunter einen relativ weiten Gestaltungsspielraum, berechtigen aber nicht zu freiem Ermessen. Ein-

---

184 Vgl. Zur Entstehungsgeschichte des Grundrechtskatalogs und der Ablehnung der Schaffung einer eigenständigen Verfassungsgerichtsbarkeit: *Hahn*, AöR 102 (1977), S. 576, 585ff.

185 Vgl. Art. 14 der Verfassung. Vgl. dazu: *Emmerich-Fritsche*, Verhältnismäßigkeit, 2000, S. 186.

186 *Wahlgren*, REDP 10 (1998), S. 955, 964f. Vgl. auch: *Koch*, Verhältnismäßigkeit, 2003, S. 122f.

187 Dazu: *Wahlgren*, REDP 10 (1998), S. 955, 960.

188 Vgl. die Entscheidung des obersten Verwaltungsgerichts (RÅ 1996 ref. 44), in der es sich ausdrücklich auf das vom EuGH entwickelte gemeinschaftsrechtliche Verhältnismäßigkeitsprinzip bezieht. In dem Fall prüfte das Gericht die Rechtmäßigkeit der Rückwirkung eines Gesetzes, welches Umweltauflagen für bestimmte Unternehmen vorsah. Es lehnte die Rückwirkung als rechtswidrig ab, weil diese „unverhältnismäßig“ gewesen sei.

189 *Koch*, Verhältnismäßigkeit, 2003, S. 125.

190 *Pellonpää*, EuGRZ 1993, S. 590, 592.

191 *Pellonpää*, EuGRZ 1993, S. 590, 592.

schränkungen dürfen nicht den „Kernbereich“ des Rechts berühren und müssen das „Bestimmtheitsgebot“ beachten.[192]

Der zurückhaltenden Kontrolle im Verfassungsrecht steht eine deutlich intensivere Verhältnismäßigkeitsprüfung im Verwaltungsrecht gegenüber.

Das oberste finnische Verwaltungsgericht[193] hat vier allgemeine Rechtsprinzipien entwickelt, die – ohne ausdrücklich im Verwaltungsverfahrensgesetz normiert zu sein – die finnische Verwaltungsrechtsprechung dominieren.[194] Neben dem Gleichheitssatz, dem, Objektivitätsgrundsatz[195] und dem Verbot des Ermessensmissbrauchs[196] gehört die Verhältnismäßigkeit als eines dieser Prinzipien zu den „Eckpfeilern“ des finnischen Verwaltungsrechtsschutzes.[197] Die Prüfung der Verhältnismäßigkeit wird von den Gerichten auch dann vorgenommen, wenn die Behörden in einem bestimmten Bereich über einen weiten Ermessensspielraum verfügen.[198]

IX. Großbritannien

Der Grundsatz der Verhältnismäßigkeit ist in Großbritannien im Vergleich der EU-Staaten am wenigsten etabliert[199], obwohl der Einfluss des Europarechts, und insbesondere die Inkorporation der EMRK in das britische Rechtssystem zu einer Erhöhung des Bedeutungsgehalts des Grundsatzes geführt haben.

Einen allgemeinen Verhältnismäßigkeitsgrundsatz gab es lange Zeit im englischen Recht nicht. Eine Ausnahme bildete insoweit nur das Polizeirecht.[200] Die EuGH-Rechtsprechung, insbesondere die Möglichkeit des Vorabentscheidungsverfahrens und die Bindung der Mitgliedstaaten an die Gemeinschaftsgrundsätze, hatten zur Folge, dass der Grundsatz der Verhältnismäßigkeit als Kontrollinstrument zunehmend zur Anwendung gelangte.[201] So ist etwa anerkannt, dass in einer

---

[192] *Pellonpää*, EuGRZ 1993, S. 590, 593.

[193] Zur eigenständigen Verwaltungsgerichtsbarkeit in Finnland vgl.: *Arnold*, in: Müller-Graff/Riedel, Gemeinsames Verfassungsrecht in der Europäischen Union, 1998, S. 123, 144.

[194] *Kulla*, REDP 10 (1998), S. 881, 884; *Mäenpää*, REDP 10 (1998), S. 183, 204.

[195] Vgl. dazu: *Forstmann*, VerwArch 62 (1971), S. 313, 325ff.

[196] *Kulla*, REDP 10 (1998), S. 881, 884; *Mäenpää*, REDP 10 (1998), S. 183, 204.

[197] Sie wird von den Gerichten dem Prüfungspunkt der *materiellen Rechtmäßigkeit* einer Entscheidung zugeordnet. Vgl. *Koch*, Verhältnismäßigkeit, 2003, S. 126.

[198] *Mäenpää*, REDP 10 (1998), S. 183, 204.

[199] Vgl. aber auch *v. Krauss*, Verhältnismäßigkeit, 1954, S. 1, der darauf hinweist, dass sich erste Ansätze des Verhältnismäßigkeitsprinzips bereits in der Magna Charta finden, wonach eine Strafe stets dem zu ahndenden Vergehen entsprechen soll.

[200] Dazu *Marauhn*, VerwArch 85 (1994), S. 52ff.; *Koch*, Verhältnismäßigkeit, 2003, S. 81f.

[201] Vgl. etwa GA *Sir Slynn*, Statement, in: Schwarze/Bieber, Eine Verfassung für Europa, 1984, S. 121, 123: „We are just about to have a case at the European Court in which an English judge wants to know what he should do with the doctrine of proportionality, wich (...) may be about to slip across the Channel into the United Kingdom's legal system." Vgl. auch: *Marauhn*, VerwArch 85 (1994), S. 52, 79.

demokratischen Gesellschaftsordnung Grundrechtseingriffe außer in Fällen, in denen dies zur Aufrechterhaltung der öffentlichen Ordnung oder zum Schutz anderer grundlegender Rechte erforderlich ist, unberechtigt sind.[202] Überdies ist eine unverhältnismäßige Maßnahme meist schon ultra vires[203], etwa wenn eine amtliche Stelle ein unzulässiges Ziel verfolgt, in einer offenkundig grob unrechtmäßigen oder übermäßig belastenden Art und Weise oder unter Zugrundelegung nicht maßgeblicher Erwägungen handelt.[204] Der Gedanke der Erforderlichkeit wird in der Rechtsprechung auch im Sinne des milderen Mittels angewandt.[205] Das Verhältnismäßigkeitsprinzip wirkt unter den Aspekten der *missuse of power* und der *unreasonableness*.[206] Die Prüfung der Verhältnismäßigkeit einer Maßnahme wird also selten als solche bezeichnet, sondern verbirgt sich hinter anderen Begriffen und Prinzipien.

Im Grundrechtsbereich hat das Fehlen eines geschriebenen Grundrechtskatalogs und die bis vor kurzem fehlende innerstaatliche Geltung der EMRK dazu geführt, dass sich in der Rechtsprechung kaum Ausführungen zur Verhältnismäßigkeit von Grundrechtseingriffen finden. Dennoch gibt es mittlerweile Ansätze einer Verhältnismäßigkeitsrechtsprechung, die auf den indirekten Einfluss der Rechtsprechung von EuGH[207] und EMGR zurückgeführt werden. [208]
Die relativ geringe Bedeutung, die dem Verhältnismäßigkeitsgrundsatz im englischen Recht zukommt bzw. die Ersetzung des Verhältnismäßigkeitsgedankens durch andere Instrumente ist zurückzuführen auf den verfassungshistorischen Hintergrund des englischen Rechts.[209]

---

202 *Kingston/Imrie*, in: Grabitz, Grundrechte in Europa und USA, 1986, S. 719, 773.

203 Zum Inhalt dieser Doktrin ausführlich: *Craig*, REDP 10 (1998), S. 825ff.; *Kingston/Imrie*, in: Grabitz, Grundrechte in Europa und USA, 1986, S. 719, 796, Fn. 352; *Schwarze*, Europäisches Verwaltungsrecht Bd. II 1988, S. 678; *Emmerich-Fritsche*, Verhältnismäßigkeit, 2000, S. 181.

204 *Kingston/Imrie*, in: Grabitz, Grundrechte in Europa und USA, 1986, S. 719, 796; *Jowell/Lester*, in: Jowell/Oliver, New directions in Judical Review, 1988, S. 51, 64.

205 *Jowell/Lester*, in: Jowell/Oliver, New directions in Judical Review, 1988, S. 51, 64; *Jowell*, European Public Law 1996, S. 401, 408ff. mit Rechtsprechungsnachweisen.

206 *Jowell/Lester*, in: Jowell/Oliver, New directions in Judical Review, 1988, S. 51, 63ff.; *Marauhn*, VerwArch 85 (1994), S. 52, 74ff.; *Heinsohn*, Verhältnismäßigkeit, 1997, S. 190ff.; 195ff.; *Emmerich-Fritsche*, Verhältnismäßigkeit, 2000, S. 181; *Koch*, Verhältnismäßigkeit, 2003, S. 84ff.

207 Vgl. Von den zahlreichen Entscheidungen des EuGH, die sich auf die britische Rechtsordnung auswirkten nur EuGH Rs. 181/84, Man Sugar, Slg. 1985, 2889.

208 Zum Einfluss der Rechtsprechung des EGMR auf das britische Recht vgl. *Jowell/Lester*, in: Jowell/Oliver, New Directions in Judical Review, 1988, S. 51, 58; *Lester*, in: Jowell/Oliver, The Changing Constitution, 1997, S. 33, 48f.

209 Vgl. Dazu ausführlich: *Knill/Becker*, Divergenz trotz Diffusion, Preprints aus der Max-Planck-Projektgruppe Recht der Gemeinschaftsgüter Bonn 2003/1, S. 19ff.

Hauptpfeiler des (ungeschriebenen) englischen Verfassungsrechts sind die *supremacy of parliament*[210] und die *rule of law*[211]. Die Gesetzgebung in der Form von *Acts of Parliament* ist in der englischen Rechtsordnung die vorrangige Rechtsquelle.[212] Die *rule of law* schreibt entsprechend dem Vorrang und Vorbehalt des Gesetzes[213] die konsequente Bindung der Exekutive an das Recht und den Ausschluss jeder Willkür vor.

Die *supremacy of parliament* schließt eine gerichtliche Kontrolle des Gesetzgebers, die in England traditionell als undemokratisch angesehen wird, weitgehend aus.[214] In Großbritannien gibt es weder eine besondere Verfassungsgerichtsbarkeit[215] noch eine unabhängige und selbständige Verwaltungsgerichtsbarkeit.[216] Denn nach britischem Selbstverständnis ist es nicht Aufgabe des Richters, Tatsachenfragen – wie die Entscheidung über alternative Aufgaben der Verwaltung – oder auch nur die inhaltliche Richtigkeit einer Verwaltungsentscheidung zu kontrollieren.[217] Die Jurisdiktion ist somit auf die Auslegung und Anwendung des Rechts beschränkt und erfährt eine deutliche Begrenzung durch die *supremacy of parliament*, wonach sich das Parlament über richterliche Entscheidungen hinwegsetzen kann.[218] Darüber hinaus ist die geringe Bedeutung des Verhältnismäßigkeitsprinzips auf die geringe Kontrollintensität in Großbritannien zurückzuführen, die selten über eine Evidenzkontrolle hinausgeht.[219]

Angesichts der großen Zurückhaltung englischer Gerichte schon bei der Prüfung der Verhältnismäßigkeit von Akten der Verwaltung und der *supremacy of parliament* ist fraglich, ob der Grundsatz der Verhältnismäßigkeit auch als Schranke der parlamentarischen Gesetzgebung Anerkennung finden wird. Allerdings ist durch die Inkorporation der EMRK in das britische Rechtssystem ein Rechtsprechungswandel im Grundrechtsbereich zu erwarten, in dessen Rahmen

---

210 *Kingston/Imrie*, in: Grabitz, Grundrechte in Europa und USA, 1986, S. 719; *de Smith/Brazier*, Constitutional and Administrative Law, 1998, S. 67ff.; *Tatham*, EuR 1993, S. 188f.

211 Vgl. dazu: *Stadler*, Die Berufsfreiheit in der Europäischen Gemeinschaft, 1980, S. 318.

212 *Kingston/Imrie*, in: Grabitz, Grundrechte in Europa und USA, 1986, S. 719, 723.

213 *Bleckmann*, GYIL20 (1977), S. 406, 415f.

214 *Bradley*, in: Jowell/Oliver, The Changing Constitution, 1997, S. 79, 81ff.; *Spoerr*, VerwArch 82 (1991), S. 25, 29f.

215 *Kingston/Imrie*, in: Grabitz, Grundrechte in Europa und USA, 1986, S. 719, 787.

216 Vgl. *Spoerr*, VerwArch 82 (1991), S. 25, 32f.; *Koch*, Verhältnismäßigkeit, 2003, S. 81, 90.

217 Dazu *Tiemann*, Gerichtliche Kontrolle der Verwaltung in Schottland, 1988, S. 192.

218 *Kingston/Imrie*, in: Grabitz, Grundrechte in Europa und USA, 1986, S. 719, 723.

219 Vgl. *Schwarze*, Europäisches Verwaltungsrecht Bd. II 1988, S. 678f.; *Spoerr*, VerwArch 82 (1991), S. 25; 51; *Marauhn*, VerwArch 85 (1994), S. 52, 71, 74ff., jeweils mit Nachweisen aus der Rechtsprechung. Vgl. auch *Emmerich-Fritsche*, Verhältnismäßigkeit, 2000, S. 182f., die darauf hinweist, dass in Großbritannien Parlamentsgesetze traditionell weniger durch den Richter als durch den öffentlichen Diskurs kontrolliert werden. Zur Kontrolldichte auch: *Koch*, Verhältnismäßigkeit, 2003, S. 87f.; *Jowell*/Lester, in: Jowell/Oliver, New Directions in Judical Review, 1988, S. 51, 61.

auch der Verhältnismäßigkeitsprüfung eine größere Bedeutung zukommen könnte.[220]

X. Irland

Obwohl das britische und das irische Rechtssystem viele Gemeinsamkeiten aufweisen, hat sich in Irland das Prinzip der *supremacy of parliament* nicht durchgesetzt.[221] Die Einhaltung des umfangreichen Grundrechtskatalogs der irischen Verfassung kann von den Gerichten überprüft werden.[222]

Das Hauptanwendungsfeld des Verhältnismäßigkeitsgrundsatzes liegt im Bereich des Verfassungsrechts, wo er eine zentrale Rolle bei der Normenkontrolle[223] spielt, die den ordentlichen Gerichten, dem High Court[224] und dem Supreme Court[225] zugewiesen ist.

Zwar finden sich schon in der frühen Rechtsprechung des Supreme Court Hinweise auf eine Verhältnismäßigkeitskontrolle[226], die Entwicklung eines verfassungsrechtlichen Prinzips der Verhältnismäßigkeit erfolgte jedoch erst in den letzten Jahren.[227]

Der High Court[228] legt in jüngster Zeit bei der Kontrolle von Gesetzen eine dreistufige Prüfung zugrunde: Zunächst muss ein „vernünftiger Zusammenhang" zwischen der Maßnahme und dem verfolgten Ziel bestehen. Zweitens muss die Rechtsbeeinträchtigung so gering wie möglich sein und drittens müssen ihre Auswirkungen auf individuelle Rechte dem angestrebten Ziel angemessen sein.[229]

---

220 Der Human Rights Act 1998 weist den Gerichten die Aufgabe zu, die Grundrechte umfassend vor einem Missbrauch exekutivischer Macht zu schützen. Vgl. dazu *Grote*, ZaöRV 58 (1998) , S. 309, 346ff.; *Lairg*, Public Law 1998, S. 221, 229; *Anthony/Morison*, REDP 10 (1998), S. 977, 999ff. So auch *Koch*, Verhältnismäßigkeit, 2003, S. 91, der überdies eine Ausstrahlungswirkung in andere Rechtsbereiche hinein annimmt.

221 Dazu: *Hogan/Morgan*, Administrative Law in Ireland, 1991, S. 534.

222 Vgl. *Feger*, Jura 1987, S. 6, 10.

223 Vgl. zur Möglichkeit einer Normenkontrolle im irischen Recht: *Feger*, Jura 1987, S. 6, 10.

224 Der High Court ist gemäß Art. 34 Abs. 3 Nr. 2 der Verfassung vom 1.7.1937 zur Normenkontrolle befugt und hat die Dogmatik zur Verhältnismäßigkeitskontrolle maßgeblich bestimmt. Vgl. dazu *O'Dowd*, REDP 10 (1998), S. 705, 735ff.

225 Der Supreme Court ist gemäß Art. 34 Abs. 4 Nr. 3 der Verfassung Berufungsinstanz. Er nimmt ebenfalls Befugnisse der Normenkontrolle wahr.

226 Vgl. dazu *Hogan/Morgan*, Administrative Law in Ireland, 1991, S. 541ff.

227 Vgl. *Costello*, REDP 10 (1998), S. 391, 399; *O'Dowd*, REDP 10 (1998), S. 705, 735, der auf den Einfluss der Rechtsprechung des Kanadischen Supreme Court hinweist; *Hogan/Schuster*, in: Schwarze, Das Verwaltungsrecht unter europäischem Einfluß, 1996, S. 437, 463f.

228 Vgl. etwa High Court Heany vs. Ireland (1994) 2 I.L.R.M. 420, 434; vgl. auch die Urteile des High Court Daly vs. Revenue Commissioners (1996) 1 I.L.R.M. 122; Iarnrod Eireann vs. Ireland (1995) 2 I.L.R.M. (1995) 161. Vgl. dazu auch *Costello*, REDP 10 (1998), S. 391, 399; *O'Dowd*, REDP 10 (1998), S. 705, 735.

229 Vgl. High Court, Daly vs. Revenue Commissioners (1996) 1 I.L.R.M. 122 "The means chosen must pass a proportionality test. They must

Während der zweite und dritte Prüfungspunkt der Erforderlichkeits- und Angemessenheitsprüfung der deutschen Verhältnismäßigkeitsdogmatik entsprechen, entspricht die Prüfung eines „vernünftigen Zusammenhangs“ zwischen Ziel und Mittel weniger der Geeignetheit als dem Kriterium der „reasonableness“.

Eine Besonderheit der Anerkennung des Verhältnismäßigkeitsprinzips im irischen Recht ist, dass es vom *Verfassungsrecht* aus Eingang in das *Verwaltungsrecht* gefunden hat und nicht umgekehrt, wie es in den meisten europäischen Ländern der Fall ist.[230] Maßnahmen der Verwaltung wurden von irischen Gerichten zunächst nur sehr zögerlich auf ihre Verhältnismäßigkeit hin überprüft. Mittlerweile findet der Grundsatz der Verhältnismäßigkeit aber auch bei der Überprüfung von Maßnahmen der Verwaltung zumindest dann Anwendung, wenn diese einen Grundrechtsbezug aufweisen.[231] Grundrechtsrelevante Verwaltungsmaßnahmen werden allerdings bislang nur auf ihre „Unverhältnismäßigkeit“ untersucht, ohne dass der dreistufige Proportionalitätstest der Normenkontrolle Anwendung findet.[232]

XI. Österreich

In Österreich hat sich der Verhältnismäßigkeitsgrundsatz ähnlich wie im deutschen Recht von einem anfangs nur im Polizeirecht zu berücksichtigen Grundsatz[233] zu einer allgemeinen Leitmaxime hoheitlichen Handelns entwickelt. Ihm kommt heute Verfassungsrang zu[234], und er ist im gesamten Verfassungs- und Verwaltungsrecht zu beachten.[235]

In Österreich sind die als subjektive Rechte ausgestalteten Grundrechte hauptsächlich im Staatsgrundgesetz über die allgemeinen Rechte der Staatsbürger vom 21.12.1867 geregelt.[236] Darüber hinaus kommt der EMRK entscheidende Bedeutung zu, die in Österreich Verfassungsrang hat.[237] Der Gesetzgeber ist an die Grundrechte gebunden und unterliegt der Kontrolle des Verfassungsgerichts-

---

a. be rationally connexted to the objective, and not be arbitrary or based on irrational consideration,

b. impair the right as little as possible, and

c. be such that their effects on right are proportional to the objects."

230 Vgl. etwa Deutschland, Österreich, Frankreich.

231 Vgl. *O'Dowd*, REDP 10 (1998), S. 705, 738f.

232 Vgl. dazu *O'Dowd*, REDP 10 (1998), S. 705, 736.

233 Vgl. dazu: *Novak*, Richard, in: FS Winkler, 1989, S. 39, 40.

234 Pollack, Verhältnismäßigkeitsprinzip und Grundrechtsschutz, 1991, S. 122f.

235 *Novak*, Richard, in: FS Winkler, 1989, S. 39, 57ff.

236 *Ermacora*, in: Kutscher, Verhältnismäßigkeit in europäischen Rechtsordnungen 1985, S. 67, 71; Pollack, Verhältnismäßigkeitsprinzip und Grundrechtsschutz in der Judikatur des Europäischen Gerichtshofs und des Österreichischen Verfassungsgerichtshofs, 1991, S. 71.

237 *Ermacora*, in: Kutscher, Verhältnismäßigkeit in europäischen Rechtsordnungen 1985, S. 67, 71; Pollack, Verhältnismäßigkeitsprinzip und Grundrechtsschutz, 1991, S. 71.

hofs.[238] Dieser nimmt seit einigen Jahren eine explizite Verhältnismäßigkeitsprüfung von Gesetzen vor[239], eine Entwicklung, die vor allem auf eine Beeinflussung durch die Rechtsprechung des EGMR aber auch des EuGH zurückgeführt wird.[240] Der Grundsatz der Verhältnismäßigkeit hat sich von einer reinen Evidenzkontrolle[241] zu einem mehrere Prüfungsstufen umfassenden Rechtsprinzip entwickelt. Obwohl sich keine konsequente dreistufige Prüfungsstruktur wie etwa im deutschen Recht herausgebildet hat, finden sich sowohl Prüfungen der „Eignung"[242] als auch der Erforderlichkeit[243] und der Angemessenheit[244] einer Maßnahme. Die Rechtsprechung des österreichischen Verfassungsgerichtshofs ist allerdings durch eine größtmögliche Zurückhaltung gegenüber dem Gesetzgeber gekennzeichnet.[245]

XII. Griechenland

In Griechenland hat der Grundsatz der Verhältnismäßigkeit vom Strafrecht aus Eingang in das allgemeine Verwaltungsrecht gefunden, wo er vom Staatsrat, dem obersten Verwaltungsgericht, als Richtmaß des Verwaltungsermessens herangezogen wird.[246] Unter dem Einfluss des Gemeinschaftsrechts[247] hat der Staatsrat den Grundsatz der Verhältnismäßigkeit inzwischen als eigenständige Rechtmäßigkeitsvoraussetzung für Grundrechtseingriffe etabliert. Er findet im gesamten Wirtschaftsverwaltungsrecht Anwendung.[248] Große Bedeutung kommt ihm im Bereich des Grundrechtsschutzes zu. Zwar gibt es im griechischen Rechtssystem

---

[238] Pollack, Verhältnismäßigkeitsprinzip und Grundrechtsschutz, 1991, S. 71, 72.

[239] Pollack, Verhältnismäßigkeitsprinzip und Grundrechtsschutz, 1991, S. 76f.

[240] *Ermacora*, in: Kutscher, Verhältnismäßigkeit in europäischen Rechtsordnungen 1985, S. 67, 72ff.; Pollack, Verhältnismäßigkeitsprinzip und Grundrechtsschutz, 1991, S. 75f.

[241] Vgl. Pollack, Verhältnismäßigkeitsprinzip und Grundrechtsschutz, 1991, S. 77f. zum sog. „Exzessverbot".

[242] Vgl. VfGH (Wein-Erkenntnis), Slg. 11369/1987; VfGH (Güterbeförderungsbedarfsprüfung), Slg. 11483/1987; mehrere Gesetze wurden als ungeeignet verworfen, vgl. etwa: VfGH (Taxifahrer-Bedarfsprüfung), Slg. 10932/1986; VfGH (Augenoptikerwerbeverbot), Slg. 10718/1985.

[243] Vgl. VfGH (Werbeverbot für Kabelrundfunk) EuGRZ 1997, S. 252, 254; VfGH (Strafe für unflätiges Lied), Slg. 10700/1985.

[244] Vgl. etwa VfGH (Ladenschluss), Slg. 11558/1987; VfGH (Güterbeförderungsbedarfsprüfung), Slg. 11483/1987; VfGH (Beschäftigungsbewilligungen für Ausländer), EuGRZ 1997, S. 111, 113; VfGH (Verletzung des Art. 10 EMRK durch Rundfunkverordnung), EuGRZ 1996, S. 106, 108; VfGH (Auflösung einer Spontanversammlung nur bei Notwendigkeit), EuGRZ 1996, S. 471, 473.

[245] Vgl. dazu: Pollack, Verhältnismäßigkeitsprinzip und Grundrechtsschutz, 1991, S. 73f.

[246] *Ktistaki/Papadimitriou*, in: REDP 10 (1998), S. 925, 933ff. Vgl. auch: *Manessis*, in: Iliopoulos-Strangas, Grundrechtsschutz im europäischen Raum 1993, S. 15, 28.

[247] Vgl. dazu: *Flogaitis*, in: Schwarze, Verwaltungsrecht unter europäischem Einfluß, 1996, S. 409, 432.

[248] Dazu: *Efstratiou*, in: Schwarze/Schmidt-Aßmann, Das Ausmaß der gerichtlichen Kontrolle, 1992, S. 111, 187ff.

keine Individualverfassungsbeschwerde[249] und auch keine Verfassungsgerichtsbarkeit[250], der Staatsrat hat aber die Grundrechtsgarantien der Verfassung und der EMRK von Amts wegen zu prüfen.[251]

Die griechische Verwaltungsrechtsdogmatik ist eng an das französische Modell angelehnt.[252] Herleitung und Prüfungsstruktur des Grundsatzes in der Rechtsprechung des Staatsrates deuten aber auch auf deutsche Einflüsse hin. So etwa die Bezeichnung als „verfassungsrechtliche(r) Grundsatz der Verhältnismäßigkeit, der sich aus dem Rechtsstaatsprinzip und den individuellen Freiheitsgarantien ergebe und der bei allen Grundrechtseinschränkungen zu beachten sei".[253] Intensität und Dauer[254] einer Grundrechtsbeeinträchtigung dürfen dabei nicht über das erforderliche Maß hinausgehen. Im Verwaltungsrecht wird von den Gerichten sowohl die Geeignetheit[255] als auch die Erforderlichkeit[256] und die Angemessenheit geprüft, wobei die Angemessenheitsprüfung in Form einer Nutzen-Schaden-Bilanz erfolgt.[257] Dabei führt nicht nur „offensichtliche Unangemessenheit" zur Unverhältnismäßigkeit der entsprechenden Maßnahme, sondern schon ein Überwiegen der Nachteile[258], was auf eine über eine reine Willkürkontrolle hinausgehende Prüfdichte schließen lässt. Zurückhaltender ist der Staatsrat allerdings bei der Verhältnismäßigkeitskontrolle von Gesetzen. Dies wird insbesondere am weiten Ermessensspielraum des Gesetzgebers bei der Kontrolle der Erforderlichkeit der Maßnahme deutlich.[259]

XIII. Italien

Italienische Gesetze sind bezüglich ihrer Grundrechtskonformität durch die Corte costitutionale als „Hüterin der Verfassung" überprüfbar, Art. 134 der italienischen

---

249 *Feger*, Jura 1987, S. 6, 10.

250 *Streinz*, Grundrechtsschutz, 1989, S. 138.

251 *Feger*, Jura 1987, S. 6, 10; *Flogaitis*, in: Schwarze, Verwaltungsrecht unter europäischem Einfluß, 1996, S. 409, 421.

252 Vgl. etwa *Panagopoulos*, DVBl. 1977, S. 154. Zur wörtlichen Übernahme der vier Aufhebungsgründe des französischen Rechts vgl. *Efstratiou*, in: Schwarze/Schmidt-Aßmann, Das Ausmaß der gerichtlichen Kontrolle, 1992, S. 111. 140.

253 Vgl. SE 2112/1984, zit. nach: *Ktistaki/Papadimitriou*, REDP 10 (1998), S. 925, 934.

254 Vgl. *Efstratiou*, in: Schwarze/Schmidt-Aßmann, Das Ausmaß der gerichtlichen Kontrolle, 1992, S. 111, 151.

255 *Efstratiou*, in: Schwarze/Schmidt-Aßmann, Das Ausmaß der gerichtlichen Kontrolle, 1992, S. 111, 150.

256 Dazu: *Ktistaki/Papadimitriou*, REDP 10 (1998), S. 925, 933f..

257 *Efstratiou*, Die gerichtliche Kontrolle administrativer Entscheidungen im griechischen Bau-, Umwelt- und Wirtschaftsverwaltungsrecht, in: Schwarze/Schmidt-Aßmann, Das Ausmaß der gerichtlichen Kontrolle im Wirtschaftsverwaltungs- und Umweltrecht, 1992, S. 111, 150.

258 *Efstratiou*, in: Schwarze/Schmidt-Aßmann, Das Ausmaß der gerichtlichen Kontrolle, 1992, S. 111, 150.

259 Vgl. *Ktistaki/Papadimitriou*, REDP 10 (1998), S. 925, 935.

Verfassung. Grundrechte werden dabei, wie in Deutschland, als subjektive öffentliche Rechte verstanden.[260] Allerdings gibt es keine Möglichkeit des Einlegens einer Verfassungsbeschwerde.[261] Die Überprüfung von Gesetzen erfolgt im Wege der Normenkontrolle.[262] Das Verfassungsgericht kann gemäß Art. 136 der Verfassung mit Gesetzeskraft Rechtsnormen für verfassungswidrig erklären. In einigen Urteilen hat es das Verhältnismäßigkeitsprinzip als Schranke des Gesetzgebers angewandt.[263]

Während der Grundsatz der Verhältnismäßigkeit unter dieser Bezeichnung erst durch die EuGH-Rechtsprechung Anerkennung gefunden hat[264], ist der Gedanke der Verhältnismäßigkeit der italienischen Rechtsordnung schon länger bekannt. Ähnlich wie im französischen Verwaltungsrecht fand er Anwendung im Prinzip der *raisonnabilité*, dem *excès* oder dem *détournement de pouvoir*.[265]

Nach dem Prinzip des „*buon andamento*" (ordnungsgemäßen Verfahrens) müssen Rechtsnormen eine geeignete Regelung in Bezug auf die spezifischen Sachgebietsanforderungen darstellen. Dieses Prinzip muss von allen, die mit der Anwendung der Gesetze betraut sind (vor allem von den Richtern und der Verwaltung) selbst dann beachtet werden, wenn der Gesetzgeber ihm nicht angemessen Rechnung getragen hat.[266] „Hierbei handelt es sich um eine jeder Rechtsordnung wesenseigene Auslegungsregel, dass die öffentlich-rechtliche Tätigkeit und Organisation durch die Regeln der Angemessenheit, der Verhältnismäßigkeit und der Vernünftigkeit gekennzeichnet sein müssen."[267]

Aus der Verankerung des Grundsatzes der Verhältnismäßigkeit in der von Italien ratifizierten EMRK wird geschlossen, dass ordentliche Gesetze keine Anwendung finden dürfen, wenn sie gegen den Grundsatz verstoßen. In jedem Fall müssen die Gesetze unter Berücksichtigung des Grundsatzes ausgelegt werden.[268]

---

[260] Z.B. Corte Cost. vom 14.2.1962, Nr. 5, abgedruckt bei *Lavagna*, La Costituzione Italiana, 1970, S. 568f.

[261] Dazu: *Stadler*, Die Berufsfreiheit in der Europäischen Gemeinschaft, 1980, S. 301.

[262] Vgl. *Monaco*, in: Grabitz, Grundrechte in Europa und USA, 1986, S. 363, 424.

[263] Vgl. etwa: Corte Cost. vom 16.3.1962, Nr. 19, bei *Lavagna*, La Costituzione Italiana, S. 240f.

[264] *Ubertazzi*, in: Kutscher, Verhältnismäßigkeit, 1985, S. 79; *Chitti*, in: Schwarze, Das Verwaltungsrecht unter europäischem Einfluß, 1996, S. 229, 248.

[265] *Ubertazzi*, in: Kutscher, Verhältnismäßigkeit, 1985, S. 79, 80.

[266] Capaccioli, Manuale di diritto amministrativa, Bd. I, 1983, S. 126.

[267] Capaccioli, Manuale di diritto amministrativa, Bd. I. 1983, S. 126.

[268] *Ubertazzi*, in: Kutscher, Verhältnismäßigkeit, 1985, S. 79, 81.

XIV. Portugal

Grundpfeiler der portugiesischen Verfassung vom 2. April 1976 sind die Rechtsstaatlichkeit und der Grundrechtsschutz.[269] Sie enthält zur Effektivierung dieser Grundsätze mehrere ausdrückliche Normierungen des Verhältnismäßigkeitsprinzips. So bestimmt etwa Art. 18 Abs. 3 der Verfassung für gesetzliche Grundrechtsbeschränkungen:

„Gesetze dürfen die in der Verfassung festgelegten Rechte, Freiheiten und Garantien nur in den in der Verfassung ausdrücklich genannten Fällen einschränken. Einschränkungen sind jedoch nur rechtmäßig insofern sie erforderlich sind, um andere von der Verfassung geschützte Rechte oder Interessen zu wahren."

In der portugiesischen Rechtsordnung ist der Grundsatz der Verhältnismäßigkeit (*princípio da proporcionalidade*) als verfassungsrechtlicher Maßstab für die Gesetzgebung anerkannt. Auch im portugiesischen Verwaltungsrecht ist das Verhältnismäßigkeitsprinzip anerkannt. Zu der in Art. 18 Abs. 2 der Verfassung an den Gesetzgeber gerichteten Eingriffsschranke ist im Zuge der dritten Verfassungsreform von 1989 die an die Verwaltung gerichtete Generalklausel des Art. 266 Abs. 2 getreten. Diese lautet:

„Die Organe und Vertreter der Verwaltung sind der Verfassung und dem Gesetz unterworfen und haben bei der Wahrnehmung ihrer Aufgaben unter Wahrung der Grundsätze der Gleichheit, Proportionalität, Gerechtigkeit und Unparteilichkeit zu handeln."

In Anlehnung an die deutsche Dogmatik ist der Grundsatz der Verhältnismäßigkeit die Zusammenfassung von drei Teilgrundsätzen. Diese sind der Grundsatz der Zweckmäßigkeit (*princípio da adequação*), welcher der Geeignetheit entspricht, der Grundsatz der Erforderlichkeit (*princípio da exigibilidade*) und der Angemessenheitsgrundsatz (*princípio da proporcionalidade en sentido restrido*).

Der Grundsatz der Verhältnismäßigkeit bindet seit Inkrafttreten der Verfassung[270] das gesamte hoheitliche Handeln von Legislative, Exekutive und Judikative. Nicht zuletzt die Absicherung der Grundrechte durch die Schaffung eines mit

---

269 Vgl. dazu ausführlich: *Amaral/Polackiewicz*, in: Hofmann/Marko/Merli/Wiederin, Rechtsstaatlichkeit in Europa, 1996, S. 141ff.

270 Das Verhältnismäßigkeitsprinzip wurde bereits vor Inkrafttreten der im Rahmen der ersten (Art. 18 Abs. 2) bzw. zweiten Verfassungsrevision (Art. 266 Abs. 2) von 1982 bzw. 1989 eingefügten Generalklauseln als übergreifendes Leitprinzip aus der Verfassung bzw. dem Rechtsstaatsprinzip abgeleitet, vgl. *Moreira Coardoso da Costa*, in: Starck, Grundgesetz und deutsche Verfassungsrechtsprechung, 1990, S. 171, 181; sowie *Polackiewicz*, JöR 41 (1993), S. 367, 389 m.w.N.

Weitere Positivierungen des Grundsatzes der Verhältnismäßigkeit finden sich im Staatsnotstandsrecht (Art. 19 Abs. 4 Verf.) und im Polizeirecht (Art. 272 Abs. 2 Verf.). Das Verhältnismäßigkeitsprinzip findet auch in Art. 28 Abs. 2 Verf. seinen Ausdruck, der die Anordnung der Untersuchungshaft nur für den Fall zulässt, dass andere Maßnahmen nicht ausreichen.

umfangreichen Kompetenzen ausgestatteten Verfassungsgerichts[271] führte dazu, dass der Grundsatz der Verhältnismäßigkeit heute in der portugiesischen Rechtsordnung in vielen Bereichen des öffentlichen Rechts Anwendung findet.[272]

Trotz der umfassenden verfassungsrechtlichen Absicherung des Grundsatzes der Verhältnismäßigkeit und der Anlehnung der Teilgrundsätze an die deutsche Dogmatik ist die Kontrolldichte in der Rechtsprechungspraxis bislang deutlich geringer als etwa im deutschen Recht.[273]

XV. Spanien

Eine Ausprägung des Grundsatzes der Verhältnismäßigkeit findet sich in Art. 9 Abs. 2 der spanischen Verfassung, wo der Staat verpflichtet wird, alle Voraussetzungen dafür zu schaffen, dass die Freiheit des Einzelnen wirksam wird.
Darüber hinaus enthält die auf die Gewährleistung der Rechtsstaatlichkeit ausgerichtete Verfassung[274] einen umfangreichen Grundrechtskatalog, der durch eine eigenständige Verfassungsgerichtsbarkeit[275] und die Möglichkeit der Individualverfassungsbeschwerde[276] abgesichert ist. Dies hat zu einer erheblichen Bedeutungssteigerung der Verhältnismäßigkeitskontrolle im Verfassungsrecht geführt.[277] So zieht die Rechtsprechung den Grundsatz der Verhältnismäßigkeit oft bei der Güterabwägung im Rahmen der Grundrechtsprüfung heran.[278]

Der spanische Gesetzgeber ist in besonderer Weise an die Grundrechte gebunden. Art. 53 der Verfassung enthält einen allgemeinen Gesetzesvorbehalt und eine Wesensgehaltsgarantie für die Grundrechte, indem er bestimmt, dass „die Ausübung dieser Rechte und Freiheiten" nur durch Gesetz geregelt werden kann[279] und dass dieses Gesetz in jedem Fall ihren Gehalt achten muss. Gesetze, die gegen die Verfassung verstoßen, können vom Verfassungsgericht für verfassungswidrig erklärt werden, Art. 161 Abs. 1a, 163 der spanischen Verfassung.

Nachdem das Verhältnismäßigkeitsprinzip im Verwaltungsrecht zunächst nur wenig Beachtung gefunden hat, ist es mittlerweile auch in der diesbezüglichen Rechtsprechung fest etabliert.[280] Das neue Verwaltungsverfahrensgesetz enthält

---

[271] Dazu: *Thomashausen*, EuGRZ 1981, S. 1, 14.
[272] Vgl. dazu etwa *Polackiewicz*, JöR 41 (1993), S. 367, 389f.
[273] *Polackiewicz*, JöR 41 (1993), S. 367, 402.
[274] Vgl. die Positivierungen der Rechtsstaatlichkeit in der Präambel bzw. Art. 1 Abs. 1 der Verfassung.
[275] Vgl. *Arnold*, in: Müller-Graff/Riedel, Gemeinsames Verfassungsrecht in der Europäischen Union, 1998, S. 123, 130.
[276] *Feger*, Jura 1987, S. 6, 14.
[277] Vgl. *Koch*, Verhältnismäßigkeit, 2003, S. 131.
[278] *Koch*, Verhältnismäßigkeit, 2003, S. 131, insbesondere Fn. 612.
[279] Zu den Grundrechtsschranken vgl. *Prats-Canut*, in: Grabitz, Grundrechte in Europa,1986, S. 651, 685ff.
[280] Vgl. *Koch*, Verhältnismäßigkeit, 2003, S. 132.

zwei ausdrückliche Positivierungen des *principio de proporcionalidad*. In Art. 96 Abs. 1 wird die Verwaltung bei der Anwendung von Verwaltungszwang ausdrücklich an den Verhältnismäßigkeitsgrundsatz gebunden, und Art. 131 Abs. 3 verpflichtet die Verwaltung, bei der Verhängung von Verwaltungssanktionen ein angemessenes Verhältnis zwischen der Schwere der Rechtsverletzung und der gewählten Sanktion zu wahren.[281]

In Anlehnung an das deutsche Recht erfolgt mittlerweile die Prüfung des Grundsatzes der Verhältnismäßigkeit anhand der drei Teilgrundsätze Geeignetheit, Erforderlichkeit und Angemessenheit.[282] Sowohl im Verfassungs- als auch im Verwaltungsrecht hat die anfangs als zu gering empfundene Kontrolldichte zugenommen.[283]

XVI. Verhältnismäßigkeitsprinzip in der EMRK

1. Anerkennung

Der Grundsatz der Verhältnismäßigkeit ist sowohl in der Spruchpraxis der Europäischen Kommission für Menschenrechte[284] als auch in der Rechtsprechung des Europäischen Gerichtshofs für Menschenrechte anerkannt.[285]

Die EMRK und ihre Zusatzprotokolle enthalten mehrere Vorschriften, wonach Beschränkungen der Freiheitsgarantien „erforderlich"[286], „unbedingt erforderlich"[287], „notwendig"[288] oder „gerechtfertigt"[289] sein müssen. Ohne eine darüber hinausgehende Kodifizierung des Verhältnismäßigkeitsprinzips in der EMRK zugrunde legen zu können hat der Europäische Gerichtshof für Menschenrechte

---

281 Zum strafrechtlichen Ursprung dieser Norm vgl. *Garcia de Enterria/Ortega*, in: Schwarze, Das Verwaltungsrecht unter europäischem Einfluß 1996, S. 695, 704.

282 Vgl. dazu: *Gonzáles Encinar*, in: Hofmann/Marko/Merli/Eiederin, Rechtstaatlichkeit in Europa 1996, S. 167, 191; vgl. auch *Sommermann*, Grundrechte in Spanien, 1983, S. 243ff.

283 *Koch*, Verhältnismäßigkeit, 2003, S. 135f. mit Rechtsprechungsnachweisen.

284 Vgl. dazu *Schwarze*, Europäisches Verwaltungsrecht, Bd. II, 1988, S. 686ff.

285 Vgl. dazu: *Eissen*, in: Macdonald, Protection of Human Rights, 1993, S. 125, 126; *Fromont*, AJDA 1995, S. 156, 159; *Fitte-Duval*, AJDA 1997, S. 731, 742.

286 Art. 1 Abs. 2 Protokoll Nr. 7 (Ausweisung von Ausländern).

287 Art. 2 Abs. 2 EMRK (Recht auf Leben); Art. 15 Abs. 1 EMRK (Notstandsklausel).

288 Art. 5 Abs. 2c EMRK (Festnahmerecht); Art. 8 Abs. 2 EMRK (Achtung der Privatsphäre); Art. 9 Abs. 2 EMRK (Religions- und Gewissensfreiheit); Art. 10 Abs. 2 EMRK (Meinungsfreiheit). Die deutsche Übersetzung „unentbehrlich" entspricht nicht dem englischen und französischen Text, in dem die Begriffe „necessary" bzw. nécessaire" verwendet wurden.; Art. 11 Abs. 2 EMRK (Versammlungs- und Vereinigungsfreiheit); Art. 2 Abs. 3 Protokoll Nr. 4 (Freizügigkeit).

289 Art. 2 Abs. 4 Protokoll Nr. 4.

aus den genannten Klauseln[290] eine eigenständige Verhältnismäßigkeitskontrolle entwickelt[291], die bereits in frühen Urteilen des EGMR anklingt, indem er Abwägungen zwischen Grundrechten und Allgemeininteressen vornahm.[292] Die Bedeutung der Verhältnismäßigkeit beschränkt sich nicht auf die genannten ausdrücklich geregelten Schrankenvorbehalte[293], sondern der Grundsatz erlangt überall dort Bedeutung, wo es um einen angemessenen Ausgleich zwischen individuellem und staatlichem Interesse geht.[294]

2. Spezifische Struktur

Die Straßburger Organe haben eine eigenständige Prüfungsstruktur für den Grundsatz der Verhältnismäßigkeit entwickelt, die nur eine entfernte Ähnlichkeit mit dem aus Deutschland bekannten dreistufigen Modell hat.[295]

Eine Rechtfertigung von Eingriffen in Konventionsrechte ist abhängig von drei Voraussetzungen[296]: Der Eingriff muss eine gesetzliche Grundlage haben, ein legitimes Ziel verfolgen und „notwendig in einer demokratischen Gesellschaft" sein.[297]

Indem der EGMR nach einem „legitimen Ziel" im Sinne der jeweils einschlägigen Paragraphen fragt, bezieht er sich auf die differenzierte Schrankensystematik der Menschenrechtskonvention, die zwischen schrankenlosen Grundrechten[298]

---

[290] Da sich diese überwiegend im jeweils zweiten Absatz der Grundrechtsbestimmung finden, ist mittlerweile der Begriff der "paragraphs 2" gebräuchlich. Vgl. *Cremona*, in: FS *Bernhardt*, 1995, S. 323, 327.

[291] Vgl. etwa zum Schutz der Privatsphäre EGMR (Dudgeon) Urt. vom 22.10.1981, Series A no 45; zur Meinungsfreiheit EGMR (Sunday Times/Großbritannien) Urt. vom 26.04.1979, Series A no 30; zur Vereinigungsfreiheit EGMR (Young u.a./Großbritannien) Urt. vom 13.08.1981, Series A no 44; zur Gewissensfreiheit EGMR (Kokkinakis/Griechenland), Urt. vom 25.05.1993, Series A no 260A.

[292] Vgl. etwa EGMR (Lawless) Urt. vom 01.07.1961, Series A no 3 Rn. 32. Im Belgischen Sprachenfall (EGMR Urt. vom 23.07.1968, Series A no 6), der das Diskriminierungsverbot des Art. 14 EMRK betraf, benutzte der EGMR erstmals den Begriff „Verhältnismäßigkeit".

[293] *Fromont*, AJDA 1995, S. 156, 159; *Eissen*, in: Macdonald, Protection of Human Rights, 1993, S. 125, 131; *Iliopoulos*-Strangas, RabelsZ 63 (1999), S. 414, 428.

[294] So prüft der EGMR etwa im Rahmen von Art. 6 Abs. 1 EMRK bei Beeinträchtigungen des Rechts auf rechtliches Gehör regelmäßig, ob die Rechte des Klägers in unverhältnismäßiger Weise beschränkt wurden. Vgl. etwa EGMR (Osman/Großbritannien) Urt. vom 28.10.1998. Erstmals in: EGMR (Sporrong und Lönn*Roth*) Urt. vom 23.09.1982, Series A no 52, Rn. 69ff.

[295] Vgl. *Iliopoulos*-Strangas, RabelsZ 63 (1999), S. 414, 449f.

[296] Vgl. EGMR (Sunday Times/Großbritannien) Urt. vom 26.04.1979, Series A no 30, Rn. 59.

[297] Vgl. zu diesen Punkten auch: *Viout*, in: Barreaux de Liège, Le principe de proportionnalité en droit belge et en droit français, 1995, S. 187, 189; *Cremona*, in: FS *Bernhardt*, 1995, S. 323, 327.

[298] Vgl. etwa Art. 3 EMRK (Folterverbot); Art. 4 Abs. 1 EMRK (Verbot der Sklaverei); Art. 12 EMRK (Recht auf Eheschließung).

und solchen, die aus bestimmten, in den Normen jeweils genannten Gründen[299] beschränkt werden dürfen, unterscheidet. Obwohl die Bindung an bestimmte Zwecke durch das Missbrauchsverbot des Art. 18 EMRK bekräftigt wird[300], ist diese Rechtmäßigkeitsvoraussetzung in der Praxis keine wesentliche Hürde für die Rechtfertigung von Eingriffen, sondern dient vor allem der Benennung des jeweils verfolgten (und dann abzuwägenden) öffentlichen Interesses. Die Prüfung der Verfolgung eines zulässigen Ziels ist also eine Vorfrage der Verhältnismäßigkeitsprüfung.[301]

Unter dem Punkt „Notwendigkeit" prüft der EGMR nicht, ob gegebenenfalls ein milderes gleich wirksames Mittel zur Zielerreichung zur Verfügung stünde. Entgegen der deutschen Terminologie kontrolliert er unter diesem Punkt vielmehr, ob zwischen dem Mittel und dem angestrebten Ziel ein vernünftiges Verhältnis bestand.[302] Die Notwendigkeitsprüfung ist also eine Abwägung zwischen verfolgtem Ziel und beeinträchtigtem Grundrecht. Dabei prüft der EGMR sehr sorgfältig den „gerechten Ausgleich" zwischen den beiden widerstreitenden Interessen und legt somit den Schwerpunkt der Verhältnismäßigkeitsprüfung auf die Prüfung der Angemessenheit der Maßnahme.[303]

Als weitere Schranke für Grundrechtseingriffe führen die Konventionsorgane regelmäßig den unantastbaren Wesensgehalt („very essence of a right") des jeweiligen Rechts an.[304]

---

299 Als solche werden in den verschiedenen Artikeln etwa genannt: Die innere und äußere Sicherheit, die öffentliche Ordnung; die Verbrechensverhütung, der Gesundheitsschutz, die territoriale Integrität, die gesunde Wirtschaftsentwicklung, der Schutz der unabhängigen Justiz, der Schutz von Rechten anderer etc. Vgl. dazu auch: *Viout*, in: Barreaux de Liège, Le principe de proportionnalité en droit belge et en droit français, 1995, S. 187, 189; sowie *Ermacora*, in: Kutscher, Der Grundsatz der Verhältnismäßigkeit in europäischen Rechtsordnungen, 1985, S. 67, 72

300 Vgl. zum Zusammenhang zwischen Missbrausverbot und Verhältnismäßigkeit: *Fitte-Duval*, AJDA 1997, S. 731, 742; *Viout*, in: Barreaux de Liège, Le principe de proportionnalité en droit belge et en droit français, 1995, S. 187, 191.

301 So auch: *Viout*, in: Barreaux de Liège, Le principe de proportionnalité en droit belge et en droit français, 1995, S. 187, 189; *Cremona*, in: FS *Bernhardt* 1995, S. 323, 327.

302 Im Urteil vom 26.09.1995 (Vogt/Deutschland) Series A no 323, Rn. 52 führt er zu diesem Prüfungspunkt aus:
„(...)what the Court has to do is to look at the interference complained of in the light of the case as a whole and determine whether it was proportionate to the legitimate aim persued (...)."

303 Vgl. dazu *Fitte-Duval*, AJDA 1997, S. 731, 742f.

304 Vgl. erstmals EGMR (Winterwerp) Urt. vom 24.10.1979, Series A no 33.

3. Kontrolldichte

Die sogenannte *doctrine of margin of appreciation*[305], die ursprünglich geschaffen wurde, um gegebenenfalls durch eine Einschränkung der Kontrolldichte auf die unterschiedlichen sozialen, wirtschaftlichen und politischen Verhältnisse in den EMRK-Staaten zu reagieren[306], wurde vom EGMR zu einer differenzierten Kontrolldichte-Doktrin ausgebaut. Dadurch erweist sich das Verhältnismäßigkeitsprinzip, durch das mithilfe einer abgestuften Kontrolldichte nationale Freiräume und internationale Kontrolle miteinander in Abstimmung gebracht werden können[307], als wirksames Korrektiv zur Begrenzung nationaler Handlungsspielräume und zur effektiven Durchsetzung der Konventionsrechte.

Der Gerichtshof hat dabei verschiedene Faktoren herausgearbeitet, von denen die Intensität der jeweiligen Ermessenskontrolle abhängt. Zunächst resultiert eine unterschiedliche Kontrolldichte schon aus der beschriebenen Schrankensystematik der Konvention. Die Organe unterscheiden aber nicht nur zwischen beschränkbaren und schrankenlosen Grundrechten, sondern analysieren genau, welche Art der Beschränkung die Konventionsnorm im Einzelnen zulässt.[308] Große Bedeutung bei der Abstufung der Kontrolldichte misst der EGMR der Natur des betroffenen Grundrechts zu.[309] Der Maßstab ist dabei umso strenger, je mehr sich die jeweiligen Grundrechte als „unabdingbare Fundamente der demokratischen Gesellschaft"[310] erweisen, wie etwa die Meinungsfreiheit[311] oder die Glaubensfreiheit[312]. Eine Abstufung der Kontrolldichte der Verhältnismäßigkeitsprüfung nimmt der EGMR auch bei der Prüfung von Eingriffen in das Eigentum vor, wo er das Ermessen beim Entzug weit strenger kontrolliert als bei einer bloßen Nutzungsbeschränkung.[313] Auch im Bereich wirtschaftspolitischer Entscheidungen nimmt der EGMR seine Kontrolldichte zurück.[314]

XVII. Zwischenergebnis

Zusammenfassend ist festzuhalten, dass der Grundsatz der Verhältnismäßigkeit sowohl in den einzelnen Mitgliedstaaten als auch im Recht der EMRK als Instrument zur Schaffung eines Ausgleichs zwischen individuellem und staatlichem

---

[305] Vgl. dazu *Callies*, EuGRZ 1996, S. 293, 294.
[306] Vgl. erstmals EGMR (Belgischer Sprachenfall) Urt. vom 23. 07.1968, Series A no 6.
[307] So *Callies*, EuGRZ 1996, S. 293, 295.
[308] Erstmals ausführlich im Handyside-Urteil vom 07.12.1976, Series no 24.
[309] Vgl. dazu auch: *Cremona*, in: FS Berhardt, 1995, S. 323, 328.
[310] EGMR (Vogt/Deutschland) Urt. vom 26.09.1995, Series A no 323, Rn. 52ff.
[311] EGMR (Vogt/Deutschland) Urt. vom 26.09.1995, Series A no 323, Rn 61f.
[312] EGMR (Kokkinakis/Griechenland) Urt. vom 25.05.1993, Series A no 260A.
[313] Peukert, in: *Frowein*/Peukert, EMRK-Kommentar, 1996, Art. 1 des 1. ZP, Rn. 63.
[314] EGMR (Jakubowski) Urt. Vom 23.06.1994, EuGRZ 1996, S. 308, Ziff. 26; vgl. auch *Iliopoulos*-Strangas, in: RabelsZ 63 (1999), S. 414, 425.

Interesse Anwendung findet. Die größte Bedeutung hat er bislang im deutschen Recht erlangt, wo eine umfangreiche Bindung aller drei Gewalten an den Verhältnismäßigkeitsgrundsatz besteht, und insbesondere das BVerfG auch gesetzgeberische Entscheidungen auf ihre Verhältnismäßigkeit überprüft. In anderen Ländern hat er erst unter dem Einfluss der EMRK und der EuGH-Rechtsprechung Anerkennung bzw. eine Bedeutungserhöhung erfahren.[315] Dogmatik und Prüfungsintensität des Grundsatzes unterscheiden sich dabei in den einzelnen Rechtsordnungen erheblich voneinander. In Ländern, in denen – wie in Deutschland – eine gesetzgeberische Bindung an den Grundsatz der Verhältnismäßigkeit angenommen wird[316] ist die gerichtliche Kontrolle im Gegensatz zum deutschen Recht oft durch eine größtmögliche Zurückhaltung gegenüber dem Gesetzgeber gekennzeichnet. In vielen Staaten ist eine (verfassungs-)gerichtliche Überprüfung des Gesetzgebers überhaupt nicht vorgesehen[317], entweder weil den Grundrechten eine nur geringe praktische Bedeutung zukommt[318] oder weil davon ausgegangen wird, dass der Gesetzgeber die Grundrechte nicht verletzt, sondern erst verwirklicht[319]. Auch das Fehlen einer Verwaltungs- und/oder Verfassungsgerichtsbarkeit und die fehlende Möglichkeit des Einlegens einer Individualverfassungsbeschwerde[320] führen dazu, dass dem Grundsatz der Verhältnismäßigkeit in den meisten Mitgliedstaaten eine deutlich geringere Bedeutung als im deutschen Recht zukommt. Darüber hinaus wird das Gewaltenteilungsprinzip beziehungsweise der Vorrang des Parlaments als Argument gegen die Überprüfung von Gesetzen angeführt.[321] Dem Richter obliege nicht die Überprüfung von Tatsachenfragen. Wo der Verhältnismäßigkeitsgrundsatz Anwendung findet, geht seine Anwendung also meist mit einer deutlich geringeren gerichtlichen Kontrolldichte als etwa im deutschen Recht einher. Oft geht die Kontrollintensität nicht über eine Evidenzkontrolle hinaus.[322] Doch lässt die geringere Bedeutung, die dem Grundsatz der Verhältnismäßigkeit als Prüfungsmaßstab in den meisten Mitgliedstaaten im Vergleich zu Deutschland zukommt, nicht auf einen geringeren Individualrechtsschutz schließen. Vielmehr haben sich in vielen Staaten[323] andere Instrumente entwickelt, die die Funktion des Grundsatzes der Verhältnismäßigkeit ersetzen, wie etwa Grundsätze des Vertrauensschutzes oder das Diskriminierungsverbot. Verhältnismäßigkeitserwägungen werden auch unter den Erwägungen zum allgemeinen Gerech-

[315] So etwa in Belgien, den Niederlanden, Schweden, Großbritannien.
[316] Etwa Belgien oder Östereich.
[317] Etwa in Frankreich; Luxemburg, Dänemark, Finnland, Großbritannien.
[318] Vgl. etwa Niederlande, Dänemark, Schweden.
[319] Vgl. Frankreich.
[320] Vgl. z.B. Niederlande, Dänemark, Griechenland, Italien.
[321] So etwa in Luxemburg, Dänemark, Schweden, Großbritannien.
[322] Vgl. Belgien; Niederlande, Schweden, Frankreich, Großbritannien, Portugal.
[323] Vgl. z.B. Frankreich, Großbritannien, Italien.

tigkeitsprinzip angestellt, wobei der Schwerpunkt der Verhältnismäßigkeitsprüfung auf der Interessenabwägung liegt.[324]

Als übereinstimmende Besonderheit sei darauf hingewiesen, dass die Kontrollintensität im Bereich des Wirtschaftsverwaltungsrechts selbst in den Rechtsordnungen gering ist, die üblicherweise eine intensive Verhältnismäßigkeitskontrolle vornehmen, wie dies etwa in Deutschland oder im Recht der EMRK der Fall ist.

---

[324] So etwa in: Belgien, den Niederlanden, Frankreich und Irland.

2. Teil: Der gemeinschaftsrechtliche Grundsatz

A. Entwicklung des Verhältnismäßigkeitsgrundsatzes durch den EuGH

Nach heutigem europäischem Verständnis ist der Grundsatz der Verhältnismäßigkeit notwendiger Bestandteil jeder nationalen, supranationalen oder internationalen Rechtsordnung.[325] Er gilt sowohl im allgemeinen Völkerrecht[326] als auch speziell im Anwendungsbereich der EMRK.[327] Ebenso ist der Grundsatz der Verhältnismäßigkeit in den meisten Rechtsordnungen der Mitgliedstaaten der EU als grundlegendes Verfassungsprinzip anerkannt.[328] Vor Inkrafttreten des Maastrichter Vertrages gab es keine ausdrückliche Kodifikation des Grundsatzes im Gemeinschaftsrecht. Seine Geltung beruhte ausschließlich auf der Rechtsprechung des EuGH[329], dessen Herleitung als „allgemeines Rechtsprinzip des Gemeinschaftsrechts"[330], sowie dessen Herausarbeitung des spezifisch gemeinschaftsrechtlichen Inhalts und der Reichweite des Grundsatzes.[331]

I. Anerkennung

Das erste Urteil, in dem der EuGH den Grundsatz der Verhältnismäßigkeit als Maßstab für die Beurteilung von Gemeinschaftsrechtsakten anerkannt hat, war das Urteil „Fedechar" vom 29.11.1956.[332] Die Anfänge der Rechtsprechung des

---

325 Vgl. *Mosler*, ZaöRV 36 (1976) S. 6, 45, der den Verhältnismäßigkeitsgrundsatz als "allgemeinen Gestaltungsgrundsatz jeder Rechtsordnung" bezeichnet; ferner *Pache*, NVwZ 1999, S. 1033.

326 Vgl. *Kutscher*, in: Ders., Verhältnismäßigkeit, 1985, S. 89, 95; *Schwarze*, Europäisches Verwaltungsrecht Bd. II 1988, S. 685f.; *Hilf*/Puth, in: v. Bogdandy/Mavroidis/Mény, European Integration and International Co-ordination, 2002, S. 199ff.

327 Vgl. *Pollak*, Verhältnismäßigkeitsprinzip und Grundrechtsschutz, 1991, S. 49f.

328 EuGH Rs. 265/87, Schräder/Hauptzollamt Gronau, Slg. 1989, 2237, Rn. 20ff.; verb. Rs. C-296/93 und C-307/93, Frankreich und Irland/Kommission, Slg. 1996, I-795, Rn. 30 m.w.N.; insbesondere für den ÖstVfGH vgl. auch: *Pollak*, Verhältnismäßigkeitsprinzip und Grundrechtsschutz, 1991, S. 130ff.

329 Vgl. zur Kompetenz des EuGH zu einer solchen Rechtsfortbildung: *Everling*, JZ 2000, S. 217, 218ff.

330 Vgl. *Schwarze*, Das Verwaltungsrecht unter europäischem Einfluß, 1996, S. 15 m.w.N.; *Zuleeg*, VVDStRL 53 (1994), S. 154, 170f. m.w.N.

331 *Ress* in: Kutscher, Der Grundsatz der Verhältnismäßigkeit in europäischen Rechtsordnungen, 1985, S. 5, 37 m.w.N.; vgl. auch *Oppermann*, Europarecht, 1999, Rn. 482ff.

332 EuGH Rs. 8/55, Fédération Charbonnière de Belgique/Hohe Behörde, Slg. 1955/56, 297, 311 In dieser Entscheidung zum EGKS-Vertrag hat der EuGH ausgeführt, dass das Vorgehen des Hohen Behörde gegen unerlaubte Verhaltensweisen bestimmter Unternehmen einem allgemein anerkannten Rechtssatz zufolge zu dem Ausmaß dieses Verhaltens „in einem gewissen Ver-

EuGH lassen sich damit weit vor die Anerkennung von Gemeinschaftsgrundrechten zurückverfolgen[333], womit dem Grundsatz der Verhältnismäßigkeit in der Rechtsprechung des EuGH zunächst eine Ersatzfunktion für den in der Gemeinschaftsrechtsordnung noch nicht anerkannten Schutz von Individualinteressen vor Gemeinschaftsrechtsakten zukam.[334]

Zunächst hat der EuGH den Grundsatz nur bei der Kontrolle einzelner Aspekte des Handelns der Gemeinschaftsorgane, so vor allem exekutiver Akte der Kommission, herangezogen.[335] Seit der Entscheidung „Internationale Handelsgesellschaft" vom 17.12.1970[336] ist der Verhältnismäßigkeitsgrundsatz aber auch als allgemeines gemeinschaftliches Rechtsprinzip zur Begrenzung sämtlicher belastender gemeinschaftsrechtlicher Maßnahmen anerkannt. Seitdem wird er vom EuGH in ständiger Rechtsprechung als Maßstab zur Prüfung belastender Gemeinschaftsrechtsakte in nahezu allen Bereichen des Verwaltungshandelns und der Gesetzgebung herangezogen.[337]

Mittlerweile hat sich der Grundsatz darüber hinaus von einem verwaltungsrechtlichen zu einem verfassungsrechtlichen Prinzip entwickelt.[338] Dabei dient er zugleich als Auslegungsmaxime[339] und als Prüfungsmaßstab.[340] Seine Aufgabe als Auslegungsmaxime erfüllt der Grundsatz der Verhältnismäßigkeit, wenn „wie im Gemeinschaftsrecht die Zuordnung von Interessen zwischen drei Ebenen derart geboten ist, dass die in den Gemeinschaftszielen und -aufgaben enthaltenen Grundrechte als Institutionen gleichzeitig in ihrem objektiven Normgehalt als effektive Individualfreiheit für alle optimal zur Geltung kommen."[341] In dieser Aufgabe liegt zugleich die Schwierigkeit der Abwägung und einer der maßgeblichen Unterschiede zwischen dem mitgliedstaatlichen Verhältnismäßigkeitsgrund-

---

hältnis stehen" müsse. Vgl. auch die Rechtsprechungsnachweise bei *Schiller*, RIW 1983, S. 928, 929.

333 Diese erfolgte erst 13 Jahre später durch das Urteil vom 12.11.1969, EuGH Rs. 29/69, Stauder/Stadt Ulm, Slg. 1969, 419; vgl. ferner *Pollak*, Verhältnismäßigkeitsprinzip und Grundrechtsschutz, 1991, S. 34; *Pache*, NVwZ 1999, S. 1033, 1034.

334 *Schwarze*, Europäisches Verwaltungsrecht Bd. II 1988, S. 701; *Pollak*, Verhältnismäßigkeitsprinzip und Grundrechtsschutz 1991, S. 41; *Pache*, NVwZ 1999, S. 1033, 1034

335 *Schwarze*, Europäisches Verwaltungsrecht Bd. II 1988, S. 699; *Pollak*, Verhältnismäßigkeitsprinzip und Grundrechtsschutz, 1991, S. 17

336 EuGH Rs. 11/70, Internationale Handelsgesellschaft, Slg. 1970, 1125.

337 *Schwarze*, NJW 1986, S. 1067, 1069; *Pollak*, Verhältnismäßigkeitsprinzip und Grundrechtsschutz, 1991, S. 36.

338 Vgl. nur seit dem Vertrag von Maastricht die Verankerung in Art. 5 Abs. 3 EUV (Art. 3b Abs. 3 a.F.).

339 Deutlich etwa in EuGH Rs. 29/69, Stauder, Slg. 1969, 419, Rn. 4 und 7.

340 Vgl. EuGH Rs. 11/70, Internationale Handelsgesellschaft, Slg. 1970, 1125; deutlicher in der Rs. 4/73, Nold, Slg. 1974, 491, Rn. 14.

341 *Pernice*, Grundrechtsgehalte im Europäischen Gemeinschaftsrecht 1979, S. 231.Nach der deutschen Kritik an der Anwendung des Grundsatz der Verhältnismäßigkeit durch den EuGH ist diese Optimierung jedoch nicht mehr gewährleistet.

satz und dem gemeinschaftsrechtlichen. Während es im ersten Fall um die (verhältnismäßige) Zuordnung von zwei einander gegenüberstehenden Interessen, dem individuellen und dem Allgemeininteresse geht, sind bei der Abwägung im Rahmen des gemeinschaftsrechtlichen Grundsatzes oft drei sich gegenüberstehende Interessen zu berücksichtigen, das Individualinteresse, das Gemeinschaftsinteresse und das mitgliedstaatliche Interesse. Dies führt zu einer noch größeren Schwierigkeit der Rationalisierbarkeit der Abwägungsentscheidung als dies etwa in mitgliedstaatlichen Rechtsordnungen der Fall ist. Einen Ausgleich können hier etwa verfahrensrechtliche oder organisatorische Schutzstandards schaffen, welche die Abwägungsentscheidung determinieren.

Als Prüfungsmaßstab dient der Verhältnismäßigkeitsgrundsatz dem EuGH oftmals als Wesensgehaltssperre für Eingriffe der Gemeinschaftsorgane in Grundrechte. Diese Funktion des Grundsatzes hat im Gemeinschaftsrecht eine große Bedeutung, da hier – anders als im nationalen Verfassungsrecht – keine ausdrücklich formulierten Schranken für Grundrechtseingriffe existieren. Der Grundsatz der Verhältnismäßigkeit ist daher eine maßgebliche Schranke für die Gemeinschaftsrechtsetzung und -anwendung.[342]

II. Herleitung

Der EuGH hat den Grundsatz der Verhältnismäßigkeit auf verschiedene Rechtsquellen gestützt.[343] Zunächst hat er die Bestimmungen des Vertragsrechts herangezogen, die ausdrücklich die Erforderlichkeit oder Notwendigkeit bestimmter Maßnahmen als Voraussetzung für gemeinschaftsrechtliches oder mitgliedstaatliches Handeln fordern.[344] Aus den einzelnen positiven Normierungen bestimmter Bestandteile des Verhältnismäßigkeitsgrundsatzes im Gemeinschaftsrecht hat er hergeleitet, dass dieser Grundsatz über den Bereich seiner ausdrücklichen Kodifikation hinaus als allgemeines Prinzip im gesamten Gemeinschaftsrecht gelte.[345]

---

342 Vgl. *Ress* in: Kutscher, Der Grundsatz der Verhältnismäßigkeit in europäischen Rechtsordnungen, 1985, S. 5, 41. Vgl. neuerdings auch die Normierung in Art. II-52 der Charta der Grundrechte der Europäischen Union (ABl. 2000/C 364/01).

343 Dabei ist eine Orientierung an den verschiedenen Herleitungssträngen des deutschen Grundsatzes der Verhältnismäßigkeit unverkennbar. Vgl. dazu v. *Arnauld*, JZ 2000, S. 276ff., der jedoch die klassischen Herleitungsversuche ablehnt und einen normtheoretischen Ansatz verfolgt (S. 278ff.).

344 So etwa in Rs. 11/70, Internationale Handelgesellschaft , Slg. 1970, 1125, Rn. 6ff.; vgl. auch *Kutscher* in: Ders. u.a., Der Grundsatz der Verhältnismäßigkeit in europäischen Rechtsordnungen, 1985, S. 89, 91; *Schwarze*, Europäisches Verwaltungsrecht Bd. II 1988, S. 692ff.; *Pollak*, Verhältnismäßigkeitsprinzip und Grundrechtsschutz, 1991, S. 36ff.; *Pache*, NVwZ 1999, S. 1033, 1034.

345 Zu diesem Begründungsansatz vgl. *Kutscher* in: Ders., Der Grundsatz der Verhältnismäßigkeit in europäischen Rechtsordnungen, 1985, S. 89, 91f..

In der Literatur wird der Grundsatz auch als Bestandteil des gemeinschaftsrechtlichen Rechtsstaatsprinzips[346] oder als gewohnheitsrechtlich geltender Bestandteil des Gemeinschaftsrechts mit völkerrechtlichem Ursprung angesehen.[347]

Vom EuGH schließlich wird auch die von ihm zur Gewinnung allgemeiner Rechtsgrundsätze angewandte Methode wertender Rechtsvergleichung der mitgliedstaatlichen Rechtsordnungen als Grundlage der Geltung des Verhältnismäßigkeitsgrundsatzes herangezogen[348], da sich die Geltung zumindest einzelner Elemente des Grundsatzes in den Rechtsordnungen der meisten Mitgliedstaaten der Gemeinschaft nachweisen lässt.[349] Dies gilt insbesondere für die Staaten, in denen die EMRK unmittelbar geltendes Recht ist. Dementsprechend hat der EuGH in seiner Judikatur zu Grundrechten oder Grundfreiheiten des Öfteren auf den Grundsatz der Verhältnismäßigkeit wie er im jeweiligen Absatz 2 der Artikel 8 bis 11 EMRK, in Art. 1 des 1. Zusatzprotokolls und in Art. 2 Abs. 3 und 4 des 4. Zusatzprotokolls festgelegt ist, Bezug genommen.[350] Der Entwicklung des Grundsatzes der Verhältnismäßigkeit aus der EMRK sowie der Entwicklung aus der wertenden Rechtsvergleichung der Rechtsordnungen der Mitgliedstaaten kommt daher in der neueren Judikatur besondere Bedeutung zu.[351]

III. Bestandteile

Im Hinblick auf die Terminologie und die Anzahl der Teilgrundsätze hat der Verhältnismäßigkeitsgrundsatz vom deutschen Recht aus Eingang in das Gemeinschaftsrecht gefunden.[352] So bedient sich der EuGH ebenso wie das deutsche BVerfG der Begriffe Geeignetheit, Erforderlichkeit und Angemessenheit, um die

[346] So insbes. *Ipsen*, Europäisches Gemeinschaftsrecht 1972, S. 512; vgl. auch *Schwarze*, Europäisches Verwaltungsrecht Bd. II 1988, S. 694ff. m.w.N.

[347] Vgl. *Ress* in: Kutscher, Der Grundsatz der Verhältnismäßigkeit in europäischen Rechtsordnungen, 1985, S. 5, 38 m.w.N.

[348] EuGH Rs. 36/75, Rutili, Slg. 1975, 1219, Rn. 32 – mit ausdrücklicher Bezugnahme auf die EMRK ; vgl. auch *Pollak*, Verhältnismäßigkeitsprinzip und Grundrechtsschutz, 1991, S. 38; *Schwarze*, Europäisches Verwaltungsrecht Bd. II 1988, S. 696f.

[349] Vgl. den rechtsvergleichenden Überblick bei *Schwarze*, Europäisches Verwaltungsrecht Bd. II 1988, S. 664ff.; *Heinsohn*, Verhältnismäßigkeit 1997, S. 130ff.; *Pollak*, Verhältnismäßigkeitsprinzip und Grundrechtsschutz, 1991, S. 69ff.

[350] *Pollak*, Verhältnismäßigkeitsprinzip und Grundrechtsschutz, 1991, S. 49f.; *Mahrenholz*, JöR 49 (2001), S. 15, 22.

[351] Die Bedeutung wird unterstrichen durch die Verankerung dieser beiden Rechtserkenntnisquellen für die Gemeinschaftsgrundrechte in Art. 6 Abs. 2 EUV.

[352] Vgl. *Pollak*, Verhältnismäßigkeitsprinzip und Grundrechtsschutz 1991, S. 122; *Schwarze*, Europäisches Verwaltungsrecht Bd. II 1988, S. 832 m.w.N; *Pache*, NVwZ 1999, S. 1033, 1036; *Heinsohn*, Verhältnimäßigkeit, 1997, S. 75f.

einzelnen Teilgrundsätze des Verhältnismäßigkeitsgrundsatzes zu bezeichnen.[353] Im Rahmen der Geeignetheit einer Maßnahme wird untersucht, ob mit der Maßnahme ein zulässiges Ziel verfolgt wird und ob die Maßnahme zur Erreichung dieses Ziels grundsätzlich geeignet ist.[354] Die Erforderlichkeitsprüfung spielt in der Rechtsprechung des EuGH die bedeutendste Rolle.[355] Hier überprüft der Gerichtshof, ob das Ziel durch eine andere, die betroffene Rechtsposition weniger beeinträchtigende Maßnahme erreicht werden könnte, ob also ein milderes Mittel zur ebenso effektiven Zweckerreichung zur Verfügung steht.[356] Im Rahmen der Angemessenheit schließlich prüft der EuGH, ob der zu erwartende Erfolg einer Maßnahme in einem angemessenen Verhältnis zu den durch die Maßnahme hervorgerufenen Beeinträchtigungen steht, indem er eine Abwägung zwischen dem Nutzen der Maßnahme für die Allgemeinheit und dem Ausmaß der Beeinträchtigung gemeinschaftsrechtlich geschützter Rechtspositionen vornimmt.[357] Die Prüfung, die der EuGH im Rahmen der Verhältnismäßigkeitskontrolle vornimmt, entspricht trotz dieser Gemeinsamkeiten mit dem deutschen Recht aber eher dem französischen Modell in Form einer objektiv-rechtlichen Legalitätskontrolle.

B. Positivierung des Verhältnismäßigkeitsprinzips im EGV

In dem durch den Vertrag von Maastricht eingefügten Art. 5 Abs. 3 EGV[358] heißt es: „Die Maßnahmen der Gemeinschaft gehen nicht über das für die Erreichung der Ziele dieses Vertrags erforderliche Maß hinaus."

In dieser Norm wird nach übereinstimmender Lehre und Judikatur die Positivierung des bereits vor dem Vertrag von Maastricht implizit angenommenen all-

---

[353] Vgl. auch *Kischel*, EuR 2000, S. 380, 383f.; zu weitgehend hingegen *Schiller*, RIW 1983, S. 928, 929, wonach der gemeinschaftsrechtliche Verhältnismäßigkeitsgrundsatz dem entsprechenden Grundsatz des deutschen öffentlichen Rechts inhaltsgleich sei.

[354] *Ress* in: Kutscher, Der Grundsatz der Verhältnismäßigkeit in europäischen Rechtsordnungen, 1985, S. 5, 17ff.; *Schwarze*, Europäisches Verwaltungsrecht Bd. II 1988, S. 833f.; *Pollak*, Verhältnismäßigkeitsprinzip und Grundrechtsschutz, 1991, S. 124ff.

[355] *Pollak*, Verhältnismäßigkeitsprinzip und Grundrechtsschutz 1991, S. 129; *Pache*, NVwZ 1999, S. 1033, 1036.

[356] *Ress* in: Kutscher, Der Grundsatz der Verhältnismäßigkeit in europäischen Rechtsordnungen, 1985, S. 5, 19ff.; *Schwarze*, Europäisches Verwaltungsrecht Bd. II 1988, S. 834ff.; *Pollak*, Verhältnismäßigkeitsprinzip und Grundrechtsschutz, 1991, S. 129ff.; *Heinsohn*, Verhältnismäßigkeit 1997, S. 113; *Pache*, NVwZ 1999, S. 1033, 1036.

[357] *Ress* in: Kutscher, Der Grundsatz der Verhältnismäßigkeit in europäischen Rechtsordnungen, 1985, S. 5, 21ff.; *Schwarze*, Europäisches Verwaltungsrecht Bd. II 1988, S. 836ff.; *Pollak*, Verhältnismäßigkeitsprinzip und Grundrechtsschutz, 1991, S. 135ff.; *Heinsohn*, Verhältnismäßigkeit, 1997, S. 120ff.; *Pache*, NVwZ 1999, S. 1033, 1036.

[358] Art. 3b EGV Maastrichter Fassung.

gemeinen Verhältnismäßigkeitsprinzips bei der Kompetenzausübung durch die Gemeinschaft gesehen.[359]

Der Grundsatz der Verhältnismäßigkeit bezieht sich auf „alle Maßnahmen der Gemeinschaft".

Art. 5 Abs. 3 EGV greift die bereits in den ersten beiden Absätzen anklingenden Gesichtspunkte der Verhältnismäßigkeit nochmals auf und fasst sie zu einer allgemeinen Handlungsmaxime der Gemeinschaft zusammen.[360] Alle Belastungen, gleich welcher Art, sollen dadurch so gering wie möglich gehalten, nationalen Entscheidungen so viel Raum wie möglich belassen werden. Dies bedeutet auch eine Verpflichtung bei der Inanspruchnahme von Rechtssetzungsformen: Empfehlungen haben Vorrang vor Reglementierungen; Richtlinien vor Verordnungen, die Festlegung von Mindeststandards vor einer Vollregelung, Rahmenrichtlinien vor detaillierten Maßnahmen, soweit damit eine Zielerreichung möglich ist.[361]

Hinsichtlich der Anwendung des Grundsatzes der Verhältnismäßigkeit, der an die Erreichung der Ziele des EGV anknüpft, war auch schon vor der Positivierung in Art. 5 Abs. 3 EGV in Judikatur und Lehre unstreitig, dass die Inanspruchnahme von Gemeinschaftskompetenzen unter dem implizit mitzudenkenden Vorbehalt der Verhältnismäßigkeit steht.[362]

C. Geltung des Grundsatzes

Bis zur Positivierung durch den Vertrag von Maastricht war umstritten, ob sich der Grundsatz der Verhältnismäßigkeit nur auf belastende Akte für Einzelne bezieht oder ob ihm eine darüber hinausgehende Funktion zukommt. Seit der Verankerung im EGV ist aber klargestellt, dass durch den Grundsatz auch die Mitgliedstaaten geschützt werden.[363]

Der EuGH steht also vor der Aufgabe, entsprechende Determinanten für verhältnismäßiges Verhalten der Gemeinschaft zu entwickeln. Bei einer Beurteilung seiner Rechtsprechung ist zu berücksichtigen, dass die Zielformulierungen des EGV sehr weit sind, und die Feststellung des

[359] Ständige Rspr. des EuGH, vgl. nur EuGH verb. Rs. 41, 121 und 796/79, Testa, Slg. 1980, 1979 Rn. 21; *Lienbacher* in: Schwarze, EU-Kommentar 2000 Art. 5 Rn. 34; *Callies* in: Callies/Ruffert, EUV/EGV 2. Auflage 2002 Art. 5 Rn. 45.

[360] Entgegen dem Wortlaut bezieht sich Art. 5 Abs. 3 EGV also nicht nur auf den Teilgrundsatz der Erforderlichkeit sondern auf den gesamten Grundsatz der Verhältnismäßigkeit.

[361] *Langguth* in: Lenz, EGV-Kommentar, 1999 Art. 5, Rn. 31.

[362] Zur Anwendung des Verhältnismäßigkeitsgrundsatzes vor dem Vertrag von Maastricht vgl. z. B. EuGH Rs. 265/87, Schräder/Hauptzollamt Gronau, Slg. 1989, 2237, Rn. 20ff. und die Darstellung bei *Schwarze*, Europäisches Verwaltungsrecht Bd. II 1988, S. 661ff.; zur aktuellen Rechtslage vgl. *Pache*, NVwZ 1999, S. 1033, 1036.

[363] EuGH verb. Rs. C-36/97 u. C-37/97, Kellinghusen/Amt für Land- und Wasserwirtschaft Kiel Slg. 1998, I-6337 Rn. 30ff. und die Darstellung bei *Zuleeg* in: Groeben/Thiesing/Ehlermann, Kommentar zum EU-/EG-Vertrag, 1995, Art. 3b Rn. 29ff.

EGV sehr weit sind, und die Feststellung des erforderlichen Maßes durch den EuGH im Hinblick auf einen vorliegenden Rechtsakt der Gemeinschaft oft mit einer Prognoseentscheidung verbunden ist, die zumindest plausibel darzulegen hat, dass eine weniger intensive Regelung der Zielerreichung ebenso dienen würde. Dabei kommt es auf den zu prüfenden Rechtsakt und die für diesen anwendbaren rechtlichen Regelungen an.[364] Dabei kann zwischen zwei verschiedenen Regelungsgruppen unterschieden werden. Zum einen bestehen Regelungen gegenüber den Mitgliedstaaten[365], zum anderen Regelungen gegenüber dem Gemeinschaftsbürger. Von besonderer Relevanz im Hinblick auf die europäischen Grundrechte sind hier die Reglungen, welche Individualrechtsgüter betreffen.

D. Funktionen des Grundsatzes der Verhältnismäßigkeit

Der Grundsatz der Verhältnismäßigkeit hat auf Gemeinschaftsebene ähnliche Funktionen zu erfüllen wie der nationale Grundsatz, als Schranken-Schranke[366] der Grundfreiheiten[367] kommt ihm aber eine über die des nationalen Grundsatzes hinausgehende Funktion zu.

Eine wesentliche Funktion des Grundsatzes der Verhältnismäßigkeit im Gemeinschaftsrecht ist die einer Schranken-Schranke der Grundrechte. Die Struktur der Gemeinschaftsgrundrechte lehnt sich dabei – mit Modifizierungen in der EuGH-Rechtsprechung – an die aus dem deutschen Recht bekannte Unterscheidung zwischen Schutzbereich, Eingriff sowie Rechtfertigung des Eingriffs an.[368] Dem Grundsatz der Verhältnismäßigkeit kommt die ebenfalls aus dem deutschen Recht bekannte Funktion einer Abwägungsmaxime zum Ausgleich kollidierender Rechtsgüter und damit der Mäßigung hoheitlicher Macht zu.[369]

Gemeinschaftsgrundrechte treten als Gewährleistungen neben die nationalen Grundrechte der Mitgliedstaaten. Sie gelten jedoch nur im Anwendungsbereich des Rechts der Union.[370] Grundrechtsberechtigte sind zunächst alle natürlichen Personen, die Träger der Unionsbürgerschaft (Art. 17 EGV) sind.[371] Ohne bisher ausdrücklich eine Grundrechtsberechtigung juristischer Personen des Privatrechts

---

364 Vgl. *Lienbacher* in: Schwarze, EU-Kommentar 2000, Art. 5, Rn. 37.

365 Diese sind für die Auseinandersetzung mit der deutschen Kritik nicht von Interesse und sollen daher lediglich erwähnt werden.

366 Vgl. zum Begriff: *Pieroth/Schlink*, Staatsrecht II Grundrechte, 2002, Rn. 278.

367 Vgl. dazu *Streinz*, Grundrechtsschutz, 1989, S. 412; *Jarass*, EuR 1995, S. 202, 223; sowie ders., EuR 2000, S.705, 717.

368 Vgl. *Pauly*, EuR 1998, S. 242, 253ff.; *Penski/Elsner*, DÖV 2001, S. 265, 267f.

369 Vgl. zu dieser Funktion des Grundsatzes der Verhältnismäßigkeit: *Kingreen* in: Callies/Ruffert, EUV/EGV, 2002 Art. 6 Rn. 73.

370 Vgl. auch Art. 51 der Charta der Grundrechte der Europäischen Union.

371 Vgl. zur Grundrechtsberechtigung von Drittstaatsangehörigen: *Kingreen* in: Callies/Ruffert, EUV/EGV, 2002 Art. 6 Rn. 51f.; für eine Differenzierung zwischen Menschen- und Bürgerrechten vgl. *Penski/Elsner*, DÖV 2001, S. 265, 267.

festzustellen, geht der EuGH in vielen Urteilen, die eine solche voraussetzen, von einer grundsätzlichen Berechtigung juristischer Personen des Privatrechts aus.[372] Es ist also davon auszugehen, dass auch diese grundrechtsberechtigt sind.[373]

Grundrechtsverpflichtet ist zunächst die Europäische Gemeinschaft und über die Verpflichtung des Art. 6 Abs. 2 EUV zur Achtung der Grundrechte auch die Europäische Union.[374] Die Mitgliedstaaten sind nur insofern Verpflichtete der Gemeinschaftsgrundrechte, als dies zur Sicherung des Vorrangs des Gemeinschaftsrechts erforderlich ist.[375] Daher sind mitgliedstaatliche Maßnahmen grundsätzlich an nationalen Grundrechten zu messen. Zur Sicherung des Vorrangs des Gemeinschaftsrechts sind nationale Regelungen aber dann an Gemeinschaftsgrundrechten zu messen, wenn sie in den Anwendungsbereich des Gemeinschaftsrechts fallen.[376] Ein Beispiel ist die Durchführung von Ge-meinschaftsrecht, etwa einer Verordnung[377] oder einer unmittelbar anwendbaren Richtlinie[378], durch nationale Organe.[379] Ferner soweit der nationale Umsetzungsakt durch den Inhalt einer Richtlinie determiniert ist.[380] Darüber hinaus sind die Mitgliedstaaten an die Gemeinschaftsgrundrechte gebunden, wenn eine nationale Regelung dazu bestimmt ist, die Beachtung gemeinschaftsrechtlicher Normen sicherzustellen[381], ferner soweit sich ein Mitgliedstaat beim Erlass eines nationalen Rechtsaktes auf

---

[372] Vgl. etwa: EuGH Rs. 11/70, Internationale Handelsgesellschaft, Slg. 1970, 1125, Rn. 4fff.; Rs. 265/87, Schräder/Hauptzollamt Gronau, Slg. 1989, 2237, Rn. 15.

[373] Ebenso *Kingreen* in: Callies/Ruffert, EUV/EGV 2002 Art. 6 Rn. 53. Zur Grundrechtsberechtigung juristischer Personen des öffentlichen Rechts vgl. Rn. 54; a.A. *Penski/Elsner*, DÖV 2001, S. 265, 267.

[374] Vgl. *Kingreen* in: Callies/Ruffert, EUV/EGV 2002 Art. 6 Rn. 55; *Penski/Elsner*, DÖV 2001, S. 265, 266; *Hirsch*, RdA 1998, S. 194, 196.

[375] Vgl. *Penski/Elsner*, DÖV 2001, S. 265, 266; *Hirsch*, RdA 1998, S. 194, 197f.

[376] Vgl. dazu EuGH Rs. C-309/96, Annibaldi, Slg. 1997, I-7493, Rn. 12f.; C-299/95, Kremzow, Slg. 1997, I-2629, Rn. 15; sowie Rs. 159/90, Society for the Protection of Unborn Child Ireland, Slg. 1991, I-4685, Rn. 31. Art. 46 EUV beschränkt den Grundrechtsschutz durch den Gerichtshof zwar auf „Akte der Organe der Gemeinschaften“, Bindung und Kontrolle der Mitgliedstaaten beim Vollzug des Gemeinschaftsrechts bleiben davon aber unberührt. Vgl. *Kühling*, EuGRZ 1997, S. 296, 298f., sowie *Besselink*, CMLRev. 35 (1998), S. 629, 630; *Coppel/O'Neill*, CMLRev. 29 (1992), S. 669, 673ff.; *Weiler/Lockhart*, CMLR 32 (1995), S. 51ff. und 59ff.

[377] EuGH Rs. 5/88, Wachauf, Slg. 1989, 2609 Rn. 19; Rs. C-2/92, Bostock, Slg.1994, I-955 Rn. 16; Rs. C-351/92, Graff, Slg. 1994, I-3361, Rn. 17; Rs. C-63/93, Duff u.a., Slg. 1996, I-569 Rn. 29; Rs. C-15/95, Earl de Kerlast, Slg. 1997, I-1961 Rn. 36.

[378] Vgl. *Jürgensen/Schlünder*, AöR 121 (1996), S. 200, 208ff.; *Kingreen/Störmer*, EuR 1998, S. 263, 279f.; *Ruffert*, EuGRZ 1995, S. 518, 527.

[379] Vgl. auch *Kingreen* in: Callies/Ruffert, EUV/EGV 2002, Art. 6, Rn. 56ff.

[380] *Gerstner/Goebel*, Jura 1993, S. 626, 632; *Rengeling*, in: FS Rauschning 2001, S. 225, 239. A. A. *Kingreen* in: Callies/Ruffert EUV/EGV 2002, Art. 6, Rn. 59; *Kingreen/Störmer*, EuR 1998, S. 263, 281. Vgl. dazu allgemein: *Rengeling*, DVBl. 1995, S. 945ff.

[381] EuGH Rs. C-299/95, Kremzow, Slg. 1997, I-2629, Rn. 15ff.

eine Ausnahmebestimmung zu den Grundfreiheiten beruft.[382] Besondere Brisanz aus Sicht des deutschen Verfassungsrechts erlangt die Kritik an der Verhältnismäßigkeitsrechtsprechung dadurch, dass dem EuGH nicht nur eine Unvereinbarkeit seiner Rechtsprechung mit Europäischen (Grund-)Rechtsverbürgungen, Art 220 EGV, Art. 6 Abs. 2 EUV, vorgeworfen wird, sondern auch eine Unvereinbarkeit mit Grundgehalten deutschen Verfassungsrechts, explizit Art. 23 Abs. 1 S. 1 GG.[383]

E. Erlangung von Grundrechtsschutz vor dem EuGH[384]

Gemäß Art. 220 EGV sichert der Gerichtshof die „Wahrung des Rechts bei der Anwendung und Auslegung dieses Vertrages." Die Errichtung des Europäischen Gerichtshofes erfolgte maßgeblich aus Gründen der Rechtsstaatlichkeit und Rechtssicherheit.[385] Der EuGH nimmt heute im Wesentlichen die beiden dem Konzept der Gemeinschaftsverträge von Anfang an immanenten Funktionen eines Verwaltungsgerichts und die einer verwaltungsgerichtlichen Rechtsschutzinstanz wahr.[386] Die konkrete Ausgestaltung des Rechtsschutzsystems lehnt sich an die französische Verwaltungsgerichtsbarkeit an.[387] Nach diesem Konzept dient der Rechtsschutz jedenfalls nicht vorrangig der Durchsetzung subjektiv-öffentlicher Rechte. Vielmehr bietet die Beschwerde des Einzelnen den Anlass für eine objektiv-rechtliche Kontrolle des Verwaltungshandelns.[388] Der Rechtsweg zum EuGH wird nicht über eine dem Art. 19 Abs. 4 GG vergleichbare Generalklausel eröff-

---

382 EuGH Rs. C-260/89, ERT, Slg. 1991, I-2925, Rn. 43; vgl. auch die Schlussanträge von GA Gulmann in der Rs. C-2/92, Bostock, Slg. 1994, I-976, Rn. 31; ferner: *Zuleeg*, EuGRZ 2002, S. 511f.

383 Vgl. oben die Darstellung der deutschen Kritik.

384 Direkter Rechtsschutz für Private wird mittlerweile seit über zehn Jahren erstinstanzlich durch das dem Gerichtshof gem. Art. 225 EGV beigeordnete Gericht erster Instanz gewährt. Da sich die Kritik ausdrücklich auf die Rechtsprechung des EuGH bezieht, soll in der Rechtsprechungsanalyse auch nur dessen Judikatur zugrunde gelegt werden. Vgl. zum Rechtsschutzsystem in der Gemeinschaft ferner: *Brandt*, JuS 1994, S. 300; *Wegener*, DVBl 2001, S. 1258, sowie *Kahl*, Verwaltungs-Archiv 2004, S. 1.

385 Vgl. v.d.*Groeben*, Aufbaujahre der Europäischen Gemeinschaft 1982, S. 264f., der die Entstehungsgeschichte des Gerichtshofs folgendermaßen charakterisierte: „Die Errichtung des Europäischen Gerichtshofs war vor allem aus Gründen der Rechtsstaatlichkeit und Rechtssicherheit erfolgt; (...). Nur von wenigen wurde damals allerdings erkannt, dass damit nicht nur ein europäisches Zivil- und Verwaltungsgericht, sondern ein Verfassungsgericht geschaffen wurde, dessen Entscheidungen für die Verfassung der Gemeinschaft und die Beziehungen der Gemeinschaft zu ihren Mitgliedstaaten von grundlegender Bedeutung werden sollten."

386 Vgl. zur historischen Entwicklung: *Schwarze*, DVBl 2002,S. 1297, 1298.

387 *Schwarze*, International and Comparative Law Quarterly, Vol. 51, 2002, S. 17, 19f.; *Götz*, in: FS Brohm, 2002, S. 69, 73.

388 Vgl. zu diesem Konzept: *Ipsen*, Europäisches Gemeinschaftsrecht 1972, S. 733f.; *Kadelbach*, EuR Beiheft 2/2002, S. 7, 19.

net, sondern über eine Vielzahl von Einzelzuständigkeiten. Der Gerichtshof hat allerdings seinen so umschriebenen Rechtsschutzauftrag in ständiger Rechsprechung rechtsschutzfreundlich ausgelegt und das Gemeinschaftsrecht als ein System möglichst umfassenden Rechtsschutzes charakterisiert[389], innerhalb dessen dem EuGH die Überprüfung der Rechtmäßigkeit der Handlungen der Organe übertragen ist.[390] Nicht zuletzt durch diese rechtsschutzfreundliche Auslegung der Vertragsbestimmungen hat der Gerichtshof maßgeblich dazu beigetragen, dass sich die Gemeinschaft nicht nur zu einer wirtschaftlichen und politischen, sondern auch zu einer rechtlichen Gemeinschaft entwickelte, in der Individualrechtsschutz gewährt wird.[391]

Der direkte Weg zum EuGH, um sich gegen einen Grundrechtseingriff zu wenden, der auf einer Norm des Gemeinschaftsrechts beruht, ist die Nichtigkeitsklage nach Art. 230 EGV.[392] Allerdings erschweren die qualifizierten Klagevoraussetzungen dieser Norm einen Rechtsschutz für natürliche und juristische Personen.[393] Art. 230 EGV unterscheidet hinsichtlich der Zulässigkeitsvoraussetzungen zwischen privilegierten und nicht-privilegierten Klägern. Natürliche und juristische Personen zählen im Gegensatz zu Gemeinschaftsorganen und Mitgliedstaaten zu den nicht-privilegierten Klägern. Sie müssen daher weitergehende Zulässigkeitsvoraussetzungen erfüllen. Zum einen dürfen natürliche und juristische Personen nur bestimmte Rechtsakte mit der Nichtigkeitsklage angreifen, zum anderen sind sie nur dann klagebefugt, wenn sie durch den angegriffenen Rechtsakt unmittelbar

---

[389] Das Rechtsschutzsystem der Gemeinschaft folgt vor allem dem Gedanken, dass dem Einzelnen Rechtsschutz nicht grundsätzlich verweigert werden darf (Verbot des „déni de jusice“).

[390] Vgl. EuGH Rs. 294/83, Les Verts/Parlament, Slg. 1986, 1339, Rn. 23; Rs. 222/84, Johnston, Slg. 1986, 1651, Rn. 18; Rs. 314/85, Foto Frost. Slg. 1987, 4199, Rn. 16; Rs. C-50/00, Unión de Pequeños Agricultores, Slg. 2002, 6677, Rn. 38f. Vgl. ferner: *Everling*, JZ 2000, S. 217ff.; *Schwarze*, DVBl 2002,S. 1297, 1299.

[391] Ausführlich: *Nicolaysen*, in: Nowak/Cremer, Individualrechtsschutz in der EG und der WTO, 2002, S. 17ff.

[392] Grundlegend: *Steindorff*, Die Nichtigkeitsklage im Recht der EGKS, 1952; ferner: *Daig*, Nichtigkeits- und Untätigkeitsklagen im Recht der Europäischen Gemeinschaften, 1985. Art. 230 EGV wird durch die Untätigkeitsklage gem. Art. 232 EGV ergänzt, die als Ersatz für die im Gemeinschaftsrecht nicht bekannte Verpflichtungsklage fungiert und dem Einzelnen die Möglichkeit eröffnet, Beschwerde gegen die Nichtvornahme eines Rechtsaktes einzulegen. Im Hinblick auf die Erlangung von Grundrechtsschutz vor dem EuGH ist sie aber eher von untergeordneter Bedeutung.

[393] Vgl. *Caspar*, DÖV 2000, S. 349, 353 insbes. Fn. 29, S. 357; *Schohe/Arhold*, EWS 2002, S. 320, 321ff. Kritisch: v. *Danwitz*, NJW 1993, 1108, 1111ff.; *Cremer*, Die Verwaltung, 2004, S. 165, 166; de *Witte*, in: Alston, The EU and Human Rights, 1999, S. 859, 875ff., 876, die den Anwendungsbereich des Art. 230 Abs. 4 EGV als zu eng ansehen, um in allen Fällen angemessenen Rechtsschutz zu gewährleisten.

und individuell betroffen sind. Dabei bereitet insbesondere die Bestimmung des Merkmals der individuellen Betroffenheit Schwierigkeiten.[394]

Das am häufigsten praktizierte Verfahren zur Erlangung von Grundrechtschutz vor dem EuGH ist das Vorabentscheidungsverfahren nach Art. 234 EGV.[395] Da gegen mitgliedstaatliche Vollzugsakte der nationale Rechtsweg zu beschreiten ist, obliegt die Wahrung des Gemeinschaftsrechts nicht nur den Gemeinschaftsgerichten, sondern auch der nationalen Gerichtsbarkeit, welche das Gemeinschaftsrecht in eigener Verantwortung, aber unter Beachtung des Auslegungsmonopols des Gerichtshofs anwendet. Das Vorabentscheidungsverfahren ist als Zwischenverfahren vor den nationalen Gerichten ausgestaltet. Es setzt bei mittelbarem Verwaltungsvollzug einen nach nationalem Recht angreifbaren Rechtsakt des Mitgliedstaats voraus. Sofern dann vor dem nationalen Gericht Auslegungs- oder Gültigkeitszweifel im Hinblick auf die entsprechende Norm des Gemeinschaftsrechts bestehen, eröffnet Art. 234 EGV die Möglichkeit der Anrufung des EuGH. Das nationale Gericht ist gemäß Art. 234 Abs. 2 EGV vorlageberechtigt, wenn es die Vorlage für erforderlich hält, um den anhängigen Rechtsstreit entscheiden zu können.[396] Die Entscheidungsbefugnis über eine Vorlage obliegt demnach allein dem nationalen Gericht.[397] Lediglich für letztinstanzliche Gerichte besteht gemäß Art. 234 Abs. 3 EGV eine Vorlagepflicht.[398] Das Gemeinschaftsrecht kennt keinen Individualrechtsschutz gegen die Missachtung einer bestehenden Vorlagepflicht. In Deutschland besteht insofern die Möglichkeit einer Verfassungsbeschwerde unter Berufung auf Art. 101 Abs. 1 S. 2 GG, mit der die Zuständigkeit des EuGH als gesetzlicher Richter geltend gemacht werden kann.[399]

Zusätzlichen Schutz für den Einzelnen bietet die Schadensersatzklage gemäß Art. 288 Abs. 2 EGV, 235 EGV. Diese gegen die Gemeinschaft gerichtete und vor den Gemeinschaftsgerichten zu erhebende Klage hat zwei Funktionen. Zum einen sollen mit ihrer Hilfe Private Ersatz für Schäden erlangen, die ihnen durch Handlungen der Gemeinschaftsorgane zugefügt worden sind. In diesem Rahmen kann

---

394 Vgl. *Schwarze*, DVBl. 2002, S. 1297, 1301f.; sowie ausführlich: *Schwarze* in Ders., EU-Kommentar, 2000, Art. 230, Rn. 37ff.

395 Vgl. Bereits *Streil*, in: Schwarze, Der Europäische Gerichtshof als Verfassungsgericht und Rechtsschutzinstanz 1983, S. 69.

396 Das Gemeinschaftsrecht hat an dieser Stelle bewusst auf weiter gehende Voraussetzungen verzichtet, um die mitgliedstaatlichen Gerichte im Interesse der Akzeptanz und der praktischen Wirksamkeit des Gemeinschaftsrecht zur Vorlage zu ermuntern. *Schwarze*, DVBl 2002, S. 1297, 1303.

397 Ausführlich: *Schwarze* in Ders., EU-Kommentar, 2000, Art. 234, Rn. 32ff.

398 Den Parteien des Rechtsstreits steht kein eigenes Antragsrecht zu. Sie können die Vorlage lediglich dadurch erzwingen, dass sie den Fall mit Hilfe der Rechtsmittel des nationalen Rechts in die letzte Instanz bringen und damit die Vorlagepflicht gemäß Art. 234 Abs. 3 EGV auslösen.

399 BVerfGE 73, 339, 366ff. Die Verfassungsbeschwerde ist allerdings nur begründet, wenn die Nichtvorlage auf Willkür beruht. BVerfGE 75, 223, 245; 82, 159, 195; BVerfG, EuGRZ 2001, S. 150; vgl. auch: *Hoffmann-Riem*, EuGRZ 2002, S. 473, 476.

inzident eine Verletzung von Gemeinschaftsgrundrechten festgestellt werden. Zum anderen soll sie insbesondere bei normativem Unrecht einen Ausgleich für das bislang auf Gemeinschaftsebene fehlende direkte Klagerecht des Einzelnen gegen Rechtsnormen schaffen.[400] Zum Ausbau und zur Fortentwicklung des gemeinschaftsrechtlichen Individualrechtsschutzes wurde im Rahmen der feierlichen Proklamation der europäischen Grundrechtscharta die Einführung einer Verfassungsbeschwerde oder eines mit dieser vergleichbaren Instituts gefordert.[401]

---

400 *Schwarze*, DVBl 2002, S. 1297, 1304f.

401 Zur Diskussion um die Einführung einer Verfassungsbeschwerde im Gemeinschaftsrecht vgl. etwa: *Weber*, NJW 2000, S. 537, 544; *Pernice*, DVBl. 2000, S. 847, 858; *Tettinger*, NJW 2001, 1010, 1015; *Callies*, EuZW 2001, S. 261, 267f.; *Reich*, ZRP 2000, S. 375ff. Aus dem Schrifttum vor der Proklamation der Charta, vgl. R*engel*ing, in: FS *Everling* 1995, S. 1187, insbes. 1192ff.

3. Teil: Herleitung eines Beurteilungsmaßstabs

Vor der Auseinandersetzung mit der deutschen Kritik muss ein Maßstab gefunden werden, anhand dessen der Grundrechtsschutz durch den EuGH gemessen werden kann.

Prüfungsmaßstab könnten zum einen die nationalen Rechtsordnungen der Mitgliedstaaten sein. Dabei bestünde entweder die Möglichkeit, die Grundrechtsdogmatik nur eines (beliebigen) Staates zu übernehmen und als Gemeinschaftsmaßstab zugrunde zu legen, oder aber die einzelnen mitgliedstaatlichen Rechtsordnungen im Sinne einer vergleichenden und den „Maximalstandard" oder einen „Minimalkonsens" gewinnenden Analyse zu einem Beurteilungsmaßstab der EuGH-Rechtsprechung zusammen zu fügen.

Zum anderen besteht die Möglichkeit, einen gemeinschaftseigenen, europarechtlichen Maßstab zu entwickeln, in welchem sich die Strukturprinzipien der Gemeinschaft niederschlagen, welcher aber ebenfalls durch einen mitgliedstaatlichen Konsens getragen wird, ohne auf Formeln wie „Minimal- oder Maximalstandard" zurückgreifen zu müssen.

A. Maßstab einer mitgliedstaatlichen Rechtsordnung

Der Maßstab einer mitglied*staatlichen* Rechtsordnung kann schon insofern nicht zugrunde gelegt werden, als die Gemeinschaft kein Staat ist, sondern ein Staatenverbund, mit entsprechend anderen Strukturen, etwa einer vom staatlichen Modell abweichenden Gewaltenteilung oder einer abweichenden Kompetenzzuweisung. Darüber hinaus haben sich die Mitgliedstaaten durch die Übertragung von Kompetenzen auf die Gemeinschaft der Ausübung ihrer Souveränitätsrechte in diesen Bereich begeben. – Dies muss freilich nicht zwingend dazu führen, dass es den Mitgliedstaaten gänzlich verwehrt ist, ihrerseits (verfassungs-)rechtliche (Mindest-)Maßstäbe an die EG-Rechtsordnung im Allgemeinen und die EuGH-Rechtsprechung im Besonderen anzulegen, zumal einige Verfassungen der Mitgliedstaaten, wie etwa Deutschland, Italien, Spanien oder Dänemark die Übertragung von Souveränistätsrechten ausdrücklich unter Verfassungsvorbehalt stellen. Auch dies ist aber kein Argument dafür, einen einzigen mitgliedstaatlichen Maßstab zugrunde zu legen, da die von den mitgliedstaatlichen Verfassungen (oder Verfassungsgerichten) aufgestellten Vorbehalte nicht identisch sind, sondern sich in die jeweilige Verfassungsstruktur des entsprechenden Mitgliedstaates einfügen. Die Verfassungsvorbehalte der Mitgliedstaaten können daher zwar nicht als Argument für einen mitgliedstaatlichen Maßstab herangezogen werden, sie werden aber bei der Begrenzung eines gemeinschaftsrechtlichen Maßstabs relevant.

B. Minimal- oder Maximalstandard aus der Zusammenschau der Grundrechtsdogmatiken der einzelnen Mitgliedstaaten

Unter Berücksichtigung der Tatsache, dass Europa zwar kein Staat, aber ein Verbund von Staaten ist, könnte eine Möglichkeit der Maßstabsfindung in einer vergleichenden Zusammenschau der Grundrechtsdogmatiken der einzelnen Mitgliedstaaten bestehen. Der so zu ermittelnde Maßstab könnte entweder einen Minimal- oder einen Maximalstandard dessen darstellen, was an Grundrechtsschutz in den einzelnen Mitgliedstaaten bislang gewährleistet ist. Ob dieser Weg allerdings der beste ist, ist zu bezweifeln.

Die Frage nach einem Maßstab, der einen Minimal- beziehungsweise Maximalstandard dessen darstellt, was in den einzelnen Mitgliedstaaten der Europäischen Union an Grundrechtsschutz bislang gewährleistet ist, korrespondiert mit der Diskussion um einen minimalen beziehungsweise maximalen Grundrechtsschutz durch den EuGH[402], ist mit dieser aber nicht gleichzusetzen. Der wesentliche Unterschied besteht darin, dass es sich bei der Frage nach einem Minimal- oder Maximalstandard der Grundrechtsgewährleistung durch den EuGH um eine Diskussion darum handelt, wie weit die Verbürgungen des Gemeinschaftsrechts in der vom EuGH normierten Form tatsächlich gehen, wohingegen es bei der Frage nach dem Maßstab um die der ersten Frage vorgelagerte Frage geht, was Beurteilungskriterium der EuGH-Rechtsprechung zum Grundrechtsschutz sein soll.

Für die Möglichkeit, einen minimalen beziehungsweise maximalen Standard zur Beurteilung der EuGH-Grundrechtsrechtsprechung aus der Zusammenschau der Grundrechtsverbürgungen der einzelnen Mitgliedstaaten zugrunde zu legen spricht, dass damit ein „*Klein*ster bzw. größter gemeinsamer Nenner" gefunden werden könnte.

Probleme ergeben sich aber bereits bei der Suche nach einem „gemeinsamen Nenner", etwa dort, wo Grundrechtsverbürgungen in einzelnen Mitgliedstaaten existieren, welche in anderen nicht bestehen. Worauf sollte dann für einen Maßstab abgestellt werden? Genügt es bereits, wenn ein beliebiges Grundrecht in nur einem einzigen Mitgliedstaat verbürgt ist? Oder wäre es notwendig, nur solche Grundrechte heranzuziehen, die in jedem Mitgliedstaat geschützt sind? Demnach müssten Grundrechte, die nicht in allen Mitgliedstaaten gewährleistet sind, auch bei der Benennung eines Minimalmaßstabes außer Betracht bleiben. – Ein Ergebnis, das den Grundrechtsschutz auf Gemeinschaftsebene grundsätzlich in Frage stellen würde. Zudem sei an dieser Stelle auf den eingangs durchgeführten Rechtsvergleich hingewiesen, bei dem bereits deutlich wurde, dass Grundrechte

---

[402] Vgl. dazu die Zusammenstellung von Rechtsprechung und Literatur bei *Weiß*, Verteidigungsrechte im EG-Kartellverfahren 1996, S. 48ff.; ferner *Bleckmann*, in: FS Börner, 1992, S. 29, 30f.; sowie: *Notthoff*, RIW 1995, S. 541, 542f. Für *Besselink*, CMLRev. 1998, S. 629, 632, könnte ein minderer Schutzstandard die Legitimität des Integrationsprozesses gefährden.

bislang nur in wenigen Staaten eine überragende Rolle beim Individualrechtsschutz spielen.

Ein weiteres Problem ergibt sich in dem Zusammenhang aus der Größe der Europäischen Union. Wie viele mitgliedstaatliche Rechtsordnungen sollten bei einer solchen Maßstabsbildung zugrunde gelegt werden? Die sechs der Gründungsmitglieder, die momentanen fünfundzwanzig oder – vorausschauend – siebenundzwanzig oder mehr? Auch hier offenbart sich die Schwäche einer solchen Maßstabsbildung. Wenn es bei sechs Mitgliedern vielleicht noch möglich ist, einen Konsens zu finden, was Minimal- oder Maximalmaßstäbe für den Grundrechtsschutz angeht, so scheint dies bei fünfundzwanzig oder noch mehr aussichtslos.

Ein weiterer Gesichtspunkt, der gegen diese Art der Maßstabsfindung spricht, ist die Formelhaftigkeit der Begriffe „Minimal- beziehungsweise Maximalstandard". Ist ein Minimalstandard bereits erreicht, wenn es eine Grundrechtsverbürgung überhaupt in allen Mitgliedstaaten gibt? Wird diese dann in ihrer schwächsten Ausprägung – dem Bürger wird der geringste Freiheitsraum belassen – als Maßstab zur Beurteilung des adäquaten Europäischen Grundrechts herangezogen? Kommt es bei der Bestimmung eines Maximalstandards auf die Breite der Grundrechtsgewährleistungen in den einzelnen Mitgliedstaaten an, also darauf, wie viele Grundrechte ein Mitgliedstaat verbürgt oder auf die Tiefe, das heißt, wie weit die dem Bürger gewährte unantastbare Freiheitssphäre reicht?

Es wird also deutlich, dass auch die Möglichkeit, einen Minimal- oder Maximalstandard aus den Grundrechtsverbürgungen der Mitgliedstaaten als Beurteilungsmaßstab für die Grundrechtsprechung des EuGH zugrunde zu legen, keine befriedigende Alternative darstellt.

C. Gemeinschaftsrechtlicher Maßstab

Eine sinnvolle Maßstabsgewinnung kann demnach nur erfolgen, indem auf der einen Seite die Grundstrukturen und -prinzipien des Gemeinschaftsrechts Berücksichtigung finden, andererseits aber auch die Rechtsordnungen der Mitgliedstaaten nicht völlig außer Betracht bleiben. Es geht vielmehr darum, einen Ausgleich zu schaffen zwischen einem ungewollten Souveränitätsverlust der Mitgliedstaaten und dem Integrations- und Entwicklungsanspruch der Union/Gemeinschaft. Um dem gerecht zu werden gilt es, einen gemeinschaftseigenen europarechtlichen Maßstab unter Berücksichtigung der verfassungsrechtlichen Essentialia der Mitgliedstaaten zu entwickeln.

Dass es sich bei diesem Weg nicht nur um eine „Notlösung" handelt, welche nach dem Ausschlussprinzip der bisherigen Betrachtungsweise gefunden wurde, sondern tatsächlich um die angemessene Lösung, lässt sich auch positiv – gemeinschaftsrechtlich – belegen.

I. Herleitung

Entscheidend für die Herleitung einer gemeinschaftsrechtlichen Maßstabsbildung sind insbesondere drei der allgemeinen Grundsätze[403] des Gemeinschaftsrechts, welche vom EuGH entwickelt worden sind.[404]

1. Unmittelbare Wirkung des Gemeinschaftsrechts

Zu den für eine Maßstabsbildung relevanten Rechtsgrundsätzen des Gemeinschaftsrechts zählt die durch den EuGH in ihren Einzelheiten entwickelte unmittelbare Wirkung.[405] Anders als völkerrechtlichen Normen kommt den Vorschriften des Gemeinschaftsrechts regelmäßig[406] unmittelbare Wirkung in dem Sinne zu, dass sie Quelle unmittelbarer Berechtigung oder Verpflichtung Einzelner sein können.[407] Die unmittelbare Wirkung gilt z.B. für Grundfreiheiten und Grundrechte, aber auch für die Abschaffung der Zölle nach Art. 25 EGV. Verordnungen sind schon nach dem Wortlaut des Art. 249 Abs. 2 EGV unmittelbar in jedem Mitgliedstaat verbindlich. Richtlinienvorschriften können, entsprechend der Rechtsprechung des EuGH, unmittelbare Wirkung entfalten, wenn sie inhaltlich unbedingte und hinreichend genaue Regelungen zugunsten des Einzelnen treffen, die der Mitgliedstaat nicht fristgerecht in innerstaatliches Recht umgesetzt hat.[408] Insbesondere diese – nicht nationalstaatlich vermittelte – Wirkung des Gemeinschaftsrechts hebt es über die Stufe reinen Völkerrechts hinaus und macht es zu einer „Rechtsordnung eigener Art".
Für die Maßstabsbildung ergeben sich daraus folgende Konsequenzen. Indem die Gemeinschaft sich von ihren völkerrechtlichen Wurzeln löst und zu einer Rechtsordnung eigener Art wird, bedarf es für diese Rechtsordnung auch eines „Kriteri-

---

403 Die Terminologie ist hier uneinheitlich. Teilweise ist von Grundstrukturen und -prinzipien die Rede (so *Wegener* in: Callies/Ruffert EUV/EGV 2002, Art. 220 Rn. 21ff.), teilweise wird zwischen allgemeinen Grundsätzen und allgemeinen Rechtsgrundsätzen unterschieden (vgl. *Schwarze* in: Ders. EU-Kommentar 2000, Art. 220 Rn. 14ff.; *Krück* in: Groeben/Thiesing/Ehlermann 1997, Art. 164 Rn. 22ff. Zur Beachtlichkeit dieser Grundsätze als prägende Elemente einer supranationalen Organisation, vgl. *Pernice*, EuR 1996, S. 27, 28.

404 Einigkeit besteht jedoch über die Kompetenz des EuGH zur Entwicklung dieser „Grundsätze". Diese wird in Art.220 EGV (Art. 164 a.F.) gesehen. *Wegener* in: Callies/Ruffert EUV/EGV 2002, Art. 220 Rn. 11; *Schwarze* in Ders. EU-Kommentar 2000, Art. 220 Rn. 1; Krück in: Groeben/Thiesing/Ehlermann, EU-Kommentar, 1997, Art. 164 Rn. 26.

405 Erstmals EuGH Rs. 6/64, *Costa*/ENEL, Slg. 1964, 1251, 1270.

406 Zu den Ausnahmen vgl. EuGH Rs. 152/84, Marshall, Slg. 1986, 723, Rn. 48f.; Rs. C-91/92, Facini Dori, Slg. 1994, I-3325, Rn. 22ff.

407 EuGH Rs. 8/81, Becker, Slg. 1982, 53, Rn. 29; verb. Rs. C-87-89/90, Verholen u.a., Slg. 1991, I-3757, Rn. 15f.; *Kingreen* in: Callies/Ruffert EUV/EGV 2002 Art. 6 Rn. 28.

408 Die Rechtsprechung des EuGH zur unmittelbaren Wirkung von Richtlinienvorschriften war auch nach Ansicht des BVerfG ein Akt zulässiger Rechtsfortbildung, vgl. BVerfGE 75, 223, 240.

ums eigener Art", anhand dessen sie gemessen wird. Eine bloße Übertragung der Rechtsvorschriften eines Mitgliedstaates liefe der Konstruktion einer Rechtsordnung eigener Art zuwider.

2. Vorrang des Gemeinschaftsrechts

Der zweite relevante gemeinschaftliche Rechtsgrundsatz ist der (Anwendungs-Vorrang des Gemeinschaftsrechts vor jeder Norm des nationalen Rechts der Mitgliedstaaten, welchen der EuGH in der Rechtssache *Costa*/ENEL erstmals reklamierte.[409] Die Begründung[410] dieser Entscheidung des Gerichtshofs war bereits damals autonom gemeinschaftsrechtlich.[411]

Im Unterschied zu gewöhnlichen internationalen Verträgen habe der EWG-Vertrag eine eigene Rechtsordnung geschaffen, die bei seinem Inkrafttreten in die Rechtsordnungen der Mitgliedstaaten aufgenommen worden sei. Durch die Gründung einer Gemeinschaft für unbegrenzte Zeit, die mit eigenen Organen, mit Rechts- und Geschäftsfähigkeit, mit internationaler Handlungsfähigkeit und insbesondere mit echten, aus der Beschränkung der Zuständigkeit der Mitgliedstaaten oder der Übertragung von Hoheitsrechten der Mitgliedstaaten auf die Gemeinschaft herrührenden Hoheitsrechten ausgestattet sei, hätten die Mitgliedstaaten ihre Souveränitätsrechte beschränkt und so einen Rechtskörper geschaffen, der für ihre Angehörigen und sie selbst verbindlich sei. Nach Wortlaut und Geist des Vertrages sei es den Mitgliedstaaten unmöglich, gegen eine von ihnen auf der Grundlage der Gegenseitigkeit angenommene Rechtsordnung nachträglich einseitige Maßnahmen ins Feld zu führen. Dieser Vorrang gilt, wie der EuGH in der Rechtssache Internationale Handelsgesellschaft[412] feststellte auch gegenüber nationalen Grundrechten:

„Die einheitliche Geltung des Gemeinschaftsrechts würde beeinträchtigt, wenn bei der Entscheidung über die Gültigkeit von Handlungen der Gemeinschaftsorgane Normen oder Grundsätze des nationalen Rechts herangezogen würden. Die Gültigkeit solcher Handlungen kann nur nach dem Gemeinschaftsrecht beurteilt werden, denn dem vom Vertrag geschaffenen, somit aus einer autonomen Rechtsquelle fließenden Recht können wegen seiner Eigenständigkeit keine wie immer gearteten innerstaatlichen Rechtsvorschriften vorgehen, wenn ihm nicht sein Charakter als Gemeinschaftsrecht aberkannt oder wenn nicht die Rechtsgrundlage der

---

[409] EuGH Rs. 6/64, *Costa*/ENEL, Slg. 1964, 1251, 1269f.

[410] Zur mitgliedstaatlichen Reaktion auf diese Begründung vgl. *v. Danwitz*, Verwaltungsrechtliches System und Europäische Integration 1996, S. 109ff.

[411] Kollisionsnormen des nationalen Verfassungsrechts, welche den Vorrang des Gemeinschaftsrechts normieren, bestehen lediglich in Art. 94 der niederländischen und in Art. 29 Abs. 4 UAbs. 3 der irischen Verfassung.

[412] EuGH Rs. 11/70, Internationale Handelsgesellschaft, Slg. 1970, 1125, Rn. 3f.

Gemeinschaft selbst in Frage gestellt werden soll. Daher kann es die Gültigkeit einer Gemeinschaftshandlung oder deren Geltung in einem Mitgliedstaat nicht berühren, wenn geltend gemacht wird, die Grundrechte in der ihnen von der Verfassung dieses Staates gegebenen Gestalt oder die Strukturprinzipien der nationalen Verfassung seien verletzt."[413]

Aus dem Rechtsgrundsatz der Autonomie des Gemeinschaftsrechts ist für die Maßstabsbildung folgender Gedanke entscheidend. Dadurch, dass die Mitgliedstaaten einer Souveränitätsübertragung auf die Gemeinschaft zugestimmt haben, haben sie ihre eigene Souveränität je nach den innerstaatlichen Rechtsnormen in verbindlicher Weise aufgegeben oder auf deren Ausübung verzichtet. Eine nachträgliche „Rückübertragung" der Souveränität auf die Mitgliedstaaten ist in den Verträgen nicht vorgesehen, denn sie würde die einheitliche Geltung[414] des Gemeinschaftsrechts gefährden. Sollte dies durch innerstaatliches Recht dennoch ausdrücklich oder implizit versucht werden, würde die Rechtsgrundlage der Gemeinschaft in Frage gestellt. Von einer einheitlichen Anwendung gemeinsamen (und gemeinsam geschaffenen) Rechts könnte keine Rede mehr sein.

Berücksichtigt werden muss aber, dass die Mitgliedstaaten bislang keine vollständige Souveränitätsübertragung zugunsten der Gemeinschaft vorgenommen haben. An dieser Stelle wird also erneut deutlich, dass der zu entwickelnde Maßstab seine Grenzen in den verfassungsrechtlichen Essentialia der Mitgliedstaaten finden muss, die nicht von einer Souveränitätsübertragung betroffen sind.[415]

---

[413] Zur Reaktion einiger mitgliedstaatlicher Verfassungsgerichte – insbesondere des deutschen BVerfG und der italienischen Corte Costitutionale – auf diese Entscheidung vgl. unten.

[414] Dem Vorabentscheidungsverfahren kommt als Instrument zur Kooperation von nationaler und gemeinschaftlicher Gerichtsbarkeit insbesondere im Hinblick auf die einheitliche Anwendung und Auslegung des Gemeinschaftsrechts in den Mitgliedstaaten und somit seine praktische Wirksamkeit eine wesentliche Funktion zu. Vgl. das Reflexions*Papier* des EuGH vom 28.05.1999, EuZW 1999, S. 750, 754 „Das System des Vorabentscheidungsverfahrens ist die eigentliche Grundlage für das Funktionieren des Binnenmarktes, (...) da es unter allen Umständen gewährleisten soll, dass dieser Rechtsordnung in allen Mitgliedstaaten der EU dieselbe Wirkung zukommt. Jede auch nur potentielle Beeinträchtigung der einheitlichen Anwendung und Auslegung des Gemeinschaftsrechts in der gesamten Union droht nämlich Wettbewerbsverzerrungen und diskriminierende Unterscheidungen zwischen den Wirtschaftsteilnehmern heraufzubeschwören und damit die Chancengleichheit zwischen diesen und infolgedessen das gute Funktionieren des Binnenmarktes zu gefährden." (Vgl. dazu ferner: *Rodriguez Iglesias*, NJW 2000, S. 1889.; *Hirsch*, NJW 2000, S. 1817, 1819) Darüber hinaus fördert das Verfahren zudem die Fortentwicklung des Gemeinschaftsrechts in materieller Hinsicht

[415] Zum deren Inhalt vgl. unten.

3. Verhältnismäßigkeit als gemeinschaftsrechtlicher Begriff

Ein weiteres Argument für die Bildung eines autonom gemeinschaftsrechtlichen Maßstabs ist, dass es sich bei dem Grundsatz der Verhältnismäßigkeit zwar um einen Terminus handelt, der maßgeblich vom deutschen Recht beeinflusst Eingang in das Gemeinschaftsrecht gefunden hat; es handelt sich dabei aber, auch dies ist durch die Rechtsprechung des EuGH herausgearbeitet worden, in seiner konkreten Gestalt um einen gemeinschaftsrechtlichen Begriff.[416] Der Grundsatz der Verhältnismäßigkeit hat – wie der Rechtsvergleich zeigte – in keinem anderen Mitgliedstaat eine solche Bedeutung erlangt wie in Deutschland. Er war in einigen Mitgliedstaaten als Rechtsgrundsatz nicht bekannt und wurde erst durch die EuGH-Rechtsprechung in diese Rechtsordnungen transportiert. Der Gerichtshof hat darüber hinaus betont, dass Begriffe des europäischen Rechts grundsätzlich autonom gemeinschaftsrechtlich auszulegen sind.[417] Dies gilt demzufolge auch für den – gemeinschaftsrechtlichen – Grundsatz der Verhältnismäßigkeit.

Die Inhalte der einzelnen Teilgrundsätze lassen sich zwar durchaus mit denen des deutschen Grundsatzes vergleichen.[418] Im Unterschied zur Rechtsprechung des deutschen BVerfG prüft der EuGH den Grundsatz der Verhältnismäßigkeit aber oftmals nicht im Rahmen der einzelnen Grundrechte, sondern als eigenständigen Prüfungspunkt neben anderen.[419] Zudem weist der Grundsatz in der Rechtsprechung des EuGH nicht den gleichen Konkretisierungsgrad auf wie im deutschen Recht. Der EuGH wendet vielmehr einen allgemeinen gemeinschaftsrecht-

---

[416] Vgl. *Schwarze*, Europäisches Verwaltungsrecht Bd. II 1988, S. 661ff.; *Grupp/Schäder*, EWS 1993, S. 27ff.; *Pollak*, Verhältnismäßigkeitsprinzip und Grundrechtsschutz 1991, S. 123; *Kischel*, EuR 2000, S. 380, 383.

[417] EuGH Rs. 43/77, Riva, Slg. 1977, 2175, Rn. 28; Rs. 149//79, (Kommission/Belgien), Slg. 1980, 3881, Rn. 12ff.; Rs. 135/81, Groupement des agences des voyages/Kommission, Slg. 1982, 3799 Rn. 10; Rs. 157/80, Rinkau, Slg. 1981, 1391, Rn. 11; verb. Rs. 115, 116/81, Adoui, Slg. 1982, 1665, Rn. 5ff.; Rs. 64/81, Cormann, Slg. 1982, 13, Rn. 8.

[418] Vgl. dazu oben die Ausführungen zu den Teilgrundsätzen des Europäischen Grundsatzes der Verhältnismäßigkeit .

[419] Vgl. z.B. EuGH verb. Rs. 99, 100/76, Roomboterfabriek "De beste Boter"/BALM, Slg. 1977, 861 Rn. 11; Rs. C-22/94, Irish Farmers Association/Minister for Agriculture, Food and Forestry, Slg. 1997, I-1809, Rn. 26ff. Auch in der Rechtsprechung des EuGH stehen aber die Grundrechte und der Grundsatz der Verhältnismäßigkeit nicht völlig beziehungslos nebeneinander. Im Rahmen der Schranken der Grundrechte, insbesondere bei der Berufsfreiheit und beim Eigentum, wird üblicherweise betont, dass deren Beschränkung tatsächlich dem Gemeinwohl dienenden Zielen der Gemeinschaft entsprechen und nicht im Hinblick auf den verfolgten Zweck einen unverhältnismäßigen, nicht tragbaren Eingriff darstellen dürfen. Vgl. etwa für das Eigentumsgrundrecht EuGH Rs. 44/79, Hauer/Land Rheinland-Pfalz, Slg. 1979, 3727 Rn. 23; Rs. C-22/94, Irish Farmer Association/Minister for Agriculture Food and Forestry, Slg. 1997, I-1809, Rn. 27; für die Berufsfreiheit: EuGH Rs. 265/87, Schräder/Hauptzollamt Gronau, Slg. 1989, 2237 Rn. 15; Rs. C-306/93, SMW Winzersekt/Land Rheinland Pfalz, Slg. 1994, I-5555, Rn. 22, 24ff., sowie unten im 5. Teil die Nachweise im Rahmen der Rechtsprechungsanalyse

lichen Verhältnismäßigkeitsgrundsatz an, der durch die Verwendung der Begriffe „geeignet“ oder „erforderlich“ lediglich konkretisiert wird, ohne dass damit die gleichen Inhalte wie in der deutschen Rechtsordnung verbunden wären.[420]

II. Zwischenergebnis

Daraus folgt, dass es sich bei dem zu entwickelnden Maßstab um einen gemeinschaftsrechtlichen handeln muss. Im Rahmen der Maßstabsbildung ist zweierlei zu beachten. Zum einen ist der Integrationsanspruch der Gemeinschaft zu berücksichtigen. Andererseits wird der Maßstab begrenzt durch mitgliedstaatliche (Verfassungs-)Vorbehalte. Im Rahmen der Maßstabsbildung muss demnach auch eine Auseinandersetzung mit der Problematik der Grenzen einer Souveränitätsübertragung stattfinden.

[420] *Pollak*, Verhältnismäßigkeitsprinzip und Grundrechtsschutz 1991, S. 123; *Schwarze*, Europäisches Verwaltungsrecht Bd. II 1988, S. 832; *Kischel*, EuR 2000, S. 380, 382ff., 391.

4. Teil: Inhalt des gemeinschaftsrechtlichen Maßstabs

Bei der Entwicklung des gemeinschaftsrechtlichen Maßstabs geht es darum, aufgrund der Strukturprinzipien der Gemeinschaft einen Maßstab zu finden, anhand dessen die Gewährleistung europäischer Grundrechte und insbesondere die Beachtung des Grundsatzes der Verhältnismäßigkeit durch den EuGH gemessen werden kann.

A. Gemeinschaftsrechtlicher Maßstab

Anzusetzen bei einer Maßstabsbildung für den europäischen Grundrechtsschutz ist bei Art. 6 EUV, der „zentralen Norm des allgemeinen Unionsrechts".[421]

Dabei geht es nicht um die Justiziabilität dieser Norm, denn nach Art. 46 lit. d EUV ist nicht der gesamte Art. 6 EUV, sondern nur Art. 6 Abs. 2 EUV durch den EuGH justiziabel. Die Europäischen Gemeinschaften sind jedoch Teile der EU und als solche an Art. 6 EUV gebunden. Die bislang wichtigste der Europäischen Gemeinschaften ist die EG. Als Organ der EG ist der EuGH daher ebenfalls den in Art. 6 EUV niedergelegten Grundsätzen verpflichtet, vgl. auch Art. 5 EUV. Art. 6 EUV legt in Verbindung mit Art. 7 Abs. 1 EUV Maßstäbe für elementare verfassungsrechtliche Grundprinzipien fest, die jede öffentliche Stelle binden.[422] Über Art. 7 EUV erfolgt die Absicherung der in Art. 6 EUV niedergelegten Grundsätze.[423] Die Erfüllung dieser Grundsätze ist zugleich Voraussetzung für einen Beitritt zur EU.

B. Art. 6 Abs. 1 EUV

In Art. 6 Abs. 1 EUV sind Grundsätze der EU kodifiziert, „auf denen sie beruht und die allen Mitgliedstaaten gemeinsam sind". Dabei handelt es sich um Freiheit, Demokratie, Menschenrechte und Grundfreiheiten sowie Rechtsstaatlichkeit. Diese Grundsätze werden oft als Verfassungsprinzipien der EU bezeichnet. Während dies im Hinblick auf die Mitgliedstaaten legitim ist, da es sich innerstaatlich um Verfassungsprinzipien handelt, ist es – wie bereits durch die vorsichtige Formulierung („Grundsätze") im EUV zum Ausdruck kommt – problematisch, auch auf EU-Ebene von Verfassungsprinzipien zu sprechen, da die Verfassungsfähigkeit

---

421 *Stumpf* in: Schwarze EU-Kommentar 2000, Art. 6 EUV Rn. 1, zur Entwicklung des Art. 6 EUV vgl. Rn. 2.

422 Vgl. *Schorkopf*, Homogenität in der Europäischen Union, 2000, S. 69ff.; *Verhoeven*, ELRev. 23 (1998), S. 217; v. *Bogdandy*, JZ 2001, S. 157, 162.

423 Vgl. dazu: *Hummer/Obwexer*, EuZW 2000, S: 485, 486ff.

der Union derzeit noch umstritten ist.[424] So transportiert Art. 6 Abs. 1 EUV zwar zentrale Elemente moderner nationaler Verfassungsstaatlichkeit auf eine supranationale Ebene, trifft aber keine Entscheidung für einen europäischen Verfassungsstaat.[425] Das heißt zugleich, dass die in den Mitgliedstaaten geläufigen Verfassungsprinzipien auf Gemeinschaftsebene eine andere – gemeinschaftsrechtlich geprägte – Bedeutung erlangt haben. In dieser Bedeutung stellen sie Grund- beziehungsweise Strukturprinzipien der EU dar, welche für eine Maßstabsbildung herangezogen können.

I. Freiheit

Der Begriff der Freiheit meint in einem negativen Sinn die Freiheit von Zwang, in einem positiven Sinn die Möglichkeit der individuellen Selbstbestimmung. Adressat dieses Grundsatzes ist demnach immer die Person. Das Prinzip der Freiheit ist zum einen in einem öffentlich-rechtlichen Kontext im Verhältnis des Individuums gegenüber der Gemeinschaft oder dem Staat von Bedeutung. Zum anderen kann der Begriff der Freiheit im Sinne einer politischen Leitlinie für die Einigung Europas im Allgemeinen und die Wirtschaftsverfassung im Besondern gesehen werden.[426] Normative Bedeutung erlangt der Freiheitsbegriff durch die vielfältigen Konkretisierungen im EGV und im EUV, insbesondere durch Art. 6 Abs. 2 EUV und dem darin enthaltenen Bekenntnis der Union zu den Grundrechten.

Für die Maßstabsbildung bedeutet dies, dass der EuGH den Grundsatz der Freiheit, wie er in Art. 6 Abs. 1 EUV verankert ist, nicht nur in seiner generellen Rechtsprechungspraxis nicht missachten darf, sondern im Hinblick auf den öffentlich-rechtlichen Kontext des Begriffes dem Bürger in jedem Einzelfall eine unantastbare Freiheitssphäre zubilligen muss und in einem privatrechtlichen Kontext die auf Selbstbestimmung beruhende Wirtschaftsordnung der EG, welche insbesondere in Art. 4 Abs. 1 und 2, Art. 98 und Art. 105 Abs. 1 EGV normativ verankert ist, nicht durch eine durch zentrale Planung gesteuerte Wirtschaftsordnung ersetzen darf.

---

[424] Vgl. etwa *Dorau*, Die Verfassungsfrage der Europäischen Union, 2001, 18ff.; *Peters*, Elemente einer Theorie der Verfassung Europas, 2001, S. 25ff.; *Piris*, EuR 2000, S. 311ff. jeweils m.w.N.

[425] *Kingreen* in: Callies/Ruffert EUV/EGV 2002, Art. 6 Rn. 3; Vgl. ferner zur europäischen Verfassungsdebatte: EuGH, Gutachten 1/91, 14.12.1991, Slg. 1991, I-6079, Rn. 21, und jüngst die öffentliche Debatte, beginnend mit der Rede von Außenminister Fischer in der Humboldt Universität zu Berlin am 12.05.2000. Vgl. auch Kohler-*Koch*, Ziele und Zukunft der Europäischen Union: Eine Frage der Perspektive, Integration 2000, S.185; sowie den Konvent zur Zukunft der Europäischen Union; im Internet unter: www.european-convention.eu.int

[426] *Stumpf* in: Schwarze EU-Kommentar 2000, Art. 6 EUV Rn.7ff.; *Kingreen* in: Callies/Ruffert EUV/EGV 2. Aufl. 2002, Art. 6 Rn. 4.

II. Demokratie

Das Demokratieprinzip ist notwendiges Legitimationsprinzip sowohl der Union, als auch der Mitgliedstaaten.[427] Auf Gemeinschaftsebene hat es bislang zwei Ausprägungen erfahren. Zum einen ist es mittelbar im Europäischen Rat über die demokratisch legitimierten Regierungen der Mitgliedstaaten verwirklicht, zum anderen über das Europäische Parlament. Das direkt gewählte Europäische Parlament hat zwar seit der Gründung der Gemeinschaft einen starken Bedeutungszuwachs erfahren, ihm kommt aber noch keine einem staatlichen Parlament vergleichbare Funktion zu, vgl. Art. 5, 7, 21, 39 EUV sowie Art. 189 EGV.[428]

Zwei Aspekte sind für die Maßstabsbildung von Relevanz. Zum einen bedarf es für die Legitimation von Grundrechtseingriffen eines demokratisch legitimierten Gesetzgebers.[429] Diesem obliegt es, die politischen Ziele festzulegen, um deretwillen Grundrechte verkürzt werden und die zur Erreichung der Ziele notwendigen Mittel zu wählen.[430] Zu seinen Aufgaben gehört es aber auch, einzelne Grundrechtspositionen so auszugestalten, dass sie wahrgenommen werden können und im Fall von Kollisionen gegensätzlicher Positionen für Zuordnung und Ausgleich zu sorgen. Aufgrund seiner Bindung an den Grundsatz der Verhältnismäßigkeit hat er dabei einzuschätzen, welche Mittel zur Zielerreichung geeignet, erforderlich und angemessen sind. Hinter dem Demokratieprinzip im Zusammenhang mit dem Gewaltenteilungsgrundsatz steht die Erkenntnis, „daß dem Gesetzgeber ein eigenständiger Verantwortungsbereich zur Verfassungsentfaltung zusteht", der von einem Verfassungsgericht „nur kontrolliert, nicht aber in Zweifel gezogen werden darf."[431] Soweit jedenfalls die juristische Kontrolle exakter Maßstäbe entbehrt, wie etwa bei Abwägungen und Prognosen, gibt es keinen Grund, Willensentscheidungen des demokratisch legitimierten Parlaments durch Willensentscheidungen eines Verfassungsgerichts – also eine unsichere Entscheidung durch eine andere – zu ersetzen.[432] Darüber hinaus – und dies ist der zweite

---

[427] Vgl. nur *Zuleeg*, JZ 1993, 1069, 1071ff.; *Peters*mann, in: de Búrca/Scott, The EU and the WTO Legal and Constitutional Issues, 2001, S. 81; überkritisch zur Problematik des sog. „Demokratiedefizits" auf Gemeinschafsebene: *Lamprecht*, NJW 1997, S. 505f.

[428] Vgl. dazu die Ausführungen oben im 2. Teil A. I. 1. zum Gewaltenteilungsprinzip auf Europaebene.

[429] Dabei liegt das für Grundrechtseingriffe geforderte demokratische Legitimationsniveau sowohl im System des common law als auch im Rahmen der EMRK deutlich höher als in der Europäischen Union. *Pauly*, EuR 1998, S. 242, 249.

[430] *Pauly*, EuR 1998, S. 242, 245f.

[431] *Stern*, Verfassungsgerichtsbarkeit und Gesetzgeber 1997, S. 19. Zur Verteidigung der Rechtsgestaltungsaufgabe des „volksgewählten Parlaments" gegenüber einem „gouvernement des juges constitutionnels", das den demokratisch politischen Prozess umgeht oder ersetzt, vgl. *Böckenförde*, Der Staat 29 (1990), S. 1, 26ff.

[432] Vgl. hinsichtlich der Abwägung im Grundrechtsbereich: *Schlink*, Abwägung im Verfassungsrecht, 1976, S. 211; für den Bereich gesetzgeberischer Prognosen, vgl. *Ossenbühl*, in: Schrö-

Aspekt der Maßstabsbildung – hat eine demokratische Willensbildung auch eine freiheitssichernde Funktion.[433] Im Hinblick auf die Entwicklungsoffenheit der Union ist im Zusammenhang mit einer zunehmenden Integration und einem verstärkten grundrechtsrelevanten Handeln der Organe der Gemeinschaft zugleich eine stärkere demokratische Legitimation des Gemeinschaftsgesetzgebers zu fordern.

III. Achtung der Menschenrechte und Grundfreiheiten

Ein weiterer Grundsatz, auf dem die Union beruht, ist die Achtung der Menschenrechte und Grundfreiheiten. Zum einen deutet die Formulierung auf die EMRK hin[434], zum anderen sind aber „die Grundrechte, wie sie in der am 04.11.1950 in Rom unterzeichneten Europäischen Konvention zum Schutze der Menschenrechte und Grundfreiheiten gewährleistet sind", Gegenstand des Art. 6 Abs. 2 EUV. Es stellt sich daher die Frage, warum die Menschenrechte und Grundfreiheiten in Abs. 1 durch den Amsterdamer Vertrag eingefügt worden sind. Die Tatsache, dass Abs. 1 von „Menschenrechten und Grundfreiheiten", Abs. 2 dagegen von „Grundrechten" spricht und der Verweis auf die EMRK in Abs. 1 gerade nicht enthalten ist, spricht dafür, den Begriff der Menschenrechte und Grundfreiheiten in Abs. 1 von dem Begriff der Grundrechte in Abs. 2 zu trennen und allgemeiner, im Sinne einer wertenden Gesamtbetrachtung zu verstehen. Der Vertrag macht in Art. 6 Abs. 1 EUV mit der zusätzlichen Betonung der Menschenrechte und Grundfreiheiten neben den Grundrechten in Art. 6 Abs. 2 EUV vielmehr seine Ausrichtung auf die Person deutlich.[435]

Für die Maßstabsbildung bedeutet dies zum einen, dass durch den EuGH ein Menschenrechts- und Grundfreiheitsschutz generell zu erfolgen hat, zum anderen kann aus der stärker personellen Ausrichtung des EUV eine Tendenzentscheidung für die Zukunft abgeleitet werden, wonach eine Schwerpunktverlagerung vom Unternehmensverwaltungsrecht zum Menschenrechtsschutz zu erwarten ist. In diese Richtung zeigt auch die Charta der Grundrechte der EU.[436]

---

der/Löwer u.a. Freiheit, Verantwortung, Kompetenz, 1994, S. 53, 97ff.; *Pauly*, EuR 1998, S. 242, 246.

433 Vgl. *Pauly*, EuR 1998, S. 242, 243.

434 So auch *Kingreen* in: Callies/Ruffert EUV/EGV 2002 Art. 6 EUV Rn. 5; *Stumpf* in: Schwarze EU-Kommentar 2000, Art. 6 Rn. 13.

435 *Stumpf* in: Schwarze EU-Kommentar 2000, Art. 6 EUV Rn. 13.

436 Vgl. auch: *Losch/Radau*, NJ 1999, S. 632, 634f.

IV. Rechtsstaatlichkeit

Der Begriff der Rechtsstaatlichkeit ist aus den mitgliedstaatlichen Verfassungen übernommen und dort auf das Staatshandeln bezogen.[437] Die Union verfügt bislang zwar nicht über eine eigene Staatlichkeit, die Inhalte des Rechtsstaatsprinzips hängen jedoch nicht von der Anknüpfung an eine Staatlichkeit ab, sondern setzen lediglich das Handeln eines Hoheitsträgers voraus.[438] Der EuGH bezeichnet die Gemeinschaft denn auch als „Rechtsgemeinschaft" und verwendet den Begriff der Rechtsstaatlichkeit nur selten.[439] Vom Sinn des Rechtsstaatsgedankens ausgehend, die Ausübung hoheitlicher Macht zu mäßigen, hat der EuGH ohne ausdrückliche Ableitung aus dem Rechtsstaatsprinzip auch schon vor der Kodifizierung in Art. 6 Abs. 1 EUV verschiedene allgemeine Rechtsgrundsätze entwickelt, die auf den Rechtsstaatsgedanken zurückzuführen sind.[440] Wichtige Einzelausprägungen sind neben der Entwicklung der Gemeinschaftsgrundrechte der Verhältnismäßigkeitsgrundsatz[441], ferner der Grundsatz des Vertrauensschutzes[442], der nach der Rechtsprechung an einen objektiven Vertrauenstatbestand[443], einen subjektiven Vertrauenstatbestand der Schutzwürdigkeit des Vertrauens[444], sowie das Überwiegen des Individualinteresses gegenüber dem Gemeinschaftsinteresse anknüpft.[445] Eine weitere Ausprägung des unionsrechtlich verbürgten Rechtsstaatsprinzips ist das Rückwirkungsverbot.[446] Danach ist es grundsätzlich verboten, „den Beginn der

---

437 Vgl. dazu die rechtsvergleichende Darstellung bei: *Kadelbach*, EuR Beiheft 2/2002, S. 7, 9ff.

438 *Stumpf* in: Schwarze EU-Kommentar 2000, Art. 6 EUV Rn. 15.

439 Zur Rechtgemeinschaft vgl.: EuGH Rs. 294/83, Les Verts, Slg. 1984, 1339; Gutachten 1/91, 14.12.1991, Slg. 1991, I-6079; Erwähnung des Grundsatzes der Rechtstaatlichkeit in: EuGH Rs. 101/78, Granaria, Slg. 1979, 623; vgl. dazu auch: *Kadelbach*, EuR Beiheft 2/2002, S. 7, 15f.

440 *Kingreen* in: Callies/Ruffert EUV/EGV 2002 Art. 6 EUV Rn. 6; *Stumpf* in: Schwarze EU-Kommentar 2000, Art. 6 Rn. 14.

441 Vgl. dazu etwa EuGH Rs. 265/87, Schräder/Hauptzollamt Gronau, Slg. 1989, 2237 Rn. 21.

442 Entscheidungsregister für die Zeit bis April 1988 bei *Borchardt*, Der Grundsatz des Vertrauensschutzes im europäischen Gemeinschaftsrecht, 1988, S. 142ff.; aktuell: EuGH Rs. C-90/95 P, De Compte/Parlament, Slg. 1997, I-1999 Rn.35ff. m.w.N.

443 EuGH Rs. C-177/90, Kühn, Slg. 1992, I-35 Rn. 14; Rs. C-22/94, Irish FarmersAssossiation u.a., Slg. 1997, I-1809 Rn. 25.

444 EuGH Rs. C-350/88, Delacre u.a./Kommission, Slg. 1990, I-395, Rn. 33; Rs. C-177/90, Kühn, Slg. 1992, I-35 Rn. 13; verb. Rs. C-258/90 u. C-259/90, Pesquerias De Bermeo und Naviera Laida/Kommission, Slg. 1992, I-2901 Rn. 34; Rs. C-280/93, Bananen, Slg. 1994, I-4973 Rn. 79; verb. Rs. C-296/93 und C-307/93, Frankreich und Irland/Kommission, Slg. 1996, I-795 Rn. 59; Rs. C-64/95, Lubella, Slg. 1996, I-5105 Rn. 31; Rs. C-241/95, Accrington Beef, Slg. 1996, I-6699 Rn. 33.

445 Übersicht über die vom EuGH bislang anerkannten Gemeinschaftsinteressen bei *Borchardt*, EuGRZ 1988, S. 309, 314.

446 Vgl. EuGH Rs. 98/78, Racke, Slg. 1979, 69 Rn. 20; Rs. 99/78, Decker, Slg. 1979, 101 Rn. 8; Rs. C-337/88, SAFA, Slg. 1990, I-1 Rn. 13; verb. Rs. C-143/88 u. C-92/89, Zuckerfabrik

Geltungsdauer eines Rechtsakts der Gemeinschaft auf einen Zeitpunkt vor dessen Veröffentlichung zu legen; dies kann aber ausnahmsweise dann anders sein, wenn das angestrebte Ziel es verlangt und das berechtigte Vertrauen des Betroffenen gebührend beachtet wird"[447]. Eine Rückwirkung von Strafvorschriften ist ausnahmslos verboten, was der EuGH aus Art. 7 EMRK ableitet.[448] Eine weitere vom EuGH anerkannte Ausprägung des gemeinschaftsrechtlichen Rechtsstaatsprinzips ist der Bestimmtheitsgrundsatz.[449]

Diese Grundsätze sind vom Gerichtshof sowohl als objektive Prinzipien, als auch als subjektive Rechte ausgestaltet worden.[450] Somit kann der Grundsatz der Rechtsstaatlichkeit zum einen als objektives Prinzip innerhalb der EU die Machtausübung sinnvoll begrenzen. Zum anderen kann sich der Unionsbürger zumindest mittelbar auf die unionsrechtlich verbürgten Ausprägungen des Rechtsstaatsprinzips berufen.[451] Einen Bedeutungszuwachs erlangte das Rechtsstaatsprinzip insofern, als es als richterrechtlich entwickeltes Prinzip durch den Amsterdamer Vertrag auf die Ebene des primären Gemeinschaftsrechts gehoben wurde. Eine weitere Ausprägung des Rechtsstaatsprinzips auf europäischer Ebene ist der Grundsatz der Gewaltenteilung.

Darüber hinaus ergibt sich aus dem gemeinschaftsrechtlichen Grundsatz der Rechtsstaatlichkeit im Zusammenhang mit dem Prinzip der begrenzten Einzelermächtigung, dass Gemeinschaftsrechtsakte auf einer klaren und unzweideutigen Rechtsgrundlage beruhen, von dieser gedeckt und hinreichend bestimmt sein müssen.[452]

Im Hinblick auf die Maßstabsbildung erlangt das gemeinschaftsrechtliche Rechtsstaatsprinzip in mehrfacher Hinsicht Bedeutung. Zunächst kann vor diesem Hintergrund ein Kriterienraster zur Bewertung der Verhältnismäßigkeitsrechtsprechung entwickelt werden: Gemeinschaftsrechtsakte müssen auf einer klaren Rechtsgrundlage beruhen und dem Einzelnen müssen Rechtsschutzmöglichkeiten

---

Süderdithmarschen und Zuckerfabrik Soest, Slg. 1991, I-415, Rn. 49; Rs. C-368/89, Crispoltini, Slg. 1991, I-3695, Rn. 17.

[447] EuGH Rs. 98/78, Racke, Slg. 1979, 69 Rn. 20; Rs. 99/78, Decker, Slg. 1979, 101 Rn. 8; Rs. 337/88, SAFA, Slg.1990, I-1 Rn. 13; verb. Rs. 143/88 u. C-92/89, Zuckerfabrik Süderdithmarschen und Zuckerfabrik Soest, Slg. 1991, I-415 Rn. 49; Rs. C-368/89, Crispoltini, Slg. 1991, I-3695, Rn. 17.

[448] EuGH Rs. 63/83, Regina/Kirk, Slg. 1984, 2689 Rn. 22; Rs. C-331/88, Fedesa u.a., Slg. 1990, I-I-4023 Rn. 42.

[449] EuGH Rs. 169/80, Gondrand, Slg. 1981, 1931 Rn. 17.

[450] *Stumpf* in: Schwarze, EU-Kommentar 2000, Art. 6 EUV Rn. 15.

[451] Vgl. dazu die Ausführungen zur Erlangung von Grundrechtsschutz vor dem EuGH oben, 1. Teil E.

[452] Vgl. die Schlussanträge des GA Léger in: EuGH Rs. 354/95, National Farmers' Union, Slg. 1997, I-4559, Rn. 99ff.; sowie die Schlussanträge des GA *Jakobs* in der Rs. 177/96, Banque Indosuez, Slg. 1997, 5659, Rn. 33ff.; ferner: *Kadelbach*: EuR Beiheft 2/2002, S. 7, 16f.

gegen Gemeinschaftsrechtsakte eingeräumt werden. In der spezifischen Ausprägung des Grundsatzes der Gewaltenteilung gibt das Rechtsstaatsprinzip für die Maßstabsbildung vor, dass dem Gemeinschaftsgesetzgeber eine Gestaltungsfreiheit und Einschätzungsprärogative zur Regelung ihm obliegender Sachverhalte zusteht. Diese Gestaltungsfreiheit entbindet den Gemeinschaftsgesetzgeber nicht davon, gegebenenfalls Übergangs- oder Entschädigungsregelungen für einen verhältnismäßigen Ausgleich der sich gegenüberstehenden Interessen zu schaffen. Darüber hinaus hat er das Rückwirkungsverbot und den Grundsatz des Vertrauensschutzes zu beachten. Die Gestaltungsfreiheit und Einschätzungsprärogative des Gemeinschaftsgesetzgebers darf der EuGH jedoch nicht dadurch unterlaufen, dass er seine Wertungen an die Stelle des – dafür zuständigen – Gemeinschaftsgesetzgebers setzt. Das Gebot der Rechtsstaatlichkeit dient als verbindliche Vorgabe für die Union/Gemeinschaft, gemeinschaftsrechtlich bereits anerkannte rechtsstaatliche Grundsätze nicht wieder aufzugeben. Darüber hinaus enthält es eine Entwicklungsoption, unmittelbare Rechte des Bürgers zu garantieren, wenn und sobald es in Zukunft verstärkt zu unmittelbarer Entfaltung von Hoheitsmacht seitens der EU gegenüber dem Unionsbürger kommt.

V. Verfassungsvertrag

Die in Art. 6 Abs. 1 EUV niedergelegten Grundsätze finden sich im Entwurf eines Vertrages über eine Verfassung für Europa (im Folgenden: EU-Verfassungsvertrag)[453] ebenfalls an exponierter Stelle, gleich zu Beginn des Verfassungsvertrags in Art. I-2 mit der Überschrift „Werte der Union". Dort heißt es: „Die Werte, auf denen die Union sich gründet, sind die Achtung der Menschenwürde, Freiheit, Demokratie, Gleichheit, Rechtsstaatlichkeit und die Wahrung der Menschenrechte; diese Werte sind allen Mitgliedstaaten in einer Gesellschaft gemeinsam, die sich durch Pluralismus, Toleranz, Gerechtigkeit, Solidarität und Nichtdiskriminierung auszeichnet."

Soweit Art. I-2 des Verfassungsvertrages Art. 6 Abs. 1 EUV entspricht, ist von einer Übereinstimmung des Bedeutungsinhalts der sich gleichenden Begriffe auszugehen. Bemerkenswert ist insbesondere die ausdrückliche Aufnahme der Achtung der Menschenwürde als alle anderen Grundsätze bestimmender, übergreifender Grundsatz, der eine Bedeutungserhöhung des Menschenrechtsschutzes auf EU-Ebene erwarten lässt. Die Menschenwürde wird auch in Art. II-1 der Charta der Grundrechte verbürgt, die dem Entwurf des EU-Verfassungsvertrages zufolge Teil desselben ist.

Für eine Bedeutungserhöhung des Demokratiegrundsatzes im beschriebenen Sinne spricht Titel VI des EU-Verfassungsvertrages, der unter der Überschrift „Das demokratische Leben in der Union" in den Art. I-44 bis Art. I-46 die Grund-

---

[453] EU-Verfassungsvertrag. Entwurf i.d.F. von Thessaloniki. Dokument des Konvents der Europäischen Union vom 20. Juni 2003, CONV 820/03.

sätze der demokratischen Gleichheit, der repräsentativen Demokratie sowie den Grundsatz der partizipativen Demokratie verankert.

C. Art. 6 Abs. 2 EUV

Das primäre Gemeinschaftsrecht enthält zwar einige – meist mit der Errichtung eines Gemeinsamen Marktes zusammenhängende – subjektiv-öffentliche Rechte[454], trotz vielfältiger Bemühungen ist es aber noch immer nicht gelungen, einen verbindlichen Katalog europäischer Grundrechte zu verabschieden.[455] Aus diesem Grund ist Art. 6 Abs. 2 EUV bislang alleinige geschriebene Rechtsquelle[456] der Grundrechte des Gemeinschaftsrechts.[457] In dieser Norm wurde die Rechtsprechung des EuGH zur Herleitung der Grundrechte fast wörtlich übernommen.[458] Sie kodifiziert die zwei am häufigsten gebrauchten Herleitungsstränge des Gerichtshofs; zum einen die EMRK, zum anderen die gemeinsamen Verfassungsüberlieferungen der Mitgliedstaaten. Durch die Kodifizierung im Rahmen des Vertrags von Maastricht[459] wurde das Richterrecht ausdrücklich auf die Stufe des Primärrechts gestellt.

Die Norm des Art. 6 Abs. 2 EUV umfasst zwei voneinander zu trennende Garantien, zum einen Grundrechte in Form von Freiheits- bzw. Gleichheitsgrundrechten, zum anderen Verfahrensgrundrechte. Letztere haben insofern eine besondere eigenständige Bedeutung, als eine (Grund-)Rechtsverbürgung immer nur soviel wert ist, wie die Möglichkeit ihrer prozessualen Durchsetzbarkeit. Diesen beiden Aspekten trägt Art. 220 EGV Rechnung, wonach dem Gerichtshof „die Wahrung des Rechts" übertragen ist. Die justiziellen Rechte sind nach der Charta der Grundrechte, die nach dem Entwurf des EU-Verfassungsvertrages in denselben inkorporiert ist, in Titel VI der Grundrechtscharta ebenfalls ausdrücklich geschützt.

Für die Maßstabsbildung kommt Art. 6 Abs. 2 EUV und der darin enthaltenen Verbürgung von Grundrechten gegenüber den Unionsbürgern insofern Bedeutung zu, als der EuGH in seiner generellen Rechtsprechungspraxis zum einen ein einmal bereits anerkanntes Grundrecht nicht wieder aufgeben und als auf EU-Ebene

---

454 Übersicht bei *Kingreen/Störmer*, EuR 1998, S. 263ff.

455 Vgl. aber die Ausführungen von *Mahrenholz*, JöR 49 (2001), S. 15, 24ff. Überdies soll nach dem EU-Verfassungsentwurf die Charta der Grundrechte der Union Bestandteil desselben sein.

456 Zur Unterscheidung zwischen Rechtsquelle und Rechtserkenntnisquelle vgl. *Kingreen* in: Callies/Ruffert EUV/EGV 2002, Art. 6 EUV Rn. 33, sowie zum Status der Charta der Grundrechte der Europäischen Union als Rechtserkenntnisquelle: *Kingreen* a.a.O. Rn. 35.

457 Vgl. zur besonderen Bedeutung dieser Norm im Hinblick auf die europäischen Grundrechte: *Kingreen* in: Callies/Ruffert EUV/EGV 2002 Art. 6 Rn. 18.

458 Vgl. nur EuGH Rs. 11/70, Internationale Handelsgesellschaft, Slg. 1970, 1125 Rn. 4 bzgl. der Verfassungsüberlieferungen der Mitgliedstaaten und Rs. 4/73, Nold/Kommission, Slg. 1974, 491 Rn. 13 bzgl. internationaler Verträge über den Schutz der Menschenrechte.

459 Art. F Abs. 2 EUV Maastrichter Fassung.

nicht geschütztes (subjektives) Recht judizieren darf.[460] Dazu gehört auch deren verfahrensrechtliche Absicherung. Zum anderen hat die in Art. 6 Abs. 2 EUV normativ verankerte – und auch vom EuGH in seiner Herleitung der Grundrechte herangezogene – Rechtserkenntnisquelle der EMRK insofern eine eigenständige Bedeutung, als dass die Inhalte der bereits durch den EuGH verbürgten Gemeinschaftsgrundrechte in ihrer konkreten Gestalt durch die zukünftige Rechtsprechung nicht zurück genommen werden dürfen. Zum anderen sollte auch in Zukunft bei der Ausgestaltung von gewährleisteten Grundrechten durch den EuGH eine inhaltliche „Rückkoppelung" im Sinne eines wertenden Vergleichs zur EMRK erfolgen.[461]

Durch die Inkorporation der Charta der Grundrechte in den EU-Verfassungsvertrag, wie sie in dessen Entwurf vorgesehen ist, sollen ausweislich der Präambel der Grundrechtscharta die Grundrechte sichtbarer gemacht und dadurch gestärkt werden.

D. Art. 6 Abs. 3 EUV

Bei Art. 6 Abs. 3 EUV geht es für die Maßstabsbildung – ebenso wie bei Art. 6 Abs. 1 EUV – nicht um die Justiziabilität der Norm durch den EuGH, welche nach Art. 46 EUV nicht gegeben ist. Auch Art. 47 EUV lässt die Gemeinschaftsverträge grundsätzlich unberührt. Aus Art. 6 Abs. 3 können daher keine unmittelbaren Schranken für die Ausübung von Kompetenzen der EG abgeleitet werden, denn seinem Wortlaut nach wendet sich Art. 6 Abs. 3 EUV nur an die Europäische Union. Die Gemeinschaften bilden aber gemäß Art. 1 Abs. 3 EUV die Grundlage der Union. Sie sind über diese Norm auch in die Achtungsverpflichtung des Art. 6 Abs. 3 EUV einbezogen. Diese durch die Gemeinschaften vermit-

---

[460] Ähnlich: *Pauly*, EuR 1998, S. 242, 252.

[461] In diesem Sinne etwa auch *Kingreen* in: Callies/Ruffert EUV/EGV 2002 Art. 6 Rn. 42. Damit sei hier weder für einem Beitritt der EU zur EMRK plädiert, noch ist damit eine bloße Übernahme von EMRK – Grundrechten durch die EuGH-Rechtsprechung gemeint. Erwartet wird vielmehr eine inhaltliche Orientierung in dem Sinne, dass in Zukunft vom EuGH anzuerkennende Grundrechte materiell mindestens einen ebenso weiten Freiheitsraum für den EU-Bürger gewährleisten. wie dies das entsprechende EMRK-Grundrecht tut. Vgl. im vorgeschlagenen Sinne Art. II-53 des EU-Verfassungsvertrages. Vgl. auch Art. I-7 Abs. 3 des EU-Verfassungsvertrages, wo es heißt: „Die Grundrechte, wie sie in der Europäischen Konvention zum Schutze der Menschenrechte und Grundfreiheiten gewährleistet sind und wie sie sich aus den gemeinsamen Verfassungsüberlieferungen der Mitgliedstaaten ergeben, gehören zu den allgemeinen Grundsätzen des Unionsrechts." Allerdings wird in Art. I-7 Abs. 2 des Verfassungsentwurfs ausdrücklich ein Beitritt zur Europäischen Menschenrechtskonvention angestrebt. Für einen Beitritt zur EMRK zur Gewährleistung eines ausreichenden Grundrechtsschutzes auf Gemeinschaftsebene ferner: *Canor*, E.L.Rev. 2000, S. 3ff.; *Busse*, NJW 2000, S. 1074, 1078; *Krüger/Polakiewicz*, EuGRZ 2001, S. 92, 94ff.; vgl. auch: *Alber/Widmaier*, EuGRZ 2000, S. 497, 505ff.; *Breuer*, JZ 2003, S. 433, 438f.

telte Verpflichtungskette, erstreckt sich demzufolge auch auf die Gemeinschaftsorgane, womit auch der EuGH verpflichtet wird.[462]

Gemäß Art. 6 Abs. 3 EUV achtet die Union die nationale Identität ihrer Mitgliedstaaten. Diese Vorschrift[463] soll einerseits die Identität der Mitgliedstaaten gegenüber der wachsenden Unionsidentität[464] stärken, andererseits ein Gegengewicht zur Aufwertung der Regionen schaffen.[465] Art. 6 Abs. 3 EUV ist eine Ausprägung des in Art. 10 EGV enthaltenen Grundsatzes der wechselseitigen Gemeinschaftstreue, wonach auch die Gemeinschaft gegenüber den Mitgliedstaaten zur Rücksichtnahme verpflichtet ist.[466] Die Norm steht aber auch im Zusammenhang mit der gleichzeitigen Aufnahme weiterer Bestimmungen im EGV, die ebenfalls die Bedeutung der Mitgliedstaaten herausheben und stärken sollen. Dazu zählt vor allem das Subsidiaritätsprinzip des Art. 5 Abs. 2 EGV[467], das die Ausübung von Gemeinschaftskompetenzen zugunsten der Mitgliedstaaten begrenzt.[468]

Für die Maßstabsbildung fruchtbar gemacht werden soll der übergreifende Aspekt der Abgrenzung der mitgliedstaatlichen von der Unionsidentität.

Der Begriff der nationalen Identität wird vom Vertrag nicht definiert.[469] Nach der psychologischen Bedeutung des Begriffes „Identität" handelt es sich dabei um

---

[462] Vgl. auch *Hilf*, in: GS Grabitz 1995, S. 157, 162.

[463] Art. F Abs. 1 1. HS. EUV a.F. eingefügt durch den Vertrag von Maastricht.

[464] Vgl. 10. Erwägungsgrund der Präambel; Art. 2 Abs. 1 2. Spiegelstrich EUV; vgl. dazu auch: *Däubler-Gmelin*, EuZW 2000, S. 1; visionär im Hinblick auf eine Staatswerdung Europas und unter Ablehnung des Modells geteilter Souveränität zwischen der Gemeinschaft und den Mitgliedstaaten: Deringer, JZ 2000, S. 1221, 1123ff.; vgl. auch *Görlitz*, DÖV 2004, S. 374ff.

[465] Diese erfolgte insbesondere durch die Schaffung des AdR (Art. 263 EGV ff.) vgl. auch *Bleckmann*, JZ 1997, 265; *Hilf*, in: GS Grabitz 1995, S. 157, 162, sowie *Röper*, Verwaltungs-Archiv 2004, S. 301.

[466] *Hilf*, in: GS Grabitz 1995, S. 157, 167f.; *Puttler* in: Callies/Ruffert EUV/EGV 2002 Art. 6 Rn. 212. Vgl. in diesem Zusammenhang auch Art. I-5 des EU-Verfassungsvertrages, in dem es heißt: „(1) Die Union achtet die nationale Identität ihrer Mitgliedstaaten, die in deren grundlegender politischer und verfassungsrechtlicher Struktur (...) zum Ausdruck kommt. (...)
(2) Nach dem Grundsatz der loyalen Zusammenarbeit achten und unterstützen sich die Union und die Mitgliedstaaten gegenseitig bei der Erfüllung der Aufgaben, die sich aus der Verfassung ergeben. (...)"

[467] Das Subsidiaritätsprinzip ist in Art. I-9 Abs. 3 des EU-Verfassungsvertrages verankert, wo es heißt: „Nach dem Subsidiaritätsprinzip wird die Union in den Bereichen, die nicht in ihre ausschließliche Zuständigkeit fallen, nur tätig, sofern und soweit die Ziele der in Betracht gezogenen Maßnahmen von den Mitgliedstaaten weder auf zentraler noch auf regionaler oder lokaler Ebene ausreichend erreicht werden können, sondern vielmehr wegen ihres Umfangs oder ihrer Wirkungen auf Unionsebene besser erreicht werden können. (...)"Vgl. auch Schröder, JZ 2004, S. 8, 11.

[468] Aber auch Art. 151 Abs. 1 EGV, der die Gemeinschaft bei ihren kulturpolitischen Aktivitäten neben der Wahrung der regionalen auch zur Wahrung der nationalen Vielfalt verpflichtet. Vgl. auch: *Zuleeg*, NJW 2000, S. 2846, sowie *von Bogdandy*, JZ 2004, S. 53.

[469] Der Begriff der Identität findet sich lediglich in Art. 2 Abs. 1 2. Spiegelstrich EUV im Hinblick auf die Union.

die Ideengehalte, mit denen sich eine Person – bzw. hier eine Nation – zur Findung ihrer Selbstbestimmung und ihres Selbstverständnisses identifiziert.[470] Jeder Mitgliedstaat kann demnach nur selbst bestimmen, was seine nationale Identität ausmacht.[471] Von der Achtungsverpflichtung des Art. 6 Abs. 3 EUV umfasst werden jedenfalls die Staatlichkeit und die Souveränität der Mitgliedstaaten.[472] Als zentrale Norm des deutschen Verfassungsrechts sei hier Art. 79 Abs. 3 GG genannt.[473] Nationale Identität geht aber insofern über eine reine Verfassungsidentität[474] hinaus, als zu ihr auch ein Mindestbestand an Werten aus verschiedenen Bereichen des menschlichen Zusammenlebens gehört, die das Wesen und Selbstverständnis des jeweiligen Staates prägen. Die nationale Identität ist Ausdruck des Zugehörigkeitsgefühls der Angehörigen eines Mitgliedstaates, hat gleichzeitig aber auch abgrenzende Wirkung zu anderen Nationen.[475] Bei den Unionsstaaten gibt der EUV allerdings einige Vorgaben für die mitgliedstaatliche Identitätsdefinition.[476] Danach müssen zum einen die in Art. 6 Abs. 1 EUV genannten Grundwerte in jedem Mitgliedstaat verwirklicht sein[477], zum anderen setzt Art. 6 Abs. 3 EUV die Mitgliedschaft in der EU überhaupt voraus und geht davon aus, dass die Mitgliedstaaten ihre Souveränität im Rahmen ihrer vertraglichen Einbindung wahrnehmen. Zur nationalen Identität der Mitgliedstaaten gehört demnach auch die „Öffnung des Souveränitätspanzers" gegenüber der Union und den Gemeinschaften und die Bereitschaft zur Mitwirkung an der Integration.[478] Dem Merkmal der nationalen Identität ist damit nicht nur ein bewahrender, sondern auch ein in-

---

[470] *Bleckmann*, JZ 1997, S. 265; *Puttler* in: Callies/Ruffert EUV/EGV 2002 Art. 6 EUV Rn. 213.

[471] *Hilf*, in: Grabitz/Hilf, EUV, Stand: Okt. 1995, Art. F, Rn. 8, Ders., in: GS *Grabitz* 1995, S. 157, 163f.; *Epiney*, EuR 1994, S. 301, 307.

[472] Vgl. BVerfGE 89, 155, 189 (Unabhängigkeit und Souveränität der Mitgliedstaaten); zutreffend: *Doehring*, in: FS *Everling* 1995, S. 263, 264ff., wonach die Identität der Mitgliedstaaten nur eine Teilidentität sein kann, wenn das Gemeinschaftsrecht Vorrang vor nationalem Recht hat.

[473] Während *Kirchhof* in: Isensee/Kirchhof HStR, Band I, 1995, § 19 Rn. 47f. im Wesentlichen auf den Verfassungskern des Art. 79 Abs. 3 GG abstellt und ergänzend einzelne Verfassungsvoraussetzungen – wie Staatlichkeit, Staatsgebiet, Staatsvolk, Sprache – einbezieht, zählt z. B. *Stein*berger, in: FS für Helmrich, 1994, S. 427, 434f. erweiternd die internationale Offenheit des GG zu den Identitätsmerkmalen des Grundgesetzes.

[474] Dazu *Kirchhof* in: Isensee/Kirchhof HStR Bd. I, 1995, § 19, Rn. 47ff.; *Epiney*, EuR 1994, S. 301, 307.

[475] *Hilf*, in: GS Grabitz 1995, S. 157, 163.

[476] Vgl. *Puttler* in: Callies/Ruffert EUV/EGV 2002 Art. 6 EUV Rn. 214; *Epiney*, EuR 1994, S. 301, 307.

[477] Vgl. etwa *Pache*, DVBl 2002, S. 1154, 1156, der auf verschiedene identitätsbildende Eigenschaften, wie etwa soziale wirtschaftliche, kulturelle oder politische Homogenität als existenzielle Funktionsbedingungen der Demokratie hinweist. Vgl. auch: *Vitzthum*, EuR 2002, S. 1, 3.

[478] *Puttler* in: Callies/Ruffert EUV/EGV 2002, Art. 6 EUV Rn. 214. Vgl. auch Art. I-5 Abs. 2 S. 2 des EU-Verfassungsvertrages: „Die Mitgliedstaaten erleichtern der Union die Erfüllung ihrer Aufgaben und unterlassen alle Maßnahmen, welche die Verwirklichung der in der Verfassung genannten Ziele gefährden könnten."

tegrativer Bestandteil im Sinne einer Entwicklungsoffenheit immanent. Im Rahmen dieser Entwicklungsoffenheit sind selbst Werte, die zu den Grundlagen nationaler Identität zählen, grundsätzlich einem Wandel zugänglich.[479] Fraglich ist allerdings, wie weit der Integrationsanspruch der Union in mitgliedstaatliche Grundprinzipien hineingreifen darf. Diese Frage kann nur von der Verfassungsordnung des jeweiligen Mitgliedstaates beantwortet werden. Auf sie soll im Rahmen der Erörterung zur Begrenzung des gemeinschaftsrechtlichen Maßstabes durch die nationalen Verfassungsordnungen der Mitgliedstaaten eingegangen werden.

Bezogen auf die Maßstabsbildung für die Verhältnismäßigkeitsrechtsprechung des EuGH bedeutet die Achtungsverpflichtung der Union im Hinblick auf die mitgliedstaatliche Identität eine Wechselwirkung in dem Sinne, dass der EuGH verpflichtet ist, durch seine Judikatur der Union keine Kompetenzen einzuräumen oder Souveränitätsrechte zu gewähren, die nicht von der Souveränitätsübertragung der Mitgliedstaaten umfasst sind und die nationale Identität der Mitgliedstaaten verletzen.[480] Kompetenzbegrenzende Gemeinschaftsprinzipien – wie etwa der Grundsatz der Verhältnismäßigkeit – stehen im Dienst der nationalen Identität. Durch ihre Beachtung wird zugleich die nationale Identität der Mitgliedstaaten gewahrt.[481] Kernbereich dieser Identität in Deutschland ist Art. 79 Abs. 3 GG, der zugleich der Maßstabsbildung einen äußersten Rahmen zieht.

Gleichzeitig aber kann der EuGH einem sich wandelndem Identitätsbegriff auf mitgliedstaatlicher Ebene Rechnung tragen und damit die Integration fördern[482], denn auf der anderen Seite werden die Mitgliedstaaten verpflichtet, die Integration fortzuführen, also weiter entwicklungsoffen zu sein und zukünftigen Souveränitätsübertragungen nicht ablehnend gegenüber zu stehen.

E. Art. 6 Abs. 4 EUV

Gemäß Art. 6 Abs. 4 EUV stattet sich die Union mit den Mitteln aus, die zum Erreichen ihrer Ziele und zur Durchführung ihrer Politiken erforderlich sind.[483] Es ist überwiegend anerkannt, dass diese Norm keine Kompetenz-Kompetenz be-

---

[479] *Puttler* in: Callies/Ruffert EUV/EGV 2002, Art. 6 EUV Rn. 215.

[480] Vgl. *Pache*, DVBl 2002, S. 1154, 1159f.

[481] BVerfGE 89, 155, 211f.

[482] Art. 6 Abs. 3 EUV enthält eine rechtliche Verpflichtung. Die Norm fordert die Achtung mitgliedstaatlicher Identität, verlangt aber nicht ihre Sicherung oder Bewahrung. Sie räumt den nationalen Werten damit keinen Vorrang ein. Bei einem Konflikt zwischen identitätsbildenden Grundwerten der Union und solchen der Mitgliedstaaten hat sich die EU daher lediglich um einen Ausgleich zu bemühen. (*Puttler* in: Callies/Ruffert EUV/EGV 2002, Art. 6 EUV Rn. 217; *Hilf*, in: GS Grabitz 1995, 157, 165.

[483] Art. 6 Abs. 4 EUV war als Art F Abs. 3 EUV bereits in der Fassung des EUV von 1992 enthalten.

gründet.[484] Art. 6 Abs. 4 EUV ist keine unmittelbar geltende Rechtsnorm, sondern hat lediglich die Funktion einer politisch-programmatischen Absichtserklärung.[485] Wie Art. 6 Abs. 1 und 3 EUV ist Art. 6 Abs. 4 EUV durch den EuGH nicht justiziabel. Auf die Kompetenzen der Gemeinschaften hat Art. 6 Abs. 4 EUV gem. Art. 47 EUV ebenfalls keine Wirkungen. Im Gegensatz zu den anderen (nicht justiziablen) Absätzen des Art. 6 EUV kann auch keine mittelbare Bindungswirkung begründet werden. Für die Maßstabsbildung zur Grundrechtsrechtsprechung des EuGH können aus ihm daher keine Erkenntnisse gewonnen werden.

[484] BVerfGE 89, 155, 195f.; *Stumpf* in: Schwarze EU-Kommentar 2000, Art. 6 EUV Rn. 45; *Puttler* in: Callies/Ruffert EUV/EGV 2002, Art. 6 EUV Rn. 219ff.: a.A.: *Schachtschneider/Emmerich-Fritsche/Beyer*, JZ 1993, S. 751, 753f., ähnlich: *Ress*, JuS 1992, S. 985, 987.

[485] Vgl. BVerfGE 89, 155, 194ff.; *Everling*, DVBl. 1993, S. 936, 941; *Hilf*, in: Grabitz/Hilf, EUV, Stand Okt. 1995, Art. F, Rn. 57; *Tomuschat*, EuGRZ 1993, S. 489, 492; *Klein*, in: GS Grabitz 1995, S. 271, 280; *Schröder*, DVBl. 1994, S. 316, 322.

5. Teil: Mitgliedstaatliche Begrenzung des gemeinschaftsrechtlichen Maßstabs

Die Kriterien, welche bislang zur Maßstabsbildung herangezogen wurden, waren – systemimmanent – rein gemeinschaftsrechtlich, da sie aus dem EUV hergeleitet worden sind. Dennoch zeigte sich bereits hier eine Wechselwirkung in dem Sinne, dass selbst auf der „ureigensten europäischen Ebene“ die Souveränitäts- und Identifikationsansprüche der Mitgliedstaaten Berücksichtigung finden. Wie weit diese Ansprüche der Mitgliedstaaten reichen (dürfen), soll im Folgenden untersucht werden. Bei der Erörterung einer mitgliedsstaatlichen Begrenzung des Maßstabs stellen sich zunächst zwei Fragen. Zum einen, ob nationales Verfassungsrecht Gemeinschaftsrecht begrenzen kann. Zum Zweiten, wer über eine solche Begrenzung zu entscheiden hätte.

A. Begrenzung des Gemeinschaftsrechts durch nationales Verfassungsrecht?

Zur Beantwortung der ersten Frage ist im Hinblick auf die Problemstellung der Ausgangsfrage eine exemplarische Auseinandersetzung mit den Urteilen des EuGH und des BVerfG zum Rangverhältnis zwischen nationalem Recht und Gemeinschaftsrecht erforderlich.

I. Prinzipieller Vorrang des Gemeinschaftsrechts

Ungeachtet unterschiedlicher dogmatischer Begründungen besteht in der Wissenschaft sowie in der europäischen und nationalen Rechtsprechung der Mitgliedstaaten Einigkeit über die grundsätzliche Lösung des Verhältnisses von Gemeinschaftsrecht und nationalem Recht. Danach kommt dem Gemeinschaftsrecht Vorrang vor nationalem Recht zu. Aus Sicht der Mitgliedstaaten ist der Vorrang jedoch kein absoluter, sondern stößt an verfassungsrechtliche Schranken.[486]

II. Begründung des Vorrangs des Gemeinschaftsrechts

Vertreten wird ein Vorrang des Gemeinschaftsrechts kraft Eigenständigkeit (europarechtlicher Ansatz) und ein Vorrang kraft verfassungsrechtlicher Ermächtigung der Mitgliedstaaten (verfassungsrechtlicher Ansatz). Der europarechtliche und der verfassungsrechtliche Ansatz zur Lösung der Vorrangfrage ist gleich. Das aus einer autonomen Rechtsquelle fließende Gemeinschaftsrecht beansprucht einheit-

---

[486] *Streinz*, Europarecht, 2001, S. 71; *Schweitzer* Staatsrecht III, 2000 Rn. Rn. 42ff.

liche Geltung im gesamten Gemeinschaftsgebiet.[487] Die Gemeinschaft kann ihre Funktion als Rechtsgemeinschaft nur erfüllen, wenn im Hinblick auf das Gemeinschaftsrecht gemeinschaftsweit Rechtseinheit besteht. Rechtseinheit ist jedoch nur dann gegeben, wenn nationales Recht hinter das Gemeinschaftsrecht zurücktritt. Darum kommt aufgrund des Rechtsanwendungsbefehls des Zustimmungsgesetzes dem Gemeinschaftsrecht nicht nur unmittelbare Geltung, sondern auch Vorrang vor innerstaatlichem Recht zu.[488]

1. Vorrang kraft Eigenständigkeit

Der EuGH vertritt die rein europarechtliche Lösung, wonach dem Gemeinschaftsrecht kraft seiner Eigenständigkeit Vorrang vor nationalem Recht zukommt. Nach der Rechtsprechung des EuGH ist der Vorrang des Gemeinschaftsrechts uneingeschränkt und lässt sich autonom gemeinschaftsrechtlich begründen.[489] Seit der Entscheidung *Costa*/ENEL[490] ist – auch von den Mitgliedstaaten[491] – anerkannt, dass durch die Gründung des EWG-Vertrages eine eigene Rechtsordnung geschaffen wurde, die sich von gewöhnlichen internationalen Verträgen unterscheidet.[492]

„Aus alledem folgt, daß dem vom Vertrag geschaffenen, somit aus einer autonomen Rechtsquelle fließenden Recht wegen dieser seiner Eigenständigkeit keine wie immer gearteten innerstaatlichen Rechtsvorschriften vorgehen können, wenn

[487] BVerfGE 22, 293, 296; EuGH Rs. 6/64, *Costa*/ENEL, Slg. 1964, 1253.

[488] Zur Frage, ob dieser Vorrang ein Geltungs- oder Anwendungsvorrang sei, vgl. *Streinz*, Europarecht, 2001, S. 74f. mit der überzeugenden Begründung eines Anwendungsvorrangs.

[489] Vgl. EuGH Rs. 6/64, *Costa*/ENEL, Slg. 1964, 1253; Rs. 11/70, Internationale Handelsgesellschaft, Slg. 1970, 1125; Rs. 106/77, Simmenthal II, Slg. 1978, 629; Rs. 249/85, Albako, Slg. 1987, 2345; Rs. 168/85, Kommission/Italien, Slg. 1986, 2945; Rs. C-213/89, Factortame, Slg. 1990, I-2433; C-184/89, Nimz, Slg. I-297.

[490] EuGH Rs. 6/64, *Costa*/ENEL, Slg. 1964, 1253.

[491] Vgl. nur für Deutschland: BVerfGE 22, 293; 31, 145, 173f. (Lütticke); 37, 271, 277ff. (Solange I).

[492] Im Wortlaut: „Denn durch die Gründung einer Gemeinschaft für unbegrenzte Zeit, die mit eigenen Organen, mit der Rechts- und Geschäftsfähigkeit, mit internationaler Handlungsfähigkeit und insbesondere mit echten, aus der Beschränkung der Zuständigkeit der Mitgliedstaaten oder der Übertragung von Hoheitsrechten der Mitgliedstaaten auf die Gemeinschaft herrührenden Hoheitsrechten ausgestattet ist, haben die Mitgliedstaaten, wenn auch auf einem begrenzten Gebiet, ihre Souveränitätsrechte beschränkt und so einen Rechtskörper geschaffen, der für ihre Angehörigen und sie selbst verbindlich ist.
Diese Aufnahme der Bestimmungen des Gemeinschaftsrechts in das Recht der einzelnen Mitgliedstaaten und, allgemeiner, Wortlaut und Geist des Vertrages haben zur Folge, daß es den Staaten unmöglich ist, gegen eine von ihnen auf der Grundlage der Gegenseitigkeit angenommene Rechtsordnung nachträglich einseitige Maßnahmen ins Feld zu führen. (...) Denn es würde eine Gefahr für die Verwirklichung der (...) Ziele des Vertrages bedeuten (...), wenn das Gemeinschaftsrecht je nach der nachträglichen innerstaatlichen Gesetzgebung von einem Staat zum anderen verschiedene Geltung haben könnte."

ihm nicht sein Charakter als Gemeinschaftsrecht aberkannt und wenn nicht die Rechtsgrundlage der Gemeinschaft selbst in Frage gestellt werden soll.

Die Staaten haben somit dadurch, daß sie nach Maßgabe der Bestimmung des Vertrages Rechte und Pflichten, die bis dahin ihren inneren Rechtsordnungen unterworfen waren, der Regelung durch die Gemeinschaftsrechtsordnung vorbehalten haben, eine endgültige Beschränkung ihrer Hoheitsrechte bewirkt, die durch spätere einseitige, mit dem Gemeinschaftsbegriff unvereinbare Maßnahmen nicht rückgängig gemacht werden kann."

Der Anwendungsvorrang[493] des Gemeinschaftsrechts auch vor nationalem Verfassungsrecht klingt bereits an und wird im Fall „Internationale Handelsgesellschaft"[494] als logische Konsequenz der vorangegangenen Rechtsprechung ausdrücklich genannt.

„Daher kann es die Gültigkeit einer Gemeinschaftshandlung oder deren Geltung in einem Mitgliedstaat nicht berühren, wenn geltend gemacht wird, die Grundrechte in der ihnen von der Verfassung dieses Staates gegebenen Gestalt oder die Strukturprinzipien der nationalen Verfassung seien verletzt."

2. Verfassungsrechtliche Ermächtigung – das Maastricht-Urteil

Insbesondere das BVerfG aber auch andere oberste (Verfassungs-)Gerichte der Mitgliedstaaten der Union wie etwa die italienische Corte costituzionale stehen auf dem Standpunkt, der Vorrang beruhe auf mitgliedstaatlicher Übertragung und reiche daher auch nur so weit wie diese.[495] Maßgebend ist dabei das Übertragungsgesetz, welches an die Verfassung gebunden ist. Die Gerichte akzeptieren den Vorranganspruch des Gemeinschaftsrechts nur, solange und soweit dieses nicht gegen die Wesensgehalte der in den jeweiligen Mitgliedstaaten verbürgten Grundrechte verstößt.[496] Die Rechtsprechung des dänischen Højesteret deutet auf

---

493 Vgl. z.B. EuGH Rs. 84/71 (Marimex/Finanzministerium der Italienischen Republik) Slg. 1972, 89, Rn. 5; verb. Rs. C-10/97 bis C-22/97 (Ministerio delle Finanze/IN.CO.GO '90 u.a.) Slg. 1998, I-6307, Rn. 18ff.

494 Rs. 11/70, Internationale Handelsgesellschaft, Slg. 1970, 1125.

495 Vgl. das Urteil der italienischen Corte Costituzionale vom 18.12. 1973 (Frontini) in: EuR 1974, S. 255ff., sowie das Urteil vom 08.06.1984 (Granital) in: EuGRZ 1985, S. 98ff.; sowie ferner die BVerfGE 31, 145, 173ff.; 37, 271, 277ff.; 52, 187; 58, 1; 59, 63, 73, 339, 366ff.; 89, 155. Vgl. auch *Hofmann*, EuGRZ 1999, S. 1, 4. Zu Entscheidungen oberster Gerichte anderer Mitgliedstaaten in diesem Zusammenhang vgl. *Mayer*, Kompetenzüberschreitung und Letztentscheidung, 2000 S. 140ff.

496 BVerfGE 89, 155; Italienische Corte Costituzionale, Entscheidung Nr. 185/73 vom 18.12.1973 (Frontini), EuR 1974, S. 255, bestätigt im Urteil vom 08.06.1984 (Granital) in: EuGRZ 1985, S. 98ff. Für die Kritik weiterer Oberster Gerichte an der EuGH-Rechtsprechung vgl. *Emmert*, Europarecht 1996, S. 145ff.

die hervorgehobene Stellung von Verfassungsbestimmungen über Freiheitsgewährleistungen und staatliche Unabhängigkeit hin.[497] Diese Gerichte beanspruchen daher die Letztentscheidungskompetenz über die Rechtmäßigkeit von Gemeinschaftsrecht.[498]

Das BVerfG betrachtet den Vorrang als Ausfluss einer völkerrechtlichen Übertragung originär mitgliedstaatlicher Hoheitsrechte auf die Gemeinschaft, weshalb nationales Verfassungsrecht dem Gemeinschaftsrecht Grenzen setzen kann. Nur soweit und solange die Gemeinschaft die verfassungsrechtlichen Grenzen der innerstaatlichen Übertragungsermächtigung des Art. 23 GG[499] zumindest generell achtet, soll dem in Ausübung dieser derivativen Hoheitsgewalt geschaffenen Rechts uneingeschränkter Vorrang zukommen.[500]

„Art. 79 Abs. 3 GG bindet die staatliche Entwicklung in Deutschland an den in ihm bezeichneten Kerngehalt der grundgesetzlichen Ordnung und sucht so die geltende Verfassung gegenüber einer auf eine neue Verfassung gerichteten Entwicklung zu festigen, (...). Er zieht demgemäß der verfassungsändernden Gewalt Grenzen und schließt damit förmlich aus, ein verfassungsänderndes Gesetz, das den veränderungsfesten Kern des Grundgesetzes antastet (...) zu legitimieren."[501]

Dabei sei der Anspruch an die inhaltliche Bestimmtheit von Gemeinschaftsrechtsakten nicht mit denen nationaler Rechtsakte gleichzusetzen. Ausreichend sei vielmehr die inhaltliche Bestimmbarkeit des Integrationsprogramms im Zustimmungsgesetz.

„Mit Rücksicht darauf, daß der Text eines völkerrechtlichen Vertrages mit den Vertragsparteien ausgehandelt werden muß, können allerdings an die Bestimmtheit und Dichte der Vertragsregelungen nicht Anforderungen gestellt werden, wie sie der Parlamentsvorbehalt sonst für ein Gesetz vorgibt (...). Entscheidend ist, daß die Mitgliedschaft der Bundesrepublik Deutschland und die daraus sich ergebenden Rechte und Pflichten – insbesondere auch das rechtsverbindliche unmittelbare Tätigwerden der Europäischen Gemeinschaften im innerstaatlichen Rechtsraum – für den Gesetzgeber voraussehbar im Vertrag umschrieben und durch ihn im Zustimmungsgesetz hinreichend bestimmbar normiert worden sind (...)."[502]

---

[497] Vgl. Højesteret Entscheidung vom 6.4.1998, Carlsen u.a./Rasmussen, I 361/1997, in: EuGRZ 1999, S. 49.

[498] Darüber hinaus beanspruchen diese die obersten Gerichte Irlands, Spaniens und Griechenlands. Vgl. *Pernice/Mayer*, in: Grabitz/Hilf, EGV, Art. 220, Rn. 75.

[499] Vor Einführung des Art. 23 GG war Übertragungsermächtigung Art. 24 GG.

[500] BVerfGE 89, 155.

[501] BVerfGE 89, 155, 180.

[502] BVerfGE 89, 155, 187f.

3. Verfassungsrechtliche Schranken

Der Vorrang des Gemeinschaftsrechts gilt demnach grundsätzlich auch im Verhältnis zu nationalem Verfassungsrecht. Dieses bestimmt jedoch, ob der Übertragung von Souveränität Grenzen gesetzt sind, welche ihrerseits die Transferwirkung des Zustimmungsgesetzes (den „Rechtsanwendungsbefehl") beschränken. Hier liegt das eigentliche Problem: In der Verschränkung der Übertragung von Kompetenzen zur Setzung von Recht, welches Vorrang vor nationalem (Verfassungs-)Recht hat, mit den verfassungsrechtlichen Grenzen der Übertragbarkeit von Kompetenzen.

Das BVerfG leitet aus dem Grundgesetz zwei Einschränkungen für die innerstaatliche Anwendbarkeit von Gemeinschaftsrecht ab.[503]

a. Grundrechte

Nach der Rechtsprechung des BVerfG ermächtigen die Normen des GG[504] nicht vorbehaltlos, Souveränitätsrechte auf zwischenstaatliche Einrichtungen zu übertragen. Es müssten vielmehr die „Identität der geltenden Verfassungsordnung der Bundesrepublik Deutschland", ihr „Grundgefüge" bzw. die „sie konstituierenden Strukturen" unangetastet bleiben. Zu den unverzichtbaren, zum Grundgefüge der geltenden Verfassung zählenden Essentia gehörten jedenfalls die Rechtsprinzipien, die dem Grundrechtsteil des Grundgesetzes zugrunde liegen. Rechtsakte der Gemeinschaft, die den „Wesensgehalt der vom Grundgesetz anerkannten Grundrechte" beeinträchtigten, seien folglich in Deutschland nicht anwendbar.[505]

b. Kompetenzübertragung

Eine zweite Schranke der Anwendbarkeit des Gemeinschaftsrechts leitet das BVerfG im Maastricht-Urteil aus Art. 38 GG i.V.m. dem Demokratieprinzip ab. Diese Norm des Grundgesetzes, die verfassungsrechtliche Grundsätze der Wahl und der Abgeordnetenstellung des Deutschen Bundestages beinhaltet, wurde vom BVerfG „um die subjektiv-rechtliche Funktion angereichert"[506] zu gewährleisten, dass durch eine Verlagerung von Aufgaben und Befugnissen auf die Europäische Union der Kerngehalt der demokratischen Legitimation der deutschen Staatsgewalt und der Einflussnahme auf ihre Ausübung nicht entleert wird.[507] Demnach

---

[503] Vgl. *Grimm*, RdA 1996, 66, 67; *Hirsch*, NJW 1996, S. 2457, 2458.
[504] Art. 23, 24 GG.
[505] BVerfGE 37, 271, 280, 296; 58, 1, 14; 73, 339, 372, 375, 376; 75, 223, 235; 89, 155, 174.
[506] *Hirsch*, NJW 1996. S. 2457, 2458.
[507] *Wiegand*, NJ 1996, S. 113, hält die Konstruktion des BVerfG für methodisch bedenklich, durch das „Nadelöhr" des Art. 38 Abs.1 GG die Sachentscheidungsbefugnis darüber an sich zu zie-

sei Art. 38 GG verletzt, wenn „ein Gesetz, das die deutsche Rechtsordnung für die unmittelbare Geltung und Anwendung von Recht der – supranationalen – Europäischen Gemeinschaften öffnet, die zur Wahrnehmung übertragenen Rechte und das beabsichtigte Integrationsprogramm nicht hinreichend bestimmbar festlegt". Insbesondere das „rechtsverbindliche unmittelbare Tätigwerden der Europäischen Gemeinschaften im innerstaatlichen Rechtsraum" müsse für den Gesetzgeber voraussehbar im Vertrag umschrieben und durch ihn im Zustimmungsgesetz hinreichend bestimmbar normiert werden.[508] Aus diesem Gebot der Bestimmbarkeit folgert das BVerfG, dass spätere wesentliche Änderungen des im EU-Vertrag angelegten Integrationsprogramms und seiner Handlungsermächtigungen ohne ausdrückliche Vertragsänderungen nicht mehr vom Zustimmungsgesetz gedeckt seien. Auf Rechtsakte europäischer Einrichtungen und Organe, welche aus den Grenzen der ihnen eingeräumten Hoheitsrechte „ausbrechen", erstrecke sich somit der Rechtsanwendungsbefehl des Zustimmungsgesetzes nicht.[509]

Die Öffnung der deutschen Verfassungsordnung, durch die das Gemeinschaftsrecht in die deutsche Rechtsordnung einfließt, ist somit nach der Rechtsprechung des BVerfG in doppelter Weise begrenzt. Für das Entstehen des Gemeinschaftsaktes ist eine ausreichende Legitimation erforderlich, und der Gemeinschaftsakt darf keine identitätsbildenden Grundwerte verletzen.[510]

4. Grenzen des Anwendungsvorrangs auf Normsetzungsebene

Der Ausgangspunkt, dass der Bundesgesetzgeber durch Art. 23 Abs.1 S.2 GG zwar dazu ermächtigt wird, Rechtsakte zwischenstaatlicher Einrichtungen, auch wenn sie Verfassungsnormen einschränken, unmittelbar in die nationale Rechtsordnung zu übernehmen, er aber nicht dazu befugt wird, die wesentlichen Strukturelemente der verfassten Staatlichkeit zu verändern oder zu beseitigen, ist überzeugend. „Der Rechtsanwendungsbefehl des Zustimmungsgesetzes kann Umbauten am nationalen Rechtsgebäude (einschließlich der verfassungsrechtlichen Elemente) legitimieren, nicht aber Eingriffe in die grundlegende Statik."[511] Dadurch wird weder das Gemeinschaftsrecht als solches noch sein prinzipieller Anwendungsvorrang in Frage gestellt. Als Zusammenschluss souveräner Staaten verfügt die EU (EG) nur über solche Befugnisse, die ihr die Mitgliedstaaten (als „Herren der Verträge") übertragen haben. Das Ziehen äußerster verfassungsrechtlicher Grenzen für die Übertragung von Hoheitsrechten begrenzt die Befugnisse der

---

hen, ob Gemeinschaftsakte kompetenzkonform sind. Vgl. auch *Winkelmann*, Das Maastricht-Urteil des BVerfG 1994, S. 36ff.; *Meessen*, NJW 1994, S. 549, 551.

508 BVerfGE 89, S. 155, 182ff.; vgl. auch BVerfGE 58, 1, 37.

509 BVerfGE 89, 155, 188; vgl. dazu unten die Abgrenzung zwischen Prüfungskompetenz und Verwerfungskompetenz.

510 *Hirsch*, NJW 1996, S. 2457, 2459.

511 *Hirsch*, NJW 1996, S. 2457, 2459.

Mitgliedstaaten zur Kompetenzübertragung, beeinträchtigt aber nicht den Vorrang des in Ausübung dieser Befugnisse gesetzten Rechts. Mitgliedstaaten und Gemeinschaft werden wechselseitig zur Rücksichtnahme auf die jeweiligen internen Aufgaben und zur Konfliktvermeidung, gegebenenfalls auf politischer Ebene, verpflichtet.[512]

5. Zwischenergebnis

Die Antwort auf die Frage nach der Möglichkeit der Beschränkung des Gemeinschaftsrechts durch nationales Verfassungsrecht ist also, dass eine solche prinzipiell besteht.[513] Die Konsequenz der Einschränkung des Vorrangs des Gemeinschaftsrechts durch nationales Verfassungsrecht ist, dass Rechtsakten der Gemeinschaft potentiell die innerstaatliche Verbindlichkeit genommen werden kann, und zwar, da die Einschränkungen, welche die nationalen Verfassungsbestimmungen der Mitgliedstaaten dem Vorrang des Gemeinschaftsrechts ziehen weder identisch noch konkret definiert sind[514], mit unterschiedlicher Wirkung in jedem einzelnen Mitgliedstaat.[515]

Das Problem, das sich damit für die Union als Rechtsgemeinschaft stellt, gewinnt oder verliert an Brisanz je nach der Institution, welche die Befugnis hat, letztverbindlich zu entscheiden, ob Gemeinschaftsrecht sich im Rahmen der Gemeinschaftskompetenzen hält.

---

[512] So auch BVerfGE 37, 271, 278f.

[513] Die Rspr. des BVerfG geht nicht erst seit dem Maastricht-Urteil davon aus, dass die Einhaltung der vertragsgemäßen Kompetenzen sowie die Wahrung der Grundstrukturen des Grundgesetzes Voraussetzung für die innerstaatliche Anwendbarkeit von Gemeinschaftsnormen sei. Vgl. etwa BVerfGE 37, 271, 279; 58, 1, 37; 73, 339, 375. In der deutschen europarechtlichen Literatur wird dieser Grundsatz inzwischen ebenfalls kaum mehr bestritten, vgl. etwa *Heintzen*, AöR 119 (1994), S. 564. 567ff., 573f.; siehe aber auch *Nicolaysenn*. Europarecht I, 2002. S. 74ff.

[514] Ausnahmen bilden z.B. die Kollisionsregeln in Art. 94 der niederländischen und Art. 29 Abs. 4 UAbs. 3 S. 2 der irischen Verfassung, wonach Gemeinschaftsrecht nationalem Recht in jedem Fall vorgeht.

[515] Vgl. etwa die Bestimmungen zur Voraussetzung von Kompetenzübertragungen in § 5 der dänischen Verfassung, wonach Kompetenzen „zur Förderung zwischenstaatlicher Rechtsordnung und Zusammenarbeit“ übertragen werden. Nach § 5 des 10. Kapitels der schwedischen Verfassung „darf kein Beschlussrecht übertragen werden, das die Einführung, Änderung oder Aufhebung von Grundgesetzen, der Geschäftsführung des Reichstages oder des Gesetzes über die Reichtagswahlen oder die Einschränkung der Grundrechte und Freiheiten gemäß Kap. 2 zum Gegenstand hat. Vgl. ferner Art. 11 S. 2 der italienischen Verfassung, der Kompetenzen, überträgt „die für eine Ordnung notwendig (sind), welche den Frieden und die Gerechtigkeit unter den Nationen gewährleistet“ sowie Art. 7 Abs. 6 der portugiesischen Verfassung, wonach Kompetenzen zur „Verwirklichung des wirtschaftlichen Zusammenhalts“ übertragen werden. Zur Kompetenzübertragung nach der polnischen Verfassung vgl. *Jankowska-Gilberg*, EuR 2003, S. 417, 427ff.

B. Letztentscheidungsbefugnis – Prüfungskompetenz und Verwerfungskompetenz

Die Feststellung, dass das Grundgesetz dem Rechtsanwendungsbefehl des Zustimmungsgesetzes Grenzen setzt, beantwortet allerdings noch nicht die Frage, ob oder wie weit nationalen Gerichten die Gerichtsbarkeit über die Anwendbarkeit von Gemeinschaftsrecht zusteht.

I. Begründung einer Prüfungskompetenz durch das BVerfG für Gemeinschaftshandeln ultra vires

Aus der Notwendigkeit einer hinreichenden Bestimmbarkeit des Integrationsprogramms folgert das Bundesverfassungsgericht seine Prüfungsbefugnis im Einzelfall. Der Begrenztheit des im Zustimmungsgesetz angelegten Integrationsprogramms entspricht notwendigerweise eine Begrenztheit der Gemeinschaftskompetenzen. Während das Zustimmungsgesetz nur abstrakt Inhalt und Grenzen der Integration regelt, nimmt das BVerfG eine Kontrollbefugnis für den Einzelfall an, indem es das Handeln der Gemeinschaftsorgane am Zustimmungsgesetz misst.

„Das bedeutet zugleich, daß spätere wesentliche Änderungen des im Unions-Vertrag angelegten Integrationsprogramms und seiner Handlungsermächtigungen nicht mehr vom Zustimmungsgesetz zu diesem Vertrag gedeckt sind (...). Würden etwa europäische Einrichtungen oder Organe den Unions-Vertrag in einer Weise handhaben oder fortbilden, die von dem Vertrag, wie er dem deutschen Zustimmungsgesetz zugrunde liegt, nicht mehr gedeckt wäre, so wären die daraus hervorgehenden Rechtsakte im deutschen Hoheitsgebiet nicht verbindlich. Die deutschen Staatsorgane wären aus verfassungsrechtlichen Gründen gehindert, diese Rechtsakte in Deutschland anzuwenden. Dementsprechend prüft das Bundesverfassungsgericht, ob Rechtsakte der europäischen Einrichtungen und Organe sich in den Grenzen der ihnen eingeräumten Hoheitsrechte halten oder aus ihnen ausbrechen (...).“[516]

---

[516] BVerfGE 89, 155, 188; vgl. ferner: BVerfGE 89, 155, 174f.:
„Das Bundesverfassungsgericht gewährleistet durch seine Zuständigkeit (...), daß ein wirksamer Schutz der Grundrechte auch gegenüber der Hoheitsgewalt der Gemeinschaften generell sichergestellt ist und dieser dem vom Grundgesetz als unabdingbar gebotenen Grundrechtsschutz im wesentlichen gleich zu achten ist, zumal den Wesensgehalt der Grundrechte generell verbürgt. Das Bundesverfassungsgericht sichert so diesen Wesensgehalt auch gegenüber der Hoheitsgewalt der Gemeinschaft (...).“
BVerfGE 89, 155, 175
„Auch Akte einer besonderen, von der Staatsgewalt der Mitgliedstaaten geschiedenen öffentlichen Gewalt einer supranationalen Organisation betreffen die Grundrechtsberechtigten in Deutschland. Sie berühren damit die Gewährleistungen des Grundgesetzes und die Aufgaben des Bundesverfassungsgerichts, die den Grundrechtsschutz in Deutschland und insoweit nicht

Das BVerfG unterstreicht die Notwendigkeit einer strikten Begrenzung der Auslegung von Gemeinschaftskompetenzen. Es weist auf die „Trennlinie zwischen einer Rechtsfortbildung innerhalb der Verträge (...) und einer deren Grenzen sprengenden, vom geltenden Vertragsrecht nicht gedeckten Rechtssetzung" hin und tritt einer „dyna*Misch*en Erweiterung" der Verträge im Wege einer zu großzügigen Auslegung von Gemeinschaftskompetenzen entgegen. Eine Auslegung von Befugnisnormen des EG-Vertrages, die in ihrem Ergebnis einer Vertragserweiterung gleichkomme, entfalte für Deutschland keine Bindungswirkung.[517]

II. Innerstaatliche Prüfungskompetenz

Das BVerfG beschränkt sich im Maastricht-Urteil auf die Feststellung, dass die deutschen Staatsorgane gehindert" wären, „ausbrechende Rechtsakte" anzuwenden (dass sie diesen somit „die Gefolgschaft verweigern" müssten).[518]/[519]

Diese Formulierung lässt zwar auf eine Verwerfungskompetenz des entsprechenden Staatsorgans schließen[520], ausdrücklich äußert sich das Gericht aber nicht zu einer solchen.

In einem Beschluss vom 26.04.1995, in dem es um eine Verfassungsbeschwerde gegen die EG-Bananenmarktordnung ging, sprach das BVerfG den Fachgerich-

---

nur gegenüber deutschen Staatsorganen zum Gegenstand haben (Abweichung von BVerfGE 58, 1, 27). Allerdings übt das Bundesverfassungsgericht seine Rechtsprechung über die Anwendbarkeit von abgeleitetem Gemeinschaftsrecht in Deutschland in einem „Kooperationsverhältnis" zum Europäischen Gerichtshof aus, in dem der Europäische Gerichtshof den Grundrechtsschutz in jedem Einzelfall für das gesamte Gebiet der Europäischen Gemeinschaften garantiert, das Bundesverfassungsgericht sich deshalb auf eine generelle Gewährleistung der unabdingbaren Grundrechtsstandards beschränken kann.."; dazu jüngst im Rahmen des Streits um die Bananenmarktordnung: BVerfG in: EuR 2000, S. 799ff.

517 BVerfGE 89, 155, 209f.

518 BVerfGE 89, 155, 188, 195.

519 Dass die Aussage des BVerfG im Maastricht-Urteil, Gemeinschaftsrechtsakte, die vom EG-Vertrag nicht mehr gedeckt sind, seien „im deutschen Hoheitsbereich nicht verbindlich", mit der Folge, dass „die deutschen Staatsorgane" diesen Rechtsakten „die Gefolgschaft verweigern müssten", beim Wort genommen wird, belegen einschlägige gerichtliche Entscheidungen.
Unter Bezugnahme auf das Maastricht-Urteil hat etwa der *BGH* geprüft, ob eine bestimmte Auslegung des Gemeinschaftsrechts durch den EuGH (es ging um den Anwendungsbereich des Art. 6 Abs. 1 EGV – Art. 12 EGV n.F. – im Hinblick auf das Urheberrecht und verwandte Schutzrechte) sich noch im Rahmen der dem EuGH zugewiesenen Entscheidungsbefugnis hält. Der BGH hat die Frage bejaht. Vgl. BGH NJW 1994, S. 2607, 2609.
Der BFH ging in einem Beschluss über die Rechtmäßigkeit einer einstweiligen Anordnung vor dem Hintergrund der Bananenmarktordnung davon aus, dass die „Fachgerichte im Rahmen der ihnen zukommenden Prüfungskompetenz" gemäß der Maastricht-Entscheidung des BVerfG die Frage zu beantworten haben, „ob Gemeinschaftsrecht, das gültig und (von Gemeinschaftsrechts wegen) vorbehaltlos unmittelbar anwendbar ist, aus verfassungsrechtlichen Gründen in der Bundesrepublik nicht angewendet werden darf". Vgl. BFH, NJW 1996, S. 1367, 1368.

520 Ebenso: *Zuleeg*, JZ 1994, S. 1, 3.

ten jedoch die „Prüfungskompetenz“ zu, „soweit die Nichtanwendbarkeit von EG-Recht in Deutschland behauptet wird“. Ob die Fachgerichte insoweit auch eine „Verwerfungskompetenz“ haben oder ob das Verwerfungsmonopol beim BVerfG liegt, ließ es dagegen offen.[521]

Diese Aussage des Gerichts weicht von der früheren Rechtsprechungslinie bei Entscheidungen zur Grundrechtsfrage ab. Im Solange I-Beschluss hat sich das BVerfG im Verhältnis zu den Fachgerichten das Entscheidungsmonopol vorbehalten, soweit es um die Feststellung der Nichtanwendbarkeit von Gemeinschaftsrecht ging, das mit einer Grundrechtsgarantie des Grundgesetzes kollidiert.[522] Mit der Solange II-Entscheidung zog sich das BVerfG zwar insoweit aus der Rechtsprechung zurück, ohne jedoch sein grundsätzliches Entscheidungsmonopol im Verhältnis zu den Fachgerichten aufzugeben. Das Gericht sah es vielmehr als seine – auf den Grundgedanken des Art. 100 GG gestützte – Aufgabe an zu verhindern, dass jedes deutsche Gericht sich über den Willen des (nationalen oder gemeinschaftsrechtlichen) Normgebers hinwegsetzen kann. Art. 100 GG erfordere es, „die Geltung des Gemeinschaftsrechts in der Bundesrepublik Deutschland in gleicher Weise wie das nationale Recht vor Beeinträchtigung zu schützen“.

Die Argumente, mit denen das BVerfG sein Entscheidungsmonopol im Hinblick auf grundrechtswidriges Gemeinschaftsrecht begründet, sprächen für eine unbedingte Vorlagepflicht der Fachgerichte zum BVerfG – wenn diese Frage überhaupt der nationalen Gerichtsbarkeit unterfallen würde. Fachgerichte können danach nicht die Unanwendbarkeit von Gemeinschaftsrecht feststellen. Das Verwerfungsmonopol läge – in Analogie zu Art. 100 GG – vielmehr beim BVerfG, vorausgesetzt, die Entscheidungsbefugnis des EuGH wäre diesbezüglich beschränkt.[523]

III. Zwischenergebnis

Deutsche Hoheitsträger, die Gemeinschaftsrecht anwenden, haben grundsätzlich eine doppelte *Prüfungsbefugnis*. Einerseits sind sie berechtigt zu prüfen, ob nationales Recht mit Gemeinschaftsrecht vereinbar ist oder, wenn das nicht der Fall ist, ersteres unanwendbar ist. Andererseits bezieht sich die Prüfungsbefugnis auf die Frage, ob Gemeinschaftsrecht die Kompetenzgrenzen wahrt und grundrechtskonform ist.[524] Letzteres ergibt sich als notwendige Folge aus den verfassungsrechtlichen Schranken, die der Übertragung von Hoheitsrechten durch Art. 23 GG gesetzt sind. Die entscheidende Frage ist jedoch, was geschieht, wenn ein nationales Gericht zu der Auffassung gelangt, dass ein einschlägiger Hoheitsakt der Gemeinschaft nicht von der Kompetenzübertragung gedeckt sei. – Wer entscheidet letzt-

---

[521] BVerfG, EuZW 1995, S. 412, 413.

[522] BVerfGE 37, 271, 284.

[523] Vgl. *Grimm*, RdA 1996, S. 66, 70; *Hirsch*, NJW 1996, S. 2457, 2461.

[524] Vgl. *Jarass*, DVBl. 1995, S. 954, 960; *Hirsch*, NJW 1996, S. 2457, 2462.

verbindlich mit dem Recht der *Verwerfungskompetenz*, der EuGH, das BVerfG oder – überspitzt formuliert – jede deutsche Behörde? Die Verwerfungskompetenz zu haben, bedeutet dabei nicht, den Anspruch zu erheben, in jedem Einzelfall „Recht zu haben", sondern – im Gegenteil – die Macht aber auch die Last zu haben, auch unkorrigierbare Fehlurteile zu fällen.[525] Bei der Frage nach der Verwerfungskompetenz geht es demnach auch darum, welche Instanz letztverantwortlich, also mit dem Risiko des irreversiblen Irrtums, zu entscheiden hat, ob sich ein Rechtsakt eines Gemeinschaftsorgans noch in den Grenzen der diesem Organ übertragenen Kompetenzen hält.

IV. Befugnisse des EuGH

Nach Art. 220 EGV sichert der EuGH die Wahrung des Rechts bei der Anwendung und Auslegung des EG-Vertrages.[526] Er wacht gemäß Art. 226 EGV über die Einhaltung der Vertragspflichten durch die Mitgliedstaaten und nach Art. 230 EGV über die Rechtmäßigkeit von Rechtsakten der Gemeinschaft. Nach Art. 234 EGV entscheidet er im Vorabentscheidungsverfahren über die Auslegung des EG-Vertrags sowie über die Gültigkeit und die Auslegung der Handlungen der Gemeinschaft. Bedürfen derartige Fragen der Klärung im Rahmen eines nationalen Gerichtsverfahrens, sind die mitgliedstaatlichen Gerichte befugt bzw., soweit die Voraussetzungen des Art. 234 Abs. 3 EGV vorliegen, verpflichtet, sie dem EuGH vorzulegen. Das Grundgesetz[527] ermöglicht(e) es der Bundesrepublik, Rechtsschutzaufgaben auf ein Gericht der Gemeinschaft zu übertragen. Die Grenzen einer Übertragung von Hoheitsrechten auf Organe einer zwischenstaatlichen Einrichtung gelten auch insoweit.[528] Für die dem EuGH zugewiesene Gerichtsbarkeit bedeutet das, dass er auf die Wahrnehmung der ihm im Vertrag konkret zugewiesenen Befugnisse beschränkt[529] und in seiner Rechtsprechung zur Achtung der Grundrechte verpflichtet ist.

Davon zu trennen ist jedoch die Frage, ob die Entscheidungen des EuGH der Kontrolle nationaler Behörden oder Gerichte unterliegen. Denn die Bindung des EuGH an bestimmte Prinzipien lässt noch nicht den Schluss zu, dass seine Entscheidungen durch nationale Gerichte überprüfbar wären.

---

525 Vgl. *Hirsch*, NJW 1996, S. 2457.

526 Durch den Vertrag von Nizza wurde diese Norm erweitert auf des Gericht Erster Instanz.

527 Zunächst war die Ermächtigungsnorm für eine solche Übertragung Art. 24 GG. Mit Einführung des Art. 23 GG löste letzterer aber Art. 24 GG im Hinblick auf die EU als lex specialis ab.

528 *Hirsch*, NJW 1996, S. 2457, 2462.

529 Auch für ihn gilt insoweit das in Art. 5 Abs. 1 EGV verankerte Prinzip der begrenzten Einzelermächtigung.

1. Übertragbarkeit der Letztentscheidungsbefugnis auf den EuGH nach dem GG möglich?

Fraglich ist also zunächst, ob nach dem GG auch die Letztentscheidungsbefugnis über Kompetenz- und Grundrechtsfragen auf den EuGH übertragen werden konnte.

Es wurde bereits festgestellt, dass nach dem Grundgesetz eine Rechtsprechungsbefugnis prinzipiell auf eine zwischenstaatliche Einrichtung übertragbar ist. Dies ist ein Teilaspekt der Möglichkeit von Souveränitätsübertragungen. -Im Hinblick auf die „Letztentscheidungsbefugnis" freilich eine besonders weitreichende Übertragung von Souveränität. Die Grenze für Souveränitätsübertragungen aber ist (allein) Art. 23 Abs. 1 S. 1 GG. Die in der Präambel des Grundgesetzes und in Art. 23 GG näher ausgestaltete Offenheit des Grundgesetzes für eine Europäische Integration lässt es demnach zu, einem Gemeinschaftsgericht die Letztentscheidungsbefugnis auch für Kompetenz- und Grundrechtsfragen einzuräumen[530], solange die in Art. 23 Abs. 1 S. 1 GG genannten Voraussetzungen erfüllt sind. Prinzipiell ist es nach dem Grundgesetz also möglich, die Letztentscheidungskompetenz auf den EuGH zu übertragen.

2. Übertragung der Letztentscheidungsbefugnis auf den EuGH durch die Mitgliedstaaten?

Da es prinzipiell möglich ist, die Letztentscheidungskompetenz auf den EuGH zu übertragen, stellt sich als Nächstes die Frage, ob eine solche Übertragung seitens der Mitgliedstaaten stattgefunden hat. Da es an einer gemeinschaftsrechtlichen Norm fehlt, welche die Kompetenzen (auch im Hinblick auf die Letztentscheidung) eindeutig zuordnet, ist die Beantwortung der Frage nach dieser weitreichenden Souveränitätsübertragung durch Auslegung zu ermitteln. In welchem Umfang dem EuGH die Gerichtsbarkeit übertragen wurde, ist anhand der spezifischen Funktion und Tragweite der gemeinschaftsrechtlichen Jurisdiktion zu klären. Es genügt nicht, von der verfassungsrechtlich limitierten Transferwirkung des Zustimmungsgesetzes für Gemeinschaftsnormen auf die Grenzen der dem EuGH übertragenen Gerichtsbarkeit zu schließen. Denn die Normsetzung der Gemeinschaft und die Gerichtsbarkeit werden nicht notwendig nach den gleichen Parametern begrenzt.[531]

Nach Auffassung des BVerfG gelten die Grenzen, welche das GG der Normsetzungsbefugnis des Gemeinschaftsgesetzgebers setzt, auch für die gerichtliche Entscheidungsbefugnis. Diese Grenzen bewirken, dass auch Entscheidungen des

---

[530] Vgl. *Voss*, RIW 1996, 324, 325; *Hirsch*, NJW 1996, 2457, 2463; *Kirchner/Haas*, JZ 1993, S. 760, 761f.

[531] *Hirsch*, NJW 1996, 2457, 2462f.

EuGH, welche die Grundrechts- oder Kompetenzkonformität von Gemeinschaftshandlungen „zu Unrecht" bejahen, in Deutschland nicht verbindlich seien. Es stellt also in Rechnung, dass der EuGH bei der Prüfung, ob andere Gemeinschaftsorgane den Vertrag verletzt haben, selbst den Vertrag verletzen könne, indem er Vertragsverletzungen von anderen nicht erkennt und daher billigt.[532] Daraus zieht es die Konsequenz, dass insoweit die Verbindlichkeit von EuGH-Entscheidungen in Deutschland beschränkt sei. Es beansprucht also selbst die Letztentscheidungsbefugnis und damit – überspitzt formuliert – die „Kompetenz zur irreversiblen Fehlentscheidung".[533] Ob diese Kompetenz ihm aber tatsächlich zusteht, oder ob sie dem EuGH übertragen wurde, ist die im Folgenden zu klärende Frage.

a. Rechtsgemeinschaft

Ein erstes Argument, das dafür spricht, dass auch die Letztentscheidungsbefugnis über die Vereinbarkeit nationalen Rechts mit Gemeinschaftsrecht sowie die Wahrung der Kompetenzgrenzen des EuGH von den Mitgliedstaaten auf den EuGH übertragen worden ist, ist die Eigenschaft der Europäischen Gemeinschaft als Rechtsgemeinschaft.[534]

Die Europäische Gemeinschaft bezieht ihre Legitimation, ihren politischen Rang und ihren Zukunftsanspruch aus ihrer Eigenschaft als Rechtsgemeinschaft.[535] Deshalb kommt der normativen Kraft der Rechtsakte von Gemeinschaftsorganen, ihrer einheitlichen Geltung und identischen Anwendung für die Funktionsfähigkeit der Gemeinschaft existenzielle Bedeutung zu.[536] Ohne Rechtseinheit würde keine Rechtsgemeinschaft funktionieren. Um Rechtseinheit herzustellen bedarf es aber einer zentralen Gerichtsbarkeit, die sowohl für die Gemeinschaft als auch für die Mitgliedstaaten verbindlich entscheidet, ob ihr Handeln gemeinschaftsrechtskonform ist und wie gegebenenfalls Gemeinschaftsrecht auszulegen und anzuwenden ist. Dem tragen die Art. 220 ff. EGV Rechnung.

b. Vertragszweck

Ein weiteres Argument dafür, dass dem EuGH die Letztentscheidungsbefugnis zusteht, lässt sich aus dem Vertragszweck, also teleologisch entwickeln.

---

[532] *Grimm*, RdA 1996, S. 66, 68; *Hirsch*, NJW 1996, S. 2457, 2462.
[533] Vgl. dazu oben die Ausführungen zu den Konsequenzen der Letztentscheidungsbefugnis.
[534] Vgl. *Voss*, RIW 1996, S. 324, 325.
[535] Vgl. *Hirsch*, NJW 1996, S. 2457, 2463, der darauf hinweist, dass die Gemeinschaft „im eigentlichen Sinne *nur* eine Rechtsgemeinschaft sei, da sie weder Polizei, noch Militärgewalt oder eigene Vollstreckungsorgane habe.
[536] Vgl. *Zuleeg*, JZ 1994, S. 1, 3.

Dadurch, dass die Mitgliedstaaten eine Rechtsgemeinschaft mit einer eigenen Gerichtsbarkeit geschaffen haben ist davon auszugehen, dass diese Gerichtsbarkeit – nach dem Willen der Mitgliedstaaten – die für eine Rechtsgemeinschaft konstitutive Rechtsprechungsfunktion auch effektiv und nach gemeinschaftsrechtlich anerkannten Regeln erfüllen soll(te). Wenn dem EuGH auch nur partiell die Letztentscheidungsbefugnis abgesprochen wird, wird die Rechtseinheit in der Gemeinschaft und damit letztlich die Gemeinschaft selbst prinzipiell in Frage gestellt. Könnte jeder Staat für sich entscheiden, welche Gemeinschaftsnormen innerstaatlich für ihn verbindlich sind, entstünde nicht nur ein Konfliktpotential zwischen dem EuGH und den Mitgliedstaaten, sondern auch zwischen den Mitgliedstaaten selbst.

Würde etwa der EuGH in Übereinstimmung mit der Auffassung anderer Mitgliedstaaten eine Gemeinschaftsnorm für kompetenzkonform halten, das BVerfG aber die Befugnis haben, dies anders zu entscheiden und insoweit dieser Norm die innerstaatliche Wirksamkeit abzusprechen, hieße dies, dass über einen Streit unter den Mitgliedstaaten, ob der Gemeinschaft mit einer bestimmten Befugnisnorm die Kompetenz im konkret ausgeübten Sinne übertragen worden ist, letztinstanzlich das jeweilige nationale Gericht entscheidet. Es sollte davon ausgegangen werden, dass die Mitgliedstaaten genau diese Aufgabe aber dem EuGH übertragen wollten, um solche Konflikte zu vermeiden.[537]

Eine Unterstützung erfährt dieses Argument in einer Ansprache an den EuGH zu dessen vierzigjährigem Jubiläum durch einen Vertreter der damaligen britischen Präsidentschaft.

„Es verdient nochmals hervorgehoben zu werden, dass es eine neuartige, nach wie vor einzigartige Verpflichtung ist, die im Völkerrecht und in den internationalen Beziehungen keine Parallele findet, dass sich souveräne Staaten im Vorhinein und ohne weitere Bedingungen den bindenden Entscheidungen einer so weitreichenden unabhängigen Rechtsprechungsgewalt über die Rechtmäßigkeit ihres Handelns unterwerfen. Die Bedeutung dieser Unterwerfung als praktischer Ausdruck des Glaubens in die Herrschaft des Rechts kann kaum überschätzt werden.

Mit dieser Unterwerfung unter die Rechtsprechung geht notwendig einher, dass Urteile für wie gegen die Mitgliedstaaten ergehen und dass diese schmerzen können. Es ist aktenkundig, wie sehr einige Leitentscheidungen aus den frühen Jahren der Gemeinschaft die ursprünglichen sechs Mitgliedstaaten überraschten und sogar heftige Reaktionen hervorriefen. In den Staaten, die, wie mein eigener, später beitraten wussten wir bereits vor dem Beitritt, was wir zu erwarten hatten und erließen entsprechende Gesetze, die klarstellten, dass die Urteile des EuGH bindend seien und Vorrang vor nationalem Recht hätten. Gleichwohl erregte das erste

---

[537] Vgl. *Hirsch*, NJW 1996, S. 2457, 2463.

Urteil des EuGH, mit dem dieser direkt die Aussetzung eines Gesetzes des Vereinigten Königreiches verlangte (Factortame), bei Politikern und in der Presse Erstaunen, nicht aber bei britischen Richtern oder Ministern, so sehr wir auch gewünscht hätten, dass die Entscheidung in der Sache anders ausgefallen wäre, so waren wir doch nicht über die Ausübung einer Befugnis erstaunt, die in den Verträgen und im britischen European Communities Act unzweideutig eingeräumt war."[538]

Eine solche (Selbst-)Bindung an die Rechtsprechungshoheit des EuGH seitens eines Mitgliedstaates spricht dafür, dass die Unterwerfungsverpflichtung auch die anderen Mitgliedstaten trifft und treffen soll. Andernfalls wäre die im Vertrag angelegte Struktur der EG als (Rechts-)Gemeinschaft konterkariert. Auch Deutschland ist daher vertraglich an die Übertragung der Gerichtsbarkeit und damit vorbehaltlos an die einschlägigen Urteile des EuGH gebunden.[539]

c. Jurisdiktion des EuGH zum Vorranganspruch

In diesem Sinne erging bisher auch konsequent die EuGH-Rechtsprechung, die einen Vorranganspruch nicht nur des primären Gemeinschaftsrechts, sondern auch des sekundären Rechts postulierte.

aa. Primärrecht

Bei der Wahrnehmung seiner Aufgaben entnimmt der Gerichtshof Art. 220 EGV eine ausschließliche Kompetenz zur Wahrung der Gemeinschaftsrechtsordnung und der in ihr festgelegten Zuständigkeitsverteilung.[540] Diese ausschließliche Zuständigkeit des EuGH wird in Art. 292 EGV bestätigt, wonach sich die Mitgliedstaaten verpflichten, Streitigkeiten über die Auslegung und Anwendung des Vertrages nicht anders als darin vorgesehen zu regeln.[541]

Die Aussagen des Gerichtshofs sind dahingehend interpretiert worden, dass er eine ausschließliche und unbedingte Letztentscheidungskompetenz zur Festlegung des Anwendungsbereichs des Gemeinschaftsrechts für sich in Anspruch nimmt.[542] Aus Sicht des EuGH verleiht Art. 220 EGV ihm demnach die Befugnis, Gemein-

538 Lord Mackay of Clashfern, Die Mitgliedstaaten der Gemeinschaft und der Gerichtshof, in 1952-1992, Vierzigjähriges Bestehen des Gerichtshofes der Europäischen Gemeinschaften, Luxemburg 1992, S. 27, 28; zit. nach: *Zuleeg*, JZ 94, S. 1, 5.

539 Vgl. bereits *Meier*, NJW 1974, S. 1704f. *Hirsch*, NJW 1996, S. 2457, 2463.

540 *Iglesias*, EuGRZ 1996, S. 125f.; *Folz*, Demokratie und Integration 1999, S. 12.

541 Vgl. auch: Gutachten 1/91, 14.12.1991, Slg. 1991, I-6079, Rn. 35.

542 *Folz*, Demokratie und Integration 1999, S. 12.

schaftskompetenzen mit Wirkung gegenüber den Mitgliedstaaten autonom festzulegen.[543]

bb. Sekundärrecht

Aus der Kompetenz zur Wahrung der Gemeinschaftsrechtsordnung hat der Gerichtshof die Konsequenz gezogen, sich auch das Verwerfungsmonopol für sekundäres Gemeinschaftsrecht vorzubehalten.[544] Nationale Gerichte sind zwar befugt, die Vereinbarkeit von sekundärem Gemeinschaftsrecht mit den Vertragsbestimmungen zu überprüfen und gegebenenfalls die Gültigkeit des Sekundärrechts zu bejahen.[545] Sie sind aber nicht zur Ungültigerklärung von Handlungen der Gemeinschaftsorgane befugt.[546] Zur Begründung führt der Gerichtshof aus, dass divergierende Entscheidungen nationaler Gerichte die Einheitlichkeit der Gemeinschaftsrechtsordnung bedrohen würden.[547] Zudem spräche auch die notwendige Kohärenz des vertraglichen Rechtsschutzsystems für ein ihm zustehendes Verwerfungsmonopol. Mit den Art. 230, 241 und 234 EGV sei ein umfassendes Rechtsschutzsystem geschaffen, innerhalb dessen der Gerichtshof für die Prüfung der Rechtmäßigkeit der Handlungen der Gemeinschaftsorgane zuständig ist.[548] Aus dem im Vertrag zugrunde gelegten System der Gesetzgebung und Rechtsprechung ergibt sich somit, dass im Hinblick auf die Wahrung des *Grundsatzes der Rechtsstaatlichkeit* in der Gemeinschaft zwar den Einzelnen eine Möglichkeit eröffnet wird, die Gültigkeit von Sekundärrechtsakten vor Gericht in Frage zu stellen, dass dieser Grundsatz aber ebenfalls für alle dem Gemeinschaftsrecht unterstehenden Personen und Stellen die Verpflichtung mit sich bringt, deren volle Wirksamkeit insoweit anzuerkennen, als diese nicht von einem zuständigen Gericht für ungültig erklärt worden sind.[549] Dieses zuständige Gericht aber sei gemäß der Art. 230, 231, 241 und Art. 234 EGV allein bzw. abschließend der EuGH.[550]

---

543 *Ipsen*, in: Schwarze,Der Europäische Gerichtshof als Verfassungsgericht und Rechtsschutzinstanz 1983, S. 29ff., 55; *Iglesias*, EuGRZ 1996, S. 125, 127.

544 *Jarass*, DVBl. 1995, S. 954, 961.

545 EuGH Rs. 314/85, Foto Frost, Slg. 1987, 4199, Rn. 14.

546 Vgl. EuGH Rs. C-137/92, Kommission/BASF u.a., Slg. 1994, I-2555, Rn. 48. Dazu *Jarass*, DVBl. 1995. 954, 961.

547 EuGH Rs. 314/85 (Foto Frost) Slg. 1987, 4199, Rn. 15.

548 Vgl. EuGH Rs. 294/83, Les Verts/Parlament, Slg. 1986, 1339; EuGH Rs. 314/85, Foto Frost, Slg. 1987, 4199, Rn. 16f.

549 EuGH Rs. 101/78, Granaria, Slg. 1979, 623, Rn. 5.

550 EuGH Rs. 101/78, Granaria, Slg. 1979, 623, Rn. 4.

cc. Erstreckung des Verwerfungsmonopols auf ultra vires ergangenes Gemeinschaftsrecht

Auch wenn diesbezüglich bislang keine Entscheidung des EuGH ergangen ist ist es konsequent, aus den genannten Gründen auch ein Verwerfungsmonopol des EuGH für ultra vires ergangenes Gemeinschaftsrecht anzunehmen. Das Verwerfungsmonopol des EuGH bezieht sich demnach auch auf Gemeinschaftsrecht, das unter Verletzung der gemeinschaftlichen Kompetenzgrenzen ergangen ist.[551] Als weiteres Argument für diese Annahme kann angeführt werden, dass sich zum einen die Ausführungen des Gerichtshofs allgemein auf Nichtigkeitsgründe beziehen, was darauf schließen lässt, dass davon auch der Nichtigkeitsgrund der Kompetenzwidrigkeit erfasst sein soll. Zum anderen nennt Art. 230 Abs. 2 EGV ausdrücklich die Unzuständigkeit als Nichtigkeitsgrund einer Gemeinschaftshandlung und weist damit dem Gerichtshof auch insoweit die ausschließliche Zuständigkeit für die Kompetenzgrenzen der Gemeinschaft zu.[552]

3. Zwischenergebnis: Letztentscheidungsmonopol des EuGH

Das Maastricht-Urteil des BVerfG ist vor allem im Hinblick auf seine Konsequenzen einer Kompetenzkontrolle für die Gemeinschaftsrechtsordnung kritisiert worden.[553]

Es besteht Einigkeit, dass sich die diesbezüglichen Aussagen des Gerichts nicht in Einklang bringen lassen mit dem Anspruch des Europäischen Gerichtshofs auf das Auslegungs- und Verwerfungsmonopol im Gemeinschaftsrecht.[554] In der zeitlich uneingeschränkten Inanspruchnahme eines derartigen Kontrollanspruchs durch das BVerfG liegt eine ständige latente Bedrohung der Einheit der Gemeinschaftsrechtsordnung und damit der Funktionsfähigkeit der Gemeinschaft.[555] Das Verwerfungsmonopol des EuGH hingegen ist die konsequente Folgerung aus dem Vorrang des Gemeinschaftsrechts[556] und der gemeinschaftlichen Rechtsstaatlichkeit und überdies die einzige Lösungsmöglichkeit unter Berücksichtigung des

---

551 *Frowein*, ZaöRV 1994, S. 1, 9.

552 *Stein*berger, in: FS Bernhardt, 1995, S. 1313, 1333.

553 *Everling*, in: GS Grabitz 1995, S. 57ff., 66ff.; *Zuleeg*, JZ 1994, S. 1ff.; *Schwarze*, NJ 1994, S. 1ff.; *Ipsen*, EuR 1994, 1, 2ff.; *Meessen*, NJW 1994, S. 549, 552; *Lenz*, NJW 1993, S. 3038f.; *Schröder*, DVBl 1994, S. 316, 322ff.; *Götz*, JZ 1993, 1081, 1083; *Häde*, BB 1993, S. 2457, 2462; *Frowein*, ZaöRV 1994, S. 1, 8.

554 Vgl. *Stein*berger, in: FS Bernhardt 1995, S. 1313, 1333; *Iglesias*, EuGRZ 1996, S. 125, 127; *Frowein*, ZaöRV 1994, S. 1, 8.

555 *Frowein*, ZaöRV 1994, S. 1, 8ff.; *Folz*, Demokratie und Integration 1999, S. 4

556 Vgl. *Huber*, Recht der Europäischen Integration 1996, S. 190 Rn. 7: „Kontrollkompetenz als Annex zur Vorrangfrage“; vgl. auch die Entschließung des Europäischen Parlaments vom 2/10/97 zu den Beziehungen zwischen dem Völkerrecht, dem Gemeinschaftsrecht und dem Verfassungsrecht der Mitgliedstaaten, BR-DrS 829/97.

Grundsatzes der Gewaltenteilung, wonach der EuGH als Organ der EG zu einer Entscheidung über die Begrenzung von Gemeinschaftsrecht durch nationales Recht legitimiert ist, vgl. nur Art. 220, 230, 234 EGV.[557]

Dem EuGH wurde also von den Mitgliedstaaten die Letztentscheidungsbefugnis übertragen, soweit er einen „im Wesentlichen vergleichbaren Grundrechtsschutz gewährleistet“ und die Kompetenzgrenzen des Zustimmungsgesetzes wahrt. Die Grenzen für die Übertragung von Hoheitsrechten (die sich hier als Judikationsrechte darstellen) sind identisch mit den zuvor im Rahmen des Vorrangverhältnisses gezogenen.

C. Integrationsgrenzen nach nationalem Verfassungsrecht

Um die Frage zu beantworten, ob dem EuGH im Rahmen seiner Verhältnismäßigkeitsrechtsprechung tatsächlich der Vorwurf zu machen ist, die Kompetenzgrenzen des Art. 23 Abs. 1 S. 1 GG zu überschreiten[558], ist zuerst der Inhalt dieser Grenzen zu konkretisieren. Dabei geht es zunächst um die Bestimmung des materiellen Kerngehalts der Integrationsermächtigung des Art. 23 Abs. 1 S. 1 GG, oder – um in der vorangegangenen Terminologie zu bleiben – um die Bestimmung der mitgliedstaatlichen Grenzen des gemeinschaftsrechtlichen Maßstabes. Diese sollen anhand des Art. 23 Abs. 1 S. 1 GG exemplarisch und abstrakt gezogen werden. Ob sich der EuGH an den Maßstab hält, der für eine Überprüfung seiner Verhältnismäßigkeitsrechtsprechung herangezogen werden kann, ist Gegenstand der anschließenden Untersuchung.

I. Art. 23 Abs. 1 S. 1 GG

Nach Art. 23 Abs. 1 S. 1 GG wirkt die Bundesrepublik Deutschland zur Verwirklichung eines vereinten Europas bei der Entwicklung der Europäischen Union mit, die demokratischen, rechtsstaatlichen, sozialen und föderativen Grundsätzen und dem Grundsatz der Subsidiarität verpflichtet ist und einem dem Grundgesetz im Wesentlichen vergleichbaren Grundrechtsschutz gewährleistet.

Die Schranken der Integrationsermächtigung des deutschen Gesetzgebers sind in Anlehnung an die Rechtsprechung des BVerfG zu Art. 24 Abs. 1 GG in Art. 23 Abs. 1 GG kodifiziert worden. Art. 23 GG ist die „Legitimationsbrücke“[559] zwi-

---

[557] Vgl. nur: *Tomuschat*, EuGRZ 1993, S. 489, 495. Dabei ist freilich zu bedenken, dass der EuGH nicht die Kompetenz hat, die Frage der Normenkollision mit Nichtigkeitsfolge für das nationale Recht verbindlich zu entscheiden. Zutreffend: EuGH Rs. 237/82, Jongeneel Kaas/Niederlande, Slg. 1984, 483, Rn. 6.

[558] In diesem Sinne: *Stein*, EuZW 1998, S. 261, 262; *Storr*, Der Staat 36 (1997) S. 547, 568; VG Frankfurt a.M. EuZW 97, S. 182, 189.

[559] Den Begriff der Brückentheorie prägte *Kirchhof* in: *Isensee/Kirchhof* HStR, Bd. VII, 1992, § 183 Rn. 65.

schen Deutschland und der EU, indem er die nationale Zustimmung zur Weiterentwicklung von bestimmten formellen und materiellen Voraussetzungen abhängig macht. Dies sind zum einen die in Abs. 1 S. 1 genannten Anforderungen an die Struktur der Union (Struktursicherungsklausel[560]), zum anderen die Möglichkeit der Öffnung des deutschen Souveränitätsanspruchs durch die Übertragung von Hoheitsrechten durch den Bund unter Zustimmung des Bundesrates (Integrationsöffnungsklausel). Zusätzlich bestimmt Art. 23 Abs. 1 S. 3 formelle und materielle Schranken für Verfassungsänderungen, die durch die Mitwirkung an der Begründung und Fortentwicklung der Union notwendig werden können (Verfassungsbestandsklausel).

Eine weitere Schranke der Integrationsermächtigung stellt Art. 79 Abs. 3 GG dar, auf den Art. 23 Abs. 1 S. 3 GG verweist.

Die in Art. 23 Abs. 1 S. 1 GG genannten staatstheoretischen Begriffe können nicht ohne weiteres auf die Union übertragen werden.[561] Zum einen sind die konkreten Ausprägungen dieser Begriffe in den Rechtsordnungen der Mitgliedstaaten unterschiedlich.[562] Gemeinschaftsrecht kann sich aber nur auf der Grundlage der gemeinsamen Verfassungstraditionen der Mitgliedstaaten herausbilden, kein Mitgliedstaat kann seine Maßstäbe allein durchsetzen. Zum anderen können die Grundsätze auf die Union nur in modifizierter Weise übertragen werden, denn die EU ist kein Staat und kann die Grenze zur Staatswerdung auch nicht ohne weiteres überschreiten.[563] Gefordert ist also lediglich eine „strukturangepasste Grundsatzkongruenz mit dem Grundgesetz“.[564]

1. Demokratische, rechtsstaatliche, soziale, föderative Grundsätze und der Grundsatz der Subsidiarität

Die Verpflichtung der Union auf demokratische, rechtsstaatliche, soziale und föderative Grundsätze sowie den Grundsatz der Subsidiarität in Art. 23 Abs. 1 S. 1 GG entspricht unter Berücksichtigung deren besonderer Struktur einer Selbstverpflichtung der Union im Primärrecht.[565]

---

[560] Zum Begriff vgl. *Breuer*, NVwZ 1994, S. 417, 421f.

[561] Vgl. *Breuer*, NVwZ 1994, S. 417, 421f.

[562] Vgl. nur *Everling*, DVBl 1993, S. 936, 944 zum Rechtsstaatsprinzip.

[563] Zur Begründung *Everling*, DVBl 1993, S. 936, 944; vgl. ferner *Tomuschat*, EuGRZ 1993, S. 489, 491f.

[564] *Streinz* in: *Sachs* Grundgesetz-Kommentar, 2002, Art. 23 Rn. 20ff.

[565] Vgl. Art. 6 Abs. 1 EUV für die Grundsätze der Demokratie und der Rechtsstaatlichkeit; die Bindung der Europäischen Union an rechtsstaatliche Grundsätze wird überdies vom EuGH in ständiger Rechtsprechung vertreten (vgl. dazu die Nachweise oben zum Rechtsstaatsprinzip auf Gemeinschaftsebene). Die sozialen Grundsätze sind auf Gemeinschaftsebene in Art. 2 EGV allgemein festgelegt. Speziell die Gleichstellung von Männern und Frauen im Arbeitsleben hat in Art. 141 EGV und den auf Art. 94 und 308 EGV gestützten Sekundärrechtsakten seit langem

2. Gewährung eines im „Wesentlichen vergleichbaren Grundrechtsschutzes“

Entscheidend für die Frage, ob der EuGH in seiner Verhältnismäßigkeits-Rechtsprechung gegen Art. 23 Abs. 1 S. 1 GG verstößt, ist die vorher zu beantwortende Frage, was „ein im Wesentlichen vergleichbarer Grundrechtsschutz“, wie ihn das GG erwartet, beinhaltet. Erst wenn der Inhalt dieses Maßstabes feststeht, kann über die Folgeprobleme bezüglich eines möglichen Verstoßes nachgedacht werden, wie etwa die Fragen, welche Konsequenzen ein eventueller Verstoß (des EuGH) hätte bzw. welches Gericht darüber zu befinden hätte, ob ein solcher Verstoß vorliegt.

a. Was bestimmt das „Niveau“ des Grundrechtsschutzes?

Vorab muss jedoch geklärt werden, welche Kriterien überhaupt das „Niveau“ von Grundrechtsschutz bestimmen. Aus dem Rechtsvergleich wurde ersichtlich, dass der Grundrechtsschutz in Deutschland im Vergleich der Mitgliedstaaten sehr hoch ist. Welche Parameter aber sorgen in der deutschen Rechtsordnung für diesen hohen Grundrechtsschutz, der ihn von dem anderer Mitgliedstaaten abhebt?

Zum einen ist als materielles Kriterium die Kodifikation der Grundrechte zu nennen und ihre Stellung am Anfang des Grundgesetzes. Ein weiteres Kriterium ergibt sich aus dem Status der Grundrechte in der deutschen Rechtsordnung als alle Gewalten bindendes unmittelbar geltendes Recht. Darüber hinaus existiert in Deutschland aber auch in anderen mitgliedstaatlichen Rechtsordnungen eine umfassende verfahrensrechtliche bzw. organisatorische Sicherung individueller Rechte. Diese Kriterien bilden einen Gesamtzusammenhang schützender Vorkehrungen, die jedoch – auch dies zeigte der Rechtsvergleich und insbesondere die Erkenntnis, dass der Schutz individueller Rechte in anderen Mitgliedstaaten, etwa trotz des Fehlens eines Grundrechtskatalogs nicht zwingend geringer als in Deutschland ist – bis zu einem gewissen Grad austauschbar sind. So kommt es für die Qualität des Schutzniveaus subjektiver Rechte weniger auf einen materiellen Schutz an, als vielmehr auf dessen verfahrensrechtliche Absicherung.[566] Ein Weniger an materiellem Schutz kann durch ein Mehr an verfahrensrechtlichem Schutz ausgeglichen werden.

---

einen effektiven Ansatzpunkt (vgl. *Streinz*, Europarecht, 2001, Rn. 915ff; *Hakenberg*, Grundzüge des Europäischen Gemeinschaftsrechts, 2000, S. 182ff. jeweils m.w.N.). Überdies wurde sozialen Grundsätzen ein eigenes Kapitel in der Grundrechtscharta gewidmet (Kapitel IV der Charta der Grundrechte der Europäischen Union). Auch in diesem Bereich ist also eine strukturelle Kongruenz gewährleistet. Die Verpflichtung auf föderative Grundsätze findet sich in Art. 6 Abs. 3 EUV, wonach die Union die nationale Identität ihrer Mitgliedstaaten achtet, sowie in dem aus Art. 10 EGV folgenden Grundsatz der Gemeinschaftstreue (vgl. dazu *Badura*, in: GS Grabitz 1995, S. 369, 381ff.). Der Grundsatz der Subsidiarität ist auf Gemeinschaftsebene in Art. 5 Abs. 2 EGV verankert. Vgl. auch: *Di Fabio*, JZ 2000, S. 737, 742.

[566] Vgl. etwa *Broß*, JZ 2003, S. 429, 431.

Im Folgenden soll daher unter Berücksichtigung der Besonderheiten der Gemeinschaftsrechtsordnung als multipolare Rechtsordnung der Frage nachgegangen werden, was „ein im Wesentlichen vergleichbarer Grundrechtsschutz" bedeutet.

b. Aufnahme der bundesverfassungsgerichtlichen Rechtsprechung in das Grundgesetz

Die ursprüngliche normative Verbindung zwischen deutschem Verfassungsrecht und Gemeinschaftsrecht bildete Art. 24 Abs.1 GG, wonach der Bund Hoheitsrechte auf zwischenstaatliche Einrichtungen übertragen kann.[567]

Nach der Rechtsprechung des BVerfG im Solange II-Beschluss ermächtigt Art. 24 Abs.1 GG jedoch nicht dazu, im Wege der Einräumung von Hoheitsrechten für zwischenstaatliche Einrichtungen die Identität der geltenden Verfassungsordnung der Bundesrepublik Deutschland durch „Einbruch in ihr Grundgefüge" bzw. die sie „konstituierenden Strukturen" aufzugeben. Ein unverzichtbares, zum Grundgefüge gehörendes Essential seien jedenfalls die Rechtsprinzipien, die dem Grundrechtsteil des Grundgesetzes zugrunde lägen. Es müsse eine Grundrechtsgeltung gewährleistet sein, die nach Inhalt und Wirksamkeit dem Grundrechtsschutz, wie er nach dem Grundgesetz unabdingbar sei, im Wesentlichen gleichkomme.[568] Ähnliche Formulierungen fanden sich bereits im Solange I-Beschluss, allerdings wurde dort noch als unabdingbares Essential der Grundrechtsteil des GG bezeichnet, wenn auch mit möglichen Modifikationen auf Gemeinschaftsebene.[569]

Wie bei jeder Ableitung konkreter und weitreichender Konsequenzen aus vergleichsweise weit gefassten Verfassungsnormen war es bis 1992 legitim, dem BVerfG in seiner Rechtsprechung nicht zu folgen und die Verbindung zwischen Gemeinschaft und deutschen Grundrechten verfassungsrechtlich abzulehnen oder nur in abgewandelter Form zu akzeptieren.[570] Diese Situation änderte sich jedoch grundlegend, als mit der Einfügung des neuen Art. 23 Abs.1 in das Grundgesetz in ausdrücklicher Anknüpfung an die Solange-Rechtsprechung deren Kernaussage in positives Verfassungsrecht überführt wurde.[571]

Diese Positivierung[572] bedeutet zunächst, dass heute eine feste textliche Grundlage vorhanden ist, an der sich die Diskussion orientieren kann und muss.[573] Gleichzeitig ist die grundsätzliche Existenz einer Verbindung zwischen der Europäischen Union und den deutschen Grundrechten aus verfassungsrechtlicher Sicht

---

[567] Zu den Grenzen dieser Übertragungsermächtigung vgl. *Stein*berger, in: FS Helmrich 1992, S. 427, 430ff.

[568] BVerfGE 73, 339, 375f.

[569] BVerfGE 37, 271, 279f.

[570] Vgl. *Kischel*, Der Staat 39 (2000) S. 523, 525.

[571] Vgl. Bericht der Gemeinsamen Verfassungskommission BT-Drucks. 12/6000, S. 19ff. (21).

[572] Vgl. zu deren Bedeutung: *Selmayr/Prowald*, DVBl. 1999, S. 269, 271; *Scholz*, NVwZ 1993, S. 817, 819; *Tomuschat*, EuGRZ 1993, S. 489, 492f.

[573] Vgl. in diesem Sinne z. B. *Kirchner/Haas*, JZ 1993, S. 760, 762.

nicht mehr zu bezweifeln. Dies ist gem. Art. 23 GG das einem Parlamentsvorbehalt unterliegende Zustimmungsgesetz.

Die Tatsache, dass die Gemeinschaft zwar autonom ist, trotzdem aber weiterhin in Form derivativer Autonomie von den Verfassungen der Mitgliedstaaten abhängt[574], ist somit vom Verfassungsgeber bestätigt worden. Unklar sind jedoch die Grenzen, welche Art. 23 Abs. 1 GG zieht. Nur zwei „Extrempositionen" sind vom Verfassungstext her ausgeschlossen.

Zum einen ist ein uneingeschränkter Totalvorrang des Gemeinschaftsrechts gegenüber dem deutschen Verfassungsrecht[575] mit der gegenwärtigen Verfassungsrechtslage nicht zu vereinbaren. Gleichzeitig ist aber auch allen Auffassungen der Boden entzogen, welche die Grundrechte ohne jede Modifikation gegenüber dem Gemeinschaftsrecht[576] zur Geltung bringen wollten.[577]

c. *„Im Wesentlichen vergleichbarer Grundrechtsschutz"*

Nach dem Wortlaut des Art. 23 Abs. 1 S. 1 GG wirkt die Bundesrepublik Deutschland bei der Entwicklung einer Europäischen Union mit, die einen dem GG „im Wesentlichen vergleichbaren Grundrechtsschutz gewährleistet".

Ein nur im Wesentlichen vergleichbarer Grundrechtsschutz muss schon vom Wortlaut her nicht identisch mit dem vom Grundgesetz gewährleisteten Schutzniveau sein.[578] Das heißt, der Grundrechtsschutz auf Gemeinschaftsebene kann auch durchaus einmal unter das Schutzniveau, welches das BVerfG gewährleistet, absinken.[579]

Damit ist aber nur ein erster – wenn auch wichtiger – Ansatzpunkt gefunden. Was genau mit einer Vergleichbarkeit „im Wesentlichen" gemeint ist, etwa eine „weitgehende Gleichwertigkeit"[580] oder nur „die dem Grundrechtsteil zugrundeliegenden Rechtsprinzipien"[581], kann erst aus dem Sinn und Zweck der Norm des

---

574 Vgl. *Tomuschat*, EuR 1990, S. 340, 350f.; *Hirsch*, NJW 1996, S. 2457, 2459; *Bleckmann*, JZ 1997, S. 265.

575 In diese Richtung etwa *Ipsen*, EuR 1975, S. 1, 14; *Meier*, NJW 1974, S. 1704.

576 Vgl. *Rupp*, NJW 1970, S. 353, 355ff. dagegen etwa: v. *Bogdandy*, Der Staat 39 (2000), S. 163, 167.

577 Soweit ersichtlich wird keine dieser „Extrempositionen" heute mehr vertreten. Dennoch bereitet die Bestimmung des materiellen Gehalts des Art. 23 Abs. 1 S. 1 GG nach wie vor Schwierigkeiten.

578 Vgl. z.B. BVerfG, EuR 2000, S. 799, 804; *Pernice* in: Dreier, Grundgesetz Kommentar 1998, Art. 23 Rn. 50; *Bleckmann*, in: FS Börner 1992, S: 29, 32; *Hirsch*, NJW 1996, S. 2457, 2464; *Huber*, EuZW 1997, S. 517, 519.

579 Selbst in der Solange I-Entscheidung stellte das BVerfG fest, „gewiß" könnten die zuständigen Gemeinschaftsorgane Recht setzen, das die deutschen zuständigen Verfassungsorgane nach dem Recht des Grundgesetzes nicht setzen könnten und das gleichwohl unmittelbar in der Bundesrepublik Deutschland anzuwenden sei. (BVerfGE 37, 271, 279)

580 Vgl. etwa *Isensee*, in: FS Stern 1997, S. 1239, 1250, 1258f.

581 Vgl. BVerfGE 73, 339, 376.

Art. 23 Abs. 1 S. 1 GG erschlossen werden.[582] Zu berücksichtigen ist dabei stets, dass es sich bei dem Vergleichsobjekt um einen Staatenverbund souveräner Mitglieder handelt, der gekennzeichnet ist durch eine (zur Zeit 15-fache, bald 25-fache) heterogene Rechtswirklichkeit, ferner, dass dem Grundrechtsschutz in Deutschland eine Bedeutung für den Individualrechtsschutz zukommt, der über die Bedeutung, die er in anderen Mitgliedstaaten erfahren hat, deutlich hinausgeht. Als Folge der Rechtsvergleichung könnte im Hinblick auf die Anwendung des Verhältnismäßigkeitsgrundsatzes etwa die Frage aufgeworfen werden, ob auch ein gemeinschaftsrechtlicher Grundrechtsschutz akzeptabel wäre, wenn es keinen ausdrücklichen Grundsatz der Verhältnismäßigkeit im Gemeinschaftsrecht gäbe, oder ob es nicht bereits ein Zeichen der Kongruenz ist, dass es ihn gibt.

aa. Sinn der Einschränkbarkeit des Grundrechtsschutzes auf Gemeinschaftsebene

Die Beteiligung Deutschlands an einer mit eigener Hoheitsgewalt und unabhängiger Gerichtsbarkeit ausgestatteten Europäischen Union ist ein Staatsziel, welches sowohl in der Präambel des Grundgesetzes als auch in Art. 23 Abs. 1 S. 1 GG normativ verankert ist. Die Bundesrepublik hat auf die Verwirklichung dieses Staatsziels hinzuwirken.[583] Vor diesem Hintergrund erklärt sich die Beschränkung der grundgesetzlichen Anforderungen aus den Erfordernissen eines sinnvollen Zusammenwirkens zwischen deutschen und europäischen Instanzen, insbesondere auch zwischen dem Europäischen Gerichtshof und dem BVerfG.[584]

1) Praktische Unmöglichkeit identischen Grundrechtsschutzes

Ein erstes Argument für die Beschränkung ist die praktische Unmöglichkeit eines identischen Grundrechtsschutzes auf nationaler und auf Gemeinschaftsebene. Bereits innerhalb Deutschlands, als einem Staat mit einer einheitlichen Rechtstradition, werden zu verschiedenen Rechtsfragen die verschiedensten Auffassungen vertreten. Dass zwei oberste Gerichte – für die Europäische Gemeinschaft der EuGH, für Deutschland das BVerfG – zu bestimmten Rechtsfragen unterschiedliche Ansichten vertreten ist daher völlig natürlich und kaum zu vermeiden. Selbst innerhalb desselben Organs kann es zu Modifizierungen der Rechtsauffassung kom-

---

[582] Vgl. zu den einzelnen Grundrechtsfunktionen Kingreen in: *Callies/Ruffert* 2002, Art. 6 Rn. 44ff.; ferner: *Bleckmann*, in: FS Börner 1992, S: 29, 32f. Bisher ist in der Rechtsprechung des EuGH zu den Grundrechten zumindest noch keine ausdrückliche Schutzpflicht anerkannt worden. Anhaltspunkte für eine grundsätzliche Aufgeschlossenheit im Hinblick auf Schutzpflichten auch im europäischen Recht bei: *Jaeckel*, Schutzpflichten im deutschen und europäischen Recht, 2001, S. 212ff., 215.

[583] Vgl. Bericht der Gemeinsamen Verfassungskommission, BT-Drucks. 12/6000, S. 20; dazu auch *Di Fabio*, Der Staat 32 (1993), S. 191, 195ff; *Everling*, DVBl. 1993, S. 936, 943; *Kirchhof*, JZ 1998, S. 965, 970f.

[584] So schon für Art. 24 GG *Stein*berger, in: FS Helmrich 1992, S. 427, 431f.

men, erwähnt sei hier etwa ein Rechtsprechungswandel des BVerfG oder auch die Möglichkeit der Verfassung von Sondervoten, vgl. § 30 Abs. 2 BVerfGG.

2) Recht auf Irrtum

Zweitens muss auch dem EuGH ein „Recht auf Irrtum"[585] eingeräumt werden. Würde das deutsche BVerfG jedes Mal einschreiten, wenn seiner Ansicht nach dem EuGH ein rechtlicher Fehler unterlaufen wäre, würde es damit zur Superrevisionsinstanz aller Deutschland betreffenden Fragen.[586] Ein solches Vorgehen wäre mit dem Sinn und Zweck der europäischen Integration – welche nach dem GG ausdrücklich gewollt ist – unvereinbar. Nicht mehr der EuGH würde die Auslegung und Anwendung des Rechts des EG-Vertrages sichern, wie es in Art. 220 EGV ausdrücklich bestimmt ist, sondern das BVerfG.[587]

3) Verwerfungskompetenz aller Mitgliedstaaten

Ein weiteres Argument lässt sich aus der Konsequenz ableiten, welche die Forderung eines identischen Grundrechtsschutzes hätte. Da im Hinblick auf deutsche Grundrechte das BVerfG als das kompetentere oder sachnähere Organ angesehen werden müsste, obläge es ihm, den EuGH in jedem Einzelfall zu überprüfen. Es kann aber nicht Aufgabe des BVerfG sein, in jedem Fall „die richtige" Auslegung des Gemeinschaftsrechts zu finden und das letzte Wort zu haben. Wollte man dem BVerfG eine solche Kompetenz einräumen, dürfte sie keinem anderen mitgliedstaatlichen Gericht verweigert werden.[588] Dies hätte unter Umständen eine 25-fache Überprüfung der EuGH-Rechtsprechung zur Folge und eine ein- bis 25-fache Verwerfungsrate[589], womit die Möglichkeit bestünde, dass in einigen Mitgliedstaaten Gemeinschaftsrechtsakte als wirksam – da innerstaatlich verfassungsrechtskonform – angesehen werden, in anderen aber nicht. Die EU als (Rechts-) Gemeinschaft wäre damit obsolet.[590]

---

585 Vgl. dazu *Hirsch*, NJW 1996, S. 2457, 2562.

586 Vgl. *Everling*, in: GS Grabitz 1995, S. 57, 64.

587 Zur Übertragung der Rechtsprechungskompetenz vgl. *Hirsch*, NJW 1996, S. 2457, 2462; *Everling*, in: GS Grabitz 1995, S. 57, 69ff.

588 Zu den verfassungsrechtlichen Schranken gegenüber dem Vorrang des Gemeinschaftsrechts in anderen Mitgliedstaaten vgl. *Streinz*, Grundrechtsschutz, 1989, S. 346ff.; *Ring/Olsen-Ring*; EuZW 1998, S. 589; *Kirchhof*, JZ 1998, S. 965, 973.

589 Diese würde sich um jeden neuen Mitgliedstaat erhöhen.

590 Wie bereits gezeigt wurde, steht eine solche Verwerfungskompetenz auch nicht mehr den Mitgliedstaaten zu, sondern wurde von ihnen auf den EuGH übertragen.

4) Berücksichtigung der Besonderheiten der Union

Des Weiteren muss die Anwendung von Grundrechten im Gemeinschaftsrecht die Besonderheiten der Europäischen Union berücksichtigen.[591] Insbesondere tritt im Rahmen der Verhältnismäßigkeit an die Stelle des (nationalen) öffentlichen Interesses das „europäische Gemeinwohl“.[592] Schon aufgrund dieser Tatsache kann eine grundrechtliche Entscheidung auf Gemeinschaftsebene nicht immer genauso ausfallen, wie auf nationaler Ebene. Diesem Umstand trägt Art. 23 Abs. 1 GG Rechnung, indem er eine „Vergleichbarkeit im Wesentlichen“ genügen lässt. Auch über den Bereich der Grundrechte hinaus fordert Art. 23 Abs. 1 S. 1 GG nur eine im Hinblick auf die Besonderheiten der Union „strukturangepasste Grundsatzkongruenz“.[593] Die Eingliederung in eine Gemeinschaft mit anderen Mitgliedstaaten erfordert einen gegenseitigen Ausgleich, so dass die Verfassung einer Integrationsgemeinschaft nie ein getreues Abbild der Verfassung eines einzelnen Mitgliedstaates sein kann.[594]

bb. Vergleichbarkeit des Grundrechtsschutzes

Aufgrund dieser hinter der Einschränkungsmöglichkeit des Art. 23 Abs. 1 S. 1 GG stehenden Grundgedanken wird deutlich, dass die Details in der Ausformung von Schutzbereich, Eingriff und Schranken durch den EuGH und das BVerfG nicht übereinstimmen müssen. Vergleichbarkeit des Grundrechtsschutzes bedeutet vor diesem Hintergrund einen „gesteigerten Grad der Ähnlichkeit“, eine „Übereinstimmung in den jeweiligen Grundlinien“.[595] Die Europäische Union muss auf der einen Seite die vom deutschen Grundgesetz geschützten Grundrechte ebenfalls schützen. Andererseits kann sie aber Einzelfragen abweichend von nationalen Instanzen lösen. Ob es sich bei der Verhältnismäßigkeitsrechtsprechung des EuGH um ein Abweichen in Einzelfragen oder um eine Abweichung von den Grundlinien handelt, wird später in der Rechtsprechungsanalyse zu erörtern sein.

cc. Vergleichbarkeit „im Wesentlichen“

Weiterhin muss nach Art. 23 Abs. 1 S. 1 GG der Grundrechtsschutz auf Gemeinschaftsebene dem des Grundgesetzes auch nur (aber immerhin) *im Wesentlichen* vergleichbar sein. Art. 23 Abs. 1 S. 1 GG verlangt eine Vergleichbarkeit nur für die wesentlichen Aspekte des Grundrechtsschutzes und spricht nicht von jedem

---

[591] Vgl. dazu *Everling*, DVBl. 1993, S. 936, 945.

[592] *Weber*, EuZW 1997, S. 165, 169; *Streinz*, Europarecht, 2001, Rn. 210ff.

[593] *Streinz* in: *Sachs* Grundgesetz-Kommentar, 2002, Art. 23 Rn. 20ff.

[594] *Streinz*, Grundrechtsschutz, 1989, S. 217; *Breuer*, NVwZ 1994, S. 417, 422; *Kirchhof* in: Isensee/Kirchhof, HStR Bd. VII, 1992, § 183 Rn. 58; *Kischel*, Der Staat 39 (2000) S. 523, 530.

[595] *Kischel*, Der Staat 39 (2000) S. 523, 531.

einzelnen Grundrecht.[596] Der Begriff „wesentlich" ist dabei im Kontext der übrigen Aussagen des Art. 23 Abs. 1 S. 1 GG zu betrachten. In diesem Zusammenhang bedeutet er „wesentlich für die Verwirklichung eines vereinten, demokratischen, rechtsstaatlichen, sozialen, föderativen und von Freiheit und Gleichheit bestimmten Europas". Gewahrt werden muss also der für ein in diesem Sinn freiheitlich-demokratisches Gemeinwesen notwendige Kern der Gemeinschaftsgrundrechte.[597] Im Hinblick auf die Struktur der Europäischen Union als Gemeinschaft souveräner Staaten ist es dabei zulässig, zur Festlegung des Schutzgehalts der Europäischen Grundrechte auf die gemeinsamen Verfassungsüberlieferungen der Mitgliedstaaten oder die Europäische Menschenrechtskonvention zurück zu greifen, wie es etwa der EuGH bei der Herausbildung der Gemeinschaftsgrundrechte getan hat.[598] Nicht gefordert ist hingegen eine strenge Gleichwertigkeit in der Sache, wonach der materielle Schutzgehalt der Gemeinschaftsgrundrechte dem der deutschen Grundrechte entsprechen müsste.[599]

Die Pflicht zur Wahrung des Kerns des Schutzgehalts betrifft aber nicht nur den Schutzbereich des jeweiligen Grundrechts, sondern weitergehend auch die Schutzstruktur der Gemeinschaftsgrundrechte, also die Bestimmung des Eingriffs und der jeweiligen Schranken.[600] Diese sind für einen effektiven Grundrechtsschutz ebenso wichtig wie die Bestimmung des Schutzbereichs. Zu fordern ist also auch ein gewisses Maß an kritischer Prüfung des Verhältnisses zwischen hoheitlichem Ziel sowie Art und Ausmaß des Eingriffs. Mit anderen Worten setzt

---

[596] Vgl. *Vitzthum*, JZ 1998, S. 161, 163; *Kischel*, Der Staat 39 (2000) S. 523, 533. Selbst das BVerfG verlangt keinen deckungsgleichen Schutz. Vgl. BVerfG in: EuR 2000, S. 799, 808f. (Bananenmarktordnung): „Ein deckungsgleicher Schutz in den einzelnen Grundrechtsbereichen des Grundgesetzes durch das europäische Gemeinschaftsrecht und die darauf fußende Rechtsprechung des Europäischen Gerichtshofs ist nicht gefordert. Den verfassungsrechtlichen Erfordernissen ist entsprechend den in BVerfGE 73, 339, 340, 387 genannten Voraussetzungen genügt, wenn die Rechtsprechung des Europäischen Gerichtshofs einen wirksamen Schutz der Grundrechte gegenüber der Hoheitsgewalt der Gemeinschaften generell gewährleistet, der dem vom Grundgesetz als unabdingbar gebotenen Grundrechtsschutz im wesentlichen gleich zu achten ist, zumal den Wesensgehalt der Grundrechte generell verbürgt.
Verfassungsbeschwerden und Vorlagen vor Gerichten sind unzulässig, wenn nicht in einer vergleichenden Darstellung, wie sie dem Urteil BVerfGE 73, 339, 378 bis 381 zugrunde liegt, dargelegt wird, dass die europäische Rechtsentwicklung einschließlich der Rechtsprechung der Europäischen Gerichtshofs unter den erforderlichen Grundrechtsstandard abgesunken sei und der als unabdingbar gebotene Grundrechtsschutz generell nicht gewährleistet ist."

[597] Vgl. *Kischel*, Der Staat 39 (2000) S. 523, 533; ähnlich *Breuer*, NVwZ 1994, S. 417, 422.

[598] Vgl. etwa EuGH Rs. 11/70, Internationale Handelsgesellschaft, Slg. 1970, 1125; vgl. auch sowohl Art. 6 Abs. 2 EUV, als auch die Europäische Charta der Grundrechte.

[599] Vgl. *Pernice* in: Dreier, Grundgesetz. Kommentar 1998, Art. 23 Rn. 75; *Kischel*, Der Staat 39 (2000) S. 523, 533.

[600] Zu den Möglichkeiten und Grenzen des Vergleichs zwischen der Grundrechtsdogmatik des EuGH und des BVerfG vgl. *Streinz*, Grundrechtsschutz, 1989, S. 370ff.; insbesondere zur Grundrechtsdogmatik des EuGH a.a.O. S. 399ff.

ein im Wesentlichen vergleichbarer Grundrechtsschutz auch eine hinreichende Kontrolldichte voraus.

Ein im Wesentlichen vergleichbarer Grundrechtsschutz kann über die materiellrechtlichen Anforderungen hinaus nur dann als gewahrt gelten, wenn die Gemeinschaftsgrundrechte auch prozessual durchsetzbar sind, das heißt ein rechtsstaatlichen Mindestanforderungen entsprechender Rechtsschutz eröffnet ist.[601] Dies erfordert einen Individualschutz durch unabhängige Gerichte. Diese müssen mit hinlänglicher Gerichtsbarkeit, insbesondere einer dem Rechtsschutzbegehren angemessenen Prüfungs- und Entscheidungsmacht über tatsächliche und rechtliche Fragen ausgestattet sein und aufgrund eines gehörigen Verfahrens entscheiden. Ein im Wesentlichen vergleichbarer Individualrechtsschutz verlangt ferner die Gewährleistung rechtlichen Gehörs, sowie dem Streitgegenstand angemessene Angriffs- und Verteidigungsmittel und frei gewählten, kundigen Rechtsbeistand. Ferner müssen die Entscheidungen der Gerichtsbarkeit verbindlich sein und gegebenenfalls die Verletzung eines Grundrechts sachgerecht und wirksam sanktionieren.[602] In engem Zusammenhang mit der Vergleichbarkeit des Grundrechtsschutzes „im Wesentlichen" steht der Verweis auf Art. 79 Abs. 3 GG.

II. Art. 79 Abs. 3 GG

Mit seinem Verweis auf die Ewigkeitsgarantie des Art. 79 Abs. 3 GG zieht Art. 23 Abs. 1 S. 3 GG dem Integrationsgesetzgeber eine äußerste[603] Grenze.[604] Im Bereich der Grundrechte werden über Art. 79 Abs. 3 GG die in Art. 1 und 20 GG niedergelegten Grundsätze einer Änderung prinzipiell entzogen[605]

---

[601] Vgl. *Pernice* in: Dreier, Grundgesetz. Kommentar, 1998, Art. 23 Rn. 77; *Kirchhof*, EuR 1991 Beiheft 1, S. 24; *Rojahn* in: v. Münch/Kunig, Grundgesetz-Kommentar, 1995, Art. 23 Rn. 35; *Jarass* in: ders./Pieroth, Grundgesetz. 2000, Art. 23 Rn. 9.

[602] Die Erfüllung der genannten Voraussetzungen wurde vom BVerfG im Solange II-Beschluss bestätigt. BVerfGE 73, 339, 376ff.; zur Erfüllung der Voraussetzungen hinsichtlich des Zugangs zum EuGH, der gegebenen Verfahrensarten, der Prüfungs- und Entscheidungsmacht, der Verfahrensgrundsätze und der Wirkung der Entscheidungen des EuGH ausdrücklich: BVerfGE 73, 339, 384. Vgl. ferner *Tomuschat*, EuR 1990, S. 340, 358f.; Rojahn in: v. Münch/Kunig, Grundgesetz-Kommentar, 1995, Art. 23 Rn. 35.

[603] A.A. *Hirsch*, NJW 1996, S. 2457, der in Art. 79 Abs. 3 GG die *einzige* Schranke der Integrationsermächtigung sieht.

[604] Eine dem Art. 79 Abs. 3 GG entsprechende Formulierung findet sich z.B. auch in Art. 290 der portugiesischen Verfassung i.d.F. vom 30.10.1982 und in Art. 110 Abs. 1 der griechischen Verfassung vom 09.06.1975. Das Problem eines änderungsfesten Verfassungskerns ist also kein rein deutsches, sondern kann durchaus auch in anderen Mitgliedstaaten relevant werden.

[605] Die Bestimmung des Inhalts dieser Grundsätze bereitet größte Schwierigkeiten. Einen Anhaltspunkt bietet etwa BVerfGE 84, 90, 121.

1. In Art. 1 GG niedergelegte Grundsätze

Art. 79 Abs. 3 GG schützt nicht Art. 1 GG als solchen vor einer Berührung durch den Integrationsgesetzgeber, sondern die in ihm „niedergelegten Grundsätze". Die Garantie soll sich daher scheinbar nur auf etwaige in Art. 1 GG geregelte prinzipielle, fundamentale Gehalte beziehen.[606] Auf den ersten Blick könnte darin eine Beschränkung des durch Art. 79 Abs. 3 GG vermittelten Schutzes auf einen (elementaren) Teilbereich des Art. 1 GG zu sehen sein. Wortlaut und Stellung dieser Norm zeigen jedoch, dass Art. 1 GG und seinen Regelungen *insgesamt Grundsätzlichkeit* zukommmt.[607] Daraus folgt zum einen, dass das Bekenntnis des Grundgesetzes zur Würde des Menschen unantastbar ist.[608] Den Inhalt des Art. 1 Abs. 1 S. 1 GG betreffend, legt bereits Art. 1 Abs. 1 S. 2 GG die „Verpflichtung aller staatlichen Gewalt", also auch der verfassungsändernden Gewalt, fest, die Menschenwürde „zu achten (und zu schützen)". Daraus folgt zugleich, dass der Integrationsgesetzgeber – sei es kraft des Art. 1 Abs. 1 S. 2 GG oder aufgrund von Art. 79 Abs. 3 GG – verpflichtet ist, die Menschenwürde insoweit zu respektieren, als sie an sonstigen Stellen des Grundgesetzes in Erscheinung tritt.[609] Durch die Art. 1 Abs. 2, 79 Abs. 3 GG ist daher nicht etwa die derzeitige Ausgestaltung des Grundrechtskatalogs zu verstehen, sondern dessen „Bekenntnis zu den Menschenrechten als seine geistige Essenz".[610] Menschenwürdegehalte finden sich vor allem in den Grundrechten.[611] Art. 79 Abs. 3 GG hindert den Integrationsgesetzgeber demnach daran, das Grundrecht der Menschenwürde überhaupt und die sonstigen Grundrechte hinsichtlich ihres Menschenwürdegehalts zu beeinträchtigen („anzutasten"). Die Grundrechte genießen danach einen von ihrem Menschenwürdegehalt abhängigen differenzierten Bestandsschutz gegenüber dem Integrationsgesetzgeber. Art. 1 Abs. 1 S. 1 GG ist absolut vor nachteiligen Änderungen geschützt, während etwa Art 5 Abs. 1 S. 2 (Filmfreiheit), Art. 7 Abs. 4 S. 1 und Art. 17 überhaupt nicht „verfassungsänderungsfest" sind.[612] Zwischen diesen Extrempositionen sind diejenigen Grundrechte anzusiedeln, die einen mehr oder weniger großen Menschenwürdegehalt aufweisen, z. B. Art. 2 Abs. 1 und 2; Art. 3; Art. 4 Abs. 1 und 2; Art. 5 Abs. 1 S. 1; Art. 10; 11; 13; 16a; 103 Abs. 1 einen hohen und Art. 8, 9, 12 Abs. 1; Art. 14 Abs. 1; 19 Abs. 4 einen geringeren. Diese

---

606 Vgl. dazu: *Stern*, JuS 1985, S. 329, 332f.

607 Vgl. *Stern*, JuS 1985, S. 329, 334f.; *Lücke* in: Sachs, Grundgesetz, 2002, Art. 79, Rn. 30.

608 Vgl. so bereits *Zeidler*, DVBl 1950, S. 598, 600.

609 Vgl. auch BVerfGE 84, 90, 121 und 94, 49, 103: „Im Bereich der Grundrechte werden über Art. 79 Abs. 3 i.V.m. Art. 1 Abs. 3 GG die grundrechtlichen Verbürgungen insoweit einer Einschränkung grundsätzlich entzogen, als sie zur Aufrechterhaltung einer dem Art. 1 Abs. 1 und 2 GG entsprechenden Ordnung unverzichtbar sind."

610 *Zeidler*, DVBl 1950, S. 598, 600.

611 Vgl. insbesondere: *Dürig*, in: Maunz/Dürig, Art. 1, Rn. 79ff. und *Lücke* in: Sachs, Grundgesetz, 2002, Art. 79, Rn. 31.

612 Vgl. *Lücke* in: Sachs, Grundgesetz, 2002, Art. 79, Rn. 32.

Abhängigkeit des Schutzes der Grundrechte von ihrem Menschenwürdegehalt lässt Aussagen über den Umfang ihrer Bestandsgarantie gegenüber dem Integrationsgesetzgeber regelmäßig erst im konkreten Fall zu. Ein Beispiel wäre etwa eine Einschränkung des effektiven Rechtsschutzes[613], wie er sich als „ein wesentliches Element" dem jeweiligen materiellen Grundrecht „selbst" entnehmen lässt.[614] Das Vorhandensein eines solchen außergerichtlichen oder gerichtlichen (effektiven) Rechtsschutzes ist Teil des Menschenwürdegehaltes jeden Grundrechts, weil ohne ihn der Einzelne dem Staat wehrlos ausgeliefert wäre und dadurch „zum bloßen Objekt im Staat"[615] gemacht würde.[616] Die Sicherung eines effektiven, die Menschenwürde wahrenden Rechtsschutzes ist also auch durch den Integrationsgesetzgeber unabdingbar.

Die Anerkennung und Sicherung eines unantastbaren Menschenwürdegehalts der Grundrechte steht in engem Zusammenhang mit der Wesensgehaltsgarantie des Art. 19 Abs. 2 GG, die als positivrechtliche Abschirmung des unverletzlichen Menschenwürdegehalts der Grundrechte gesehen werden kann.

2. In Art. 20 GG niedergelegte Grundsätze

Zum anderen enthält aber auch Art. 20 GG einen vom veränderungsfesten Kern des Grundgesetzes umfassten Grundrechtsbezug. Dies gilt insbesondere für das Rechtsstaats- und das Demokratieprinzip.[617] In diesen Staatsstrukturprinzipien wurzeln ebenfalls bestimmte Grundrechte.[618] Soweit diese dem Grundsatzgehalt der genannten Prinzipien immanent sind, wirkt die von Art. 79 Abs. 3 GG aufgestellte Unberührbarkeitsklausel auch auf die Grundrechtssphäre ein. Dies ist insbesondere von Bedeutung für die justiziellen Grundrechte der Art. 19 Abs. 4, Art. 101 und Art. 103 GG sowie für die politischen und staatsbürgerlichen Teilhaberechte, vor allem Art. 5, 8, 9, 17 GG. Daraus folgt im Einzelnen, dass derjenige

---

[613] Praktisch bedeutsam geworden ist Art. 79 Abs. 3 GG für die Grundrechte erstmals 1968 durch die Ergänzung des Art. 10 Abs. 2 um seinen heutigen zweiten Satz. (Vgl. BVerfGE 30, 1, 24ff. Ferner ist er u.a. (zu Art. 143 Abs. 3 und Art. 79 Abs. 3 vgl. BVerfGE 84, 90, 120ff. und BVerfGE 94, 12, 33ff.; und die Darstellung bei *Stern*, Staatsrecht III/2, 1994, S. 1076; ferner: *Herdegen*, Jura 1992, S. 21, 23f.; *Leisner*, DÖV 1992, S. 432, 437f.; *Maurer*, JZ 1992, S. 183, 185f., 189f.) bezüglich der 1993 erfolgten Einfügung des Art. 16 a und besonders dessen Abs. 2 S. 3 relevant geworden. (Vgl. BVerfGE 94, 49, 102ff. und die Darstellung bei *Stern*, Staatsrecht III/2, 1994, 1078f. und 1127ff.) Beide Grundgesetz-Änderungen beschränkten in gewissen Fällen erheblich den effektiven Rechtsschutz.

[614] So etwa BVerfGE 24, 367, 401 im Hinblick auf Art. 14 Abs. 1 GG.

[615] BVerfGE 27, 1, 6; ferner z.B. BVerfGE 69, 1, 34; 87, 209, 228, 96, 375, 399.

[616] Vgl. auch die abweichende Meinung in: BVerfGE 30, 33, 41ff. sowie *Pieroth/Schlink*, in: FS Mahrenholz, 1994, S. 669, 692.

[617] Vgl. auch BVerfGE 84, 90, 121 und BVerfGE 94, 49, 103, wo das Gericht von den „grundlegenden Elementen" des Rechts- und Sozialstaatsprinzips) spricht, die nach Art. 79 Abs. 3 zu achten seien. Vgl. auch BVerfGE 95, 48, 62.

[618] Vgl. dazu auch: *Stern*, JuS 1985, S. 329, 336.

Grundrechtsbestandteil, der Teil des unantastbaren Rechtsstaats- bzw. Demokratiegebots ist, ebenfalls an der Sperrklausel des Art. 79 Abs. 3 GG partizipiert.[619]

3. Fazit

Dieser elementare Kernbestand der Grundrechte in ihrer Gesamtheit gehört zum unabdingbaren Grundrechtsstandard.[620] In Art. 79 Abs. 3 GG eine Wesensgehaltssperre auch für die Integration Deutschlands in die Europäische Union zu sehen, ist insofern konsequent, als dass dieser Artikel nur dadurch geändert werden kann, dass *das deutsche Volk* sich eine neue Verfassung gibt, Art. 146 GG. Dies ist der (rechtlich) *einzige* Weg.[621] Diesen kann aber keine supranationale Rechtsordnung gehen, sondern nur das deutsche Volk.[622]

Wird der von Art. 79 Abs. 3 GG geschützte Kernbestand der Grundrechte verletzt, ist stets zugleich der im Wesentlichen vergleichbare Grundrechtsschutz nicht mehr als gewahrt anzusehen. Dafür, dass Art. 79 Abs. 3 GG die einzige (und nicht nur die äußerste Grenze) für den Integrationsgesetzgeber bilden soll, lassen sich dem Verfassungstext keine Hinweise entnehmen.[623] Im Gegenteil spricht die Formulierung des Art. 23 Abs. 1 S. 1 GG für eine engere Interpretation der Maßstäbe, welche die EU aus deutscher verfassungsrechtlicher Sicht wahren muss. Denn selbst wenn der Formulierung in Art. 23 Abs. 1 S. 1 GG nur eine objektive Maßstabs- und Orientierungsfunktion für die deutschen Staatsorgane zukommt[624], ändert dies nichts an ihrem Charakter als bindende Verfassungsnorm, welche im Grundrechtsbereich einen eigenständigen, über die Formulierung des Art. 79 Abs. 3 GG deutlich hinausgehenden Maßstab aufstellt, der nach dem Willen des Verfassungsgebers an die Solange-Rechtsprechung anknüpft.

---

619 So auch: *Stern*, JuS 1985, S. 329, 336.

620 Vgl. *Streinz*, Grundrechtsschutz 1989, S. 224f.; *Kirchhof*, JZ 1998, S. 965, 970f.; *Randelzhofer* in: Maunz/Dürig u.a. Grundgesetz Kommentar, Loseblatt, Lfg. 1992, Art 24 Rn. 95; für eine integrationsoffene Auslegung des Art. 79 Abs. 3 GG; *Vitzthum*, JZ 1998, S. 161, 165ff.

621 Str. Wie hier z.B.: *Huber*, in: Sachs, Grundgesetz, 2002, Art. 146, Rn. 7ff.; a.A. etwa: *Schneider*, in: Isensee/Kirchhof, HStR Bd. VII, 1992, § 158, Rn. 38ff.

622 Vgl. dazu *Kirchhof* in: Isensee/Kirchhof HStR Bd. VII, 1992, § 183 Rn. 19ff. Vgl. auch: *Tomuschat*, DVBl. 1996, S. 1073, 1078f.

623 So aber: *Selmayr/Prowald*, DVBl. 1999, S. 269, 271ff.; *Hirsch*, NJW 1996, S. 2457, 2463f.; wie hier etwa: *Horn*, DVBl. 1995, S. 89, 91; *Kirchhof*, EuR 1991 Beiheft 1, S. 19; *Breuer*, NVwZ 1994, S. 417, 423; *Kischel*, Der Staat 39 (2000) S. 523, 537.

624 So die Argumentation bei *Selmayr/Prowald*, DVBl. 1999, S. 269, 273.

III. Generelle Gewährleistung

Auch wenn die Forderung des BVerfG nach einer *generellen* Gewährleistung des unabdingbaren Grundrechtsschutzes[625] nicht Eingang in den Text des Art. 23 GG gefunden hat, lässt sich die Norm im Hinblick auf die lediglich geforderte „Vergleichbarkeit des Grundrechtsschutzes im Wesentlichen" ohne eine Überdehnung des Wortlauts so interpretieren, dass damit zugleich „nur" eine generelle Gewährleistung des erwähnten Grundrechtsschutzes gefordert sein soll. Ein weiteres Argument dafür ist die Struktur des Art. 23 Abs. 1 S. 1 GG. Die Norm erwähnt die Gewährleistung des Grundrechtsschutzes nur zur Beschreibung des Charakters der Europäischen Union im Allgemeinen. Die Europäische Union in ihrer Gesamtheit muss demnach – etwa durch ihre Rechtsordnung sowie die Organisation und die Kompetenzen ihrer Gerichte – einen dem Grundgesetz im Wesentlichen vergleichbaren Grundrechtsschutz gewährleisten. Das Grundgesetz bezieht sich somit auf die Struktur der Union und damit auf die generelle Gewährleistung, nicht auf den Einzelfall.[626]

Wie bereits erwähnt bedeutet dies, dass es – im Vergleich zum deutschen Standard – durchaus einmal zu Absenkungen des Grundrechtsschutzniveaus durch den EuGH kommen kann, ohne dass damit die Anforderungen des Art. 23 GG nicht mehr als gewahrt gelten würden.

Dass eine generelle Gewährleistung des Grundrechtschutzes ausreichend ist und Ausreißer im Einzelfall unschädlich sind, rechtfertigt sich zudem aus dem Recht auf Irrtum, welches dem EuGH als dem für die Auslegung des EG-Vertrages primär zuständigen Organ zuzugestehen ist.[627] Wäre es zudem jedem (deutschen) Grundrechtsberechtigten möglich, den generellen Ausfall des Grundrechtschutzes allein aufgrund etwaiger Defizite im zur Entscheidung stehenden Einzelfall – bspw. bei einer eingeholten Vorabentscheidung des EuGH – justiziabel zu machen, könnten alle gegen die Interessen deutscher Grundrechtsberechtigter ergangenen Vorabentscheidungen des EuGH mit der Behauptung angegriffen werden, die Entscheidung sei im Hinblick auf die deutschen Grundrechte so gravierend falsch, dass ein im Wesentlichen vergleichbarer Grundrechtsschutz nicht mehr gewahrt sei. Damit wäre für eine Vielzahl von Fällen nicht mehr der EuGH, sondern das BVerfG die letzte Instanz. Die dem EuGH zustehende grundsätzliche Letztentscheidungsbefugnis wäre nicht mehr gewahrt.

In der Konsequenz bedeutet die Unbeachtlichkeit von Ausreißern in Einzelfällen zwar, dass dasselbe Verhalten der Union, welches in einem Fall noch als Ausreißer folgenlos bleibt, in einem späteren Fall zu gravierenden Folgen führen kann, wenn sich der anfängliche Ausreißer zu einer generellen Tendenz entwik-

---

[625] Vgl. BVerfGE 73, 339, 387; 89, 155, 175; BVerfG, EuR 2000, S. 799, 804; *Hoffmann-Riem*, EuGRZ 2002, S. 473, 476.

[626] Vgl. *Kischel*, Der Staat 39 (2000) S. 523, 537; *Vitzthum*, JZ 1998, S. 161, 163.

[627] Vgl. oben 4. Teil B. IV. 2.

kelt. Unter Umständen wird dem einen Rechtssuchenden dann zugesprochen, was dem anderen verwehrt blieb.[628] Darin liegt jedoch eine unausweichliche Konsequenz des Nebeneinanders zweier Gesetzgeber und zweier Gerichte ohne eine allgemein akzeptierte, klare und hierarchische Rangfolge in allen Fragen.[629] Ebenso wie der Bürger hinnehmen muss, dass auf nationaler Ebene auch einmal falsche Entscheidungen ergehen, gegen die keine weiteren Rechtsbehelfe eröffnet sind, was zum einen ein Ausfluss des Gewaltenteilungsgrundsatzes ist, zum anderen aber auch maßgeblich dem Rechtsfrieden dient, muss er akzeptieren, dass die Übertragung der Rechtsprechungsgewalt auf den EuGH grundsätzlich unbeschränkt ist und nur bei generellen Ausfallerscheinungen zurück genommen werden kann.[630]

Nicht ausreichen würde etwa auch eine einzelne Entscheidung des EuGH über eine bestimmte Norm des Gemeinschaftsrechts, selbst wenn sie faktische Auswirkungen auf zahlreiche Sachverhalte und potentiell zahlreiche Grundrechtsberechtigte hätte. Denn trotz dieser Wirkungen ließe sie als Einzelentscheidung keinen Schluss auf eine generelle Tendenz im Rahmen des durch die Europäische Union gewährten Grundrechtsschutzes zu.[631] Nicht mehr im Rahmen der Integrationsermächtigung ist also ein Verstoß gegen den unabdingbaren Grundrechtsstandard in einer Mehrzahl von Fällen, aus denen erkennbar wird, dass Europäische Organe – insbesondere der EuGH – generell nicht mehr willens oder in der Lage sind, den vom Grundgesetz geforderten Schutzstandard zu gewährleisten.

IV. Hinreichende Kontrolldichte

Wann aber liegt eine hinreichende Kontrolldichte vor? Allgemein formuliert bemisst sich das Ausmaß gerichtlicher Kontrolle danach, welche Elemente behördlichen Verhaltens vom Richter einer rechtlichen Würdigung unterzogen werden. Den äußeren Bezugsrahmen bildet insoweit die allgemeine Überlegung, dass eine richterliche Kontrolle dort stattfinden muss, wo sie möglich ist und sich eine Einschränkung des richterlichen Kontrollumfangs nicht aus dem Gesichtspunkt der Aufgabenteilung im demokratischen Rechtsstaat rechtfertigen lässt. Hier besteht eine Kontrollpflicht für die Gerichte.[632] Die Frage, anhand welcher Kriterien die Kontrolldichte der rechtsprechenden Gewalt bemessen werden soll, stellt sich in staatlichen Systemen ebenso wie im Gemeinschaftsrecht. Sie beinhaltet das grundsätzlichere Problem der Funktionenaufteilung zwischen den Gewalten, ins-

---

[628] So kritisch *Huber*, EuZW 1997, S. 517, 519.

[629] Zu diesem Nebeneinander vgl. *Isensee*, in: FS Stern 1997, S. 1239, 1261ff.; *Heintzen*, AöR 119 (1994) S. 564, 578ff.

[630] Vgl. *Kischel*, Der Staat 39 (2000) S. 523, 539ff.; vgl. auch die Ausführungen zur Wesensgehaltsgarantie S. 542ff.

[631] *Kischel*, Der Staat 39 (2000) S. 523, 541.

[632] *Schwarze*, Verwaltungsverfahrensrecht und Rechtsschutz, 1974, S. 61.

besondere zwischen der Exekutive und der Judikative, das auch in der Gemeinschaft – entsprechend ihrer besonderen, von staatlichen Mustern abweichenden institutionellen Struktur – relevant ist.

Ausgangspunkt der gerichtlichen Kontrolle bildet stets das anzuwendende Recht[633] und seine durch Auslegung zu ermittelnden Inhalte. Die deutsche Verwaltungsrechtsdoktrin versucht die Antwort in Form einer Unterteilung der administrativen Rechtsbindung in die dogmatischen Kategorien des unbestimmten Rechtsbegriffes und des Ermessens zu geben, denen jeweils ein spezifischer gerichtlicher Kontrollumfang zugeordnet wird. Für die Bedürfnisse des Gemeinschaftsrechts ist dieser, vor allem durch die weitreichende Interpretation der Rechtsschutzgarantie des Art. 19 Abs. 4 GG motivierte Ansatz aber kaum geeignet, die Probleme des gerichtlichen Schutzes eines auf Integration angelegten Hoheitsrägers zufriedenstellend zu lösen.

Die Rechtsprechungskonzeption des französischen Conseil d'Etat mit seinem eher pragmatischen und am jeweiligen Gegenstand der Rechtskontrolle orientierten Charakter[634] hatte demzufolge auch einen deutlich größeren Einluss auf den EuGH als die Ermessenslehre der deutschen Verwaltungsrechtsdoktrin. Es ist daher eine Betrachtungsweise geboten, die den Umfang der gerichtlichen Kontrolle nicht so sehr als rechtstheoretisch-methodisches Problem, sondern als judiziell-praktisches Problem begreift, bei dessen Lösung es vorrangig um eine – im Rahmen der Verfassungsordnung – sachgerechte Verteilung der Verantwortung auf Rechtsprechung und Verwaltung geht.[635] Im Vordergrund muss daher zunächst neben der Genauigkeit der Rechtsgrundlage des behördlichen Handelns der zu regelnde Sachbereich mit seinen für die Bemessung der Kontrolldichte maßgebenden Bedingungen stehen. Zu Letzterem gehört insbesondere die sachliche Kompetenz der Verwaltung zur eigenverantwortlichen Letztentscheidung, die im Interesse einer funktionsgerechten Aufgabenteilung in der gerichtlichen Nachprü-

---

633 Darunter sollen hier alle geschriebenen und ungeschriebenen Normen verstanden werden, die von der Verwaltung zu beachten sind.

634 Die französische Kontrolle unterscheidet drei Stufen der gerichtlichen Kontrolldichte:

- Die minimale Kontrolle (contrôle minimum) umfasst die Nachprüfung der Zuständigkeit, des Verfahrens und der Form sowie der Richtigkeit des zugrundegelegten Sachverhalts und den Befugnismissbrauch. Eine Überprüfung der rechtlichen Würdigung des ermittelten Sachverhalts findet grundsätzlich nicht statt, es sei denn, der Kläger rügt diesbezüglich einen offensichtlichen Irrtum (erreur manifeste).
- Der normale Umfang der nachprüfung (contrôle normal) erstreckt sich über das Kontrollminimum hinaus auf die rechtliche Würdigung der Tatsachen.
- Darüber hinaus wird ausnahmsweise im Rahmen der maximalen Kontrolle (contrôle maximum) auch die Notwendigkeit und Verhältnismäßigkeit der Verwaltungsmaßnahme überprüft. Ein Beispiel für ein Rechtsgebiet mit amximaler verwaltungsgerichtlicher Kontrolle ist das Polizeirecht, da hier der Schutz des Einzelnen im Vordergrund steht.

635 Vgl. *Scholz*, VVDStRL 34 (1976) S. 145, 148; *Hatje*, Der Rechtsschutz der Stellenbewerber im Europäischen Beamtenrecht, 1988, S. 86.

fung zu respektieren ist.[636] Für die in dieser Arbeit vorzunehmende Rechtsprechungsanalyse bedeutet dies Folgendes: Insbesondere Entscheidungen im Wirtschaftsverwaltungsrecht, dem Bereich, in dem die kritisierten Urteile angesiedelt sind, beinhalten rechtlicher Erfassung und gerichtlicher Nachprüfung entzogene Wertungen, deren Bildung und Abgabe ausschließlich Sache der Verwaltung ist. Den rechtlichen Rahmen für diese Wertungen legt im Bereich des Wirtschaftsverwaltungsrechts der Gemeinschaftsgesetzgeber fest. Für den EuGH stellt sich bei der Überprüfung einer Maßnahme in diesem Bereich die Aufgabe, seine Kontrolle sowohl den gesetzlichen Vorgaben gemäß als auch dem Gegenstand angemessen auszuüben und vor allem dort zurückhaltend zu sein, wo die weitergehende gerichtliche Nachprüfung einer sinnvollen Aufgabenteilung zwischen den Gewalten widerspräche. Es ist auch in staatlichen Rechtsordnungen ein durchaus geläufiges Problem, dass dieser „judical self-restraint" nicht mit rechtlicher Eindeutigkeit bemessen werden kann.[637] Die Einschränkung der gerichtlichen Kontrolldichte wirft jedoch weitergehend die Frage nach ergänzenden Sicherungen der Rechte des Einzelnen auf, etwa durch verwaltungsorganisatorische und verfahrensrechtliche Vorkehrungen.[638] Vor allem dem Verfahrensrecht kommt eine herausragende Rolle zu, wenn es darum geht, einen Ausgleich für die herabgesetzte Kontrolldichte zu schaffen.

D. Zwischenergebnis

Es ist also festzuhalten, dass sich der EuGH in seiner Verhältnismäßigkeitsrechtsprechung dann nicht mehr im Rahmen der Integrationsermächtigung halten würde, wenn er keinen dem Grundgesetz im Wesentlichen vergleichbaren Grundrechtsschutz generell gewährleisten würde. Vergleichbarkeit des Grundrechtsschutzes bedeutet dabei nicht Identität, sondern Übereinstimmung lediglich in den Grundzügen. Die Vergleichbarkeit muss im Rahmen des Art. 23 Abs. 1 S. 1 GG die Aspekte des Grundrechtsschutzes betreffen, die für die Verwirklichung eines vereinten, demokratischen, rechtsstaatlichen, sozialen und föderativen Europas wesentlich sind. Zu wahren ist daher der Kern des Schutzgehalts der Grundrechte – dies unter Berücksichtigung des Art. 79 Abs. 3 GG insbesondere im Hinblick auf deren Menschenwürdegehalt, nicht aber notwendig jede Einzelausprägung. Diese Schutzpflicht bezieht sich nicht nur auf den Schutzbereich, sondern auch

---

[636] Vgl. insbesondere *Schmidt-Aßmann*, VVDStRL 34 (1976), S. 221, 253f., der in dieser Trias die konstitituierenden Elemente zur Lösung des Problems einer funktionsgerechten Kontrolle der Gerichte sieht.

[637] Vgl. *Schmidt-Aßmann*, VVDStRL 34 (1976), S. 221, 254. Vgl. auch den Rechtsvergleich 1. Teil .

[638] Vgl. auch dazu den Rechtsvergleich im 1. Teil, wo gezeigt wurde, dass eine geringere Kontrolldichte mitgliedstaatlicher Gerichte dennoch nicht zu einem geringeren Schutz des Einzelnen führen muss, wenn seine Rechte verfahrensmäßig abgesichert sind.

auf die Schutzstruktur. Ein im Wesentlichen vergleichbarer Grundrechtsschutz erfordert also auch ein hinreichendes Maß an Kontrolldichte sowie prozessuale Durchsetzbarkeit. Dieser unabdingbare Mindeststandard muss jedoch nur generell gewährleistet sein, so dass Ausreißer im Einzelfall unschädlich sind. Vielmehr wäre ein Verstoß gegen den unabdingbaren Mindeststandard in einer Mehrzahl von Fällen notwendig, welcher die Tendenz erkennen ließe, dass der EuGH generell nicht mehr willens oder in der Lage wäre, den vom Grundgesetz geforderten Standard zu wahren.

6. Teil: Verhältnismäßigkeit in der Rechtsprechung des EuGH

Nach der Erörterung dessen, was ein „im Wesentlichen gleicher Grundrechtsschutz“ umfasst, soll nun geprüft werden, ob dieser vom EuGH – insbesondere durch die Beachtung des Grundsatzes der Verhältnismäßigkeit – gewährleistet ist. Denn nur wenn das nicht der Fall ist, muss eine Auseinandersetzung mit den Folgeproblemen stattfinden, etwa der Frage, wer einen solchen Verstoß feststellen darf oder was die Konsequenzen eines Verstoßes sind. Bei der vorzunehmenden Darstellung der EuGH-Rechtsprechung werden dabei bereits Anknüpfungspunkte für die Wertung gegeben, die sich an die Darstellung anschließt.

Die verschiedenen Ziele der Gemeinschaft müssen miteinander in Ausgleich gebracht werden, was auch der EuGH in seiner Rechtsprechung bestätigt hat.[639] Der Gerichtshof muss daher eine ambivalente Rolle übernehmen, indem er auf der einen Seite das jeweils von der Sache gebotene Beurteilungsermessen der rechtsetzenden Organe zu berücksichtigen hat[640], es ihm auf der anderen Seite aber obliegt, die von den Gemeinschaftsorganen festgelegte Rangfolge der Ziele im Einzelfall zu überprüfen.

A. Prüfungskriterien des Verhältnismäßigkeitsgrundsatzes in der EuGH-Rechtsprechung – Grundsätzlicher Aufbau

Die aus der deutschen Literatur und Rechtsprechung bekannten Voraussetzungen des Grundsatzes der Verhältnismäßigkeit, die Geeignetheit einer Maßnahme zur Zielerreichung, die Erforderlichkeit der Maßnahme, sowie die Angemessenheit derselben finden sich auch in der Rechtsprechung des EuGH einzeln oder als Aspekte der Verhältnismäßigkeit. Diese Kriterien werden bei der Prüfung der Verhältnismäßigkeit in der Rechtsprechung zu den Grundfreiheiten und zu den Grundrechten verwendet. So prüft der Gerichtshof, inwieweit eine bestimmte

[639] Vgl. zum Verhältnis der Ziele des Art. 3: EuGH Rs. 8/57, Groupment des Hauts Fourneaux et Aciéres/Hohe Behörde, Slg. 1958, 231, 251f.; zum Verhältnis der Ziele des Art. 33 (ex Art. 39) EGV: Rs. 5/73; Balkan-Import-Export/Hauptzollamt Berlin-Packhof, Slg. 1973, 1091, Rn. 24; Rs. 29/77, Roquette Frères/Frankreich, Slg. 1977, 1835, Rn. 29/31; verb. Rs. 133 bis 136/85, Rau u.a./Bundesanstalt für landwirtschaftliche Marktordnung, Slg. 1987, 2289, 2340ff.; Rs. C-280/93, Bananen, Slg. 1994, I-4973, I-5039 Rn. 49.

[640] Vgl. Rs. 5/73; Balkan-Import-Export/Hauptzollamt Berlin-Packhof, Slg. 1973, 1091, Rn. 8; Rs. C-267/88 bis C-285/88, Wuidart u.a., Slg. 1990, I-435, Rn. 14; Rs. C-311/90, Hierl, Slg. 1992, I-2061, Rn. 13; Rs. C-225/91, Matra/Kommission, Slg. 1993, I-3203, Rn. 24 und 25; Rs. C-280/93, Bananen, Slg. 1994, I-4973, Rn. 47f.; Rs. C-157/96, National Farmer´s Union u.a., Slg. 1998, I-2211 Rn. 39; Rs. 120/97, Upjohn, Slg. 1999, I-223, Rn. 34; *Streinz*, Grundrechtsschutz, 1989, S. 414; *Emmerich-Fritsche*, Verhältnismäßigkeit, 2000, S. 61

Maßnahme „geeignet“, „erforderlich“ oder „notwendig“ ist und ob sie die am wenigsten beschränkende Wirkung, insbesondere im Hinblick auf die Wirtschaftsteilnehmer hat.[641] Es wurde bereits festgestellt, dass es sich trotz der Anlehnung an die deutsche Terminologie und des Einfließens derselben aus dem deutschen Recht, weder um identische Teilgrundsätze handelt[642], noch um eine Identität mit dem die Teilgrundsätze vereinigenden Grundsatz der Verhältnismäßigkeit, sondern um einen gemeinschaftsrechtlichen (allgemeinen) Verhältnismäßigkeitsgrundsatz, welcher durch die Begriffe der Geeignetheit, Erforderlichkeit und Angemessenheit lediglich konkretisiert wird.[643] Es kann also nicht davon ausgegangen werden, dass die Elemente des Verhältnismäßigkeitsgrundsatzes inhaltlich und in ihrer Kontrollwirkung mit den deutschen Kriterien gleichzusetzen sind.[644] Der gemeinschaftsrechtliche Grundsatz der Verhältnismäßigkeit wird erst durch die Maßstabsnormen des Gemeinschaftsrechts „materialisiert“ und durch deren spezifische Sach- und Interessenlagen konkretisiert. Im Folgenden sollen daher die Prüfungskriterien, welche der EuGH zugrundelegt, anhand seiner Rechtsprechung herausgearbeitet werden. Daran anknüpfend findet eine Überprüfung dieser Kriterien an den Aspekten des gefundenen Maßstabs statt.

B. Determinanten der Kontrolldichte

Die Determinanten der Kontrolldichte, wie sie der Rechtsprechung des EuGH zugrunde liegen, fügen sich ein in die supranationale Struktur der Gemeinschaft und das auf Integration angelegte Entwicklungskonzept derselben. Im Rahmen der Darstellung des grundsätzlichen Aufbaus der Verhältnismäßigkeitsprüfung durch den EuGH soll auf die wesentlichen Determinanten der Kontrolldichte, wie etwa die Abgrenzung zwischen legislativem und adminstrativem Ermessen, der insbesondere im Wirtschaftsverwaltungsrecht maßgebliche Bedeutung zukommt, sowie die funktionalen Grenzen der Gerichtsbarkeit, die in diesem Bereich bestehen, eingegegangen werden, ferner etwa auf die Gesichtspunkte des Grades der Beeinträchtigung des jeweiligen Wirtschaftsteilnehmers, den Vertrauensschutz und die Berücksichtigung von Notlagen. Daran anschließend soll als ein weiterer Aspekt, der die Kontrolldichte determiniert, anhand der Beispiele der Berufs- und Eigentumsfreiheit die Gestaltungsbedürftigkeit der „Wirtschaftsgrundrechte“ dargestellt werden.

---

641 *Schwarze*, Europäisches Verwaltungsrecht Bd. II 1988, S. 831; *Emmerich-Fritsche*, Verhältnismäßigkeit, 2000, S. 196; *Kischel*, EuR 2000, S. 380, 383f.

642 So etwa: *Schiller*, RIW 1983, S. 928, 929.

643 So auch *Schwarze*, Europäisches Verwaltungsrecht Bd. II 1988, S. 831f.

644 Vgl. *Schneider*, DÖV 1990, S. 924, 925; Emmerich Fritsche, Verhältnismäßigkeit, 2000, S. 197; sowie bereits die Ausführungen oben: 2.Teil C. I. 3.

I. Legislatives und administratives Ermessen

Die Einräumung von Ermessen kann in zwei grundsätzlichen Beziehungen relevant werden, zum einen im Verhältnis des Gesetzgebers zur Verwaltung und zum anderen im Verhältnis zwischen der Verwaltung und der Gerichtsbarkeit. In den Mitgliedstaaten mit einer ausgebauten verfassungsgerichtlichen Kontrolle des Gesetzgebers, wie etwa Deutschland, wird der Kategorie des administrativen Ermessens die des legislativen Ermessens hinzugefügt.[645] Dabei handelt es sich um die Gestaltungsfreiheit des Gesetzgebers unter der Verfassung im Unterschied zur Freiheit der Verwaltung unter dem Gesetz und gegenüber den Gerichten.[646]

Die Entscheidungsfreiheit der unmittelbar demokratisch legitimierten Legislative ist dabei generell größer als die der Exekutive, oder anders ausgedrückt determiniert die Verfassung den Gesetzgeber weniger stark als das Gesetz die ausführenden Organe. Obwohl im Gemeinschaftsrecht die aus den staatlichen Rechtsordnungen bekannte exakte Trennung von Verwaltung und Gesetzgebung nicht existiert, ist die im nationalen Recht getroffene Unterscheidung von legislativem und administrativem Ermessen für die nachfolgende Untersuchung von Bedeutung. Dies insofern als zu berücksichtigen ist, dass es im Bereich des Wirtschaftsverwaltungsrechts in aller Regel um die gerichtliche Überprüfung legislativen Ermessens geht. Diesbezüglich – insbesondere unter Berücksichtigung des zu untersuchenden Sachbereichs – ist aber auch in nationalen Rechtsordnungen die Kontrolldichte gering.

II. Funktionale Grenzen der Gerichtsbarkeit im Bereich der Wirtschaftsverwaltung

Daran anknüpfend sei auf die funktionalen Grenzen der Gerichtsbarkeit inbesondere im Bereich der Wirtschaftsverwaltung hingewiesen. In einem Bereich, in dem die Entscheidung über die Verwirklichung einer Maßnahme in höchstem Maße von Prognosen über zukünftige wirtschaftliche Entwicklungen abhängig ist, stößt die Gerichtsbarkeit an funktionale Grenzen, und es ist dem (sachnäheren) Gesetzgeber ein (weiter) Prognose- und Einschätzungsspielraum zuzugestehen.

1. Legitimes Ziel

Als Vorfrage jeder Verhältnismäßigkeitsprüfung ist das Verfolgen eines legitimen Ziels zu untersuchen.[647] Die Notwendigkeit der Verfolgung eines legitimen Ziels ergibt sich für die Gemeinschaftsrechtsordnung bereits aus dem Prinzip der be-

---

645 Vgl. ausdrücklich: BVerfGE 4, 7, 18, „gesetzgeberischer Ermessensspielraum".

646 *Schwarze*, Europäisches Verwaltungsrecht Bd. I, 1988, S. 282.

647 *Bogdandy/Nettesheim*, in: Grabitz/Hilf, EGV, Art. 3b, Stand: Sept. 1994, Rn. 50.

grenzten Einzelermächtigung, Art. 5 Abs. 1 EGV.[648] Auch bei der Bestimmung des legitimen Ziels einer Gemeinschaftsmaßnahme sind die Besonderheiten zu berücksichtigen, die sich aus der spezifischen Struktur der Gemeinschaft ergeben. Dem Individualinteresse des von der Maßnahme Betroffenen steht das europäische Gemeinwohl gegenüber. Die Kritiker an der Verhältnismäßigkeitsrechtsprechung des Gerichtshofes bemängeln, dass dieser dem Gemeinwohl oftmals den Vorrang vor Individualinteressen gibt. Um – im Hinblick auf den entwickelten Maßstab – eine ausreichende Verhältnismäßigkeitsprüfung zu gewährleisten, muss sich die Gemeinwohlkonzeption des EuGH in die Ziele der Gemeinschaft, wie sie insbesondere in Art. 6 EUV zum Ausdruck kommen, einfügen. Zur Beurteilung der Gemeinwohlkonzeption des Gerichtshofs bedarf es einer Konkretisierung derselben in der Rechtsprechung des EuGH.

a. Begründungspflicht

Das Gemeinschaftsinteresse wird insbesondere durch den EG-Vertrag präjudiziert, vor allem in seiner Ausrichtung auf eine offene Marktwirtschaft und die Entwicklung und Vollendung eines europäischen Binnenmarktes. Die Normen des EU-Vertrages wirken insofern modifizierend, als sie die Wirtschaftsgemeinschaft in eine Wertegemeinschaft einbinden.

Der Gerichtshof weist darauf hin, dass es wichtig sei, den von einer Maßnahme verfolgten Zweck zu kennen, um die Verhältnismäßigkeit dieser Maßnahme überprüfen zu können.[649] Dem entspricht, dass die Verordnungen, Richtlinien und Entscheidungen des Rates und der Kommission gemäß Art. 253 EGV begründet werden müssen. Nach ständiger Rechtsprechung muss die nach dieser Norm vorgeschriebene Begründung der Natur des betreffenden Rechtsaktes angepasst sein. Sie muss die Überlegungen des Gemeinschaftsorgans, das den Rechtsakt erlassen hat, so klar und unzweideutig wiedergeben, dass die Betroffenen die tragenden Gründe für die Maßnahme erkennen können und der Gerichtshof seine Kontrollaufgabe wahrnehmen kann.[650] Dadurch wird die Nachvollziehbarkeit und die gerichtliche Überprüfbarkeit des Rechtsaktes im Hinblick auf die Legitimität der Ziele und der zu deren Verwirklichung eingesetzten Mittel erleichtert.[651]

---

648 So auch: *Streinz*, Grundrechtsschutz, 1989, S. 424.

649 Vgl. EuGH Rs. 44/79, Hauer/Land Rheinland-Pfalz, Slg. 1979, S. 3727, Rn. 23; Rs. 808/79, Pardini, Slg. 1980, 2103, Rn. 17; vgl. auch Rs. C-92/00, Hospital Ingenieure, Slg. 2002, 5553, Rn. 43ff.; Rs. C-293/00, Niederlande/Kommission, Slg. 2003, n.n.v. Rn. 54.

650 EuGH Rs. C-180/96, Vereinigtes Königreich /Kommission, Slg. 1998, I-2265, Rn. 70; verb. Rs. C-27/00 und C-122/00, Omega Air, Slg. 2002, I-2569, Rn. 46; Rs. C-491/01, British American Tobacco, Slg. 2002, I-11453, Rn. 165; Rs. C-15/00, Kommission/EIB, Slg. 2003, I-728,1 Rn. 174.

651 Vgl. dazu EuGH Rs. C-269/97, Kommission/Rat, Slg. 2000, I-2257, Rn. 43; Rs. C-36/98, Spanien/Rat, Slg. 2001, I-779, Rn. 58; Rs. C-491/01, British American Tobacco, Slg. 2002, I-11453, Rn. 93.

Der Gerichtshof überprüft die Legitimität des Ziels insbesondere dann, wenn für eine Gemeinschaftspolitik eine besondere Zielbeschränkung angeordnet ist.[652] So stellte er etwa fest, dass „die Gemeinschaftsorgane bei der Verfolgung der gemeinsamen Agrarpolitik für den ständigen Ausgleich sorgen müssen, den etwaige Widersprüche zwischen diesen Zielen, wenn sie isoliert betrachtet werden, erforderlich machen können, und gegebenenfalls dem einen oder anderen unter ihnen den zeitweiligen Vorrang einräumen müssen, den die wirtschaftlichen Tatsachen oder Umstände, im Hinblick auf die sie ihre Entscheidungen erlassen, gebieten."[653]

b. Erreichung von Gemeinwohlzielen in der Grundrechtsrechtsprechung

Insbesondere in seiner Grundrechtsrechtsprechung fordert der EuGH, dass die grundrechtsbeschränkende Maßnahme zur Erreichung eines Gemeinwohlzieles eingesetzt wird.[654] Nur gemeinschaftsverfassungslegitime Ziele, also solche, die in den Verträgen vorgesehen sind, sind gemeinwohlkonform.[655] Die Forderung eines verfassungslegitimen Ziels stimmt mit den mitgliedstaatlichen Rechtsordnungen, insbesondere auch der deutschen[656], sowie der EMRK überein.[657]

Ein entscheidender Gesichtspunkt ist, dass es nicht genügt, dass die Gemeinschaft nicht negativ gegen diese Ziele verstößt. Vielmehr muss sie durch ihre Maßnahmen positiv die Verwirklichung der Ziele des EGV anstreben. Diese positive Bindung des Tätigwerdens der Gemeinschaft an die Vertragsziele gebietet etwa auch das Prinzip der begrenzten Einzelermächtigung.[658]

---

652 Zur Zielbeschränkung in der Agrarpolitik gem. Art. 34 Abs. 2 UAbs. 2 i.V.m. Art. 33 EGV vgl. EuGH Rs. 114/76, Bela-Mühle, Slg. 1977, 1211, Rn. 6; Rs. 139/79, Maizena/Rat, Slg. 1980, 3393, Rn. 24; Rs. C-280/93, Bananen, Slg. 1994, I-4973, Rn. 47.

653 EuGH Rs. 203/86, Spanien/Rat, Slg. 1988, 4563 Rn. 10; ferner: Rs. C-311/90, Hierl, Slg. 1992, I-2061 Rn. 13; Rs. C-280/93, Bananen, Slg. 1994, I-4973 Rn. 47.

654 St. Rspr. z.B. EuGH Rs. 11/70, Internationale Handelsgesellschaft, Slg. 1970, 1125, Rn. 16; Rs. 4/73, Nold, Slg. 1974, 491, Rn. 14; Rs. 44/79, Hauer/Land Rheinland Pfalz, Slg. 1979, 3727, Rn. 23; Rs. 265/87, Schräder/Hauptzollamt Gronau, Slg. 1989, 2237, Rn. 15; Rs. C-44/89, von Deetzen/Hauptzollamt Oldenburg, Slg. 1991, I- 5119, Rn. 28; Rs. C-280/93, Bananen, Slg. 1994, I-4973 Rn. 78; Rs. C-293/97, Standley u.a., Slg. 1999, I-2603, Rn. 54; Rs. C-491/01, British American Tabacco u.a., Slg. 2002, 11453, Rn. 149.

655 Vgl. bereits EuGH Rs. 44/79, Hauer, Slg. 1979, 3727, Rn. 24f.; Rs. 4/73, Nold, Slg. 1974, 491, Rn. 10; Rs. 11/70, Internationale Handelsgesellschaft, Slg. 1970, 1125, Rn. 25; ferner: *Streinz*, Grundrechtsschutz, 1989, S. 413f.; *Emmerich-Fritsche*, Verhältnismäßigkeit, 2000, S. 199.

656 Vgl. *Streinz*, Grundrechtsschutz, 1989, S. 414; ders. Europarecht 2001, Rn. 365.

657 Vgl. dazu den Rechtsvergleich im 1. Teil

658 *Ipsen*, Europäisches Gemeinschaftsrecht 1972, S. 558; *Emmerich-Fritsche*, Verhältnismäßigkeit, 2000, S. 198.

c. Gemeinschaftsrechtliche Strukturprinzipien als übergeordnete Ziele

Die wirtschaftspolitischen Zielsetzungen des EGV sind eingebunden in gemeinschaftsverfassungsrechtliche Strukturprinzipien als übergeordnete Ziele. Solche primärrechtlichen übergeordneten Strukturprinzipien sind etwa die Integration[659], die mit der Wahrung des gemeinschaftlichen Besitzstandes (acquis communautaire) verbunden ist, sowie die Effizienz und Funktionsfähigkeit der Gemeinschaft.[660]

Jede wirtschaftspolitische Maßnahme ist also im Rahmen der Abwägung nicht nur daraufhin zu prüfen, ob sie die intendierten wirtschaftlichen Ziele zu verwirklichen in der Lage ist, sondern darüber hinaus ist festzustellen, ob die jeweilige Maßnahme sich auch in die genannten übergeordneten Zielsetzungen der Gemeinschaft einordnet. Die fortschreitende Integration und die Effizienz der Gemeinschaft sind Voraussetzungen für deren Existenz und Fortbestehen.[661] Dabei sind die Prinzipien der Integration, des acquis communautaire und der Effizienz des Gemeinschaftshandelns durch die Rechtlichkeit der Gemeinschaft[662] begrenzt, welche für die Beurteilung der Verhältnismäßigkeitsrechtsprechung des EuGH ihre Konkretisierung in dem zugrundegelegten Maßstab findet.

aa. Integrationsprinzip

Die Integration in ihrer Bedeutung als dauerhafte und dyna*Misch*e Aufgabenverlagerung von den Mitgliedstaaten auf die Europäische Union[663] ist – unter Wahrung des gemeinschaftlichen Besitzstandes – gemäß der Präambel zum Unionsvertrag und Art. 2 EUV ausdrückliches Vertragsprinzip. Art. 2 EUV nennt als Ziel an erster Stelle die wirtschaftliche und soziale Integration.[664] Schon vor dem Maastrichter Vertrag wurde die Gemeinschaft als „Integrationsverband" bezeichnet.[665] Das Integrationsprinzip ist aber kein von den sonstigen Strukturen der Union/Gemeinschaft (etwa dem Prinzip der begrenzten Einzelermächtigung) losgelöstes, selbständiges Rechtsprinzip. Es verwirklicht sich nur nach Maßgabe des Vertrages und wird durch dessen Bestimmungen materialisiert. Es kann als solches also keinen Vorrang vor anderen Vertragsprinzipien begründen, sondern ist ein-

---

659 Vgl. *Beutler/Bieber/Piepkorn/Streil*, Die Europäische Union, 2001, Rn. 702; *Bleckmann*, Europarecht, 1997, § 8 Rn. 803ff., 808.

660 Dazu auch: *Ipsen*, Europäisches Gemeinschaftsrecht 1972, S. 198f.; *Schweitzer/Hummer*, Das Recht der Europäischen Union, 1996, S. 136f.; *Nicolaysen*n, Europarecht I, 2002, S. 90.

661 Vgl. *Grabitz*, DVBl 1977, S. 786, 791.

662 Vgl. dazu *Emmerich-Fritsche*, Verhältnismäßigkeit, 2000, S. 114ff.

663 Vgl. *Ipsen*, Europäisches Gemeinschaftsrecht 1972, S. 66f.

664 Zu den Unterschieden des Integrationsprinzips auf Gemeinschaftsebene zum mitgliedstaatlichen Integrationsprinzip vgl. *Ipsen*, Europäisches Gemeinschaftsrecht 1972, S. 66.

665 Vgl. *Zuleeg*, in: FS Carstens, 1984, S. 289; *Oppermann*, in: FS *Ipsen* 1977, S. 685, 699ff. spricht von „Integrationsgemeinschaft".

gebunden in die rechtlichen Gemeinschaftsstrukturen, wie sie insbesondere in Art. 6 und 7 EUV zum Ausdruck kommen.

Das Integrationsprinzip muss im Dienste der Würde und der Freiheit der Menschen stehen, wie dies etwa aus Art. 6 Abs. 2 EUV und der Präambel des Unionsvertrages deutlich wird. Die Ziele der Gemeinschaft, das „gemeinschaftliche öffentliche Interesse" sind im weitesten Sinne auf Grundrechtseffektivierung ausgerichtet.[666] Nach Generalanwalt Trabucchi sind Gemeinschaftsgrundrechte „Bestandteil unseres Gemeinschaftssystems, das deren Wahrung im Rahmen der der Gemeinschaft übertragenen Befugnisse und im Hinblick auf die der Gemeinschaft gesetzten Ziele (...) garantiert."[667] Die Grundrechte sind gemeinwohlbestimmend, indem sie als subjektive Rechte insbesondere die Privatheit der Menschen schützen und als objektive Grundsätze die Rechtsetzung der Gemeinschaftsorgane leiten.[668] Europäische Integration muss danach stets grundrechtsgebundene Integration sein. Dies hat auch der EuGH nach anfänglichem Zögern so anerkannt.[669] Mittlerweile ist die Grundrechtsrechtsprechung des EuGH fest etabliert.[670]

bb. Effizienzprinzip

Als oberstes Verfassungsprinzip der Gemeinschaft wurde deren „Funktionsfähigkeit" oder „Effizienz"[671] bezeichnet.[672] In der Präambel des EUV ist die „Effizienz" ausdrücklich erwähnt. Zum Effizienzprinzip zählen auch die Grundsätze des „effet utile"[673] und der „implied powers".[674]
Die Einheitlichkeit der Rechtsordnung der Gemeinschaft kann nur dann erreicht werden, wenn Geltung und Anwendung des Gemeinschaftsrechts in allen Mitgliedstaaten einheitlich sind und nicht jeweils verschiedenen Bedingungen unterliegen. Da die Verträge insofern keine Regelungen enthalten, hat der EuGH schon früh den Vorrang des Gemeinschaftsrechts vor nationalem Recht herausgestellt.[675] Die verfahrensmäßige Absicherung dieses Vorrangs erfolgt jedoch nicht nur

---

666 Vgl. *Denninger*, JZ 1996, S. 585, 587; *Bleckmann*, Europarecht, 1997, § 2 Rn. 99ff. Die Grundrechte sind Ziel der Gemeinschaft, auch wenn sie wegen des Prinzips der begrenzten Einzelermächtigung nicht kompetenzbegründend wirken. Vgl. dazu EuGH, Gutachten 2/94, Slg. 1996, I-1759, Rn. 32ff.; zurückhaltend: v. *Bogdandy*, JZ 2001, S. 157, 168ff.

667 Schlussanträge in der Rs. 4/73, Nold/Kommission, Slg. 1974, 509, 512f.

668 *Emmerich-Fritsche*, Verhältnismäßigkeit, 2000, S. 344ff.

669 EuGH Rs. 11/70, Internationale Handelsgesellschaft, Slg. 1970, 1125.

670 Vgl. die Nachweise bei Kingreen in: Callies/Ruffert EUV/EGV 20002, Art. 6 EUV Rn. 93ff.

671 Zum Begriff: *Leisner*, Effizienz als Rechtsprinzip, 1971, S. 6ff.

672 So ausdrücklich zur Funktionsfähigkeit: *Nicolaysen*, Europarecht I, 2002, S. 90; vgl. auch: *Grabitz*, DVBl. 1977, S. 786, 791.

673 Vgl. *Bleckmann*, NJW 1982, S. 1177, 1180.

674 *Rüber*, Der Gerichtshof der Europäischen Gemeinschaften und die Konkretisierung allgemeiner Rechtsgrundsätze, 1970, S. 83ff, 91ff.

675 Vgl. dazu die Ausführungen oben 2. Teil C. I. 2.

durch den EuGH, sondern auch durch die nationalen Gerichte, die insoweit Verantwortung für die Einhaltung des Gemeinschaftsrechts tragen. Zunehmend wird auch von den Mitgliedstaaten erkannt, dass die Herstellung des Binnenmarktes wirkungslos bleibt oder gar kontraproduktive Wettbewerbsverzerrungen schafft, wenn die einheitliche praktische Durchsetzung des Gemeinschaftsrechts im gesamten Gemeinschaftsgebiet nicht gewährleistet ist.[676]

Nach dem Effizienzgebot dürfen die im nationalen Recht vorgesehenen Modalitäten nicht darauf hinauslaufen, dass die Verwirklichung der Gemeinschaftsregelung praktisch unmöglich oder wesentlich erschwert wird.[677] Nach dem Diskriminierungsverbot ist das nationale Recht im Vergleich zu den Verfahren, in denen über gleichartige, rein nationale Fälle entschieden wird, ohne Diskriminierung anzuwenden.[678] Während der EuGH zunächst die Begriffe Beeinträchtigungsverbot und Diskriminierungsverbot verwandte, nutzt er in jüngerer Zeit die Formulierungen „Effektivitätsgrundsatz“ (statt Beeinträchtigungsverbot) und „Äquivalenz- bzw. Gleichwertigkeitsgrundsatz“ (statt Diskriminierungsverbot)[679], ohne dass damit in der Sache eine Änderung verbunden wäre.[680] Das Effizienzprinzip stellt jedoch kein absolutes Oberziel der Gemeinschaft dar, dem sich alle anderen Ziele und Prinzipien unterzuordnen hätten. Es dient vielmehr der Durchsetzbarkeit und „Handhabbarkeit“ des noch immer teils lückenhaften Gemeinschaftsrechts, womit bereits Parallelen zum Integrationsprinzip sichtbar werden. In seiner Eigenschaft als Gemeinschaftsprinzip hat sich das Effizienzprinzip den gleichen rechtlichen Rahmenbedingungen einzufügen wie das Integrationsprinzip.[681]

---

676 Die Mitgliedstaaten haben in einer Erklärung der Konferenz von Maastricht vom 07.02.1992 die Mitgliedstaaten unter Heranziehung der vom EuGH entwickelten Grundsätze des Effizienzgebotes und des Diskriminierungsverbotes zur Gemeinschaftstreue ermahnt und die Kommission zur Kontrolle ihrer Einhaltung aufgefordert. (Erklärung zur Anwendung des Gemeinschaftsrechts – Erklärung 19 zur Schlussakte zum Vertrag über die Europäische Union.)

677 EuGH Rs. C-312/93, Peterbroeck, Slg. 1995, I-4599 Rn. 14; verb. Rs. C-430/93 und C-431/93, Van Schijndel und Van Veen, Slg. 1995, I-4705, Rn. 17; Rs. C-260/96, Minestero delle Finanze/Spac SpA, Slg. 1998, I-4997, Rn. 18; Rs. C-298/96, Oehlmühle Hamburg u. Schmidt Söhne/Bundesanstalt für Landwirtschaft und Ernährung, Slg. 1998, I-4767, Rn. 24; Rs. 85/97, SFI, Slg. 1998, I-7447, Rn. 26; Rs. C-473/00, Cofidis SA, Slg. 2002, I-10875, Rn. 37

678 EuGH verb. Rs. 205-215/82, Deutsche Milchkontor, Slg. 1983, 2633 Rn. 19; Rs. C-312/93, Peterbroeck, Slg. 1995, I-4599 Rn. 12; Rs. C-212/94, FMC, Slg. 1996, I-389, Rn. 52; Rs. C-366/95, Steff-Houlberg Export u.a., Slg. 1998, I-2661, Rn. 15; verb. Rs. 10/97 bis C-22/97, Minestero delle Finanze/IN.CO.GE. u.a., Slg. 1998, I-6307, Rn. 25; Rs. C-390/98, Banks, Slg. 2001, I-6117, Rn. 121

679 EuGH Rs. C-231/96, Edis, Slg. 1998, I-4951 Rn. 34ff.; Rs. C-260/96, Minestero delle Finanze/Spac SpA, Slg. 1998, I-4997, Rn. 18ff.; Rs. C-228/96, Aprile, Slg. 1998, I-7141 Rn. 18; verb. Rs. C-279/96, C- 280/96 und 281/96, Ansaldo Energia u.a., Slg. 1998, I5025, Rn. 27; Rs. C-120/97, Upjohn, Slg. 1999, I-223, Rn.32; Rs. C-390/98, Banks, Slg. 2001, I-6117, Rn. 121; Rs. C-453/99, Courage und Crehan, Slg. 2001, I-6297, Rn. 29; Rs. C-92/00, Hospital Ingenieure, Slg. 2002, I-5553, Rn. 67.

680 *Kahl* in: Callies/Ruffert, EUV/EGV, 2002 Art. 10 Rn. 24.

681 So auch: *Emmerich-Fritsche*, Verhältnismäßigkeit, 2000, S. 206.

2. Legitimes Mittel

Zur Erreichung der Gemeinschaftsziele muss eine Mittelauswahl stattfinden. Von der Gemeinschaftsrechtsordnung verbotene Mittel dürfen von vornherein nicht eingesetzt werden. Ebenso wie die Legitimität des Zwecks ist dies allerdings eine Vorfrage der eigentlichen Verhältnismäßigkeitsprüfung.

3. Geeignetheit

Der erste Prüfungspunkt der Verhältnismäßigkeit ist die Frage nach der Geeignetheit einer Gemeinschaftsmaßnahme[682], welche der EuGH in einigen seiner Urteile explizit als Prüfungskriterium des Grundsatzes der Verhältnismäßigkeit untersucht.[683] Eine Gemeinschaftsmaßnahme ist dann als geeignet anzusehen, wenn sie dazu beiträgt, die Verwirklichung des legitimen Ziels zu fördern.[684]

---

682 Vgl. EuGH Rs. C-210/00, Käserei Champignon Hofmeister, Slg. 2002, I-6453, Rn. 59: „Nach dem Grundsatz der Verhältnismäßigkeit, der zu den allgemeinen Grundsätzen des Gemeinschaftsrechts gehört, müssen die von einer gemeinschaftsrechtlichen Bestimmung eingesetzten Mittel zur Erreichung des angestrebten Zieles geeignet sein und dürfen nicht über das dazu Erforderliche hinausgehen." – Mit einer ausführlichen Geeignetheitsprüfung. Ferner: EuGH Rs. 137/85, Maizena, Slg. 1987, 4587 Rn. 15; Rs. C-174/89, Hoche GmbH/BALM, Slg. 1990, I-2681 und Rs. C-339/92, ADM Ölmühlen, Slg. 1993, I-6473, Rn. 15; Rs. C-329, British Sugar, Slg. 2004, n.n.v.

683 Vgl. EuGH Rs. 25/70, Einfuhr- und Vorratsstelle für Getreide- und Futtermittel/Köster, Slg. 1970, 1161, Rn. 25; Rs. 138/78, Stölting/Hauptzollamt Hamburg-Jonas, Slg. 1979, 713, Rn. 7; Rs. 808/79, Pardini, Slg. 1980, 2103, Rn. 17; verb. Rs. 154, 205, 206, 226 bis 228, 263 und 264/78 sowie 39, 31, 83 und 85/79, Valsabbia u.a./Kommission, Slg. 1980, 907, Rn. 95; Rs. 116/82, Kommission/Deutschland, Slg. 1986, 2519, Rn. 21; verb. Rs. 279, 280, 285, 286/84, Rau/Kommission, Slg. 1987, 1069 Rn. 34; Rs. 265/87, Schräder/Hauptzollamt Gronau, Slg. 1989, 2237, Rn. 21; Rs. C-331/88, Fedesa u.a., Slg. 1990, I-4023 Rn. 13; verb. Rs. C-133/93, C-300/93 und C-362/93, Crispoltoni u.a., Slg. 1994, I-4863, Rn. 41; Rs. C-280/93, Bananen, Slg. 1994, I-4973, Rn. 90; Rs. C-180/96, Vereinigtes Königreich /Kommission, Slg. 1998, I-2265, Rn. 96; Rs. C-101/98, UDL, Slg. 1999, I-8841 Rn. 30; verb. Rs. C-27/00 und C-122/00, Omega Air, Slg. 2002, I-2569, Rn. 62; Rs. C-94/00, Roquette Frères, Slg. 2002, I-9011, Rn. 71; Rs. C-491/01, British American Tobacco, Slg. 2002, I-11453, Rn. 122; Rs. 11/00, Kommission/EZB, Slg. 2003, 7147, Rn. 156; Rs. C-329/01, British Sugar, Slg. 2004, n.n.v. Rn. 58.

684 Vgl. Rs. 138/78, Stölting/Hauptzollamt Hamburg-Jonas, Slg. 1979, 713, Rn. 7: „Da die Mitverantwortungsabgabe angesichts der festgestellten Überschüsse die Produktion einschränken will, trägt sie dazu bei, die Verwirklichung des Ziels der Stabilisierung der Märkte zu fördern."

a. Prüfung der Ungeeignetheit

Der Gerichtshof erörtert die Geeignetheit zum einen dann, wenn der Kläger die Ungeeignetheit der angefochtenen Maßnahme ausdrücklich rügt[685] und zum anderen, um das mit der Maßnahme verfolgte Ziel besser zu erläutern.[686] Der Gerichtshof prüft jedoch (wie etwa auch das Bundesverfassungsgericht) nicht positiv, ob eine Gemeinschaftsmaßnahme zur Zielerreichung geeignet ist, sondern überprüft lediglich deren Ungeeignetheit.[687] Andernfalls würde er sich unzulässigerweise an die Stelle des Gemeinschaftsgesetzgebers setzen.[688] – Denn die Frage der Geeignetheit einer Maßnahme setzt eine umfassende Tatsachenanalyse durch den Gemeinschaftsgesetzgeber voraus.[689] Diese Tatsachenanalyse gewinnt umso mehr an Bedeutung, je einschneidender die Maßnahme ist.[690] Je komplexer die Regelungsmaterie und je unsicherer die Beurteilung der Folgen, umso eher ist den rechtsetzenden Organen ein Prognose- und Beurteilungsspielraum hinsichtlich der Beurteilung der zugrundeliegenden Tatsachen zuzugestehen.[691]

„Nach der Rechtsprechung des Gerichtshofes verfügt nämlich eine Gemeinschaftsbehörde, die im Rahmen ihrer Aufgabe komplexe Prüfungen vorzunehmen

---

685 Vgl. das Vorbringen des Klägers in EuGH verb. Rs. 26 und 86/79, Forges de Thy-Marcinelle et Monceau, Slg. 1980, 1083, Rn. 5; in den verb. Rs. 154, 205, 206, 226 bis 228, 263 und 264/78 sowie 39, 31, 83 und 85/79, Valsabbia u.a./Kommission, Slg. 1980, 907, Rn. 91; vgl. auch Rs. 59/83, Biovilac/EWG, Slg. 1984, 4057, Rn. 12; Rs. C-331/88, Fedesa u.a., Slg. 1990, I-4023 Rn. 12; verb. Rs. C-133/93, C-300/93 und C-362/93, Crispoltoni u.a., Slg. 1994, I-4863, Rn. 37ff.; verb. Rs. C-27/00 und C-122/00, Omega Air, Slg. 2002, I-2569, Rn. 54; EuGH Rs. C-210/00, Käserei Champignon Hofmeister, Slg. 2002, I-6453, Rn. 54; Rs. C-491/01, British American Tobacco, Slg. 2002, 11453, Rn. 115; British Sugar, Slg. 2004, n.n.v. Rn. 58.

686 Vgl. etwa EuGH Rs. 808/79, Pardini, Slg. 1980, 2103, Rn. 17ff.

687 Diese „negative" Prüfung der Ungeeignetheit einer Maßnahme zur Erreichung des verfolgten Zieles entspricht der Rechtsprechungstradition des EuGH zum Grundsatz der Verhältnismäßigkeit und ist ständige Rechtsprechung. Vgl. etwa: EuGH Rs. 57/72, Westzucker/Einfuhr- und Vorratstelle Zucker, Slg. 1973, 321, Rn. 14; Rs. 265/87, Schräder/Hauptzollamt Gronau, Slg. 1989, 2237, Rn. 22; Rs. C-256/90, Mignini, Slg. 1992, I-2651, Rn. 16; Rs. C-491/01, British American Tobacco, Slg. 2002, 11453, Rn. 123; Rs. C-11/00, Kommission/EZB, Slg. 2003, I-7147, Rn. 157.

688 Vgl. etwa: verb. Rs. 133-136/85, Rau u.a./Bundesanstalt für landwirtschaftliche Marktordnung, Slg. 1987, 2289, Rn. 37; *Streinz*, Grundrechtsschutz, 1989, S. 416; *Schwarze*, Europäisches Verwaltungsrecht Bd. II, 1988, S. 833f.; *Emmerich-Fritsche*, Verhältnismäßigkeit, 2000, S. 208

689 Vgl. v. *Bogdandy/Nettesheim*, in: Grabitz/Hilf, EGV, Art. 3b, Stand: Sept. 1994, Rn. 50.

690 *Schwarze*, Europäisches Verwaltungsrecht Bd. I, 1988, S. 396.

691 Vgl. EuGH Rs. 265/87, Schräder/Hauptzollamt Gronau, Slg. 1989, 2237, Rn. 21 und 22; verb. Rs. C-267/88 bis C-285/88, Wuidart u.a., Slg. 1990, I-435, Rn. 14; Rs. C-331/88, Fedesa u.a., Slg. 1990, I- 4023, Rn. 14; Rs. C-280/93, Bananen, Slg. 1994, I-4973, Rn. 90; verb. Rs. C-133/93, C-300/93, C-362/93, Crispoltoni u.a., Slg. 1994, I-4863, Rn. 41; Rs. C-189/01, Jippes u.a., Slg. 2001, I-5689, Rn. 81; EuGH verb. Rs. C-27/00 und C-122/00, Omega Air, Slg. 2002, I-2569, Rn. 62ff.

hat, dabei über einen weiten Ermessensspielraum, dessen Wahrnehmung einer beschränkten gerichtlichen Nachprüfung unterliegt, die nicht einschließt, dass der Gemeinschaftsrichter seine Würdigung des Sachverhalts an die Stelle derjenigen dieser Behörde setzt. Somit beschränkt sich der Gemeinschaftsrichter in einem solchen Fall auf die Prüfung der Tatbestandvoraussetzungen und ihrer rechtlichen Bewertung durch diese Behörde und insbesondere der Frage, ob deren Handeln einen offensichtlichen Irrtum oder Ermessensmissbrauch aufweist oder ob sie die Grenzen ihres Ermessensspielraums offensichtlich überschritten hat."[692]

Dies zeigt deutlich die funktionalen Grenzen der Gerichtsbarkeit im Bereich der Wirtschaftsverwaltung. Darüber hinaus wird an dieser Stelle zweierlei deutlich: Zum einen die Wahrung des Gewaltenteilungsgrundsatzes durch den Gerichtshof, wie er etwa in vielen mitgliedstaatlichen Rechtsordnungen ausdrücklich gefordert ist. „Denn dem Richter obliege nicht die Beantwortung von Tatsachenfragen." –Zum anderen eine Parallele etwa zum deutschen, französischen und österreichischen Recht aber auch zum Recht der EMRK, das dem Gesetzgeber insbesondere im Bereich der Wirtschaftspolitik einen weiten Ermessensspielraum zubilligt. Dabei sollte die „verbale Oberfläche" des scheinbar wertenden *offensichtlich* nicht überbetont werden. Schließlich ist es ebenfalls eine Besonderheit speziell der deutschen Rechtssprache, die auf sog. „Füllworte" verzichtet.

Das dem Gemeinschaftsgesetzgeber vom Gerichtshof eingeräumte Ermessen setzt politische, wirtschaftliche und soziale Wertungen voraus, die auf die Gemeinschaft als Ganzes zu beziehen sind.[693]

---

[692] EuGH Rs. C-354/95, National Farmers'Union, Slg. 1997, I-4559, Rn. 50; Rs. 120/97, Upjohn, Slg. 1999, I-223, Rn. 34 m.w.N. Vgl. auch Rs. C-189/01, Jippes, Slg. 2001, I-5689, Rn. 80; Rs. C-63, *Schilling* und Nehring, Slg. 2002, I-4483, Rn. 39; Rs. C-328/00, *Weber*, Slg. 2002, I-1461, Rn. 33; Rs. C-14/01, Niemann, Slg. 2003, I-2279, Rn. 39

[693] Vgl. Für Art. 92 Abs. 3 E(W)GV: EuGH Rs. C-303/88, Italien/Kommission, Slg. 1991, I-1433, Rn. 34; Rs. C-225/91, Matra/Kommission, Slg. 1993, I-3203, Rn. 24; Rs. C-491/01, British American Tobacco, Slg. 2002, I-11453, Rn. 123.

b. Ex-ante Beurteilung

In einem engen Zusammenhang dazu steht die vom EuGH vorgenommene ex-ante-Beurteilung. Wegen des Prognosespielraums der rechtssetzenden Organe kann die gerichtliche Überprüfung nur eine ex-ante-Beurteilung sein. Der Gerichtshof muss bei der Beurteilung der Maßnahme von dem Erkenntnisstand ausgehen, den der Gemeinschaftsgesetzgeber bei Erlass der Maßnahme haben konnte. „Die Rechtmäßigkeit einer Gemeinschaftshandlung (kann) nicht von einer rückschauenden Beurteilung ihres Wirkungsgrades abhängen. Muss der Gemeinschaftsgesetzgeber künftige Auswirkungen einer zu erlassenden Regelung beurteilen, die nicht mit Bestimmtheit vorausgesagt werden können, so kann seine Beurteilung nur beanstandet werden, wenn sie sich im Licht der Informationen, über die er zum Zeitpunkt des Erlasses der betreffenden Regelung verfügt hat, als offensichtlich fehlerhaft erweist.“ [694]

Die richterliche Kontrolle der Geeignetheit ist daher eingeschränkt. „Diese Einschränkung der Kontrolle des Gerichtshofes ist insbesondere dann geboten, wenn sich der Rat veranlasst sieht, bei der Verwirklichung einer gemeinsamen Marktorganisation einen Ausgleich zwischen divergierenden Interessen herbeizuführen und auf diese Weise im Rahmen der in seine eigene Verantwortung fallenden politischen Entscheidungen eine Auswahl zu treffen.“[695]

Bei der näheren Ausformung der Maßnahmen etwa im Bereich der Agrarpolitik wird dem Gemeinschaftsgesetzgeber ebenfalls ein weiter Prognosespielraum eingeräumt. „Bei der Feststellung ihrer einschlägigen Politik verfügen die zuständigen Gemeinschaftsorgane nicht nur über einen weiten Beurteilungsspielraum hinsichtlich der tatsächlichen Grundlagen ihres Handelns, sondern sie können auch weitgehend nach ihrem Ermessen (...) das für ihr Vorgehen geeignete Instrumentarium wählen.“[696] Die Geeignetheit einer Maßnahme ist immer im Zusammenhang mit ihren konkreten Durchsetzungsmöglichkeiten zu prüfen.[697] Vom Vertrag selbst zur Erreichung seiner Ziele genannte Mittel (etwa die in Art. 34 EGV genannten Maßnahmen zur Verwirklichung der Ziele des Art. 33 EGV), werden vom Gerichtshof grundsätzlich als geeignet angesehen.[698] Aus diesem Grund kommt der Geeignetheitsprüfung des Gerichtshofs nur untergeordnete Be-

---

[694] EuGH verb. Rs. C-267/88 bis C-285/88, Wuidart u.a., Slg. 1990, I-435, Rn. 14; Rs. C-331/88, Fedesa u.a., Slg. 1990, I-4023 Rn. 14; verb. Rs. C-133/93, C-300/93, C-362/93, Crispoltoni u.a., Slg. 1994, I-4863, Rn. 43; Rs. C-280/93, Bananen, Slg. 1994, I-4973, Rn. 90; Rs. C-150/94, Vereinigtes Königreich/Rat, Slg. 1998, I-7235, Rn. 49, 87; Rs. C-189/01, Jippes u.a., Slg. 2001, I-5689, Rn. 84.

[695] EuGH Rs. C-280/93, Bananen, Slg. 1994, I-4973, Rn. 91; verb. Rs. C-133/93, C-300/93 und C-362/93, Crispoltoni u.a., Slg. 1994, I-4863 Rn. 42ff.

[696] Vgl. bereits EuGH Rs. 138/78, Stölting/Hauptzollamt Hamburg-Jonas, Slg. 1979, 713, Rn. 7; Rs. 197-200/80, Ludwigshafen Walzmühle/Rat und Kommission, Slg. 1981, 3211, Rn. 37.

[697] Vgl. etwa die Ausführungen in EuGH Rs. C-331/88, Fedesa, Slg. 1990, I-4023, Rn. 15ff.

[698] Vgl. nur EuGH Rs. C-280/93, Bananen, Slg. 1994, I-4973, 5059 Rn. 54.

deutung zu, der es lediglich gelingt, „Extremfälle einer Zweckverfehlung auszuschließen."[699] Dennoch führte die Ungeeignetheit einer Maßnahme durchaus auch schon zu deren Rechtswidrigkeit in der Rechtsprechung des EuGH.[700] Die Beurteilung der Geeignetheit eines Mittels ist zudem entscheidende Voraussetzung für die Prüfung der Erforderlichkeit.

4. Erforderlichkeit

Das Merkmal der Erforderlichkeit nimmt in der Prüfungspraxis des Gerichtshofs die wichtigste Rolle ein.[701] Danach ist eine Maßnahme nur dann zulässig, wenn es keine milderen Mittel gibt, um das angestrebte Ziel zu erreichen.[702] Unter mehreren geeigneten Maßnahmen darf nur diejenige gewählt werden, deren Folgen die

---

699 *Schwarze*, Europäisches Verwaltungsrecht Bd. II, 1988, S. 834; vgl. auch *Schwarze*, in: Schwarze/Schmidt-Aßmann, Ausmaß der gerichtlichen Kontrolle 1992, S. 203.

700 In diesen Fällen ging es größtenteils um mitgliedstaatliche Handelsbeschränkungen. Vgl. etwa: EuGH Rs. 120/78, Cassis de Dijon, Slg. 1979, 649, Rn. 9ff.; Rs. 274/84, Kommission/Deutschland, Slg. 1989, 229, Rn. 6ff.; Rs. 407/85, 3 Glocken, Slg. 1988, 4233, Rn. 12ff.; Rs. 90/86, Zoni, Slg. 1988, 4285, Rn. 12ff.; Rs. C-415/93, Bosman, Slg. 1995, I-4921, Rn. 107ff.

701 Vgl. etwa: EuGH Rs. C-365/92, Schumacher, Slg. 1992, I-6071, Rn. 25ff.
Beim Grundsatz der Verhältnismäßigkeit „ist insbesondere zu prüfen, ob die durch diese Vorschrift eingeführten Maßnahmen die Grenzen dessen überschreiten, was für die Erreichung des mit der fraglichen Regelung verfolgten Ziels angemessen und erforderlich ist. Hierzu ist insbesondere zu prüfen, ob die Maßnahmen, die die fragliche Vorschrift zur Erreichung des verfolgten Zwecks vorsieht, der Bedeutung dieses Zwecks entsprechen und ob sie erforderlich sind, um diesen Zweck zu erreichen."
Darüber hinaus hat der Gerichtshof in zahlreichen Urteilen betont, dass gemeinschaftsrechtliche Maßnahmen nicht über das für die Kontrolle Erforderliche hinausgehen dürfen oder, dass die den Wirtschaftsteilnehmern auferlegten Belastungen das Maß nicht überschreiten dürfen, das unbedingt erforderlich ist, damit die Verwaltung die ihr gesteckten Ziele erreichen kann. Vgl. u.a. EuGH Rs. C-331/88, Fedesa u.a., Slg. 1990, I-4023 Rn. 13; Rs. C-319/90, Preßler, Slg. 1992, I-203 Rn. 12; verb. Rs. C-133/93, C-300/93 und C-362/93, Crispoltoni u.a., Slg. 1994, I-4863 Rn. 41; Rs. C-180/96, Vereinigtes Königreich /Kommission, Slg. 1998, I-2265, Rn. 96; Rs. C-101/98, UDL, Slg. 1999, I-8841 Rn. 30; Rs. C-189/01, Jippes u. a., Slg. 2001, I-5689, Rn. 81 EuGH verb. Rs. C-27/00 und C-122/00, Omega Air, Slg. 2002, I-2569, Rn. 62; Rs. C-210/00, Käserei Champignon Hofmeister, Slg. 2002, I-6453, Rn. 59; Rs. C-491/01, British American Tobacco, Slg. 2002, I-11453, Rn. 122; Rs. 11/00, Kommission/EZB, Slg. 2003, I-7147, Rn. 156.

702 Vgl. Generalanwalt Capotorti, Schlussantrag in der Rs. 122/78, Buitoni/FORMA, Slg. 1979, 687, 691: „nur das geringstmögliche Opfer seitens der einzelnen" dürfe gefordert werden; EuGH Rs. 265/87, Schräder/Hauptzollamt Gronau, Slg. 1989, 2237, Rn. 21; Rs. C-8/89, Zardi, Slg. 1990, 2515, Rn. 10; Rs. C-256/90, Mignini, Slg. 1992, I-2651, Rn. 27ff.; Rs. C-483/99, Kommission/Frankreich, Slg. 2002, I-4781, Rn. 46; *Schwarze*, Europäisches Verwaltungsrecht 1988, S. 835; *Bogdandy/Nettesheim*, in: Grabitz/Hilf, EGV, Stand: Sept. 1994, Art. 3b Rn. 51; *Emmerich-Fritsche*, Verhältnismäßigkeit, 2000, S 211.

Betroffenen am wenigsten belasten.[703] Bei der Prüfung des gewählten und der möglichen milderen Mittel spielen die Sicherheit der Zielerreichung und die Praktikabilität der Maßnahme eine bedeutende Rolle.[704] Auch bei der Überprüfung der Erforderlichkeit im Rahmen der Verhältnismäßigkeitsrechtsprechung wird dem Gemeinschaftsgesetzgeber bei rechtssetzenden Maßnahmen auf dem Gebiet der Wirtschaftspolitik ein weiter Ermessensspielraum zuerkannt.[705] Dies lässt allerdings nicht zwangsläufig auf eine unzureichende Kontrolldichte schließen. So legte der EuGH selbst dort, wo der Grundsatz der Erforderlichkeit seiner Auffassung nach gewahrt blieb, des Öfteren dar, warum weniger eingreifende Alternativen das verfolgte Ziel nicht hinreichend sicherstellen konnten.[706] Entscheidend für die Beurteilung, ob eine Maßnahme erforderlich ist oder nicht ist bei Normativakten die Beantwortung der Frage, wie stark die Entscheidungsfreiheit der betroffenen Wirtschaftsteilnehmer gewahrt bleibt. Der Gerichtshof prüft dabei nicht, wie sehr der Einzelne von der erlassenen Maßnahme betroffen ist, sondern wie sehr der „typische" Einzelne in einem typischen – von der Maßnahme geregelten Fall – Betroffene beeinträchtigt wäre. Der Gerichtshof hat zahlreiche nationale Maßnahmen, die den Binnenmarkt behinderten, unter Verneinung ihrer Erforderlichkeit für unzulässig erklärt.[707] Die mangelnde Erforderlichkeit führte aber auch schon zur Nichtig- bzw. Ungültigerklärung einer angegriffenen grundrechtsbeschränkenden Gemeinschaftsmaßnahme.[708] Maßnahmen der Gemeinschaft sind

---

[703] Vgl. etwa die Schlussanträge des GA Georges Cosmas vom 22. Juni 2000 in der Rs. C-155/99, Busolin, Rn. 89; *Schwarze*, Europäisches Verwaltungsrecht Bd. II, 1988, S. 835; *Emmerich-Fritsche*, Verhältnismäßigkeit, 2000, S. 212.

[704] EuGH Rs. 9/73, Schlüter/Hauptzollamt Lörrach, Slg. 1973, 1135, Rn. 22; Rs. 9/85, Nordbutter/Deutschland, Slg. 1986, 2831, Rn. 16; Rs. 255/84, Nachi Fujikoshi/Rat, Slg. 1987, 1861, Rn. 40; v. *Bogdandy/Nettesheim*, in: Grabitz/Hilf, EGV, Stand: Sept. 1994, Art. 3b Rn. 52.

[705] Vgl. dazu bereits die Beurteilung der Rechtsprechungsanalyse in: *Schwarze*, Europäisches Verwaltungsrecht Bd. II, 1988, S. 835. Für zu weit gehend halten die Kritiker an der Verhältnismäßigkeitsrechtsprechung des EuGH insbesondere den Beurteilungsspielraum, welcher den Gemeinschaftsorganen im Urteil EuGH Rs. C-280/93, Bananen, Slg. 1994, I-4973, Rn. 94 vom Gerichtshof zugestanden worden ist.

[706] Vgl. EuGH Rs. 11/70, Internationale Handelsgesellschaft, Slg. 1970, 1125, Rn. 9ff.; Rs. 25/70, Einfuhr- und Vorratsstelle für Getreide- und Futtermittel/Köster, Slg. 1970, 1161, Rn. 20ff.; Rs. 5/73, Balkan-Import-Export/Hauptzollamt Berlin-Packhof, Slg. 1973, 1091, Rn. 19ff.; Rs. 808/79, Pardini, Slg. 1980, 2103, Rn. 19ff.; Rs. 147/81, Merkur Fleisch-Import/Hauptzollamt Hamburg-Ericus, Slg. 1982, 1389, Rn. 8ff.

[707] Vgl. jüngst: EuGH Rs. 483/99, Kommission/Frankreich, Slg. 2002, I-4781, Rn. 45ff.

[708] Vgl. etwa EuGH Rs. 114/76, Bela-Mühle, Slg. 1977, 1211, Rn. 7; Rs. 116/76, Granaria/Hoofproduktschap voor Akkerbouwprodukten, Slg. 1977, 1247, Rn. 21/25; EuGH Rs. C-256/90, Mignini, Slg. 1992, I-2651, Rn. 27ff.
In diesem Urteil scheitert eine Maßnahme der Kommission an dem Punkt der Erforderlichkeit. Der Gerichtshof legt in den Rn. 27ff. dar, dass der Kommission andere, gleich geeignete Maßnahmen zur Zielerreichung zur Verfügung gestanden hätten, die den Betroffenen weniger belastet hätten.

allerdings erheblich seltener dem Verdikt der fehlenden Erforderlichkeit ausgesetzt.[709] Dies ist jedoch vor dem Hintergrund des gemeinschaftsrechtlichen Prinzips der Integration des Marktes verständlich, da Gemeinschaftsmaßnahmen im Gegensatz zu nationalen Maßnahmen mit diesem Prinzip regelmäßig nicht in Konflikt geraten.

Im Rahmen der Prüfung der Erforderlichkeit sind die Ziele, welche die Maßnahmen zulässigerweise verfolgen dürfen, von besonderer Bedeutung. Im Gemeinschaftsrecht wird neben dem eigentlichen Ziel der Maßnahme, etwa der Stabilisierung eines bestimmten Marktsegments, regelmäßig die Praktikabilität der Maßnahme und die Sicherheit der Zielerreichung geprüft. Mit Blick auf die Sicherheit der Zielerreichung kann die Gemeinschaft jedoch nicht verpflichtet sein, sich auf möglicherweise wirksame, aber wahrscheinlich weniger effiziente Mittel einzulassen. Soweit eine weniger beeinträchtigende Maßnahme das Ziel zwar grundsätzlich zu erreichen geeignet ist, dies jedoch nicht in dem gleichen Maße von Sicherheit tut, scheidet sie als taugliches alternatives Mittel aus.[710] Sicherheit und Einfachheit des Regelungssystems sind zu berücksichtigende, oft ausschlaggebende Faktoren.[711] Es wurde festgestellt, dass der Prüfungsrahmen die spezifische supranationale Regelungsstruktur zu berücksichtigen hat. Dies kann erhebliche Auswirkungen auf den zulässigen Umfang von Beeinträchtigungen haben. Es ist bei den Maßnahmen im Allgemeinen und bei der Frage zulässiger Abstrahierung im Besonderen stets zu berücksichtigen, dass die Gemeinschaft für eine heterogene Wirklichkeit der Verhältnisse in 25, bald mehr Mitgliedstaaten Recht zu setzen hat. Dies ist nur um den Preis gewisser Pauschalierungen möglich.[712]

5. Angemessenheit

Die Angemessenheitsprüfung gilt der Beantwortung der Frage, ob die Auswirkungen einer Maßnahme und die mit dem Ziel verfolgten Gemeinwohlinteressen

---

Leitsatz: „Die den Herstellern von Nahrungs- oder Futtermitteln, die eine Beihilfe für die Verarbeitung von Sojabohnen gemäß der Verordnung Nr. 1491/85 beantragt haben, auferlegte Verpflichtung, innerhalb ihres Betriebsgeländes über eine Lagereinrichtung zu verfügen, ist im Hinblick auf das angestrebte Ziel der Verhinderung betrügerischer Machenschaften, als unangemessen anzusehen."

Entgegen der Terminologie geht aus den o. g. Ausführungen des Gerichtshofes in den Rn. 27ff. des Urteils hervor, dass dieser die Maßnahme am Merkmal der Erforderlichkeit scheitern lässt.

[709] Anders etwa die Magermilchpulverfälle, vgl. EuGH 114/76, Bela-Mühle, Slg. 1977, 1211, Rn. 7; Rs. 116/76, Granaria/Hoofproduktschap voor Akkerbouwprodukten, Slg. 1977, 1247, Rn. 21/25.

[710] Vgl. v. *Bogdandy/Nettesheim*, in: Grabitz/Hilf, EGV, Stand: Sept. 1994, Art. 3b Rn. 52.

[711] EuGH Rs. 9/85, Nordbutter, Slg. 1986, 2831, Rn. 16.

[712] Vgl. v. *Bogdandy/Nettesheim*, in: Grabitz/Hilf, EGV, Stand: Sept. 1994, Art. 3b Rn. 52

(nicht) in einem Missverhältnis zueinander stehen.[713] Während der Gesetzgeber, um eine angemessene Entscheidung zu treffen, im Sinne praktischer Konkordanz für einen optimalen Ausgleich zu sorgen hat[714], beschränkt sich die richterliche Angemessenheitsprüfung auf die Frage, ob die Auswirkungen der Maßnahme und die mit deren Ziel verfolgten Gemeinwohlinteressen (nicht) in einem Missverhältnis zueinander stehen.[715] Auch wenn sie nicht in jedem Fall ausdrücklich erwähnt wird, ist die Angemessenheitsprüfung in der Verhältnismäßigkeitsrechtsprechung des Gerichtshofs fest etabliert.[716]

„Zum anderen erfordert die Kontrolle der Verhältnismäßigkeit der beabsichtigten Zwangsmaßnahmen gemessen am Gegenstand der Nachprüfung den Nachweis, dass solche Maßnahmen nicht zu Nachteilen führen, die angesichts der mit der Nachprüfung verfolgten Ziele unverhältnismäßig und untragbar sind."[717]

a. Bewertung einer Relation zwischen geförderten und beeinträchtigten Rechtsgütern

Die Prüfung der Angemessenheit einer Maßnahme erfordert die Herstellung und Bewertung einer Relation zwischen sämtlichen geförderten und beeinträchtigten Rechtsgütern und Interessen unter Zugrundelegung des konkreten Maßes der Förderung und Beeinträchtigung, die anhand der primärrechtlich vorgegebenen Ordnungsstruktur zu bewerten ist.[718] Von besonderem Gewicht sind hier die Grund-

[713] Vgl. EuGH Rs. C-63/93, Duff u.a./Minister for Agriculture and Food u.a., Slg. 1996, I-569, Rn. 27; Rs. C-133/93, 300/93, C-362/93, Crispoltoni u.a., Slg. 1994, I-4863, Rn. 41; Rs. C-189/01, Jippes u.a., Slg. 2001, I-5689, Rn. 81; v. *Bogdandy/Nettesheim*, in: Grabitz/Hilf, EGV, Stand: Sept. 1994, Art. 3b Rn. 55; *Schwarze*, Europäisches Verwaltungsrecht Bd. II, 1988, S. 836f.; *Streinz*, Grundrechtsschutz, 1989, S. 417ff.; *Emmerich-Fritsche*, Verhältnismäßigkeit, 2000, S. 213.

[714] Vgl. etwa: *Hesse*, Grundzüge des Verfassungsrechts, 1995, S. 28 Rn. 72.

[715] Vgl. EuGH Rs. C-63/93, Duff u.a./Minister for Agriculture an Food u.a., Slg. 1996, I-569, 610 Rn. 27; v. *Bogdandy/Nettesheim*, in: Grabitz/Hilf, EGV, Stand: Sept. 1994, Art. 3b, Rn. 55, *Emmerich-Fritsche*. Verhältnismäßigkeit, 2000, S. 213.

[716] Vgl. nur aus jüngster Zeit: EuGH Rs.C-94/00, Roquette Frères, Slg. 2002, I-9011, Rn. 76; Rs. 112/00, Schmidberger, Slg. 2003, I-5659, Rn. 83ff.

[717] EuGH Rs. C-331/88, Fedesa u.a., Slg. 1990, I-4023, Rn. 13; Rs. C-143/88 und C-92/89, Zuckerfabrik Süderdithmarschen und Zuckerfabrik Soest, Slg. 1991, I-415, Rn. 73ff.; Rs. C-200/96, Metronome Musik, Slg. 1998, I-1953 Rn. 21 und 26; Rs. C-94/00, Roquette Frères, Slg. 2002, I-9011, Rn. 76.

[718] Vgl. etwa: EuGH Rs. C-161/96, Südzucker Mannheim, Slg. 1998, I-281, Rn. 31 „Für die Feststellung, ob eine Bestimmung des Gemeinschaftsrechts dem Grundsatz der Verhältnismäßigkeit entspricht, ist zu prüfen, ob die eingesetzten Mittel zur Erreichung des angestrebten Zieles angemessen und erforderlich sind. Unterscheidet insoweit eine gemeinschaftsrechtliche Regelung zwischen einer Hauptpflicht, deren Erfüllung erforderlich ist, um das angestrebte Ziel zu erreichen, und einer Nebenpflicht, die im wesentlichen administrativer Natur ist, so kann sie nicht ohne Verstoß gegen den Grundsatz der Verhältnismäßigkeit die Nichtbeachtung der Nebenpflicht mit einer ebenso strengen Sanktion belegen wie die Hauptpflicht." Vgl. insbesonde-

rechte, der Grundsatz marktwirtschaftlicher Verfasstheit und der Grundsatz der Einheitlichkeit und Effektivität der Gemeinschaftsrechtsordnung.[719] Die Bewertung beruht auf der allgemeinen Bedeutung der tangierten Rechtsgüter und dem jeweiligen Grad sowie der Dauer von Förderung und Beeinträchtigung. An dieser Stelle sind die Bedingungen anzugeben, unter denen das von der Gemeinschaft verfolgte Ziel gegenüber der beeinträchtigten Position Vorrang genießt. Nach allgemeiner Auffassung muss die Maßnahme dabei kein optimales Verhältnis herstellen, sondern nur Missverhältnisse vermeiden.[720]

b. Unterschiede in der Angemessenheitsprüfung zwischen Legislative und Judikative

Im Rahmen der Prüfung der Angemessenheit einer Maßnahme ist der Unterschied in der Anwendung des Grundsatzes der Verhältnismäßigkeit in der Legislative und der Judikative am größten. Der den Gesetzgeber leitende Teilgrundsatz der Angemessenheit kann mitunter nicht jede individuelle Härte in der Normanwendung ausschließen. Der Grundsatz der Gleichheit vor dem Gesetz[721] verbietet im Rahmen der Verhältnismäßigkeitsprüfung von Gesetzgebungsakten in der Regel Billigkeitsüberlegungen, die nur Einzelnen zugute kommen. Abzustellen ist für die Betrachtung der Angemessenheit von Gesetzgebungsakten auf die globale Situation nachteilig Betroffener.[722] Der Gesetzgeber beurteilt die Verhältnismäßigkeit abstrakt-generell.[723] Kontrollmaßstab für den EuGH ist hingegen, ob im typischen, von der Rechtsnorm geregelten Fall eine verhältnismäßige Rechtsgüterzuordnung erfolgt oder nicht.[724] Aus diesem Grund müssen etwa auch Härten im Einzelfall hingenommen werden.

c. Verknüpfung zwischen Angemessenheit und Diskriminierungsverbot

Von großer Bedeutung für die Beurteilung einer Maßnahme als angemessen ist, ob sich der Einzelne aus freien Stücken in die Situation gebracht hat, in der ihn

re auch EuGH Rs. 181/84, Man Sugar, Slg. 1985, 2889, Rn. 20 und Rs. 21/85, Maas, Slg. 1986, 3537, Rn. 15.

[719] Vgl. *Nettesheim*, in: GS Grabitz 1995, S. 447.

[720] *Grabitz*, AöR 98 (1973), S. 568, 576ff.; *Wendt*, AöR 104 (1979), S. 414, 457ff.; v. *Bogdandy/Nettesheim*, in: Grabitz/Hilf, EGV, Stand: Sept. 1994, Art. 3b Rn. 55.

[721] Vgl. dazu *Starck*, in: FS Leibholz 1982, S. 51, 58ff.

[722] Vgl. etwa: Schlussanträge GA Capotorti Rs. 114/76, Bela-Mühle, Slg. 1977, 1222, 1232.

[723] Vgl. EuGH verb. Rs. 154, 205, 206, 226 bis 228, 263 und 264/78 sowie 39, 31, 83 und 85/79, Valsabbia u.a./Kommission, Slg. 1980, 907, Rn. 118; v. *Bogdandy/Nettesheim*, in: Grabitz/Hilf, EGV, Stand: Sept. 1994, Art. 3b, Rn. 49.

[724] Vgl. *Emmerich-Fritsche*, Verhältnismäßigkeit, 2000, S. 219.

die beeinträchtigende Maßnahme trifft.[725] Hierin liegt für den EuGH auch der Grund, warum z. B. selbst erhebliche finanzielle Einbußen bei handelspolitischen Schutzmaßnahmen nicht unverhältnismäßig sind.[726] Den Marktteilnehmern stehe es frei, Geschäfte in einem Marktsegment abzuschließen, dessen rechtlicher Rahmen ständiger Veränderung unterliegt. Unter diesem Blickwinkel kann auch eine Geldbuße nicht mit dem Argument angegriffen werden, diese sei unverhältnismäßig, weil sie die Existenz des Unternehmens gefährde.[727] Eine Unverhältnismäßigkeit ist umso wahrscheinlicher anzunehmen, je eher der Einzelne sich nicht aus freien Stücken in die spezifische Situation gebracht hat, in der ihn die Belastung trifft. Dabei kommt es zu einer engen Verknüpfung des Diskriminierungsverbots mit dem Verbot unverhältnismäßiger Maßnahmen: Diskriminiert eine Maßnahme ohne rechtfertigenden Grund zwischen vergleichbaren Gruppen, liegt auch ein Verstoß gegen das Gebot verhältnismäßiger Maßnahmen vor.[728] Es ist unverhältnismäßig, wenn Maßnahmen der Gemeinschaft Einzelne in einer Weise belasten, die unter zivilrechtlichen Betrachtungen zu dem Verdikt der Sittenwidrigkeit führen würden. Die Unangemessenheit einer Maßnahme wurde vom Gerichtshof durchaus schon festgestellt.[729] Soweit eine Maßnahme alle Beteiligten in einem Marktbereich trifft, hat der Gerichtshof jedoch keine Bedenken, Maßnahmen als verhältnismäßig anzusehen, selbst wenn sie massiv in die wirtschaftliche Dispositionsfreiheit eingreifen.[730]

d. Wesensgehaltsgarantie bei Grundrechten

Ist ein Grundrecht betroffen, liegt stets dann Unangemessenheit vor, wenn das Recht in seinem Wesensgehalt angetastet wird.[731] Ob der Wesensgehalt eines Grundrechts beeinträchtigt ist, lässt sich anhand verschiedener Kriterien ermitteln. So kommt es zum einen auf die Verfassungspraxis der Mitgliedstaaten an: Lassen die nationalen Verfassungen übereinstimmend entsprechende Maßnahmen zu,

---

725 So erwähnt der Gerichtshof etwa in den Kautionsfällen eher kursorisch das Merkmal der Angemessenheit, da es dem Marktteilnehmer freistehe, sich geschäftlich in den Marktordnungsbereichen zu engagieren, welche durch Kautionen geregelt sind. Mit diesem Argument bestreitet der EuGH etwa auch den teilweise behaupteten strafrechtlichen Charakter der Kaution. EuGH Rs. 137/85, Maizena, Slg. 1987, 4587, Rn. 13; Rs. C-240/90, Deutschland/Kommission, Slg. 1992, I-5383, Rn. 25f.; Rs. C-210/00, Käserei Champignon Hofmeister, Slg. 2002, I-6453, Rn. 33.

726 Vgl. EuGH Rs. 52/81, Faust, Slg. 1982, 3745, Rn. 23.

727 EuGH Rs. 10/83, Metalgoi, Slg. 1984, 1271, Rn. 13.

728 EuGH Rs. 114/76, Bela-Mühle, Slg. 1977, 1211, Rn. 6ff.

729 Im Urteil EuGH Rs. 122/78, Buitoni, Slg. 1979, 677, Rn. 19/20 bejahte der Gerichtshof die Unangemessenheit eines völligem Kautionsverfalls aus Anlass der Verletzung einer Nebenpflicht.

730 EuGH Rs. 138/79, SA Roquette Frères, Slg. 1980, 3333, Rn. 29ff.; vgl. auch die Schlussanträge des GA Reischl, 3362ff., 3381.

731 EuGH Rs. 44/79, Hauer, Slg. 1979, 3727, Rn. 30.

spricht dies gegen eine Verletzung des Wesensgehalts. Zum anderen sind Maß, Dauer und Ziel der Beschränkung zu berücksichtigen. Selbst ein vollständiges Verbot privater Tätigkeit kann zulässig sein, wenn es befristet ist.[732]

III. Gestaltungsbedürftigkeit von „Wirtschaftsgrundrechten" - Beispiel Eigentumsschutz und freie Berufsausübung

Im Folgenden soll die Gestaltungsbedürftigkeit von Wirtschaftsgrundrechten als Determinante der Kontrolldichte anhand der Grundrechtsrechtsprechung des EuGH insbesondere an den Beispielen des Eigentumsschutzes und der freien Berufsausübung dargestellt werden.[733] In diesem Zusammenhang finden insbesondere die Gesichtspunkte des Vertrauensschutzes und der Grad der Beeinträchtigung einer Maßnahme besondere Berücksichtigung.

1. Herleitung von Grundrechten im Gemeinschaftsrecht

Im Hinblick auf die Eigenständigkeit der Europäischen Rechtsordnung und der aus der Wahrung dieser Rechtsordnung resultierenden Verpflichtung, zur Beurteilung derselben allein Gemeinschaftsrecht heranzuziehen, hat der Gerichtshof – in Ermangelung eines Grundrechtskatalogs – schon früh die Existenz allgemeiner Grundsätze des Rechts der Gemeinschaft bejaht, die dem Schutz des Einzelnen vor Beeinträchtigungen durch die europäische öffentliche Gewalt dienen.[734] Diese Grundsätze verpflichten die Gemeinschaftsgewalt und erfüllen zugleich die Schutz- und Abwehrfunktion subjektiver Rechte. Allgemeine Rechtsgrundsätze als Rechtsquellen[735] oder Rechtserkenntnisquellen[736] begründen als Grundrechte

[732] Vgl. EuGH Rs. 44/79, Hauer, Slg. 1979, 3727.

[733] Ein Teilaspekt der deutschen Kritik an der Verhältnismäßigkeitsrechtsprechung des EuGH ist, dass der Gerichtshof die Bedeutung des Grundsatzes der Verhältnismäßigkeit in der Grundrechtsrechtsprechung auf eine Art Wesensgehaltssperre reduziere. Auch wenn sich die Kritik nicht immer auf einzelne Grundrechte beschränkt, lässt sich dem Kontext der bemängelten Urteile entnehmen, dass es sich primär um den Eigentumsschutz und den Schutz der freien Berufsausübung handelt. Darüber hinaus wird kritisiert, dass der EuGH keine detaillierte Schutzbereichsbestimmung vornehme und es ihm demzufolge auch nicht möglich sein kann, die Grenzen eines Eingriffes festzulegen. Vgl. nur *Pauly*, EuR 1998, S. 242, 253ff.; *Storr*, Der Staat 1998, S. 547, 554ff.

[734] Angedeutet in: EuGH Rs. 29/69, Stauder/Ulm, Slg. 1969, 419, Rn. 7 vollzieht der Gerichtshof diese Rechtsfortbildung allgemein für die Grundrechts in der Rs.11/70, Internationale Handelsgesellschaft, Slg. 1970, 1125, Rn. 3. Gemäß EuGH Rs. 4/73, Nold, Slg. 1974, 491, Rn. 13 sind "keine Maßnahmen als rechtens anzuerkennen, die unvereinbar sind mit den von den Verfassungen dieser Staaten anerkannten und geschützten Grundrechten." Zu verschiedenen Ansätzen der Existenzbegründung von Gemeinschaftsgrundrechten vgl. *Notthoff*, RIW 1995, S. 541.

[735] Vgl. dazu *Oppermann*, Europarecht, 1999, Rn. 482; *Notthoff*, RIW 1995, S. 541, 542.

[736] Vgl. *Streinz*, Europarecht, 2001, Rn. 358.

auch im Gemeinschaftsrecht subjektive Abwehrrechte des Grundrechtsberechtigten gegen Eingriffe der öffentlichen Gewalt.[737]

Besondere Bedeutung bei der Herleitung von Gemeinschaftsgrundrechten kommt den nationalen Rechtsordnungen[738] sowie den für die Mitgliedstaaten verpflichtenden internationalen Verträgen zum Schutz der Menschenrechte zu.[739] Dies gilt insbesondere für die Europäische Menschenrechtskonvention.[740] Aber auch Regelungen des Gemeinschaftsrechts selbst sind Ausgangspunkt für die Herleitung der Grundrechte.[741] Durch das Gemeinschaftsrecht und seine Besonderheiten erhalten sie eine spezifische Prägung[742] und werden durch die Rechtsprechung des Gerichtshofs konkretisiert. Art. 6 Abs. 2 EUV übernimmt die beiden am häufigsten gebrauchten Herleitungsformeln des Gerichtshofs und kodifiziert damit ihre Anerkennung, Herleitung und Anwendbarkeit primärrechtlich auch für die Europäische Union.[743] In Ziffer 5 der Präambel der Europäischen Grundrechts-

---

737 EuGH Rs. 46/87 und 227/88, Hoechst/Kommission, Slg. 1989, 2859, Rn. 19; *Penski/Elsner*, DÖV 2001, 265.

738 Das Eigentum ist in allen Rechtsordnungen der Mitgliedstaaten der Gemeinschaft geschützt. Vgl. *Kingreen* in: Callies/Ruffert, EUV/EGV, 2002, Art. 6 EUV, Rn. 140; sowie die rechtsvergleichenden Ausführungen zum Eigentumsschutz in den Mitgliedstaaten bei *Günter*, Berufsfreiheit und Eigentum in der Europäischen Union, Heidelberg 1998, S. 50ff.; ferner: *Pellonpää*, EuGRZ 1993, S. 590, 593ff.

739 So erstmals EuGH Rs. 44/79, Hauer, Slg. 1979, 3727, Rn. 15. Aus der aktuellen Rechtsprechung vgl. nur: EuGH Rs. C-94/00, Roquette Frères, Slg. 2002, I-9011, Rn. 23 :
„Insoweit ist daran zu erinnern, dass die Grundrechte nach ständiger Rechtsprechung zu den allgemeinen Rechtsgrundsätzen gehören, deren Wahrung der Gerichtshof zu sichern hat. Dabei lässt sich der Gerichtshof von den gemeinsamen Verfassungstraditionen der Mitgliedstaaten sowie von den Hinweisen leiten, die die völkerrechtlichen Verträge über den Schutz der Menschenrechte geben, an deren Abschluss die Mitgliedstaaten beteiligt waren oder denen sie beigetreten sind. Hierbei kommt der MRK besondere Bedeutung zu." Vgl. auch: EuGH Rs. C-260/89, ERT, Slg. 1991, I-2925, Rn. 41; Rs. C-274/99, Conolly/Kommission, Slg. 2001, I-1611, Rn. 37.

740 Auch wenn die EMRK nicht unmittelbar anwendbar ist (vgl. das Gutachten 2/94, Slg. 1996, I-1759 Rn. 32ff.), gibt sie doch „Hinweise" für das Gemeinschaftsrecht (EuGH Rs. 4/73, Nold, Slg. 1974, 491, Rn. 13), denn ihre leitenden Grundsätze sind „im Rahmen des Gemeinschaftsrechts zu berücksichtigen" (Rs. 222/84, Johnston, Slg. 1986, 1651, Rn. 18. Vgl. auch Rs. 112/00, Schmidberger, Slg. 2003, I-5659, Rn. 71.

741 Vgl. *Hirsch*, RdA 1998, S. 194, 195.

742 *Krück* in: von der Groeben/Thiesing/Ehlermann, Kommentar zum EU-/EG-Vertrag, 1997, Art. 164, Rn. 29; *Penski/Elsner*, DÖV 2001, 265, 266.

743 Vgl. EuGH Rs. C-94/00, Roquette Frères, Slg. 2002, I-9011, Rn. 24:
"Wie der Gerichtshof ebenfalls festgestellt hat, sind die in dieser Rechtsprechung herausgearbeiteten Grundsätze durch die Präambel der Einheitlichen Europäischen Akte und sodann durch Artikel F Absatz 2 des Vertrages über die Europäische Union bekräftigt worden.. Sie sind nunmehr in Artikel 6 Absatz 2 EU aufgenommen worden." So auch: EuGH Rs. C-274/99, Conolly/Kommission, Slg. 2001, I-1611,Rn. 38; Rs. C-415/93, Bosman, Slg. 1995, I-4921, Rn. 79; Rs. 112/00, Schmidberger Slg. 2003, I-5659, Rn. 72. Vgl. ferner Gutachten 2/94, Slg. 1996, I-1759, Rn. 32ff.; sowie: *Pauly*, EuR 1998, S. 242, 251, der von einer Positivierung

charta werden die in der Rechtsprechung des Gerichtshofs entwickelten Rechte ausdrücklich „bekräftigt". Das Eigentumsgrundrecht wird nach der Rechtsprechung des EuGH in der Gemeinschaftsrechtsordnung „gemäß den gemeinsamen Verfassungskonzeptionen der Mitgliedstaaten gewährleistet, die sich auch im Ersten Zusatzprotokoll zur Europäischen Menschenrechtskonvention widerspiegeln."[744] Da eine Regelung der Berufsfreiheit in der EMRK fehlt[745], kommt als Herleitung eines entsprechenden Gemeinschaftsgrundrechts nur der Rückgriff auf die mitgliedstaatlichen Rechtsordnungen in Betracht.[746] Sowohl die Berufsfreiheit als auch die Eigentumsfreiheit sind in der EU-Grundrechtscharta geschützt.[747]

2. Eigentumsschutz und freie Berufsausübung

Für die Grundrechte des Eigentumsschutzes und der Berufsfreiheit sollen jeweils die Schutzbereiche und die Möglichkeiten von Eingriffen getrennt dargestellt werden. Die Rechtfertigungsgründe werden – entsprechend der Rechtsprechung des Gerichtshofes – für beide Grundrechte zusammen dargestellt.

a. Eigentum

Entsprechend der ursprünglich primär wirtschaftlichen Ausrichtung der Gemeinschaften wurden wirtschaftliche Freiheiten im Gemeinschaftsrecht vom Gerichtshof schon früh anerkannt. So auch das Eigentumsrecht, das nach anfänglicher Ablehnung[748] inzwischen in ständiger Rechtsprechung fester Bestandteil der Gemeinschaftsrechtsordnung ist.[749]

I-1759, Rn. 32ff.; sowie: *Pauly*, EuR 1998, S. 242, 251, der von einer Positivierung mit einer „konstitutiven" Wirkung und „konstitutionellen" Bedeutung spricht.

[744] Ausdrücklich anerkannt in der Rs. 4/73, Nold, Slg. 1974, 491, Rn. 14 und Rs. 44/79, Hauer, Slg. 1979, 3727, Rn. 17.

[745] In der EMRK sind lediglich unmittelbar zugunsten des Bürger wirkende Rechte enthalten, die Zwangs- oder Pflichtarbeiten verbieten (Art. 4 Abs. 2, 3 EMRK). Für eine Gewährleistung auch der Berufsfreiheit in einem weiteren Zusatzprotokoll vgl. *Lenz*, Anmerkung zur Entscheidung „Matthews" des EGMR, EuZW 1999, S. 311, 313.

[746] Vgl. *Kingreen* in: Callies/Ruffert, EUV/EGV, 2002, Art. 6 EUV, Rn. 130; *Penski/Elsner*, DÖV 2001, S. 265, 270, die darauf hinweisen, dass sich nicht in allen nationalen Rechtsordnungen der Mitgliedstaaten der Gemeinschaft ein spezielles Grundrecht findet, welches dem Umfang nach Art. 12 Abs. 1 GG entspräche. Vgl. ferner: *Lenz*, EuGRZ 1993, S. 585, 587f.; *Kokott*, AöR 121 (1996), S. 599, 607; *Wunderlich*, Das Grundrecht der Berufsfreiheit im Europäischen Gemeinschaftsrecht, 2000; *Borrmann*, Der Schutz der Berufsfreiheit im deutschen Verfassungsrecht und im europäischen Gemeinschaftsrecht, 2002.

[747] Vgl. Art. II-15 Abs. 1 GRCh, der „das Recht, zu arbeiten und einen frei gewählten oder angenommenen Beruf auszuüben" gewährleistet, sowie Art. II-17 GRCh als Gewährleistung des Eigentumsrechts.

[748] EuGH Rs. 18/57, Nold, Slg. 1959, 89, 107; verb. Rs. 36/59, 37/58, 38/59 und 40/59, Präsident Ruhrkohlen-Verkaufsgesellschaft u.a./Hohe Behörde der EGKS, Slg. 1960, 889, 921; vgl. dort

aa. Schutzbereich[750]

Zu unterscheiden sind Eigentumsrecht und Eigentumsordnung. Die Bestimmung der Eigentumsordnung ist gemäß Art. 295 EGV, wonach „die Eigentumsordnung in den verschiedenen Mitgliedstaaten unberührt“ bleibt, Sache der Mitgliedsstaaten.[751] Das Eigentumsrecht ist jedoch gemeinschaftsrechtlich zu konkretisieren. Art. 295 EGV beeinflusst daher die Kompetenz des EuGH, Inhalt und Grenzen des gemeinschaftsrechtlichen Eigentumsrechts zu bestimmen. So ist es dem Gerichtshof etwa verwehrt, in die Eigentumsordnung der Mitgliedstaaten einzugreifen, soweit nicht die Gemeinschaftsverträge dem nationalen Gesetzgeber ihrerseits Grenzen setzen.[752] Er kann aber im Hinblick auf den jeweiligen Sachverhalt unter Beachtung der nationalen Rechtsordnung feststellen, welche Rechtsposition dem gemeinschaftsrechtlichen Eigentumsrecht unterfällt.[753]

---

aber schon die Schlussanträge des GA Lagrange, Slg. 1960, 941: „Es lässt sich (...) einräumen, dass in allen sechs Ländern übereinstimmend Rechtsregeln anzutreffen wären über den Schutz des Eigentums und die Garantien, die für den Fall eines Eingriffs in dieses Recht (...) vorgesehen sein müssen.“

749 EuGH Rs. 4/73, Nold, Slg. 1974, 491, Rn. 14; Rs. 44/79, Hauer/Land Rheinland-Pfalz, Slg. 1979, 3727, Rn. 17; verb. Rs. 41, 121 und 796/79, Testa, Slg. 1980, 1979, Rn. 18; verb. Rs. 154/78, 205/78, 206/78, 226-228/78, 263 und 264/78, 39/79, 31/79, 83/79 und 85/79, Valsabbia, Slg. 1980, 907, Rn. 89; Rs. 59/83, Biovilac, Slg. 1984, 4057, Rn. 21; Rs. 116/82, Kommission/Deutschland, Slg. 1986, 2519, Rn. 27; Rs. 281/84, Zuckerfabrik Bedburg, Slg. 1987, 49, Rn. 25; Rs. 265/87, Schräder/Hauptzollamt Gronau, Slg. 1989, 2237, Rn. 15; Rs. 5/88, Wachauf, Slg. 1989, 2609, Rn. 17; Rs. 113/88, Leukhardt/Hauptzollamt Reutlingen, Slg. 1989, 1991, Rn. 20; verb. Rs. C-143/88 und C-92/89, Zuckerfabrik Süderdithmarschen und Zuckerfabrik Soest/Hauptzollamt Itzehoe und Hauptzollamt Paderborn, Slg. 1991, I-415, Rn. 74; Rs. C-44/89, von Deetzen/Hauptzollamt Oldenburg, Slg. 1991, I-5119, Rn. 27; Rs. C-63/93, Duff u.a.. Slg. 1996, I-569, Rn. 28; Rs. C-280/93, Bananen, Slg. 1994, I4973, Rn. 78; verb. Rs. 296/93 und C-307/93, Frankreich und Irland/Kommission, Slg. 1996, I-795 Rn. 64; Rs. C-306/93, SMW Winzersekt/Land Rheinland-Pfalz, Slg. 1994, I-5555, Rn. 20; Rs. C-38/94, Country Landowner Association, Slg. 1995, I-3875, Rn. 14; Rs. C-22/94, Irish Farmers Association u. a., Slg. 1994, I-1809, Rn. 27; Rs. C-44/94, Fishermen, Slg. 1995, I-3115, Rn. 55; Rs. 84/95, Bosphorus, Slg. 1996, I-3953, Rn. 21; verb. Rs. C-248/95 und C-249/95, SAM Schiffahrt und Stapf, Slg. 1997, I-4475, Rn. 72; Rs. C-200/96, Metronome Musik/Musik Point, Slg. 1998, I-1953, Rn. 21; C-368/96, Generics (UK), Slg. , Rn. 79; Rs. C-274/99, Conolly, Slg. 2001, I-1611, Rn. 37; Rs. 94/00, Roquette Frères, Slg. 2002, I-9011, Rn. 23.

750 Ohne die Bildung unzulässiger Analogien soll hier von der deutschen dreistufigen Terminologie bei der Darstellung von Grundrechten ausgegangen werden.

751 Vgl. dazu auch: *Hatje*, in: v. Bogdandy, Europäisches Verfassungsrecht, 2003, S. 683, 697f.

752 Vgl. dazu etwa aus der jüngsten Rechtsprechung: EuGH Rs. 483/99, Kommission/FrankReich, Slg. 2002, I-4781, Rn. 43ff.

753 Vgl. EuGH Rs. C-491/01, British American Tobacco, Slg. 2002, I-11453, Rn. 147; ferner: *Kingreen* in: Callies/Ruffert, EUV/EGV, 2. Auflage 2002, Art. 6 EUV, Rn. 141; *Penski/Elsner*, DÖV 2001, S. 265, 268.

Der Gerichtshof hat den Begriff des Eigentums bislang nicht definiert. Dem Schutzbereich unterfällt nach bisheriger Rechtsprechung aber jedenfalls das Sacheigentum.[754] Vom gemeinschaftsrechtlichen Eigentumsrecht erfasst sein können zudem private Forderungsrechte[755] oder geistige Eigentumsrechte, soweit ihnen ein wirtschaftlicher Wert zukommt.[756] Dies ergibt sich aus Art. 295 EGV, dem Art. 30 EGV zugrundeliegenden Eigentumsbegriff und neuerdings auch aus Art. II-17 Abs. 2 EU-Verfassungsvertrag.[757] Als Voraussetzung der Subsumtion immaterieller Güter unter den gemeinschaftsrechtlichen Eigentumsbegriff muss es sich bei diesen um gegenüber Dritten rechtlich abgesicherte Positionen handeln.[758] Durch das Gemeinschaftsrecht eingeräumte Positionen fallen nur dann in den Schutzbereich des Eigentums, wenn der Betroffene sie durch eigene Arbeit oder die Nutzung seines Eigentums erlangt hat[759] und soweit sie in ihrem Bestand keinen vorhersehbaren Veränderungen ausgesetzt sind.[760] Ob darüber hinaus öffentlich-rechtliche Eigentumspositionen dem Eigentumsbegriff unterfallen, hat der Gerichtshof bislang offen gelassen.[761]

Auch das Recht am eingerichteten und ausgeübten Gewerbebetrieb ist eine Position, die der Gerichtshof unter den Schutzbereich des Eigentumsgrundrechts fasst. Entsprechend dem deutschen Recht zählen dazu alle tatsächlichen Gegebenheiten, die an den Betrieb gebunden sind und dessen Wert ausmachen.[762] Nicht geschützt ist der Gewerbebetrieb jedoch, soweit lediglich normative Einwirkun-

---

754 Vgl. etwa EuGH Rs. 44/79, Hauer/Land Rheinland-Pfalz, Slg. 1979, 3727, Rn. 17ff.; vgl. dazu auch *Günter*, Berufsfreiheit und Eigentum in der Europäischen Union, 1998, S. 33f.

755 Vgl. Schlussanträge des GA *Jakobs* in der Rs. C-84/95, Bosphorus, Slg. 1996, I-3953, Rn. 58, 62, der unter Bezugnahme auf die Rechtsprechung des EuGHMR zum Eigentum auch Besitzrechte aus Leasingverträgen zählt.

756 Vgl. Schlussanträge GA *Jakobs* in der Rs. 5/88, Wachauf, Slg. 1989, 2622, Rn. 25 und Schlussanträge von GA Gulmann in der Rs. C-2/92, Bostock, Slg. 1994, I-958, Rn. 21ff.; ferner: EuGH Rs. 200/96, Metronome Musik/Musik Point, Slg. 1996, I-1953, Rn. 21ff.; *Penski/Elsner*, DÖV 2001, S. 265, 268.

757 Vgl. *Kingreen* in: Callies/Ruffert, EUV/EGV, 2002, Art. 6 EUV, Rn. 144.

758 So verneinte der Gerichtshof in der Rs. C-306/93, SMW Winzersekt, Slg. 1994, I-5571, Rn. 23 eine Verletzung des Eigentums der Klägerin, durch das Verbot der Angabe „méthode champenoise" weil diese Angabe zuvor von allen Schaumweinherstellern frei verwendet werden konnte.

759 Vgl. EuGH Rs. C-38/94, Country and Landowners Association, Slg. 1995, I-3895, Rn. 14. – Vgl. Für die in Deutschland insofern identische Rechtslage: *Papier* in: Maunz/Dürig Kommentar zum Grundgesetz, Stand 2002, Art. 14, Rn. 129.

760 Nach EuGH Rs. C-44/89, von Deetzen, Slg. 1991, I-5119, Rn. 27 fällt eine zugeteilte Referenzmenge mit Preisgarantie- und Absatzsicherungsfunktion nicht in des Schutzbereich des Eigentums, weil sie weder aus dem Eigentum noch aus der Berufstätigkeit des Betroffenen herrührt." Vgl. auch EuGH Rs. C-38/94, Country and Landowners Association, Slg. 1995, I-3895, Rn. 14

761 EuGH Rs. 41, 121, 796/79, Testa/Bundesanstalt für Arbeit, Slg. 1980, 1979, Rn. 22.

762 EuGH Rs. C-44/89, von Deetzen, Slg. 1991, I-5148, Rn. 28.

gen auf das „Umfeld“ desselben vorliegen.[763] Ebenfalls nicht dem Schutzbereich des Eigentums unterfallen das Vermögen[764] sowie bloße Chancen und Möglichkeiten. Dies gilt insbesondere für Marktanteile.

„Kein Wirtschaftsteilnehmer kann nämlich ein Eigentumsrecht an einem Marktanteil geltend machen, den er zu einem Zeitpunkt vor der Einführung einer gemeinsamen Marktorganisation besessen hat, da ein solcher Marktanteil nur eine augenblickliche wirtschaftliche Position darstellt, die den mit einer Änderung der Umstände verbundenen Risiken ausgesetzt ist.“[765]

Ferner „kann die Gewährleistung des Eigentums nicht auf den Schutz kaufmännischer Interessen ausgedehnt werden, deren Ungewissheit zum Wesen wirtschaftlicher Tätigkeit gehört.“[766]

Die gemeinschaftsrechtliche Eigentumsgarantie beinhaltet aber den Dispositionsschutz, also das Vertrauen des Eigentümers auf den Fortbestand der Rechtslage, die ihm die Nutzung des Eigentums ermöglicht.[767] Von den bloßen Erwartungen und Gewinnchancen abzugrenzen sind daher Rechtspositionen, die der EuGH als „wohlerworbene Rechte“ bezeichnet und die in einem engen Zusammenhang mit dem Grundsatz des Vertrauensschutzes stehen.[768] Diesen prüft der Gerichtshof allerdings in der Regel separat.[769] Voraussetzung ist ein Vertrauenstatbestand[770], der sich sowohl auf Gemeinschaftsakte als auch auf Akte der Mitgliedstaaten stützen kann. Bei Gemeinschaftsakten ist aber kein wohlerworbenes Recht oder berechtigtes Vertrauen auf die Beibehaltung einer bestehenden Situation, die durch Entscheidungen der Gemeinschaftsorgane im Rahmen des ihnen zustehenden Ermessens verändert werden kann, geschützt.[771]

---

763 Vgl. EuGH Rs. 59/83, Biovilac, Slg. 1984, 4057, Rn. 22. Dort entschied der Gerichtshof im Hinblick auf den eingerichteten und ausgeübten Gewerbebetrieb: "Die (...) erlassenen Maßnahmen entziehen der Klägerin weder ihr Eigentum noch dessen freie Nutzung (...) Zwar können (sie sich) nachteilig auf den Absatz ihrer Erzeugnisse auswirken, doch (sind sie nur) eine mittelbare Folge der Politik (...), mit der dem Allgemeinwohl dienende Ziele verfolgt werden.“

764 EuGH verb. Rs. C-143/88 und 92/89, Zuckerfabrik Süderdithmarschen und Zuckerfabrik Soest/Hauptzollamt Itzehoe und Hauptzollamt Paderborn, Slg. 1991, I-415, Rn. 74.

765 EuGH Rs. C-280/93, Bananen, Slg. 1994, I-4973 Rn. 79.

766 EuGH verb. Rs. 154, 205, 206, 226 bis 228, 263 und 264/78 sowie 39, 31, 83 und 85/79, Valsabbia u.a./Kommission, Slg. 1980, 907, Rn. 89; Rs. 4/73 Nold, Slg. 1794, 491, Rn. 14.

767 *Kingreen,* in: Callies/Ruffert, EUV/EGV, 2002, Art. 6 EUV, Rn. 150.

768 *Kingreen*, in: Callies/Ruffert, EUV/EGV, 2002, Art. 6 EUV, Rn. 150; *Günter*, Berufsfreiheit und Eigentum in der Europäischen Union, 1998, S. 43.

769 Vgl. aber: EuGH Rs. C-280/93, Bananen, Slg. 1994, I-4973 Rn. 80.

770 EuGH Rs. C-177/90, Kühn, Slg. 1992, I-35, Rn. 14f.

771 EuGH Rs. 230/78, Eridiana, Slg. 1979, 2749, Rn. 22; Rs. 52/81, Faust, Slg. 1982, 3745, Rn. 27; Rs. C-177/90, Kühn, Slg. 1992, I-35, Rn. 13; Rs. C-280/93, Bananen, Slg. 1994, I-4973, Rn. 79.

bb. Eingriff

Im Rückgriff auf Art. 1 des Ersten Zusatzprotokolls zur EMRK unterscheidet der Gerichtshof – in Übereinstimmung mit der Differenzierung in Art. 14 GG – zwischen zwei Eingriffstatbeständen.[772] Zum einen die Enteignung, zum anderen die Nutzungsbeschränkung.[773] Diese Unterscheidung gilt sowohl für unmittelbare als auch für mittelbare Beeinträchtigungen.[774]
Als Enteignung kann sowohl der förmliche Entzug der Inhaberschaft am Eigentumsobjekt, als auch die generelle Untersagung jeder Nutzung des Eigentums gesehen werden.[775] Eine Enteignung ist ferner dann anzunehmen, wenn eine Maßnahme dazu führt, dass der Gegenstand keinen nennenswerten wirtschaftlichen Wert mehr hat und dies endgültig ist.[776] Keine Enteignung liegt vor, wenn „es dem Eigentümer unbenommen bleibt, über sein Gut zu verfügen und es jeder anderen nicht untersagten Nutzung zuzuführen."[777]

Die Gemeinschaft hat grundsätzlich keine Kompetenz zur Enteignung. Diese bleibt gemäß Art. 295 EGV den Mitgliedstaaten vorbehalten.[778] Eine Enteignung durch die Gemeinschaft ist nur ausnahmsweise denkbar, wenn es sich um vermögenswerte Güter handelt, die allein dem Gemeinschaftsrecht unterliegen.[779]

Nutzungsbeschränkungen des Eigentums können sich aus Nutzungsverboten[780] oder Verfügungsbeschränkungen[781] ergeben. Maßnahmen, die lediglich die rentable Nutzung des Eigentumsobjekts beeinträchtigen, indem sie z.B. eine bisher bereitgehaltene Vermarktungsmöglichkeit abschaffen, die den Eigentümer jedoch nicht an der freien Verfügung über die Erzeugnisse hindern, stellen nach Auffassung des Gerichtshofs keinen Eingriff in das Eigentumsgrundrecht dar.[782]

---

[772] Die Rechtsprechung bezieht sich bislang ausschließlich auf Akte der Gemeinschaftsorgane.

[773] EuGH Rs. 44/79, Hauer, Slg. 1979, 3727, Rn. 19; *Kingreen* in: Callies/Ruffert, EUV/EGV, 2002, Art. 6 EUV, Rn. 151; *Penski/Elsner*, DÖV 2001, S. 265, 269; vgl. auch Art. 17 Abs. 1 S. 2, 3 GRCh.

[774] Vgl. dazu die Schlussanträge des GA *Jakobs* in der Rs. C-84/95, Bosphorus, Slg. 1996, I-3956, Rn. 22f.; *Kingreen* in: Callies/Ruffert, EUV/EGV, 2002, Art. 6 EUV, Rn. 152; *Penski/Elsner*, DÖV 2001, S. 265, 269.

[775] Vgl. EuGMR in: EuGRZ 1983, S. 523, Rn. 63.

[776] So GA *Jakobs* in seinen Schlussanträgen in der Rs. 5/88, Wachauf, Slg. 1989, 2622, Rn. 24ff., unter Berufung auf GA Capotorti in der Rs. 44/79, Hauer/Land Rheinland-Pfalz, Slg. 1979, 3727. Vgl. auch *Kingreen* in: Callies/Ruffert, EUV/EGV, 2002, Art. 6 EUV, Rn. 154.

[777] EuGH Rs. 44/79, Hauer, Slg. 1979, 3727, Rn. 19.

[778] EuGH Rs. 309/96, Annibaldi, Slg. 1997, I-7493, Rn. 23.

[779] Vgl. *Penski/Elsner*, DÖV 2001, S. 265, 269, die auch auf die Möglichkeit von Maßnahmen mit enteignender Wirkung hinweisen.

[780] Vgl. etwa EuGH Rs. 44/79, Hauer, Slg. 1979, 3727 (Neuanpflanzungsverbot von Weinreben).

[781] EuGH verb. Rs. C-296/93 und C-307/93, Frankreich und Irland/Kommission, Slg. 1996, I-795, Rn. 64.

[782] EuGH Rs. C-280/93, Bananen, Slg. 1994, I-4973, Rn. 78ff.; verb. Rs. C-296/93 und C-307/93, Frankreich und Irland/Kommission, Slg. 1996, I-795, Rn. 64.

Dass die Einschränkung von Vermarktungsmöglichkeiten keinen Eingriff in das gemeinschaftsrechtliche Eigentumsgrundrecht darstellt, soweit für den Betroffenen keine darüber hinausgehenden Belastungen verbunden sind, kann damit begründet werden, dass die Vermarktungsmöglichkeit weder aus dem Eigentum selbst resultiert, noch eigenständigen Schutz als Eigentumsobjekt genießt, da sie nicht auf Dauer eingeräumt wird. Gegebenenfalls kann hier aber der Grundsatz des Vertrauensschutzes greifen, wenn der Eigentümer mit dem Fortbestehen der Nutzungsmöglichkeiten rechnen durfte.[783]

b. Berufsfreiheit

Die Berufsfreiheit wird mit ihren besonderen Ausprägungen (Handelsfreiheit, Freiheit der wirtschaftlichen Betätigung, Freiheit der Arbeit) in nahezu allen Verfassungen der Mitgliedstaaten geschützt.[784]

aa. Schutzbereich

Auf Gemeinschaftsebene schützt der Gerichtshof die Berufsfreiheit[785] sowie als deren Einzelausprägungen die Handelsfreiheit[786], die Wirtschaftsfreiheit[787] und

---

[783] Vgl. *Penski/Elsner*, DÖV 2001, S. 265, 270.

[784] Kingreen in: Callies/Ruffert, EUV/EGV, 2002, Art. 6 EUV, Rn. 129. Auch Art. 15, 16 GRCh gewährleisten die Berufsfreiheit unter mehreren Aspekten. Vgl. auch rechtsvergleichend: *Notthoff*, RIW 1995, S. 541, 543; sowie *Günter*, Berufsfreiheit und Eigentum in der Europäischen Union, 1998, S. 50ff., sowie *Wunderlich*, Das Grundrecht der Berfusfreiheit im Europäischen Gemeinschaftsrecht, 2000, S. 25ff.

[785] EuGH Rs. 4/73, Nold, Slg. 1974, 491, Rn. 14; Rs. 44/79, Hauer/Land Rheinland-Pfalz, Slg. 1979, 3727, Rn. 31ff.; Rs. 116/82, Kommission/Deutschland, Slg. 1986, 2519, Rn. 27; verb. Rs. 63/84 und 147/84, Finsider, Slg. 1985, 2857, Rn. 23; verb. Rs. 133-136/85, Rau u.a./BALM, Slg. 1987, 2289, Rn. 15ff.; Rs. 234/85, Keller, Slg. 1986, 2897, Rn. 8: Rs. 265/87, Schräder/Hauptzollamt Gronau, Slg. 1989, 2237, Rn. 15; verb. Rs. C-143/88 und 92/89, Zukkerfabrik Süderdithmarschen und Zuckerfabrik Soest, Slg. 1991, I-415, Rn. 72ff.; verb. Rs. C-90 und C-91/90, Neu u.a., Slg. 1991, I-3617, Rn. 13; Rs. C-177/90, Kühn, Slg. 1992, I-35, Rn. 16; Rs. C-280/93, Bananen, Slg. 1994, I-4973, Rn. 78; Rs. 306/93, SMW Winzersekt/Land Rheinland-Pfalz, Slg. 1994, I-5555, Rn. 22; Rs. C-63/93, Duff u.a., Slg. 1996, I-569, Rn. 28; Rs. C-44/94, Fishermen, Slg. 1995, I-3115, Rn. 55; Rs. 84/95, Bosphorus, Slg. 1996, I-3953, Rn. 21; Rs. C-183/95, Affish, Slg. 1997, I-4315, Rn. 42; verb. Rs. C-248 und 249/95, SAM Schiffahrt und Stapf, Slg. 1997, I-4475, Rn. 72; Rs. C-200/96, Metronome Musik/Musik Point, Slg. 1998, I- 1953, Rn. 21; Rs. C-313/99, Mulligan u.a./Minister for Agriculture and Food Ireland, Slg. 2002, I-5719, Rn. 36.

[786] EuGH Rs. 4/73, Nold, Slg. 1974, 491, Rn. 14; Rs. 240/83, Procureur de la République/ADBHU, Slg. 1985, 531, Rn. 12.

[787] EuGH Rs. 11/70, Internationale Handelsgesellschaft, Slg. 1970, 1125, Rn. 2ff.; verb. Rs. 63/84 und 147/84, Finsider, Slg. 1985, 2857, Rn. 23f.; verb. Rs. C-143/88 und 92/89, Zuckerfabrik Süderdithmarschen, Slg. 1991, I-415, Rn. 72ff.

die Wettbewerbsfreiheit.[788] Die Berufsfreiheit in ihrer Ausprägung als Wettbewerbsfreiheit wird auch im Primärrecht geschützt, und zwar zum einen durch die Grundfreiheiten, die nach der Rechtsprechung leges speziales zur Berufsfreiheit sind, und zum anderen durch die Wettbewerbsregeln der Art. 81ff. EGV.

Der EuGH zählt die Berufsfreiheit in ständiger Rechtsprechung zum Katalog der geschützten Gemeinschaftsgrundrechte. Meist bezeichnet er das Grundrecht als das Recht auf freie Berufsausübung. Den Begriff des Berufs hat der Gerichtshof bislang nicht definiert. Eine Definition im Sinne des Gemeinschaftsgrundrechts könnte sich aber an die Definitionen anlehnen, die das Gemeinschaftsrecht für die Grundfreiheiten vorsieht oder die der Gerichtshof im Hinblick auf die grundfreiheitlich geschützten Tätigkeiten geprägt hat.[789] Davon ausgehend muss sich der Betreffende im Wirtschaftsleben betätigen. Die Tätigkeit muss in der Regel gegen Entgelt erbracht werden, und sie darf keinen so geringen Umfang haben, dass sie sich als völlig untergeordnet und unwesentlich darstellt.[790]

Die Judikatur betrifft zwar bisher ausschließlich die selbständige berufliche Betätigung; geschützt sind aber auch unselbständige Tätigkeiten.[791] Das Gemeinschaftsgrundrecht der freien Berufsausübung schützt mit der Berufswahl und der Berufsausübung[792] die Teilnahme am Wirtschaftsleben umfassend.[793]

bb. Eingriff

Eingriffe in das Recht der freien Berufsausübung sind alle Tätigkeiten, die sich auf die berufliche Betätigung auswirken.[794] Im Hinblick auf die Wirkung der betreffenden Maßnahme sind Eingriffe in die Freiheit der Berufswahl und der Berufsausübung voneinander abzugrenzen.[795]

Es fällt grundsätzlich in die Kompetenz der Mitgliedstaaten, darüber zu entscheiden, welche Berufstätigkeiten im jeweiligen Staat ausgeübt werden dürfen.[796] Die Regelung der Berufswahl ist also grundsätzlich eine nationale Angelegenheit.

---

[788] Vgl. EuGH verb. Rs. 133-136/85, Rau/BALM, Slg. 1987, 2289, Rn. 18.

[789] Vgl. etwa EuGH Rs. 66/85, Lawrie-Blum, Slg. 1986, 2121, Rn. 17 für den Arbeitnehmerbegriff.

[790] *Penski/Elsner*, DÖV 2001, S. 265, 271.

[791] *Günter*, Berufsfreiheit und Eigentum in der Europäischen Union, 1998, S. 18.

[792] Dazu EuGH, Rs. 44/79, Hauer/Land Rheinland-Pfalz, Slg. 1979, 3727, Rn. 32; Rs. C-306/93, SMW Winzersekt, Slg. 1994, I-5555, Rn. 25; *Kingreen*, in: Callies/Ruffert, EUV/EGV, 2002, Art. 6 EUV, Rn. 133; vgl. auch: *Feger*, RdA 1987, S. 13, 16; *Notthoff*, RIW 1995, S. 541, 543.

[793] *Penski/Elsner*, DÖV 2001, S. 265, 270f.

[794] Vgl. etwa EuGH Rs. C-177/90, Kühn, Slg. 1992, I-35, Rn. 16 (Quotensystem bei der Milchproduktion); Rs. C-306/93, SMW Winzersekt, Slg. 1994, I-5555, Rn. 25 (Verbot der Verwendung bestimmter geographischer Angaben bei Schaumwein); Rs. C-280/93, Bananen, Slg. 1994, I-4973, Rn. 81 (Einführung eines Zollkontingents für den Import von Bananen).

[795] EuGH Rs. 116/82, Kommission/Deutschland, Slg. 1986, 2519, Rn. 27.

[796] EuGH Rs. C- 159/90, Society for the Protection of Unborn Children Ireland, Slg. 1991, 4685, Rn. 20.

Über die Harmonisierung beeinflusst das Gemeinschaftsrecht aber zunehmend das nationale Recht, wo dieses den Zugang zu bestimmten Berufen regelt.[797] Wenn der Zugang zu einem bestimmten Beruf bereits abschließend gemeinschaftsrechtlich geregelt ist, ist es den Mitgliedstaaten verwehrt, davon abweichende Berufszugangsregelungen zu schaffen.[798]
Eingriffe in die Berufsausübungsfreiheit sind nicht nur Maßnahmen, die unmittelbar die Tätigkeit selbst betreffen, sondern auch solche, die nur mittelbare Auswirkungen haben.[799]

c. Rechtfertigung

aa. Verhältnismäßigkeitsgrundsatz und Wesensgehaltsgarantie

Der EuGH differenziert bei der Frage der Rechtfertigung in der Regel nicht zwischen der Berufsfreiheit und dem Eigentumsgrundrecht.[800] Bei der Prüfung der Rechtfertigung eines Eingriffs in das Eigentumsrecht ist zu beachten, dass Nutzungsbeschränkungen zur Wahrung des Allgemeininteresses erforderlich sein müssen.[801] Als schützenswerte Allgemeininteressen hat der EuGH bislang neben dem Verbraucherschutz[802] insbesondere die wirtschaftspolitischen Zielsetzungen der Gemeinschaft anerkannt.[803] Das Eigentumsrecht ebenso wie das Grundrecht der freien Berufsausübung muss stets im Hinblick auf seine soziale Funktion gesehen werden.[804] Insbesondere im Rahmen einer gemeinsamen Marktorganisation kann es Beschränkungen unterworfen werden, „sofern diese Beschränkungen tatsächlich dem Gemeinwohl dienenden Zielen der Gemeinschaft entsprechen und nicht einen im Hinblick auf den verfolgten Zweck unverhältnismäßigen, nicht

---

797 Das in diesem Zusammenhang in Deutschland bekannteste Urteil ist wohl EuGH Rs. C-285/98, Tanja Kreil, Slg. 2000, I-69.

798 Vgl. Etwa EuGH Rs. C-40/93, Kommission/Italien, Slg. 1995, I-1319, Rn. 23f.

799 *Penski/Elsner*, DÖV 2001, S. 265, 271; *Kingreen* in: Callies/Ruffert, EUV/EGV, 2002, Art. 6 EUV, Rn. 135f.

800 Vgl. nur EuGH Rs. C-44/94, Fishermen´s Organisation u.a., Slg. 1995, I-3115, Rn. 55.

801 Vgl. *Günter*, Berufsfreiheit und Eigentum in der Europäischen Union, 1998, S. 44f.

802 EuGH Rs. 44/79, Hauer/Land Rheinland Pfalz, Slg. 1979, 3727, Rn. 25; Rs. 306/93, SMW Winzersekt, Slg. 1994, I-5555, Rn.25.

803 EuGH Rs. 113/88, Leukhardt/Hauptzollamt Reutlingen, Slg. 1989, 1991, Rn. 20; Rs. C-280/93, Bananen, Slg. 1994, I-4973 Rn. 82; Rs. 306/93, SMW Winzersekt, Slg. 1994, I-5555, Rn. 21.

804 EuGH Rs. 11/70, Internationale Handelsgesellschaft, Slg. 1970, 1125, Rn. 16; Rs. 4/73, Nold, Slg. 1974, 491, Rn. 14; Rs. 44/79, Hauer/Land Rheinland Pfalz, Slg. 1979, 3727, Rn. 20; Rs. 265/87, Schräder, Slg. 1989, 2237, Rn. 15; Rs. 5/88, Wachauf, Slg. 1989, 2609, Rn. 18; Rs. C-44/89, von Deetzen/Hauptzollamt Oldenburg, Slg. 1991, I- 5119, Rn. 28; Rs. 177/90, Kühn, Slg. 1992, I-35 Rn. 16; Rs. C-280/93, Bananen, Slg. 1994, I-4973 Rn. 78; Rs. C-293/97, Standley, Slg. 1999, I-2603, Rn. 54; Rs. C-491/01, British American Tobacco, Slg. 2002, I-11453, Rn. 149.

tragbaren Eingriff darstellen, der die so gewährleisteten Rechte in ihrem Wesensgehalt antastet."[805]
Auch hier liegt eine große Übereinstimmung zur Rechtsprechung etwa des BVerfG zu diesen Grundrechten. So ist im deutschen Verfassungsrecht die Sozialbindung des Eigentums ebenfalls bekannt – ebenso wird auf der Rechtfertigungsebene bei Eingriffen in die Berufsfreiheit – der sozialen Funktion dieses Grundrechts Rechnung tragend – zwischen verschiedenen Intensitäten unterschieden.

Aus der Rangordnung der Normen des Gemeinschaftsrechts ergibt sich darüber hinaus, dass die Grundrechte stets im Einklang mit den Bestimmungen des Primärrechts auszulegen sind. Sie unterliegen insofern immanenten Schranken des Primärrechts, insbesondere auch im Hinblick auf die Grundfreiheiten.[806] Rechtmäßige Beschränkungen sowohl der Eigentums- als auch der Berufsfreiheit können aber auch durch das Sekundärrecht erfolgen. Diese erfordern jedoch stets eine Rechtsgrundlage.[807]

Als spezielle Ausprägung dieses allgemeinen Grundsatzes kann etwa für das Eigentumsrecht auf Art. 1 Abs. 2 ZPEMRK hingewiesen werden. Danach „beeinträchtigt die grundsätzliche Verpflichtung zur Achtung des Eigentums in keiner Weise das Recht des Staates, diejenigen Gesetze anzuwenden, die er für die Regelung der Benutzung des Eigentums im Einklang mit dem Allgemeininteresse oder zur Sicherung der Zahlung der Steuern oder sonstigen Abgaben oder von Geldstrafen für erforderlich hält.[808]

---

805 EuGH Rs. 44/79, Hauer/Land Rheinland Pfalz, Slg. 1979, 3727, Rn. 23; Rs. 265/87, Schräder, Slg. 1989, 2237, Rn. 15; Rs. C-44/89, von Deetzen/Hauptzollamt Oldenburg, Slg. 1991, I-5119, Rn. 28; Rs. 177/90, Kühn, Slg. 1992, I-35 Rn. 16; Rs. C-280/93, Bananen, Slg. 1994, I-4973 Rn. 78; Rs. 306/93, SMW Winzersekt, Slg. 1994, I-5555, Rn. 20; Rs. C-22/94, Irish Farmers Association u.a., Slg. 1997, I-1809, Rn. 27; Rs. C-44/94, Fishermen's Organisation u.a., Slg. 1995, I-3133, Rn. 55; Rs. C-84/95, Bosphorus, Slg. 1996, I-3953, Rn. 21. Auch ein Entschädigungsanspruch bei Eigentumsverletzungen ist zumindest im Grundsatz anerkannt, vgl. EuGH Rs. 5/88, Wachauf, Slg. 1989, 2609, Rn. 19.

806 So unterliegen, wie EuGH Rs. C-92/92 und C-326/92, Phil Collins u.a., Slg. 1993, I-5145, Rn. 22ff. zeigt, z.B. Eigentumsrechte trotz Art. 295 EGV den Vorschriften der Art. 28, 30, 49 und 50 EGV oder dem allgemeinen Diskriminierungsverbot des Art. 12 Abs. 1 EGV. Ausnahmen von der Warenverkehrsfreiheit sind nach EuGH Rs. C-235/89, Kommission/Italien, Slg. 1992, I-777, Rn. 16 nur zulässig, wenn sie zur Wahrung von Rechten erfolgen, die den spezifischen Gegenstand des Eigentums ausmachen. So konkurriert die Warenverkehrsfreiheit z. B. mit dem Eigentumsgrundrecht, wie dies etwa in der Rs. C-288/89, Collectieve Antennevoorziening Gouda, Slg. 1991, I-4007, Rn. 14 deutlich wird.

807 Vgl. EuGH Rs. 46/87 und 227/88, Hoechst/Kommission, Slg. 1989, 2859, Rn. 19.

808 Vgl. EuGH Rs. 44/79, Hauer/Land Rheinland-Pfalz, Slg. 1979, 3727, Rn. 19: „Das Protokoll läßt also Einschränkungen der Benutzung es Eigentums grundsätzlich zu, beschränkt diese aber auf das von den Staaten im Hinblick auf den Schutz des „Allgemeininteresses" für „erforderlich" gehaltene Maß (...) In sämtlichen Mitgliedstaaten haben zahlreiche Gesetzgebungsakte

Für die Grundfreiheiten konkretisiert der Vertrag im Hinblick auf bestimmte Rechtsgüter (insbesondere der Öffentlichen Sicherheit und Ordnung) Ausnahmen und sieht Beschränkungen vor. Der Gerichtshof spricht in diesem Zusammenhang von den „anerkannten zwingenden Gründen des Allgemeininteresses" und erkennt darin den auch für die Grundrechte geltenden allgemeinen Grundsatz.[809] Es entstünde ein Wertungswiderspruch, wenn die Gemeinschaft sich in diesem sensiblen Bereich nicht ebenso auf die genannten Rechtsgüter berufen könnte.[810]

bb. Vertrauensschutz

Ein weiterer Gesichtpunkt, der bei der Rechtfertigung von Eingriffen in Grundrechtspositionen zu beachten ist, ist der Grundsatz des Vertrauensschutzes. Dieser Grundsatz folgt aus dem Grundsatz der Rechtssicherheit, „der gebietet, dass Rechtsvorschriften klar und bestimmt sein müssen, und der Voraussehbarkeit der unter das Gemeinschaftsrecht fallenden Tatbestände und Rechtsbeziehungen gewährleisten soll."[811] Verletzt der Gemeinschaftsgesetzgeber den Grundsatz des Vertrauensschutzes, führt dies zur Ungültigkeit der betreffenden Norm.[812] Schutzbegünstigter ist jeder Bürger, der in einer Situation ist, aus der sich ergibt, dass die Gemeinschaftsgewalt ihm bestimmte Zusicherungen gemacht und dadurch bei ihm begründete Erwartungen geweckt hat.[813] Gleiches gilt, wenn sich der Betreffende durch eine Handlung der Gemeinschaft zu einer Disposition veranlasst sah, die sich später für ihn nachteilig auswirkt, weil die Gemeinschaft, ohne dass dies zu erwarten gewesen wäre, die rechtlichen Rahmenbedingungen geändert hat.[814]

(der) sozialen Funktion des Eigentumsrechts konkreten Ausdruck gegeben." Zum Schutz des Allgemeininteresses vgl. ferner: EuGH Rs. 68/86, Vereinigtes Königreich/Rat, Slg. 1988, 855, Rn. 12 und Rs. C-27/95, Bakers of Nailsea, Slg. 1997, I-1847, Rn. 37.

809 EuGH Rs. C-288/89, Collectieve Antennevoorziening Gouda, Slg. 1991, I-4007, Rn. 13ff.

810 *Penski/Elsner*, DÖV 2001, S. 265, 272.

811 EuGH Rs. C-63/93, Duff u.a., Slg. 1996, 569, Rn. 20.

812 EuGH Rs. 120/86, Mulder, Slg. 1988, 2321, Rn. 27.

813 Vgl. *Penski/Elsner*, DÖV 2001, S. 265, 274.

814 EuGH Rs. 122/86, Mulder, Slg. 1988, 2321, Rn. 24; Rs. C-44/89, von Deetzen/Hauptzollamt Oldenburg, Slg. 1991, I-5119, Rn. 20.

7. Teil: Bewertung der Verhältnismäßigkeitrechtsprechung anhand des entwickelten Maßstabes

Ausgangspunkt der Bewertung ist, dass die Rechtsprechung des Gerichtshofes aufgrund seiner Zusammensetzung und besonderen Stellung im Institutionsgefüge der EU nicht vollständig mit der (Verfassungs-)Rechtsprechung eines Mitgliedstaates gleich gesetzt werden kann. Dies selbst dann nicht, wenn es sich bei dem entsprechenden Mitgliedstaat um denjenigen handelt, dessen Rechtsprechung maßgeblich zur Herausbildung des streitigen Grundsatzes auf Gemeinschaftsebene beigetragen hat. Denn dies liefe zwangsläufig der Anlage einer Gemeinschaft zuwider, bei der es darum geht, einen für alle Mitglieder tragfähigen Konsens zu finden. Davon abgesehen sind aber durchaus Parallelen zwischen der Verhältnismäßigkeitsrechtsprechung des EuGH und der des BVerfG festzustellen.

A. Kontrolldichtekonzeption der EuGH-Rechtsprechung

I. Andere Verortung der Verhältnismäßigkeitsprüfung

Der größte Unterschied zur Rechtsprechung des BVerfG ist, dass der EuGH den Grundsatz der Verhältnismäßigkeit nicht zwingend im Rahmen der Grundrechtsprüfung erörtert, sondern als eigenständigen Prüfungspunkt neben anderen, wie etwa den Grundrechten, den Vertrauensschutz, das Diskriminierungsverbot oder die Begründungspflicht.[815] Darüber hinaus zieht der Gerichtshof den Verhältnismäßigkeitsgrundsatz auch im Rahmen der Prüfung der Grundfreiheiten heran.[816] Der Grundsatz der Verhältnismäßigkeit und die Grundrechte stehen allerdings in der Rechtsprechung des Gerichtshofs auch nicht völlig beziehungslos nebeneinander. Im Rahmen der Grundrechtsschranken, insbesondere bei der Berufsfreiheit und beim Eigentumsschutz, betont der Gerichtshof üblicherweise, dass diese Grundrechte im Hinblick auf ihre gesellschaftliche Funktion gesehen werden müssen. Ihre Beschränkung muss tatsächlich dem Gemeinwohl dienenden Zielen der Gemeinschaft entsprechen und darf nicht einen im Hinblick auf den verfolgten

---

[815] Vgl. etwa: EuGH Rs. 5/88, Wachauf, Slg. 1989, 2609; Rs. C-2/92, Bostock, Slg. 1994, I-955; Rs. 22/94, Irish Farmers Association u.a., Slg. 1997, I-1809, Rn. 17ff.; Rs. C-122/95, Bundesrepublik Deutschland/Rat, Slg. 1998, I-973, Rn. 53; Rs. C-186/96, Demand, Slg. 1998, I-8529, Rn. 35ff.; Rs. C-313/99, Mulligan u.a., Slg. 2002, I-5719, Rn. 36; Rs. C-210/00, Käserei Champignon, Slg. 2002, I-6453, Rn. 59ff.

[816] Vgl. etwa EuGH verb. Rs. C-163/94, C-165/94 und C-250/94, Sanz de Lera u.a., Slg. 1995, I-4821, Rn. 23; Rs. C-54/99, Église de scientologie, Slg. 2000, I-1335, Rn. 18 ; Rs. C-367/98, Kommission/Portugal, Slg. 2002, I-4731, Rn. 49; Rs. C-430/99 und C-431/99, Sea-Land Service und Nedlloyd Lijnen, Slg. 2002, I-5235, Rn. 43; Rs. C-100/01, Oteiza Olazabal, Slg. 2002, I-10981, Rn. 43.

Zweck unverhältnismäßigen, nicht tragbaren Eingriff darstellen.[817] Eine Abwägung zwischen Gemeinwohl und Individualinteressen kann demnach auch im Rahmen der Grundrechtsprüfung oder innerhalb derselben Entscheidung sowohl bei den Grundrechten als auch im Rahmen der Ausführungen zur Verhältnismäßigkeit erfolgen.[818] Ebenso finden sich Entscheidungen des Gerichtshofs, bei denen im Rahmen der Prüfung des Grundsatzes der Verhältnismäßigkeit auf die Grundrechte Bezug genommen und die genannte Formulierung verwendet wird.[819] Die Anwendung des Grundsatzes der Verhältnismäßigkeit als eigenen Prüfungspunkt in vielen Urteilen des EuGH stellt zwar einen – wenn auch deutlichen – Unterschied zur Rechtsprechung des BVerfG dar, lässt aber keine Rückschlüsse auf einen eventuellen Mangel an Prüfdichte zu.

Der Grundsatz der Verhältnismäßigkeit findet auf Gemeinschaftsebene auch und gerade im Rahmen des Wirtschaftsverwaltungs- bzw. Marktordnungsrechts Anwendung. Insbesondere im Agrarbereich gibt es zahlreiche Entscheidungen, die ihn herausgebildet oder in seiner Geltung bestätigt haben.[820] Da die Regelung der Agrarmärkte in zahlreichen Aspekten durch das Gemeinschaftsrecht erfolgt, wird die Einhaltung des Grundsatzes der Verhältnismäßigkeit im Rahmen des Marktordnungsrechts gerade im Hinblick auf Gemeinschaftsrechtsakte überprüft[821], womit dem Aspekt der Kritik entgegengetreten werden kann, dass es insbesondere bei Gemeinschaftsakten zu einer Vernachlässigung der Anwendung des Grundsatzes der Verhältnismäßigkeit komme.[822] Ob es dabei zur Aufhebung eines Gemeinschaftsaktes kommt, ist eine Frage des jeweiligen Einzelfalles und lässt keine Rückschlüsse auf einen Mangel in der Anwendung des Grundsatzes im Gemeinschaftsrecht zu.[823] Davon unabhängig ist die Aufhebung eines Gemein-

---

[817] EuGH Rs. 265/87, Schräder/Hauptzollamt Gronau, Slg. 1989, 2237 Rn. 15; Rs. C-280/93, Bananen, Slg. 1994, I-4973, 5059 Rn. 78; Rs. C-44/94, Fishermen´s Organisations u.a., Slg. 1995, I-3115, Rn. 55; Rs. C-200/96, Metronome Musik, Slg. 1998, I-1953 Rn. 21.

[818] EuGH Rs. 265/87, Schräder/Hauptzollamt Gronau, Slg. 1989, 2237 Rn. 15, 18, 20ff.; Rs. C-280/93, Bananen, Slg. 1994, I-4973, 5059 Rn. 78ff., 88ff.; Rs. C-44/94, Fishermen´s Organisations u.a., Slg. 1995, I-3115, Rn. 55ff.;

[819] Vgl. etwa: EuGH Rs. C-183/95, Affish BV/Rijksdienst voor de keuring van Vee en Vlees, Slg. 1997, I-4315, Rn. 41ff.

[820] Übersicht bei *Schwarze*, Europäisches Verwaltungsrecht Bd. II, 1988, S. 708ff.; vgl. auch: v. *Bogdandy/Nettesheim*, in: Grabitz/Hilf, EGV, Stand: Sept. 1994, Art. 3b EGV, Rn. 43; *Kischel*, EuR 2000, S. 381, 385.

[821] Übersicht bei: *Schwarze*, Europäisches Verwaltungsrecht Bd. II, 1988, S. 708ff.

[822] Vgl. nur: *Coppel/O'Neill*, CMLRev. 29 (1992), S. 669, 681ff.

[823] Vgl. aber auch de *Witte*, in: Alston, The EU and Human Rights, 1999, S. 859, 869, der feststellt, dass nur ausgesprochen wenige Grundrechtsfälle jährlich vor den EuGH gelangen, was in einem Kontrast zu der Anzahl der vor einigen nationalen Verfassungsgerichten verhandelten Grundrechtsfälle steht. Dies könnte aufgrund der Quantität zumindest auf einen daraus resultierenden geringeren Schutzumfang schließen lassen.

schaftsrechtsaktes durch den EuGH wegen Verstoßes gegen den Grundsatz der Verhältnismäßigkeit durchaus schon erfolgt.[824]

II. Entscheidungsspielraum der Rechtsetzungsorgane

Der Erlass eines Gemeinschaftsrechtsaktes als Ergebnis einer Tatsachenauswertung und der Abwägung von Interessen und Rechtsgütern setzt einen mehr oder weniger großen Beurteilungs- und Ermessensspielraum voraus.[825] Den Rechtsetzungsorganen der Gemeinschaft steht dort ein Entscheidungsspielraum zu, wo der Inhalt der Entscheidung zur Verwirklichung einer Politik im EGV nicht näher festgelegt ist.[826] Die Ziele des EGV müssen grundsätzlich weit und dyna*Misch* verstanden werden, was notwendig zu einem bedeutenden Entscheidungsspielraum des Gemeinschaftsgesetzgebers führt.

1. Ermessen als gemeinschaftsrechtlicher Begriff

Der EuGH unterscheidet – in Anlehnung an das französische Recht[827] – nicht wie im deutschen Recht üblich zwischen Tatbestands- und Rechtsfolgenseite und damit verbunden zwischen Ermessens- und Beurteilungsspielraum.[828] Die von ihm verwandten Begriffe bezeichnen allgemein einen Entscheidungsspielraum der rechtsetzenden Gemeinschaftsorgane.[829] Diese Einschätzungsprärogative bezieht sich nach Auffassung des Gerichtshofs auch auf die Feststellung der zugrundeliegenden Tatsachen[830], etwa als Einschätzungs- oder Erkenntnisprärogative auf die em*Piris*che Seite der Prognose über die Entwicklung des Sachverhalts.[831] Im Bereich der Sachverhaltsaufklärung beruht dieser Beurteilungsspielraum auf der Komplexität der von der Wirtschaftsgesetzgebung geregelten Materie und dem Prognosecharakter der zu treffenden Entscheidung, die eine vollständige Erfas-

---

[824] Vgl. EuGH Rs. 122/78, Buitoni, Slg. 1979, 677, Rn. 19/20ff.; Rs. 114/76, Bela Mühle, Slg. 1977, 1211, Rn. 7; Rs. 181/84, Man Sugar, Slg. 1985, 2889, Rn. 20ff., 31.

[825] *Egger*, E.L.Rev 1993, S. 367.

[826] *Nicolaysen*, Europarecht I, 2002, S. 386; allgemein zum Entscheidungsspielraum der Gemeinschaftsorgane: *Schwarze*, in: Ders./Schmidt-Aßmann, Das Ausmaß der gerichtlichen Kontrolle im Wirtschaftsverwaltungs- und Umweltrecht 1992, S. 203ff.

[827] Vgl. *Bleckmann*, in: FS Kutscher 1981, S. 25, 26; *Ders*. EuGRZ 1979, S. 485ff. sowie den Rechtsvergleich im 1. Teil.

[828] *Everling*, in: Schwarze, Der EuGH als Verfassungsgericht und Rechtsschutzinstanz, 1983, S. 137, 147ff.; *Bleckmann*, Europarecht, 1999, § 9 Rn. 862.

[829] Vgl. EuGH Rs. 183/84, Söhnlein Rheingold/Hauptzollamt Wiesbaden, Slg. 1985, 3351, Rn. 23ff.; *Schwarze*, Europäisches Verwaltungsrecht 1988 Bd. I, S. 455ff. 457; *Schwarze*, in: Ders./Schmidt-Aßmann, Das Ausmaß der gerichtlichen Kontrolle im Wirtschaftsverwaltungs- und Umweltrecht, 1992, S. 203, 204.

[830] Vgl. EuGH Rs. 166/78, Italien/Rat, Slg. 1979, 2575, Rn.14.

[831] Vgl. Rausch, Die Kontrolle von Tatsachenfeststellungen und -würdigungen durch den Gerichtshof der Europäischen Gemeinschaften., Berlin 1994, S. 253ff.

sung und Bewertung der zukünftigen Entwicklung ausschließen. Hinzu kommt, dass bei der Ermittlung von Tatsachen vielfach subjektive Wertungen erforderlich sind.[832]

2. Gewaltenteilungsgrundsatz

Vor Erlass eines Rechtsaktes auf Gemeinschaftsebene ist der Gemeinschaftsgesetzgeber daher dazu berufen, eine Abwägung der Ziele der Gemeinschaft vorzunehmen. In diesem Zusammenhang hat sich eine Rechtsprechung des Gerichtshofes etabliert, welche die Zuständigkeiten des Gemeinschaftsgesetzgebers genau von den eigenen abgrenzt. Primäres Entscheidungsorgan im politischen Prozess der Gemeinschaftsrechtssetzung ist der Gemeinschaftsgesetzgeber. Überprüfungsinstanz ist der Gerichtshof.

3. Handeln im „gemeinsamen Interesse"

Der EuGH bindet den Gemeinschaftsgesetzgeber zunächst an die Verpflichtung, stets „im gemeinsamen Interesse"[833] zu handeln. Diese Verpflichtung bedeutet aber nicht, dass die rechtssetzenden Organe ausnahmslos im Interesse aller zu handeln hätten. – Eine Verpflichtung, die bei einer heterogenen Wirklichkeit, wie sie in der Gemeinschaft anzutreffen ist, ohnehin kaum zu realisieren wäre, sollte nicht die Funktionsfähigkeit der Gemeinschaft selbst in Frage gestellt werden. Die Verpflichtung der gesetzgebenden Organe auf das Handeln im gemeinsamen Interesse bedeutet also keine Verpflichtung, in Erfüllung ihrer Aufgaben nur tätig zu werden, wenn keinerlei Interessen beeinträchtigt sind. Vielmehr muss der Gemeinschaftsgesetzgeber bei seinem Vorgehen die verschiedenen Interessen abwägen und nachteilige Auswirkungen vermeiden, soweit dies die zu erlassende Entscheidung vernünftigerweise ermöglicht. Die Befugnis zum Erlass von Rechtsakten im gemeinsamen Interesse umfasst demzufolge auch den Gebrauch dieser Befugnis, je nach den konkreten Umständen des Falles, selbst wenn bestimmte Einzelinteressen dadurch beeinträchtigt werden sollten.[834]

Aus den Verträgen lässt sich keine Verpflichtung der Gemeinschaftsorgane ableiten, dass diese stets alle in einer Vorschrift aufgeführten Ziele in ihrer Gesamtheit und gleichzeitig zu verfolgen hätten. Es ist erforderlich, zugleich aber auch ausreichend, dass sie dafür Sorge tragen, dass diese einzelnen, einander möglicherweise widersprechenden Ziele ständig miteinander in Einklang gebracht werden, und dass sie, falls zwischen ihnen Widersprüche auftreten sollten, dem

---

[832] *Schwarze*, in: Ders./Schmidt-Aßmann, Das Ausmaß der gerichtlichen Kontrolle im Wirtschaftsverwaltungs- und Umweltrecht, 1992, S. 209, 235.

[833] Vgl. bereits: EuGH verb. Rs. 154, 205, 206, 226 bis 228, 263 und 264/78 sowie 39, 31, 83 und 85/79, Valsabbia u.a./Kommission, Slg. 1980, 907, 4. Leitsatz.

[834] Vgl. auch *Kischel*, EuR 2000, S. 380, 388.

einen oder anderen Ziel denjenigen Vorrang einräumen, die sie aufgrund der wirtschaftlichen Gegebenheiten, die zu den fraglichen Maßnahmen Anlass gegeben haben, für angebracht halten.[835]

Darüber hinaus haben die rechtssetzenden Organe bei der Wahrnehmung ihrer Befugnisse zwar darüber zu wachen, dass die den Wirtschaftsteilnehmern auferlegten Belastungen nicht das Maß übersteigen, das zur Erfüllung der Ziele erforderlich ist. Daraus folgt aber nicht, dass der Umfang dieser Verpflichtung etwa an den besonderen Verhältnissen eines bestimmten Wirtschaftskreises zu messen ist.[836]

III. Abwägung von Gemeinwohlzielen und Individualinteressen

Die Bedeutung des Grundsatzes der Verhältnismäßigkeit ist umso ausgeprägter, je größer der Ermessensspielraum der handelnden Organe ist und dementsprechend umso geringer, je genauer die zu treffende Entscheidung durch Rechtsvorschriften festgelegt ist.[837] Ausgehend vom Sinn des Grundsatzes der Verhältnismäßigkeit, die Freiheit des Einzelnen gegenüber Beschränkungen der öffentlichen Gewalt zu schützen, ist eine Abstufung innerhalb der Verhältnismäßigkeitsprüfung nach dem Rang des geschützten Freiheitsgutes, der Intensität seiner Beeinträchtigung und dem Gewicht des dem Individualinteresse gegenüberstehenden öffentlichen Interesses geboten.[838]

Die das Gemeinwohl bestimmenden Ziele der angegriffenen Norm entnimmt der Gerichtshof meist den der Norm vorangestellten Begründungserwägungen.[839] Die dem Gemeinschaftsgesetzgeber über Art. 253 EGV auferlegte Begründungs-

---

[835] Vgl. etwa für den EGKS EuGH verb. Rs. 154, 205, 206, 226 bis 228, 263 und 264/78 sowie 39, 31, 83 und 85/79, Valsabbia u.a./Kommission, Slg. 1980, 907, Rn. 49, 54; ferner: EuGH verb. Rs. 279, 280, 285, 286/84, Rau/Kommission, Slg. 1987, 1069, Rn. 21; Rs. 203/86, Spanien/Rat, Slg. 1988, 4563 Rn. 10; ferner: Rs. C-311/90, Hierl, Slg. 1992, I-2061 Rn. 13; Rs. C-280/93, Bananen, Slg. 1994, I-4973 Rn. 47; sowie EuGH verb. Rs. C-133/93, C-300/93 und C-362/93, Crispoltoni u.a., Slg. 1994, I-4863, Rn.32; Rs. C-44/94, Fishermen´s Organisations u.a., Slg. 1995, I-3115, Rn. 37.

[836] EuGH verb. Rs. 154, 205, 206, 226 bis 228, 263 und 264/78 sowie 39, 31, 83 und 85/79, Valsabbia u.a./Kommission, Slg. 1980, 907, Rn. 118.

[837] Vgl. *Jakobs*, Verhältnismäßigkeit, 1985, S. 138; *Schwarze*, Europäisches Verwaltungsrecht Bd. II, 1988, S. 838; *Emmerich-Fritsche*, Verhältnismäßigkeit, 2000, S. 233.

[838] Vgl. dazu die Schlussanträge des GA Trabucci in der Rs. 118/75, Watson und Belmann, Slg. 1976, 1185, 1201ff., 1208f.

[839] Vgl. etwa: EuGH Rs. 306/93, SMW Winzersekt/Land Rheinland-Pfalz, Slg. Slg. 1994, I-5555, Rn. 25, mit der ausdrücklichen Feststellung, dass das Ziel der angegriffenen Verordnung dem Gemeinwohl diene.

pflicht dient damit gerade auch der Wahrnehmung der Kontrollbefugnis des Gerichtshofs.[840]

Aber auch die wirtschaftlichen Umstände, die zum Erlass einer gemeinschaftsrechtlichen Norm geführt haben, werden zur Zweckermittlung herangezogen.[841] Der EuGH judiziert in ständiger Rechtsprechung, dass die von einer Norm intendierten Ziele zulässig sein und etwaige Beschränkungen der Wirtschaftsteilnehmer tatsächlich dem Gemeinwohl dienenden Zielen entsprechen müssten.[842] Danach schließt er also eine Überprüfung der vom Gemeinschaftsgesetzgeber angeführten Ziele gerade nicht aus.[843] Der Gerichtshof stellt den Gemeinwohlzielen die sich aus der angegriffenen Norm für den Betroffenen ergebenden Nachteile gegenüber[844], definiert diese im Rahmen der Verhältnismäßigkeitsprüfung aber oft nicht genauer.[845] Der gemeinschaftsrechtliche Verhältnismäßigkeitsgrundsatz verlangt aber auch nicht, dass die Gemeinschaftsorgane ihr Handeln an den besonderen Verhältnissen eines bestimmten Wirtschaftsteilnehmers oder einer bestimmten Gruppe von Wirtschaftsteilnehmern ausrichten.[846] Eine solche Abwägung wäre nach der Rechtsprechung des EuGH angesichts der Vielfalt und Komplexität der wirtschaftlichen Verhältnisse undurchführbar und würde eine ständige Quelle der Rechtsunsicherheit darstellen.[847]

IV. Grenzen der Entscheidungsfreiheit

Die Verpflichtung der rechtsetzenden Organe, nur legitime Ziele zu verfolgen, ist insbesondere im Hinblick auf den in Art. 6 EUV kodifizierten Anspruch der Union, eine Rechts- und Wertegemeinschaft zu sein, eine Vorgabe für die Zielauswahl der Gemeinschaftsorgane. Diese verfügen somit nicht über eine beliebige Zwecksetzungsbefugnis. Der Gerichtshof ist vielmehr verpflichtet, die Einhaltung

---

[840] EuGH Rs. C-180/96, Vereinigtes Königreich /Kommission, Slg. 1998, I-2265, Rn. 70; verb. Rs. C-27/00 und C-122/00, Omega Air, Slg. 2002, I-2569, Rn. 46; Rs. C-491/01, British American Tobacco, Slg. 2002, I-11453, Rn. 165.

[841] EuGH Rs. 44/79, Hauer/Land Rheinland-Pfalz, Slg. 1979, 3727, Rn. 21.

[842] Vgl. nur EuGH Rs. 44/79, Hauer/Land Rheinland Pfalz, Slg. 1979, 3727, Rn. 23; Rs. 265/87, Schräder, Slg. 1989, 2237, Rn. 15; Rs. C-44/89, von Deetzen/Hauptzollamt Oldenburg, Slg. 1991, I- 5119, Rn. 28; Rs. 177/90, Kühn, Slg. 1992, I-35 Rn. 16; Rs. C-280/93, Bananen, Slg. 1994, I-4973 Rn. 78; Rs. 306/93, SMW Winzersekt, Slg. 1994, I-5555, Rn. 20; Rs. C-22/94, Irish Farmers Association u.a., Slg. 1997, I-1809, Rn. 27; Rs. C-44/94, Fishermen´s Organisation u.a., Slg. 1995, I-3133, Rn. 55; Rs. C-84/95, Bosphorus, Slg. 1996, I-3953, Rn. 21.

[843] So auch: *Kischel*, EuR 2000, S. 381, 389.

[844] Vgl. nur: EuGH Rs. C-22/94, Irish Farmers Association u. a., Slg. 1994, I-1809, Rn. 31.

[845] Vgl. etwa: EuGH Rs. 265/87, Schräder/Hauptzollamt Gronau, Slg. 1989, 2237, Rn. 20ff.

[846] EuGH Rs. 5/73, Balkan-Import-Export/Hauptzollamt Berlin-Packhof, Slg. 1973, 1091, Rn. 22; verb. Rs. 154, 205, 206, 226 bis 228, 263 und 264/78 sowie 39, 31, 83 und 85/79, Valsabbia u.a./Kommission, Slg. 1980, 907, Rn. 118; *Kischel*, EuR 2000, S. 381, 390.

[847] EuGH Rs. 5/73, Balkan-Import-Export/Hauptzollamt Berlin-Packhof, Slg.19873, 1091, Rn. 22.

der Vertragsziele zu überprüfen. Mit dieser Pflicht korrespondiert etwa auch die in Art. 6 Abs. 3 EUV niedergelegte Verpflichtung zur Wahrung der nationalen Identität der Mitgliedstaaten. –Denn insbesondere durch die Wahrung von Kompetenzgrenzen, die der Gemeinschaft gezogen sind, kann der Gerichtshof dazu beitragen, dass die nationale Identität nicht „über Umwege" ausgehöhlt wird. In der Analyse seiner Rechtsprechung insbesondere im Hinblick auf die Handhabung des Grundsatzes der Verhältnismäßigkeit hat sich aber nichts ergeben, was darauf schließen ließe, dass er dieser Verpflichtung nicht nachkäme. So erkennt der Gerichtshof als legitime Ziele einer Gemeinschaftsmaßnahme nur verfassungslegitime Ziele an, also solche Ziele, die in den Gemeinschaftsverträgen vorgesehen sind. Dass es kaum einmal zur Feststellung der Unverhältnismäßigkeit einer Gemeinschaftsmaßnahme durch den Gerichtshof kam liegt daran, dass die Zielkonzeptionen der Gemeinschaft zum einen sehr weit sind, und zum anderen Gemeinschaftsmaßnahmen mit ihnen regelmäßig nicht in Konflikt geraten. Überschreitet ein Gemeinschaftsorgan die Grenzen seines ihm zustehenden Ermessens, müsste der EuGH aber in Wahrung der in Art. 6 Abs. 1 EUV niedergelegten rechtsstaatlichen Grundsätze die entsprechende Gemeinschaftsmaßnahme für ungültig erklären. Auch hier kann etwa die Begründungspflicht zu einer Rationalisierung und Überprüfbarkeit der Verhältnismäßigkeitsprüfung führen, da die Begründung einer Gemeinschaftsmaßnahme etwa auch die Rechtsgrundlage angeben muss, auf der die entsprechende Maßnahme beruht.[848] Stützt ein Gemeinschaftsorgan eine Maßnahme auf eine unzulässige Ermächtigungsgrundlage, führt dies zur Unzulässigkeit der entsprechenden Maßnahme, wenn dadurch etwa Mitwirkungsrechte des Europäischen Parlaments umgangen werden.[849] Dies dient dem Grundsatz der Gewaltenteilung, der eine Ausprägung der rechtsstaatlichen Prinzipien ist, auf denen die Union beruht.

Darüber hinaus stellt es nach ständiger Rechtsprechung des Gerichtshofes einen Ermessensmissbrauch dar, wenn ein Gemeinschaftsorgan einen Rechtsakt ausschließlich oder zumindest überwiegend zu anderen als den in der Ermächtigungsnorm angegebenen Zwecken oder um ein Verfahren zu umgehen, das der Vertrag speziell zur Bewältigung der konkreten Sachlage vorsieht, erlässt.[850]

Auch das heißt nichts anderes, als dass sich der Gerichtshof mit der Grenze, die er dem Ermessen des Gemeinschaftsgesetzgebers hier zieht, ebenfalls im Rahmen der rechtsstaatlichen Prinzipien und damit innerhalb der Grenzen des zugrunde gelegten Maßstabes hält. Darüber hinaus dienen der Diskriminierungsgrundsatz, der Grundsatz des Vertrauensschutzes sowie die strenge Einhaltung der Verfahrensgarantien als (rechtsstaatliche) Absicherung der Wahrung der Individual-

---

[848] Vgl. EuGH Rs. 158/80, Rewe, Slg. 1981, 1805, Rn. 23ff.; Rs. 203/86, Spanien/Rat, Slg. 1988, 4563, Rn. 36f.; *Callies* in: Ders./Ruffert, EUV/EGV, 2002, Art. 253 Rn. 9.

[849] Vgl. dazu nur: EuGH Rs. C-491/01, British American Tobacco, Slg. 2002, I-11453, Rn. 165ff.

[850] EuGH Rs. C-183/95, Affish BV/Rijksdienst voor de keuring van Vee en Vlees, Slg. 1997, I-4315, Rn. 48; Rs. C-84/94, Vereinigtes Königreich/Rat, Slg. 1996, I-5755, Rn. 69.

rechtsgüter neben dem Grundsatz der Verhältnismäßigkeit. Dass der Gerichtshof die einzelnen Grundsätze getrennt prüft und nicht innerhalb eines bestimmten Schemas oder im Rahmen einer besonderen Abwägung etwa im Prüfungspunkt der Angemessenheit, bedeutet also lediglich einen äußeren Unterschied in der Judikatur des Gerichtshofes und lässt keinen Schluss auf einen mangelnden Schutz von Individualrechtspositionen durch den EuGH zu.

V. Zwischenergebnis

Es ist also festzustellen, dass sich der Gerichtshof – insbesondere mit der Rechtsprechung zum Grundsatz der Verhältnismäßigkeit – im Rahmen des zugrundegelegten gemeinschaftsrechtlichen Maßstabs hält. Ein Verstoß gegen „Verfassungsprinzipien" des Gemeinschaftsrechts konnte nicht festgestellt werden.

B. Wahrung des von Art. 23 Abs. 1 S.1 GG geforderten Maßes an Grundrechtsschutz

Die am weitesten reichende Kritik an der Rechtsprechung des Gerichtshofs zum Grundsatz der Verhältnismäßigkeit verneint die Wahrung der von Art. 23 Abs. 1 S. 1 GG gezogenen Grenzen.[851] Auch wenn sich bei der Analyse der Rechtsprechung kein Verstoß gegen gemeinschaftsrechtliche Vorgaben des entwickelten Maßstabes feststellen ließ, soll an dieser Stelle untersucht werden, ob auch die Grenzen des Art. 23 Abs. 1 S. 1 GG gewahrt sind.

Wie sich bereits bei der Darstellung der EuGH-Rechtsprechung zum Grundsatz der Verhältnismäßigkeit gezeigt hat, kann durchaus eine Vergleichbarkeit im dogmatischen Inhalt und in der Prüfdichte zu entsprechenden Urteilen des BVerfG gefunden werden.[852] Für den hier anzustellenden Vergleich, ob die Grenze des Art. 23 Abs. 1 S. 1 GG gewahrt ist, soll der Grundsatz der Verhältnismäßigkeit in seiner Ausprägung, die er insbesondere durch die Grundrechtsrechtsprechung des BVerfG erhalten hat, zugrundegelegt werden.[853] Dabei soll nach einem Vergleich der Rechtsprechung der beiden Gerichte zum Grundsatz der

851 Vgl. VG Frankfurt a.M., EuZW 1997, S. 183, 189; *Stein*, „EuZW 1998, S. 261, 262; *Storr*, Der Staat 36 (1997), S. 547, 568;

852 Vgl. *Zuleeg*, NJW 1997, S. 1201, 1203; *Kischel*, EuR 2000, S. 380, 390f.

853 Nicht berücksichtigt werden soll dabei die Kritik am deutschen Grundsatz der Verhältnismäßigkeit. Denn zum Vergleich gehört hier zwar die Frage, ob der Europäische Grundsatz der Verhältnismäßigkeit unzureichend ist, weil er im Hinblick auf den von Art. 23 Abs. 1 S. 1 GG geforderten Standard defizitär ist, nicht aber die Frage, ob der Europäische Grundsatz der Verhältnismäßigkeit unzureichend ist, weil er *genauso* defizitär ist, wie der deutsche Grundsatz der Verhältnismäßigkeit. Vgl. zur Kritik am deutschen Grundsatz aber: *Ossenbühl*, in: FS Lerche, 1993, S. 151, 156ff.; *Leisner*, Der Abwägungsstaat, 1997, S. 46ff.

Verhältnismäßigkeit auf die Grundrechte der Berufs- und der Eigentumsfreiheit eingegangen werden.

I. Einschätzungsprärogative des Normgebers

Der europäische Grundsatz der Verhältnismäßigkeit entspricht in seiner Grundstruktur dem deutschen Grundsatz.[854] Auch im deutschen Verfassungsrecht hängt die Einschätzungsprärogative des Normgebers von verschiedenen Faktoren ab, insbesondere von den Besonderheiten des zu beurteilenden Sachbereichs, den Möglichkeiten für eine sichere Urteilsbildung und der Bedeutung der sich gegenüberstehenden Interessen und Rechtsgüter.[855] Demzufolge legt das BVerfG einen differenzierten Maßstab bei der Beurteilung gesetzgeberischer Prognoseentscheidungen zugrunde, der von einer Evidenzkontrolle[856] über eine Vertretbarkeitsprüfung[857] bis zu einer intensiven inhaltlichen Kontrolle[858] reichen, im Einzelfall aber auch zu einem faktischen Ausfall der gerichtlichen Kontrolle führen kann.[859] Unterschiedlich weite Beurteilungsspielräume des Gesetzgebers sind also auch dem deutschen Verfassungsrecht bekannt.[860]

Dabei ist grundsätzlich nicht zu erwarten, dass auch genaue Übereinstimmung darüber herrscht, für welche Bereiche und in welchem Ausmaß ein Beurteilungsspielraum jeweils gewährt wird. Gerade in diesem Bereich ist es besonders schwierig, von der Formulierung eines Prüfungsmaßstabs auf die genaue Art seiner Anwendung im Einzelfall zu schließen, so dass das Ausmaß der Beurteilungsspielräume stark von den konkreten Umständen des Einzelfalls abhängt. Dennoch hat der Gesetzgeber gerade auf dem im hier in Frage stehenden Bereich des Wirtschaftsverwaltungsrechts auch nach deutschem Verfassungsrecht eine besonders weitgehende Gestaltungsfreiheit und einen Einschätzungs- und Prognosespielraum, den das BVerfG zu beachten hat.[861] Bei der Betrachtung der verschiedenen Prüfungsebenen des Grundsatzes der Verhältnismäßigkeit ergeben sich geradezu erstaunliche Parallelen zwischen der Rechtsprechung der beiden Gerichte.

---

[854] Ebenso etwa: *Selmer*, Die Gewährleistung der unabdingbaren Grundrechtsstandards durch den EuGH, 1998, S. 130; *Pache*, NVwZ 1999, S. 1033, 1335f.; *Kischel*, EuR 2000, S. 380, 391.

[855] BVerfGE 50, 290, 332f.; 73, 40, 91f.; 76, 1, 51f.; 77, 170, 214f.; 88, 203, 262.

[856] BVerfGE 36, 1, 17; 37, 1, 20; 40, 196, 223.

[857] BVerfGE 25, 1, 12f., 17; 30, 250, 263; 39, 210, 225f.

[858] BVerfGE 7, 377, 415; 11, 30, 45; 17, 269, 276; 39, 1, 46, 51ff.; 50, 290, 333.

[859] So etwa in: BVerfGE 97, 350, 368, 374, 377.

[860] So auch: *Heinsohn*, Verhältnismäßigkeit, 1997, S. 111f.; 119, 124; *Zuleeg*, NJW 1997, S. 1201, 1203; *Kischel*, EuR 2000, S. 380, 391.

[861] BVerfGE 87, 363, 383; 77, 84, 106; vgl. auch: *Zuleeg*, EuGRZ 2002, S. 511, 512; ferner: *Schönberger*, EuR 2003, S. 600, 623.

1. Geeignetheit

Nach der Rechtsprechung des BVerfG ist eine Maßnahme dann zur Zweckerreichung geeignet, wenn mit ihrer Hilfe der gewünschte Erfolg gefördert werden kann.[862] Dabei ist eine Teileignung ausreichend, eine Volleignung ist nicht erforderlich.[863] Negativ formuliert heißt das, dass eine Maßnahme ungeeignet ist, wenn sie die Erreichung des angestrebten Zwecks erschwert oder unmöglich macht.[864] Das BVerfG prüft – ebenso wie der EuGH – ob das in Frage stehende Mittel „schlechthin ungeeignet" beziehungsweise „grundsätzlich ungeeignet" ist.[865] Eine Ungeeignetheit des eingesetzten Mittels wurde dabei nur in wenigen Ausnahmefällen festgestellt.[866] Insbesondere im Rahmen der Prüfung der Geeignetheit räumt das BVerfG dem Gesetzgeber einen weiten Ermessensspielraum ein[867], und es legt – genau wie der EuGH – eine ex ante-Betrachtung bei seiner Überprüfung zugrunde. „Die Frage nach der Zwecktauglichkeit eines Gesetzes kann also nicht nach der tatsächlichen späteren Entwicklung, sondern nur danach beurteilt werden, ob der Gesetzgeber aus seiner Sicht davon ausgehen durfte, dass die Maßnahmen zur Erreichung des gesetzten Ziels geeignet waren, ob also seine Prognose bei der Beurteilung wirtschaftspolitischer Zusammenhänge sachgerecht und vertretbar war."[868] Dies wird nur dann verneint, „wenn die Maßnahme bei Ausschöpfung aller Erkenntnismöglichkeiten im Zeitpunkt des Erlasses eindeutig als zweckuntauglich festgestellt werden könnte."[869] Das BVerfG räumt dem Gesetzgeber selbst das Recht auf einen prognostischen Irrtum ein. Ebenso wie im Ge-

---

[862] BVerfGE 7, 377, 409ff.; 9, 39, 57; 10, 89, 102ff.; 30, 292, 316; 33, 171, 187; 67, 157, 173; *Sachs* in: Ders., GG-Kommentar, 2003, Art. 20 Rn. 149: *Stern* Staatsrecht III/2, 1994, S. 776; *Jakobs*, DVBl. 1985, S. 97, 99; *Schnapp*, JuS 1983, 850, 854; *Grabitz*, AöR 98 (1973), S. 568, 571f.; *Gentz*, NJW 1968, S. 1600, 1604.

[863] BVerfGE 16, 147, 183: 30, 250, 263f.; 39, 20, 230f.; 47, 109, 117: 61, 291, 313: 65, 116, 126; 67, 157, 175; 69, 1, 53; 71, 206, 215: 73, 301, 317; 96, 10, 23ff.; *Stern*, Staatsrecht III/2, 1994, S. 776.

[864] BVerfGE 19, 119, 126f.; 20, 162, 186f., 204f., 213f.; 39, 210, 230; 30, 250, 263.

[865] BVerfG 19, 119, 126f.; 69, 1, 53: 65, 116, 126; 70, 1, 26; 71, 206, 215: 79, 174, 202; 85, 191, 212.

[866] Vgl. etwa: BVerfGE 17, 306, 315 (Gesetzliches Verbot von Mitfahrzentralen zum Zweck der „Sicherheit des Straßenverkehrs" und des „erhöhten Schutzes des einzelnen Mitfahrers"); BVerfGE 19, 330, 338f. (Gesetzliches Erfordernis eines Sachkundenachweises zu Verbraucherschutzzwecken).

[867] BVerfGE 25, 1, 12f.; 30, 250, 263; 39, 210, 231; 83, 1, 21f.; 96, 10, 23ff.; 103, 293, 307; vgl. auch *Grabitz*, AöR 98 (1973), S. 572f.; *Stern*, Staatsrecht III/2, 1994, S. 377f.; *Rau*, Selbst entwickelte Grenzen in der Rechtsprechung des United States Supreme Court und des Bundesverfassungsgerichts, 1996, S. 190ff.

[868] BVerfGE 30, 250, 263; 39, 210, 226; 77, 84, 109.

[869] BVerfGE 39, 210, 230.

meinschaftsrecht kommt dem Grundsatz der Geeignetheit im deutschen Verfassungsrecht eher die Funktion einer Evidenzkontrolle zu.[870]

2. Erforderlichkeit

Auch im Rahmen der Prüfung der Erforderlichkeit einer Maßnahme ergeben sich starke Ähnlichkeiten. Bei der Prüfung des BVerfG ist eine Maßnahme ebenfalls nur erforderlich, wenn sie unter mehreren gleich geeigneten Maßnahmen diejenige ist, die den Betroffenen am wenigsten belastet.[871] Dabei kommt es jedoch nicht darauf an, ob eine gesetzgeberische Maßnahme überhaupt im Wortsinne erforderlich ist. Der Gesetzgeber ist vielmehr aufgrund der ihm zustehenden Gestaltungsfreiheit befugt, jeden legitimen Zweck zu verfolgen.[872] Das heißt, ihm obliegt die Definition des (verfassungslegitimen[873]) Zwecks, auf deren Grundlage dann die Überprüfung erfolgt, ob es mehrere gleich geeignete Mittel zur Zweckerreichung gibt.[874] Das bedeutet, dass dem Gesetzgeber der Prognosespielraum, der ihm bei der Geeignetheitsprüfung zukommt, im gleichen Umfang auch für die Beurteilung der Geeignetheit anderer Mittel zustehen muss.[875] Auch bei der Erforderlichkeitsprüfung erfolgt also eine ex-ante-Betrachtung durch das BVerfG, welche die Einschätzungsprärogative des Gesetzgebers achtet. Die Judikatur beschränkt sich bei Gesetzen darauf, Fälle eindeutig (!) fehlender Erforderlichkeit zu beanstanden.[876] „(...) Dabei ist zu berücksichtigen, daß dem Gesetzgeber bei wirtschaftspolitischen Maßnahmen, die den Freiheitsspielraum für die wirtschaftlich tätigen Individuen einengen, hinsichtlich der Auswahl und technischen Gestaltung dieser Maßnahmen ein weiter Bereich des Ermessens zusteht; nicht jeder einzelne Vorzug einer anderen Lösung gegenüber der vom Gesetzgeber gewählten muß schon zu deren Verfassungswidrigkeit führen. Die sachliche Gleichwertigkeit zur Zweckerreichung muß vielmehr bei dem als Alternative vorgeschlagenen geringeren Eingriff in jeder Hinsicht eindeutig feststehen."[877]

---

[870] Vgl. *Sachs* in: Ders., GG-Kommentar, 2003, Art. 20 Rn. 151.

[871] BVerfGE 49, 24, 58; 100, 313, 375.

[872] Vgl. schon *Gentz*, NJW 1968, S. 1600, 1603.

[873] Auch im deutschen Recht gilt, dass verfassungswidrige Zwecke generell ungeeignet und damit auch nicht erforderlich sind. Vgl. *Ipsen*, Staatsrecht II, 2000, Rn. 171ff.; *Pieroth/Schlink*, Grundrechte, 2002, Rn. 279ff.; *Jakobs*, Verhältnismäßigkeit 1985, S. 60; *Gentz*, NJW 1968, S. 1600, 1603.

[874] *Stern*, Staatsrecht III/2, 1994, S. 780; *Grabitz*, AöR 98 (1973), S. 568, 573.

[875] *Hirsch*berg, Verhältnismäßigkeit 1981, S. 62.

[876] BVerfGE 25, 1, 19f.; 30, 292, 319; 53, 135, 145; 81, 79, 91; ähnlich auch: BVerfGE 98, 265, 308f.; 96, 10, 23ff.; 101, 331, 349f.; 102, 197, 218; vgl. auch: *Stern*, Staatsrecht III/2, 1994, S. 782.

[877] BVerfGE 30, 292, 319; vgl. auch: BVerfGE 25, 1, 19f.; 37, 1, 21; 39, 210, 230; 40, 196, 223; 77, 84, 109ff.; 81, 70, 91.

Daran lassen sich zwei signifikante Parallelen zur EuGH-Rechtsprechung aufzeigen. Zum einen dient auch in der Rechtsprechung des BVerfG die Übernahme der durch den Gesetzgeber für den Erlass einer Maßnahme definierten Gründe als Beurteilungsmaßstab, zum anderen wahrt auch das BVerfG – ebenfalls in Wahrung des (nationalen) Gewaltenteilungsgrundsatzes die Einschätzungsprärogative des Gesetzgebers insbesondere bei wirtschaftspolitischen Maßnahmen.

3. Angemessenheit

Die größte Schwierigkeit im Rahmen der Prüfung des Verhältnismäßigkeitsgrundsatzes bereitet sowohl in der Rechtsprechung des EuGH als auch in der des BVerfG der Teilgrundsatz der Angemessenheit.[878] Eine Übereinstimmung in der Judikatur beider Gerichte besteht insoweit, als auch das BVerfG den Teilgrundsatz oft dadurch umschreibt, dass eine Maßnahme den Betroffenen „nicht übermäßig belasten“ oder für ihn „nicht unzumutbar“ sein darf.[879] Beim Abwägungsvorgang geht es um das Herstellen einer angemessenen Relation zwischen einem bestimmten Mittel und einem bestimmten Zweck.[880] Bei Normen kann es ausreichend sein, wenn die Wahrung der Angemessenheit der Rechtsanwendung überlassen bleibt[881], gegebenenfalls kann die Unangemessenheit einer Maßnahme durch Übergangsregelungen abgewendet werden.[882] Hier besteht ein starker Zusammenhang zum Grundsatz des Vertrauensschutzes, den der EuGH oft neben dem Grundsatz der Verhältnismäßigkeit oder in dessen Zusammenhang prüft.

a. Keine Maßstäbe für die Abwägung

Für die (Gesamt-) Abwägung[883] bestehen auch in Deutschland kaum feste Maßstäbe.[884] Sie ergeben sich jedenfalls nicht aus dem Grundsatz der Verhältnismäßigkeit oder dem Teilgrundsatz der Angemessenheit als solchem, die jeweils keine Aussagen darüber enthalten, welche Auswirkungen und Bedingungen eines staatlichen Eingriffs in die Abwägung einzubeziehen sind und wann ein Mittel verhältnismäßig ist.[885] In Anbetracht dieser Offenheit muss es in erster Linie die Rechtsordnung und die in dieser getroffenen Wertentscheidungen sein, die den

[878] Vgl. *Stern*, Staatsrecht III/2, 1994, S. 782; *Grabitz*, AöR 98 (1973), S. 568, 576.

[879] Vgl. etwa BVerfGE 67, 157, 178; 68, 193, 219; 77, 84, 111; 81, 70, 92; 83, 1, 19.

[880] BVerfGE 38, 105, 118; *Stern*, Staatsrecht III/2, 1994, S. 782, *Grabitz*, AöR 98 (1973), S. 568, 575; *Sachs* in: Ders., GG-Kommentar, 2003, Art. 20 Rn. 154.

[881] Vgl. etwa: BVerfGE 93, 213, 238.

[882] *Sachs* in: Ders., GG-Kommentar, 2003, Art. 20 Rn. 154.

[883] BVerfGE 30, 292, 316: 67, 157, 178; 68, 193, 219f.; 77, 84, 111f.; 78, 77, 85ff.: 79, 84, 111; 81, 70, 92; 83, 1, 19; 101, 331, 350; zur Abwägung insgesamt: *Stern*, Staatsrecht III/2, 1994, S. 814ff.

[884] *Sachs* in: Ders., GG-Kommentar, 2003, Art. 20 Rn. 155.

[885] BVerfGE 92, 277, 327 m.w.N. aus dem Schrifttum.

Abwägungsvorgang rationalisieren und ihm zugrunde liegen.[886] In der verfassungsgerichtlichen Verhältnismäßigkeitskontrolle sollten aus diesem Grund verallgemeinerungsfähige Maßstäbe gefunden werden[887], was eine Ähnlichkeit zur Prüfung des Gleichheitssatzes erkennen lässt. Auch in der deutschen Verfassungsordnung obliegt es grundsätzlich dem BVerfG, die vom Gesetzgeber getroffenen politischen Entscheidungen verfassungsrechtlich zu bewerten. Dabei kann etwa von Bedeutung sein, ob noch ein zweiter verfassungsmäßig anerkannter Wert zu seinen Gunsten geltend gemacht werden kann.[888] Darüber hinaus kommt es auf den Grad der Beeinträchtigung beim Betroffenen und den Nutzen der entsprechenden Maßnahme an. Besonderes Gewicht bekommen Grundrechtsbeeinträchtigungen, je stärker sie eine Nähe zum Menschenwürdekern aufweisen oder bei Berührung des Wesensgehalts des jeweiligen Grundrechts.[889] Darüber hinaus fehlen jedoch feste Maßstäbe für die Beurteilung der Angemessenheit einer Maßnahme durch die Rechtsprechung.[890] Die Schwierigkeiten einer Rationalisierung des Abwägungsvorgangs im Rahmen der Prüfung der Angemessenheit einer Maßnahme werden vom BVerfG dadurch abgeschwächt, dass es Verfassungswidrigkeit nur bei deutlicher Unangemessenheit annimmt.[891]

b. Berücksichtigung von Individualinteressen

Der Europäische Gerichtshof berücksichtigt zwar die Individualinteressen, beachtet die entstehenden Nachteile jedoch in ihrer generellen Auswirkung auf alle Betroffenen, ohne etwa besonders gravierende Nachteile für atypische Einzelfälle oder bestimmte Untergruppen von Betroffenen zu berücksichtigen. Auch das BVerfG betont, dass die individuelle Interessenlage eines Beschwerdeführers nicht ohne weiteres zum Maßstab der dem Gemeinwohl insgesamt gegenüberzustellenden Einzelinteressen erhoben werden kann.[892] Eine Norm werde vielmehr erst dann verfassungswidrig, wenn bei der betroffenen Gruppe generell das Übermaßverbot verletzt sei. Die Norm könne dann von jedem Angehörigen der

---

886 Vgl. *Sachs* in: Ders., GG-Kommentar, 2003, Art. 20 Rn. 155.

887 Vgl. die abweichende Meinung in: BVerfGE 92, 277, 341, 350ff.

888 *Larenz*, in: FS für Klingmüller, 1974, S. 235, 239; *Wendt*, AöR 104 (1979), S. 414, 465.

889 Vgl. *Sachs* in: Ders., GG-Kommentar, 2003, Art. 20 Rn. 157.

890 Der Mangel an Objektivität und Transparenz insbesondere des Teilgrundsatzes der Angemessenheit hat auch in Deutschland zu massiver Kritik geführt, die anregt, in der Prüfstruktur auf diesen letzten Teilgrundsatz der Verhältnismäßigkeit im Interesse einer Rationalisierung der Prüfung gänzlich zu verzichten. Vgl. nur: *Schlink*, in: FS 50 Jahre BVerfG II, 2001, S. 445, 455ff.

891 BVerfGE 44, 353, 373; unter Bezugnahme auf Entscheidungen zur Verhältnismäßigkeit nimmt das BVerfG in der Entscheidung BVerfGE 96, 10, 23ff., 26 für die Frage des Einsatzes von Strafnormen an, es bestehe gegenüber dem Maßstab des Übermaßverbots „ein nicht unerheblicher Spielraum eigenverantwortlicher Bewertung".

892 Vgl. *Jakobs*, Verhältnismäßigkeit, 1985, S. 139ff.; *Kischel*, EuR 2000, S. 381, 393.

Gruppe mit dem Ziel angegriffen werden, die alle Gruppenangehörigen treffende Belastung zu beseitigen.[893] Für die Verhältnismäßigkeit einer Maßnahme ist nicht die Interessenlage des Einzelnen maßgebend, sondern eine generalisierende Betrachtungsweise geboten, die auf den betreffenden Wirtschaftszweig insgesamt abstellt.[894] Selbst die Möglichkeit, dass eine gesetzliche Maßnahme im Einzelfall zur Existenzgefährdung oder gar –vernichtung von Betrieben führen könnte, rechtfertigt es noch nicht, sie unter dem Gesichtspunkt der Unzumutbarkeit von Verfassungs wegen zu beanstanden.[895] Insoweit besteht kein Unterschied zwischen Gemeinschaftsrecht und deutschem Verfassungsrecht.

4. Zwischenergebnis

Unabhängig vom Umfang der Ausführungen der beiden Gerichte im konkreten Fall ist also festzustellen, dass für die Beurteilung einer Maßnahme als verhältnismäßig die gleichen Maßstäbe zugrunde gelegt werden. Innerhalb der Prüfungsmodalitäten auf den einzelnen Ebenen der Prüfung des Grundsatzes der Verhältnismäßigkeit bestehen zwischen den Gerichten so deutliche Gemeinsamkeiten[896], dass die Grenze des Art. 23 Abs. 1 S. 1 GG durch die Anwendung des Grundsatzes als gewahrt angesehen werden muss. Die Kritik an der Rechtsprechung des EuGH reduziert sich in diesem Zusammenhang also auf den Umfang der Ausführungen im Einzelfall, was – wie dargelegt wurde – für sich keinen Verstoß gegen den von Art. 23 Abs. 1 S. 1 GG aufgestellten Vorbehalt darstellt.

II. „Im Wesentlichen vergleichbarer Grundrechtsschutz“

Zu prüfen ist allerdings noch die Frage, ob sich der EuGH auch im Rahmen der Grundrechtsrechtsprechung innerhalb des Maßstabs des Art. 23 Abs. 1 S. 1 GG hält und über die Anwendung des Grundsatzes der Verhältnismäßigkeit einen dem Grundgesetz „im Wesentlichen vergleichbaren Grundrechtsschutz“ gewährt. Zur Überprüfung dieses letzten Kritikpunktes soll erneut die deutsche Rechtslage der oben dargestellten Grundrechtsrechtsprechung des EuGH zur Eigentums- und Berufsfreiheit gegenübergestellt werden.

---

[893] BVerfGE 30, 292, 316.
[894] BVerfGE 30, 292, 316; 68, 193, 219; 70, 1, 30; 77, 84, 105.
[895] BVerfGE 70, 1, 30.
[896] So auch *Kischel*, EuR 2000, S. 381, 392.

1. Eigentumsfreiheit

a. Eigentumsbegriff

Unter den Eigentumsbegriff von Art. 14 GG fallen alle privaten vermögenswerten Rechte, insbesondere das Sach- und Grundeigentum, das Geldeigentum oder andere Vermögensrechte. „In der Eigentumsgarantie des Art. 14 Abs. 1 S. 1 GG gewährleistet das Grundgesetz die privat verfügbare ökono*Misch*e Grundlage individueller Freiheit. Der Eigentumsgarantie kommt im Gesamtgefüge der Grundrechte die Aufgabe zu, dem Träger des Grundrechts einen Freiraum im vermögensrechtlichen Bereich zu sichern und ihm dadurch eine eigenverantwortliche Gestaltung seines Lebens zu ermöglichen."[897] Eine Übereinstimmung zwischen dem Eigentumsschutz im deutschen und im Gemeinschaftsrecht besteht darin, dass auch nach der deutschen Verfassungsrechtsprechung das Vermögen nicht dem Schutzbereich des Eigentums unterfällt.[898] Die vermögenswerten subjektiv-öffentlichen Rechte werden vom BVerfG dann in den Eigentumsschutz einbezogen, „wenn es sich um vermögenswerte Rechtspositionen handelt, die nach Art eines Ausschließlichkeitsrechts dem Rechtsträger als privatnützig zugeordnet sind, auf nicht unerheblichen Eigenleistungen des Versicherten beruhen und seiner Existenzsicherung dienen."[899] Auch wenn der EuGH die Frage, ob auch öffentlich-rechtliche Positionen dem Schutzbereich des Eigentums unterfallen, bislang off*Engel*assen hat, kann zum einen nicht ausgeschlossen werden, dass er diese in Zukunft dem Schutzbereich des Eigentumsrecht unterstellt. Selbst wenn er dies ablehnen sollte, stellt dies aber lediglich eine im Rahmen des Art. 23 Abs. 1 S. 1 GG mögliche Modifizierung des Eigentumsschutzes auf Gemeinschaftsebene dar, die einer Vergleichbarkeit des Grundrechtsschutzes „im Wesentlichen" nicht entgegenstehen würde.

b. Schutzumfang

Der Schutzumfang des Eigentums umfasst in Deutschland – genau wie auf Gemeinschaftsebene – dessen Bestand.[900] In beiden Rechtsordnungen nicht geschützt sind bloße Umsatz-, Erwerbs- und Gewinnchancen, Hoffnungen, Erwartungen und Aussichten.[901] Weiterhin sind auch in der deutschen Rechtsordnung vermö-

---

[897] BVerfGE 97, 350, 370f.; vgl. auch BVerfGE 50, 290, 339; 53, 257, 290; ferner: *Pieroth/Schlink*, Grundrechte, 2002, Rn. 903; a. A. für Geldeigentum: *Lepsius*, JZ 2002, S. 313.

[898] St. Rspr. vgl. nur: BVerfGE 74, 129, 148; 78, 232, 243; 81, 108, 122; 91, 207, 220; 95, 267, 300; 96, 375, 397; *Wendt* in: Sachs, Grundgesetz, 2002, Art. 14 Rn. 38.

[899] BVerfGE 97, 271, 284; vgl. auch: BVerfGE 53, 257, 260f.; 69, 272, 300.

[900] Vgl. BVerfGE 51, 193, 218ff., 220; 68, 193, 222; BVerfG 1BvR 558/91 vom 26.6.2002 Absatz-Nr. C. II. 1.; *Wendt* in: Sachs, Grundgesetz, 2002, Art. 14 Rn. 4.

[901] BVerfGE 68, 193, 222; 74, 129, 148; 77, 84, 118; 81, 208, 227f.; BVerfG NVwZ 2002, S. 197. Insofern gilt in Deutschland die Faustformel: Art. 14 GG schützt das Erworbene, Art. 12

genswerte Positionen nur insoweit geschützt, als der Eigentümer auf ihren Bestand vertrauen durfte. Das Ausbleiben rechtlich möglichen und zulässigen Staatshandelns ist in Deutschland ebenso wenig geschützt[902] wie das Ausbleiben möglichen Handelns des Gesetzgebers auf Gemeinschaftsebene.[903]

c. Beeinträchtigung

Die Eigentumsfreiheit kann durch Normen oder Einzelfallregelungen beeinträchtigt werden, die eine Eigentumsposition entziehen oder deren Nutzung, Verfügung oder Verwertung einer rechtlichen Beschränkung unterwerfen. Eine Ähnlichkeit besteht zwischen der grundgesetzlichen und der gemeinschaftsrechtlichen Gewährleistung insofern, als es in Deutschland (per Verfassungstext) dem Gesetzgeber obliegt, durch Inhalts- und Schrankenbestimmungen zu definieren, was überhaupt unter den Schutzbereich des Eigentumsgrundrechts fällt.[904] Dabei wird ihm ein weiter Gestaltungsraum zugebilligt.[905] Eine Beeinträchtigung ist aber auch durch faktische[906] oder indirekte Einwirkungen auf die Nutzung, Verfügung oder Verwertung von Eigentumspositionen möglich.[907] Auch im deutschen (Verfassungs-)Recht wird bei der Intensität von Eingriffen in Eigentumspositionen zwischen Enteignungen[908] und Nutzungsbeschränkungen (Inhalts- und Schrankenbe-

---

schützt den Erwerb. – Eine Formel, die von verschiedenen Autoren auch für die Unterscheidung der Grundrechtsrechtsprechung des EuGH zu diesen beiden Grundrechten fruchtbar gemacht wird, vgl. nur: *Kingreen* in: Callies/Ruffert, 2002, Art. 6 EUV Rn. 148: *Penski/Elsner*, DÖV 2001, S. 265, 269.

902 BVerfGE 78, 205, 211f.; *Wieland* in: Dreier, Grundgesetz-Kommentar, Bd. 1, 1996, Art. 14 Rn. 44; *Wendt* in: Sachs, Grundgesetz, 2002, Art. 14 Rn. 44: Verdienstmöglichkeiten und Erwerbschancen, die sich aus dem bloßen Fortbestand einer günstigen Gesetzeslage ergeben, sind von Art. 14 GG nicht umfasst. Kritisch allerdings im Hinblick auf den eingerichteten und ausgeübten Gewerbebetrieb in: Rn. 48ff.

903 Vgl. *Pieroth/Schlink*, Grundrechte, 2002, Rn. 912f.

904 Auch wenn die Rechtsprechung in einigen Fällen nur von Inhaltsbestimmung (vgl. etwa: BVerwGE 11, 95, 96), in anderen nur von Schrankenziehung (so z.B. BVerfGE 49, 382, 394) spricht, behandelt sie die Befugnis des Gesetzgebers zur Bestimmung des Inhalts und der Schranken des Eigentums nach Art. 14 Abs. 1 S. 2 GG als einheitliche Regelungsermächtigung. Das BVerfG versteht darunter „die generelle und abstrakte Festlegung von Rechten und Pflichten durch den Gesetzgeber hinsichtlich solcher Rechtsgüter, die als Eigentum im Sinne der Verfassung zu verstehen sind. Sie ist auf die Normierung objektiv-rechtlicher Vorschriften gerichtet, die den Inhalt des Eigentumsrechts vom Inkrafttreten des Gesetzes an für die Zukunft in allgemeiner Form bestimmen." (BVerfGE 72, 66, 76; ferner: 52, 1, 27; 58, 137, 144f.; 58, 300, 330).

905 BVerfGE 8, 71, 80; 21, 73, 83; 53, 257, 292ff.; 58, 81, 110f.; 79, 29, 40.

906 BVerwG NJW 1985, S. 1481; NJW 1987, S. 2884, 2885; BGHZ 94, 373, 375; umfassend *Roth*, Faktische Eingriffe in Freiheit und Eigentum, 1994.

907 *Wendt* in: Sachs, Grundgesetz, 2002, Art. 14 Rn. 52.

908 Vgl. BVerfGE 45, 297, 323ff., 339; 56, 249, 259f.; BVerfG NVwZ 2001, S. 1023.

stimmungen)[909] unterschieden.[910] Da die Gemeinschaft bislang keine Kompetenz zur Enteignung hat, soll hier nur auf die Nutzungsbeschränkungen des Eigentums eingegangen werden.

d. Rechtfertigung

Inhalts- und Schrankenbestimmungen erfolgen „durch die Gesetze" und müssen dem Grundsatz der Verhältnismäßigkeit entsprechen und die Sozialbindung des Eigentums berücksichtigen.[911] Als besondere Ausprägungen des Grundsatzes der Verhältnismäßigkeit schränkt das BVerfG den Gestaltungsspielraum des Gesetzgebers[912] in verschiedener Hinsicht ein. Der Gesetzgeber muss zunächst die Eigenart des vermögenswerten Guts oder Rechts beachten. Unter diesem Gesichtpunkt werden Inhalts- und Schrankenbestimmungen gerechtfertigt, die aufgrund der Sozialbindung des Eigentums notwendig sind.[913] Ferner muss der Gesetzgeber die Bedeutung des vermögenswerten Guts oder Rechts für den Eigentümer beachten.[914] Der Kernbereich des Eigentums darf bei der Berücksichtigung des dem Eigentümer widerstreitenden Allgemeininteresses nicht „ausgehöhlt" werden[915] oder in jedem Fall muss die Substanz des Eigentums erhalten bleiben.[916] Gegebenenfalls muss der Gesetzgeber den Eingriff durch eine finanzielle Entschädigung ausgleichen[917] oder den Eingriff durch Härteklauseln und Übergangsregelungen

---

[909] BVerfGE 52, 1, 26ff.; BVerfG NJW 1996, S. 246f.; BVerfG NVwZ 2001, S. 1023. Die verfassungsrechtliche Eigentumsgarantie verbindet die Gewährleistung des Eigentums mit dem Auftrag an den Gesetzgeber, Inhalt und Schranken des Eigentums zu bestimmen (Art. 14 Abs. 1 S. 2 GG). Dieser Auftrag geht dahin, „eine Eigentumsordnung zu schaffen, die sowohl den privaten Interessen des Einzelnen als auch denen der Allgemeinheit gerecht wird." BVerfGE 58, 300, 335.; ferner: BVerfGE 71, 230, 247; 74, 203, 214.

[910] Vgl. *Wieland*, in: Dreier, Grundgesetz-Kommentar, Bd. 1, 1996, Art. 14 Rn. 65ff.; *Hendler*, in: FS *Maurer*, 2000, S. 127; *Jarass*, NJW 2000, S. 2841.

[911] BVerfGE 101, 239, 259.

[912] BVerfGE 8, 71, 80; 53, 257, 293.

[913] Vgl. das besondere Gewicht des Allgemeininteresses in: BVerfGE 21, 73, 82f.; 52, 1, 32f.: „Die Tatsache, daß der Grund und Boden unvermehrbar und unentbehrlich ist, verbietet es, seine Nutzung dem unübersehbaren Spiel der freien Kräfte und dem Belieben des Einzelnen vollständig zu überlassen; eine gerechte Rechts- und Gesellschaftsordnung zwingt vielmehr dazu, die Interessen der Allgemeinheit beim Boden in weit stärkerem Maße zur Geltung zu bringen als bei anderen Vermögensgütern."

[914] Vgl. BVerfGE 101, 54, 75f.: „Soweit das Eigentums als Element die persönliche Freiheit des Einzelnen im vermögensrechtlichen Bereich sichert, genießt es einen besonders ausgeprägten Schutz. Dagegen ist die Gestaltungsfreiheit des Gesetzgebers umso größer, je stärker der soziale Bezug des Eigentumsobjekts ist." Vgl. auch BVerfGE 100, 226, 241.

[915] BVerfGE 91, 294, 308; BVerfG NJW 2000, S. 798, 799.

[916] BVerfGE 52, 1, 31; BVerfG NJW 2000, S. 798, 800; vgl. auch *Wendt* in: Sachs, Grundgesetz, 2002, Art. 14 Rn. 91.

[917] Vgl. BVerfGE 100, 226, 244ff.; *Papier*, DVBl. 2000, S. 1398; *Pieroth/Schlink*, Grundrechte, 2002, Rn. 934f.

abfedern.[918] In engem Zusammenhang zur Angemessenheit einer Maßnahme für den Eigentümer ist ferner auf den rechtsstaatlichen Vertrauensschutz zu verweisen, der „für die vermögenswerten Güter im Eigentumsgrundrecht eine eigene Ausprägung und verfassungsrechtliche Ordnung erfahren" hat.[919] Die Einrichtungs- oder Institutsgarantie des Eigentums verbietet es dem Gesetzgeber, „daß solche Sachbereiche der Privatrechtsordnung entzogen werden, die zum elementaren Kernbestand grundrechtlich geschützter Betätigung im vermögensrechtlichen Bereich gehören, und damit der durch das Grundrecht geschützte Freiheitsbereich aufgehoben oder wesentlich geschmälert wird."[920] Auch hier zeigen sich starke Ähnlichkeiten zur Rechtsprechung des EuGH. Zum einen weist auch dieser in ständiger Rechtsprechung auf die „soziale Funktion" des Eigentumsgrundrechts hin, die es in der Abwägung zu berücksichtigen gilt. Auch in der Rechtsprechung des Gerichtshofs werden zum Teil Übergangsregelungen gefordert, um unzumutbare Härten für die Betroffenen abzumildern. Ferner prüft auch der EuGH die Rechtfertigung eines Eingriffs in die Eigentumsfreiheit oft unter dem Aspekt des Vertrauensschutzes. Es besteht also insbesondere auch im Hinblick auf das Eigentumsgrundrecht auf Gemeinschaftsebene ein „im Wesentlichen gleicher Grundrechtsschutz", der die Grenzen des Art. 23 Abs. 1 S. 1 GG wahrt.[921]

2. Berufsfreiheit

a. Schutzbereich

Beruf wird im deutschen Recht als jede auf Dauer angelegte Tätigkeit, die der Schaffung und Erhaltung einer Lebensgrundlage dient, definiert.[922] Über diese Kerndefinition hinaus herrscht Uneinigkeit etwa über die Frage, ob es sich bei der entsprechenden Tätigkeit nur um eine erlaubte (nicht verbotene) handeln muss[923], oder ob als Abgrenzungskriterium genügt, dass die Tätigkeit nicht „schlechthin gemeinschädlich"[924] ist oder „dem Menschenbild des Grundgesetzes"[925] nicht entgegensteht. Abgesehen davon besteht aber Einigkeit darüber, dass in Deutschland von Art. 12 Abs. 1 GG die Berufsfreiheit umfassend geschützt ist.

---

918 *Papier* in: Maunz/Dürig, Kommentar zum Grundgesetz, Stand 2002, Art. 14, Rn. 327.

919 BVerfGE 45, 142, 168; 53, 257, 309; 58, 81, 120; 70, 101, 114; 76, 220, 244; 95, 64, 82.

920 BVerfGE 24, 367, 389; 58, 300, 339.

921 Vgl. auch *Wieland* in: Dreier, Grundgesetz-Kommentar, Bd. 1, 1996, Art. 14 Rn. 17, 42ff. „im Prinzip mit der Interpretation des Art. 14 GG übereinstimmend".

922 BVerfGE 7, 377, 397ff.; 50, 290, 363; 54, 301, 313; 68, 272, 281; 97, 228, 252f.; BVerfG 1BvR 558/91 vom 26.6.2002 Absatz-Nr. C.I.1; BVerwGE 96, 302, 307; 97, 12, 22; *Jarass* in: *Jarass*/Pie*Roth*, 2002, Art. 12, Rn. 4; *Tettinger* in: Sachs, Grundgesetz, 2002, Art. 12 Rn. 29.

923 Vgl. BVerfGE 7, 377, 397f.; 81, 70, 85f.; *Pieroth/Schlink*, Grundrechte 2002, Rn. 810.

924 Vgl. BVerwGE 22, 286, 288f.; *Bachof* in: Die Grundrechte III/1, 1972, S. 155, 189f.

925 *Tettinger* in: Sachs, Grundgesetz, 2002, Art. 12 Rn. 38; *Langer*, JuS 1993, S. 203, 206; *Gassner*, NVwZ 1995, S. 449; *Lerche*, in FS Fikentscher 1998, S. 541, 548ff.

Das in Art. 12 Abs. 1 GG geschützte einheitliche Grundrecht der Berufsfreiheit[926] enthält also ein für das Arbeits- und Wirtschaftsleben zentrales Freiheitsrecht, das dem Einzelnen die freie Entfaltung seiner Persönlichkeit zur materiellen Sicherung seiner individuellen Lebensgestaltung ermöglicht.[927] Insofern bestehen starke Gemeinsamkeiten zum auf Gemeinschaftsebene verbürgten Grundrechtsschutz der Berufsfreiheit. Auch nach dem deutschen Verfassungsrecht herrscht zumindest kein uneingeschränkter Konsens darüber, welche Tätigkeiten als Beruf zu qualifizieren sind. Abgesehen davon besteht aber in beiden Rechtsordnungen Einigkeit darüber, dass das Grundrecht der Berufsfreiheit einen umfassenden Schutz gewährleisten soll. Eine Gemeinsamkeit beider Rechtsordnungen ist auch, dass jeweils im konkreten Einzelfall entschieden wird, welche Tätigkeit dem Schutzbereich der Berufsfreiheit unterfällt. Insofern kann auch dem Argument der deutschen Kritik entgegengetreten werden, welches bemängelt, dass es auf Gemeinschaftsebene keine genaue Schutzbereichsbestimmung bei der Berufsfreiheit gibt und dass es an einer Abgrenzung zwischen den Grundrechten der Berufsfreiheit und der Eigentumsfreiheit mangelt. Auch ohne eine ausdrückliche Schutzbereichsdefinition, die der EuGH bislang für die beiden Grundrechte in der Tat noch nicht entwickelt hat, ist aufgrund seiner Rechtsprechung doch klar, was als geschützt anzusehen ist. Insbesondere, da sich der Rechtsprechung des EuGH entnehmen lässt, dass er das Grundrecht der Eigentumsfreiheit dann als Überprüfungsmaßstab neben der Berufsfreiheit heranzieht, wenn eine gemeinschaftsrechtliche Regelung nicht nur die berufliche Tätigkeit, sondern zugleich auch die Nutzung der Produktionsstätte oder Produktionsmittel beschränkt.[928] Es ist auf Gemeinschaftsebene jedenfalls nicht unvorhersehbarer als in der deutschen Rechtsordnung, welche Tätigkeiten als Beruf angesehen werden können, insbesondere da in beiden Rechtsordnungen das jeweilige Grundrecht umfassenden Schutz genießt. Dass der EuGH bislang auf Formeln verzichtet hat, trägt der Dynamik und der Entwicklungsoffenheit der Gemeinschaft Rechnung.[929] Im Hinblick auf den Schutzbereich bestehen also starke Ähnlichkeiten zwischen beiden Grundrechtsverbürgungen, welche die Grenze des Art. 23 Abs. 1 S. 1 GG wahren.[930]

---

[926] Vgl. BVerfGE 7, 377; *Tettinger* in: Sachs, Grundgesetz, 2002, Art. 12 Rn. 8; *Pieroth/Schlink*, Grundrechte, 2002, Rn. 808.

[927] St. Rspr. BVerfGE 63, 266, 286; 81, 242, 254.

[928] In diesem Sinne auch: *Kingreen* in: Callies/Ruffert, EUV/EGV, 2002, Art. 6 EUV, Rn. 149.

[929] Ebenso, auf andere Rechte ausdehnend: *Zuleeg*, EuGRZ 2002, S. 511, 513f.

[930] Im Ergebnis ähnlich: *Wunderlich*, Das Grundrecht der Berufsfreiheit im Europäischen Gemeinschaftsrecht 2000, S. 98.

b. Beeinträchtigung

Die Berufsfreiheit ist primär[931] ein Abwehrrecht des Grundrechtsträgers gegen Eingriffe in dessen berufliche Freiheit. Beeinträchtigungen der Berufsfreiheit ergeben sich durch Regelungen, die sich final auf die berufliche Betätigung beziehen und sie unmittelbar zum Gegenstand haben.[932] Darüber hinaus kann es aber auch durch andere, nicht unmittelbar auf die berufliche Betätigung abzielende Maßnahmen infolge ihrer spürbaren tatsächlichen Auswirkungen zu erheblichen mittelbaren Beeinträchtigungen der Berufsfreiheit kommen.[933] Voraussetzung für die Anerkennung solcher faktischen Beeinträchtigungen der Berufsfreiheit ist aber, dass ein enger Zusammenhang[934] mit der Ausübung eines Berufs besteht und dass nicht nur vom Staat ausgehende Veränderungen der Marktdaten oder der allgemeinen Rahmenbedingungen eintreten[935], sondern eine „objektiv berufsregelnde Tendenz" erkennbar ist[936], oder dass die Maßnahme als nicht bezweckte doch vorhersehbare und in kauf genommene Nebenfolge eine schwerwiegende Beeinträchtigung der beruflichen Betätigungsfreiheit bewirkt.[937] An diesem Aspekt zeigt sich eine Parallele zur Rechtsprechung des EuGH, welcher Eingriffe in die Berufsfreiheit ebenfalls dann verneint, wenn der Gemeinschaftsgesetzgeber im Rahmen des ihm zustehenden Ermessens durch Veränderungen der Marktdaten oder der allgemeinen Rahmenbedingungen vornimmt. Eine weitere Gemeinsamkeit ist, dass Maßnahmen nicht allein deshalb als Beeinträchtigungen der Berufsfreiheit anzusehen sind, weil sie – ohne berufsregelnde Tendenz – lediglich nachteilige Veränderungen der wirtschaftlichen Verhältnisse betroffener Personen zur Folge haben.[938]

---

[931] Darüber hinaus ist auch in Verbindung mit dem Sozialstaatsprinzip und dem Gleichheitssatz der Gehalt des Art. 12 Abs. 1 GG als Teilhaberecht an faktisch allein in staatlicher Verantwortung betriebenen Ausbildungseinrichtungen anerkannt. Vgl. insbesondere für den Hochschulbereich BVerfGE 33, 303, 329f.; 39, 276, 293; 43, 291, 313ff.; 59, 1, 25; 59, 172, 199; 66, 155, 179; für die Referendarausbildung BVerfGE 39, 334, 372ff.

[932] BVerfGE 13, 181, 185; *Tettinger* in: Sachs, Grundgesetz, 2002, Art. 12 Rn. 71.

[933] BVerfGE 13, 181, 185f.; 16, 147, 162; 46, 120,137; 61, 291, 308; 81, 108, 121f.

[934] Vgl. BVerfGE 95, 267, 302; kritisch: *Tettinger*, AöR 108 (1983), S. 92, 116.

[935] Vgl. etwa BVerfGE 98, 218, 258f. (zur Rechtschreibreform).

[936] BVerfGE 13, 181, 186; 38, 61, 79; 47, 1, 21f.; 49, 24, 47; 70, 191, 214; 82, 209, 223ff.; 95, 267, 302; 98, 218, 258f.

[937] Vgl. BVerwGE 87, 37, 43f.; BVerwG NJW 1996, S. 3161; *Tettinger* in: Sachs, Grundgesetz, 2002, Art. 12 Rn. 74.

[938] BVerfG 1BvR 558/91 vom 26.6.2002 Absatz-Nr. C.I.2.a. „Erfolgt die unternehmerische Berufstätigkeit am Markt nach den Grundsätzen des Wettbewerbs, wird die Reichweite des Freiheitsschutzes auch durch die rechtlichen Regeln mitbestimmt, die den Wettbewerb ermöglichen und begrenzen. Art. 12 Abs. 1 GG sichert in diesem Rahmen die Teilhabe am Wettbewerb nach Maßgabe seiner Funktionsbedingungen. Die grundrechtliche Gewährleistung umfasst dementsprechend nicht einen Schutz vor Einflüssen auf die wettbewerbsbestimmenden Faktoren. Insbesondere umfasst das Grundrecht keinen Anspruch auf Erfolg im Wettbewerb

Ebenfalls kein Eingriff ist in beiden Rechtsordnungen die Zulassung von Konkurrenz[939], solange wettbewerbsrechtliche Maßstäbe gewahrt bleiben.

Im Hinblick auf die Intensität eines Eingriffs in die Berufsfreiheit ist zwischen Berufsausübungsregeln[940], subjektiven Zulassungsschranken[941] und objektiven Zulassungsschranken[942] als drei Stufen mit zunehmender Eingriffsintensität zu unterscheiden.[943]

c. Rechtfertigung

Auf der Rechtfertigungsebene setzt die in Art. 12 Abs. 1 S. 2 GG verankerte Regelungsbefugnis in ihrer ersten Variante ein Gesetz im formellen Sinn voraus. Dabei obliegt allein dem Gesetzgeber die eigenverantwortliche Prüfung und Entscheidung, wie weit und gegenüber welchen Gemeinschaftsinteressen das Grundrecht des Einzelnen zurückzutreten hat.[944] Mit Zunahme der Eingriffsintensität geht eine Abnahme der Gestaltungsfreiheit des Gesetzgebers einher. Dieser steht unter höheren Rechtfertigungsanforderungen je intensiver er eingreift. Diese im deutschen Recht geltenden Grundsätze hat auch der EuGH anerkannt, indem er die soziale Funktion des Grundrechts der Berufsfreiheit betont.

Die in Deutschland für die Rechtfertigung von Eingriffen in das Grundrecht der Berufsfreiheit entwickelte „Stufentheorie"[945] hat in der Rechtsprechung des EuGH kein Äquivalent gefunden. Die Stufenlehre kommt im deutschen Recht sowohl bei der Erörterung der Frage der Erforderlichkeit einer Maßnahme als

---

und auf Sicherung künftiger Erwerbsmöglichkeiten. Vielmehr unterliegen die Wettbewerbspositionen und damit auch der Umsatz und die Erträge dem Risiko laufender Veränderung je nach den Marktverhältnissen." Vgl. auch BVerfGE 24, 236, 251; 34, 252, 256.

939 BVerfGE 34, 252, 256; 55, 261, 269; 94, 372, 395.

940 Diese gelten den wieder teils objektiven, teils subjektiven Bedingungen, unter denen sich die berufliche Tätigkeit vollzieht. Vgl. BVerfGE 76, 196, 205; 82, 18, 26ff.; 85, 97, 104ff.; 86, 28, 39; 94, 372, 389; 98, 265, 305, 308; 99, 202, 211; 103, 1, 10ff.

941 Diese knüpfen die Wahl eines Berufs an persönliche Eigenschaften und Fähigkeiten. Vgl. BVerfGE 9, 338; 13, 97, 106; 19, 330, 337; 34, 71, 77; 37, 67, 77; 64, 72, 82; BVerfG NJW 1998, S. 1776, 1777; dazu etwa: *Pauly/Hesse*lbarth, NJ 1999, S. 464; BVerwGE 39, 247, 251; 94, 352, 357ff.

942 Diese verlangen für die Wahl eines Berufs die Erfüllung objektiver, dem Einfluss des Berufswilligen entzogener und von seiner Qualifikation unabhängiger Kriterien. Vgl. etwa BVerfGE 11, 168, 183; 21, 245, 249; 102, 197, 213ff.; BVerwGE 79, 208, 210; 114, 92, 97ff.

943 Diese sog. Stufenlehre wurde vom BVerfG im Apothekenurteil (BVerfGE 7, 377) entwickelt.

944 BVerfGE 33, 125, 159; 47, 285, 313; 76, 171, 184f.; *Tettinger* in: Sachs, Grundgesetz, 2002, Art. 12 Rn. 83

945 Die „Stufentheorie ist das Ergebnis strikter Anwendung des Prinzips der Verhältnismäßigkeit bei den vom Gemeinwohl her gebotenen Eingriffen in die Berufsfreiheit." BVerfGE 13, 97, 104. Sie ist allerdings auch in Deutschland nicht immer strikt befolgt worden. Vgl. dazu: *Tettinger* in: Sachs, Grundgesetz, 2003, Art. 12, Rn. 109ff. mit zahlreichen Nachweisen.

auch ihrer Angemessenheit zum Tragen.[946] Soweit es bei der Anwendung des Grundsatzes der Verhältnismäßigkeit auf gesetzgeberische Wertungen und Prognosen ankommt, erfolgt jedoch auch seitens des Bundesverfassungsgerichts eine nur eingeschränkte Überprüfung.[947] So hält z.B. das BVerfG im Hinblick auf die Zumutbarkeit einer Maßnahme[948] eine generalisierende Betrachtungsweise für geboten, die nicht auf die Interessenlage Einzelner, sondern auf Regelwirkungen, etwa für einen ganzen Wirtschaftszweig abstellt.[949]

Auch wenn die Stufentheorie in der EuGH-Rechtsprechung keine Anwendung findet, unterscheidet der Gerichtshof zwischen Berufsausübungsregeln und Berufszulassungsregeln, wobei Letztere einer strengeren Kontrolle unterliegen, da sie regelmäßig einen intensiveren Eingriff in die Rechtssphäre des Einzelnen darstellen.[950]

Im deutschen Recht sind Berufsausübungsregelungen gerechtfertigt, wenn „Gesichtspunkte der Zweckmäßigkeit"[951] sie verlangen. Dabei kann es um die Abwendung von Schäden für die Allgemeinheit oder die Sicherung bzw. Förderung eines bestimmten Berufsstandes gehen. Dem Gesetzgeber wird insofern ein großer Einschätzungs- und Gestaltungsspielraum eingeräumt[952] und die Zahl der akzeptierten Gemeinwohlziele ist groß.[953] Dem entspricht im Wesentlichen die EuGH-Rechtsprechung, wonach Berufsausübungsregeln grundsätzlich dann gerechtfertigt sind, wenn sie aufgrund vernünftiger Erwägungen zur Erreichung der dem Allgemeinwohl dienenden Ziele der Gemeinschaft zweckmäßig erscheinen und den Einzelnen nicht unverhältnismäßig belasten.[954]

Zur Frage, welche konkreten Anforderungen an die Rechtfertigung von Einschränkungen der Berufswahl zu stellen sind, hat sich der Gerichtshof bislang nicht ausdrücklich geäußert. Auch insofern könnte die Rechtsprechung des BVerfG zu Art. 12 Abs. 1 GG jedoch Anhaltspunkte bieten. Subjektive Zulassungsvoraussetzungen sind nur zum Schutz „besonders wichtiger Gemeinschaftsgüter, die der Freiheit des Einzelnen vorgehen," gerechtfertigt.[955] Diese Gemein-

---

[946] Vgl. *Pieroth/Schlink*, Grundrechte, 2002, Rn. 846ff.

[947] BVerfGE 25, 1, 12f.; 39, 210, 226; 47, 109, 117; 50, 290, 333f.

[948] Die Zumutbarkeit einer grundrechtsbeschränkenden Maßnahme soll sich aus einer Abwägung zwischen der Schwere des Eingriffs und dem Gewicht der ihn rechtfertigenden Gründe ergeben. Vgl. BVerfGE 85, 248, 261.

[949] BVerfGE 30, 292, 316; 68, 193, 219; 70, 1, 30; 77, 84, 105.

[950] Vgl. auch *Wunderlich*, Das Grundrecht der Berufsfreiheit im Europäischen Gemeinschaftsrecht, 2000, S. 200f.

[951] BVerfGE 7, 377, 406; 23, 50, 56; 28, 21, 31; 77, 308, 332.

[952] BVerfGE 39, 210, 225f.; 46, 246, 257; 51, 193, 208; 53, 135, 145; 77, 84, 106; 77, 308, 332.

[953] Z.B. BVerfGE 53, 135, 145 (Schutz des Verbrauchers vor Täuschung); BVerfGE 70, 1, 29 (finanzielle Stabilität der gesetzlichen Krankenversicherung); BVerfGE 77, 84, 107 (geordneter Arbeitsmarkt);

[954] Vgl. nur EuGH Rs. 44/79, Hauer/Rheinland-Pfalz, Slg. 1979, 3727, Rn. 23.

[955] Hinsichtlich subjektiver Berufszulassungsschranken hielt das BVerfG in folgenden Fällen einen Eingriff in die Berufsfreiheit für gerechtfertigt: Altersgrenzen für Vertragsärzte (BVerf-

schaftsgüter können absolute Werte[956] sein oder auch „relative", die erst der Gesetzgeber selbst auf Grund seiner jeweiligen wirtschafts-, sozial- und gesellschaftspolitischen Vorstellungen und Ziele definiert.[957] Das BVerfG beschränkt sich insoweit auf die Kontrolle, ob die Anschauungen des Gesetzgebers offensichtlich fehlsam oder mit der Wertordnung des Grundgesetzes unvereinbar sind.[958] Bei der Güterabwägung im Rahmen der Angemessenheit sind objektive Zulassungsschranken nur gerechtfertigt, wenn sie zur „Abwehr nachweisbarer oder höchstwahrscheinlicher schwerer Gefahren für ein überragend wichtiges Gemeinschaftsgut" notwendig sind.[959] Auch auf dieser Stufe gesteht das BVerfG dem Gesetzgeber zumindest einen Prognosespielraum zur Einschätzung zukünftiger Tatsachenentwicklungen zu[960], der allerdings nicht die Auswahl der eingriffslegitimierenden Gemeinwohlbelange betrifft.[961]

Auch wenn die Stufenlehre des BVerfG einen Versuch der Rationalisierung unternimmt, bleiben die Abwägungskriterien nicht zuletzt aufgrund ihrer Formelhaftigkeit unscharf.[962] Dieser Mangel wird allerdings durch das Gericht dadurch ausgeglichen, dass es den Schwerpunkt der Prüfung – ebenso wie der EuGH – auf das Merkmal der Erforderlichkeit legt. Überdies gesteht auch das BVerfG dem Gesetzgeber gerade im Bereich der Wirtschaftpolitik eine weiten Entscheidungs- und Prognosespielraum zu. Die Rechtsprechung des EuGH zur Berufsfreiheit ist

---

GE 103, 172, 185ff.), Hebammen (BVerfGE 9, 338, 345ff.) und Prüfingenieure für Baustatik (BVerfGE 64, 72, 82f.); Befähigungsnachweis für das Handwerk (BVerfGE 13, 97, 113ff.), Erfordernis, Baupläne von Architekten verfassen zu lassen (BVerfGE 28, 364, 374f.), Amtsenthebung eines Notars wegen Amtsunfähigkeit (BVerfGE 45, 422, 428); ärztliche Prüfungen nach dem Multiple-Choice-Verfahren (BVerfGE 80, 1, 23ff.).

956 Z.B. BVerfGE 25, 236, 247; 78, 179, 192 (Schutz der Volksgesundheit); BVerfGE 37, 67, 77; 93, 213, 236 (geordnete Rechtspflege).

957 Vgl. etwa: BVerfGE 13, 97, 107; BVerwG GewArch 1997, S. 63f. (Leistungsfähigkeit des Handwerks: Sicherung des Nachwuchses der gewerblichen Wirtschaft); BVerfG DVBl. 1996, S. 1367, 1368 (Hochschulreife als Nachweis der potentiellen Studierfähigkeit.

958 BVerfGE 13, 97, 107.

959 Als überragend wichtig hat das BVerfG so verschiedene Rechtgüter wie die Gesundheitsversorgung der Bevölkerung (BVerfGE 103, 172, 184), die finanzielle Stabilität der gesetzlichen Krankenversicherung (BVerfG DVBl. 2002, S. 400), die Steuerrechtspflege (BVerfGE 21, 173, 179; 69, 209, 218), den Schutz vor ungeeigneten Rechtsberatern (BVerfGE 75, 246, 267), die Leistungsfähigkeit des öffentlichen Verkehrs (BVerfGE 11, 168, 184f.), die Wirtschaftlichkeit der Deutschen Bundesbahn (BVerfGE 40, 196, 218) und den schnellen Aufbau einer effektiven Verwaltung in den neuen Bundesländern (BVerfGE 84, 133, 151f.) anerkannt.

960 BVerfGE 25, 1, 19f.; vgl. auch BVerwGE 97, 79, 85 („Einschätzungsprärogative").

961 *Tettinger* in: Sachs, Grundgesetz, 2002, Art. 12 Rn. 106ff.

962 So wird auch von einer Reihe deutscher Autoren vorgeschlagen, auf das Kriterium der Angemessenheit insbesondere bei der Rechtfertigung von Eingriffen in die Berufsfreiheit ganz zu verzichten. Kritisch etwa: *Tettinger* in: Sachs, Grundgesetz, 2002, Art. 12 Rn. 123ff.; *Schlink*, Abwägung im Verfassungsrecht, 1976, S. 79; vgl. auch: *Lorz*, NJW 2002, S. 169.

also im Hinblick auf die Vorgaben des Art. 23 Abs. 1 S. 1 GG ebenfalls als „im Wesentlichen vergleichbarer Grundrechtsschutz" anzusehen.[963]

3. Zwischenergebnis

Auch wenn sich starke Ähnlichkeiten in der Rechtsprechung der beiden Gerichte zu den Grundrechten der Berufs- und der Eigentumsfreiheit feststellen lassen, ist ein wesentlicher Unterschied doch, dass der EuGH diese beiden Grundrechte oftmals zusammen prüft und dadurch, auch wenn sich – wie oben gezeigt – der Rechtsprechung des Gerichtshofs durchaus Abgrenzungen der Schutzbereiche entnehmen lassen, der Eindruck entsteht, dass er eine solche Abgrenzung oft nicht vornehme. Für diese Vorgehensweise lassen sich zwei Begründungsansätze finden. Zum einen kann ein Grund in der tatsächlichen Nähe der beiden wirtschaftsbezogenen Grundrechte gesehen werden. Zum anderen kann eine Erklärungsmöglichkeit darin gesehen werden, dass der Gerichtshof die Grundrechte als allgemeine Rechtsgrundsätze entwickelt hat[964] und das Verhältnis allgemeiner Rechtsgrundsätze zueinander schwieriger festzulegen ist als das einzelner Vorschriften eines verbindlichen Grundrechtskataloges.[965] Insbesondere in Bezug auf den zweiten Begründungsansatz ist eine Veränderung der EuGH-Rechtsprechung bei Verbindlichkeit des EU-Verfassungsvertrages und der in diesen inkorporierten Grundrechtscharta, die beide Grundrechte in verschiedenen Normen kodifiziert, zu erwarten.

III. Bananenmarktordnung

Zwar ist auffällig, dass der Gerichtshof sensibler auf Fälle von Diskriminierung als auf Fälle der Verletzung von Freiheitsrechten reagiert, und sich insbesondere im Hinblick auf das Diskriminierungsverbot eine detaillierte Judikatur des EuGH entwickelt hat, so dass in der Tat der Schluss nahe läge, dass bei der relativ geringen Zahl der vor dem EuGH verhandelten Grundrechtsfälle[966] eine Vernachlässigung des Grundrechtsschutzes erfolgen könnte. Diese Vermutung ist aber unzutreffend. Zum einen ist festzustellen, dass der durch den EuGH gewährte Grund-

[963] Vgl. für die Grundrechtsrechtsprechung insgesamt die Kurzdarstellung und im Ergebnis gleiche Bewertung von: *Hirsch*, RdA 1998, S. 194, 195f.; so auch: *Nettesheim*, NJW 1995, S. 2083, 2084, sowie: *Zuleeg*, JZ 1994, S. 1, 5.

[964] Vgl. de *Witte*, in: Alston, The EU and Human Rights, 1999, S. 859, 864, der auf eine insofern vorhandene Parallelität zur Rechtsprechung des französischen Conseil Constitutionnel hinweist. Zur Bedeutung des französischen öffentlichen Rechts in der Grundrechtsrechtsprechung des EuGH: *Schilling*, EuGRZ 2000, S. 3, 24ff.

[965] *Besselink*, CMLRev. 35 (1998), S. 629, 633.

[966] Vgl. de *Witte*, in: Alston, The EU and Human Rights 1999, S. 859, 869, der nachweist, dass im Vergleich zu nationalen Gerichten vor dem EuGH jährlich nur ausgesprochen wenige Grundrechtsfälle verhandelt werden.

rechtsschutz nicht geringer ist als der durch nationale Verfassungsgerichte vermittelte.[967] Dies wurde vorliegend insbesondere für die deutsche Rechtsordnung nachgewiesen. Darüber hinaus zeigt die Rechtspraxis auch nur wenige Fälle, in denen das Problem eines zu geringen europäischen Grundrechtsschutzes überhaupt relevant wurde. Bei den mit der Kritik an einer zu geringen Kontrolldichte des EuGH in seiner Verhältnismäßigkeitsrechtsprechung angegriffenen Urteilen handelt es sich nahezu ausschließlich um Urteile, die im Rahmen der Bananenmarktordnung ergangen sind.[968]

Dass in dem Zusammenhang insbesondere aus Deutschland massive Kritik geübt wurde ist insofern verständlich, als deutsche Vermarkter von sog. „Drittlandsbananen" von den neu eingeführten – prohibitiv wirkenden Zöllen – durch welche das zuvor in Deutschland geltende protektionistische System abgelöst worden ist, besonders stark betroffen waren. Die (Hinter-) Gründe für eine plötzliche Befassung und die harsche Kritik aus Deutschland an der Verhältnismäßigkeitsrechtsprechung des EuGH sind also originär politische. Wie aber ist es mit der rechtlichen Seite? Das VG Frankfurt formulierte in dem Vorlagebeschluss an das BVerfG das Kernproblem: Das BVerfG müsse die Bestimmungen der Verordnung über den Außenhandel für in Deutschland unanwendbar erklären, da eine Härteklausel fehle, die betroffenen Importeuren erlaube, sich innerhalb einer Übergangsfrist auf die veränderten Bedingungen einzustellen.[969] Damit reduzierte sich die Kritik an einer unzureichenden Kontrolldichte auf den Vorwurf, dass der EuGH die Verordnung nicht insoweit für ungültig erklärt hatte, als eine Härteklausel fehlte. Doch nur wenig später gab der Gerichtshof Art. 30 der entsprechenden Verordnung Nr. 404/93 genau diese Bedeutung[970] und löste damit das Grundrechtsproblem. Diese Lösung wie auch die grundsätzliche Ausrichtung der Rechtsprechung des EuGH in Grundrechtsfragen bestätigte das BVerfG, wies die Vorlage des VG als unzulässig zurück und lässt erkennen, dass es wie der EuGH entschieden hätte.[971] Darüber hinaus macht es deutlich, dass es bei der von Art. 23 Abs. 1 S.1 GG geforderten Vergleichbarkeit des Grundrechtsschutzes um eine generelle Vergleichbarkeit – die wie dargelegt auch dem hier angenommenen

---

[967] Vgl. *Mahrenholz*, JöR 49 (2001), S. 15ff.; v. *Bogdandy*, JZ 2001, S. 157, 164.

[968] Vgl. etwa: In EuGH Rs. C-122/95, Bundesrepublik Deutschland/Rat, Slg. 1998, I-973, Rn. 59ff. bestätigt in: verb. Rs. C-364/95 und C-365/95, Port/ Hauptzollamt Hamburg-Jonas, Slg. 1998, I-1023, Rn. 89. Vgl. als kritische Literaturstimmen nur: *Schwab*, Der Europäische Gerichtshof und der Verhältnismäßigkeitsgrundsatz: Untersuchung der Prüfungsdichte, 2002, S. 90ff., 116; *Selmer*, Die Gewährleistung des unabdingbaren Grundrechtsstandards durch den EuGH, 1998; *Caspar*, DÖV 2000, S. 349, 356ff.; *Dauses*, EuZW 1997, S. 705; *Everling*, in: Freundesgabe für Jürgen Gündisch, 1999, S. 89; *Nettesheim*, EuZW 1995, 105f.; *Pauly*, EuR 1998, S. 242ff.; *Schilling*, EuGRZ 1998, S. 177, 182ff.; *Everling*, CMLRev. 33 (1996), S. 401, 417. Dagegen aber etwa: *Classen*, JZ 1997, S. 454.

[969] VG Frankfurt a. M. EuZW 1997, S. 182.

[970] EuGH Rs. C-68/95, T-Port GmbH&Co. KG, Slg. 1996, I-6065, Rn. 43.

[971] BVerfG vom 07.06 2000 in: EuR 2000, S. 799.

Maßstab zugrunde liegt – geht, die als gewahrt anzusehen sei. Bei der Geltendmachung eines Verstoßes gegen diesen Maßstab muss der Nachweis erbracht werden, dass der Grundrechtschutz hinsichtlich des geltend gemachten Interesses generell unzureichend ist. Auf einen im speziellen Fall bestehenden Unterschied auf nationaler und auf Gemeinschaftsebene hinzuweisen, ist nicht ausreichend.[972]

Bisher musste der EuGH Grundrechte in erster Linie im Hinblick auf Eingriffe der Gemeinschaftsorgane im Bereich des Wirtschaftsverwaltungsrechts schützen. In diesem Bereich ist das Schutzniveau auch nationaler Gerichte niedrig und das Ermessen des Gesetzgebers groß. Die derzeitige Wahrung der Vergleichbarkeitsgrenze des Art. 23 Abs. 1 S. 1 GG lässt also noch keinen zwingenden Rückschluss auf eine weitere Entwicklung der Verhältnismäßigkeitsrechtsprechung des EuGH bei einer möglichen Ausweitung der Politikfelder der Gemeinschaften zu.[973]

---

[972] Vgl. *Limbach*, EuGRZ 2000, S. 417, 419f. sowie die Ausführungen in 4. Teil zur nationalen Begrenzung des gemeinschaftsrechtlich entwickelten Maßstabs.

[973] Skeptisch im Hinblick auf die Wahrung der verfassungsrechtlichen Grenze der Mitgliedstaaten: v. *Bogdandy*; JZ 2001, S. 157, 164.

8. Teil: EuGH und Integration

Die Festlegung eines Maßstabs für eine ausreichende Kontrolldichte und ein angemessenes Schutzniveau insbesondere bei der Grundrechtsrechtsprechung ist weniger ein methodisches Problem als vielmehr ein Problem der Gewaltenteilung. Es gibt kein Grundrecht, das jede Form des hoheitlichen Eingriffs verbietet. – Diese Einschätzung gilt nicht nur für das Gemeinschaftsrecht, sondern auch für das deutsche Verfassungsrecht, wo es – mit Ausnahme des Schutzes der Menschenwürde – zwar *schrankenlose* aber keine *unbeschränkbaren* Grundrechte gibt. Insofern greift auch das Argument der Kritiker nicht durch, welches bemängelt, dass der EuGH bisher jedes der von ihm anerkannten Grundrechte für beschränkbar gehalten hat.[974] Eine Abwägung zwischen den widerstreiten Interessen muss also in jedem Fall stattfinden. Der EuGH formalisiert diese Abwägung unter Anwendung des Grundsatzes der Verhältnismäßigkeit.[975] Die Entscheidung über die zur Verwirklichung eines zu erreichenden Politikziels erforderlichen Mittel und die Abwägung zwischen privaten und öffentlichen Interessen beinhalten Werturteile, die nicht durch Rechtsnormen determiniert sind.[976] Es ist ein Grenzbereich zwischen Politik und Recht. Da insbesondere dem EuGH von der Gründung der Gemeinschaften an eine wichtigere Bedeutung zukam, als lediglich „la bouche de la loi“[977] zu sein, ist es sicher denkbar, dass ihm die Rolle einer starken politischen Instanz zufallen könnte, eine Position, die für einige Verfassungsgerichte in den Mitgliedstaaten nicht ungewöhnlich ist.[978] So ist etwa unbestritten, dass in den Anfängen der Gemeinschaft die Rechtsprechung des Gerichtshofes maßgeblich dazu beigetragen hat, diese in eine neue, autonome Rechtsgemeinschaft einzubinden. Durch die Zielsetzungen, die der EuGH aus den Verträgen ableitete und den daraus gezogenen Schlussfolgerungen hat er politische Akzente gesetzt und entscheidend dazu beigetragen, der Gemeinschaft eine rechtspolitische Struktur zu geben.[979] In dieser Einschätzung der Rolle des Gerichtshofs darf jedoch nicht seine eigenständige Funktion im Rahmen des Institutionsgefüges der Gemeinschaft außer Betracht gelassen werden.[980] Es obliegt dem EuGH die Recht(sstaat)lichkeit der Gemeinschaft in einem Verbund von Staaten zu wahren,

[974] *Storr*, Der Staat 36 (1997), S. 547, 560.
[975] *Pache*, NVwZ 1999, S. 1033.
[976] *Schlink*, Abwägung im Verfassungsrecht, 1976, S. 127ff.
[977] Vgl. die Feststellungen des BVerfGE 75, 223, 233ff. in diesem Zusammenhang.
[978] *Schwarze*, Die Entstehung einer europäischen Verfassungsordnung, 2000, S. 109ff., 127; v. *Bogdandy*, JZ 2001, S. 157, 165, der auf die besonderen Verdienste insbesondere der italienischen Verfassungsgerichtsbarkeit an der Aussonderung faschistischen Gedankenguts aus der italienischen Rechtsordnung hinweist, sowie auf das Verdienst, das dem BVerfG im Hinblick auf die Demokratisierung der deutschen Verwaltung und soziale Reformen zukommt. Vgl. aber auch: *Grimm*, EuGRZ 2000, S. 1.
[979] *Schockweiler*, EuR 1995, S. 191, 193.
[980] Vgl. *Everling*, EuR 1996, S. 127, 130ff.

deren Ziel am besten mit „Integration" umschrieben ist, im Rahmen eines Vertrages, der größtenteils Zielvorgaben enthält. In diesem rechtlichen Rahmen obliegt es jedem der von den Verträgen geschaffenen Gemeinschaftsorgane im Rahmen seiner Zuständigkeit, die ihm zugewiesenen Aufgaben wahrzunehmen und zur Förderung der Vertragszwecke tätig zu werden. Wenn dem EuGH demzufolge eine größere Berechtigung zur Rechtsfortbildung zuzuerkennen ist[981], so bleibt doch stets die Beschränkung auf das Rechtliche, die es ihm untersagt, in den politischen Entscheidungsprozess einzugreifen.[982] Diese Schranke beachtet der Gerichtshof, indem er den politischen Organen einen weiten Ermessensspielraum zugesteht.[983] Die meisten seiner Urteile zielen darauf ab, die Integration durch die Sicherstellung der Umsetzung der Ergebnisse des politischen europäischen Prozesses zu fördern. Sogar die Einführung der Grundrechte entsprang der Notwendigkeit einer Stärkung des europäischen Rechts.[984]

A. Grundrechte und Grundfreiheiten – unterschiedliche Maßstäbe?

Diese Aussage scheint im Widerspruch zur detaillierten Rechtsprechung und insbesondere Verhältnismäßigkeitsprüfung des Gerichtshofs bei den Grundfreiheiten zu stehen. Gerade in Anbetracht der differenzierten Prüfung des Grundsatzes der Verhältnismäßigkeit bei den Grundfreiheiten scheint es konsequent, ähnliche Standards auch und gerade für den Grundrechtsbereich zu fordern, da Letztere schließlich die Gemeinschaftsorgane binden. Hier geht es insbesondere um den Vorwurf, der EuGH werte anhand von verschiedenen Maßstäben bei der Anwendung des Grundsatzes der Verhältnismäßigkeit je nachdem, ob es sich um mitgliedstaatliche Akte oder um Akte der Gemeinschaft handele.[985] Dabei sei er dem Gemeinschaftsgesetzgeber gegenüber großzügig, während er an Maßnahmen des nationalen Gesetzgebers der Mitgliedstaaten strengere Maßstäbe anlegt. Im Kern geht es also um den Vorwurf einer übermäßigen Souveränitätsbeschränkung der Mitgliedstaaten. Die Rechtsprechung zu den Grundfreiheiten scheint die Notwendigkeit zu bestätigen, Gemeinschaftsrechtsakte einer strengeren Grundrechtsprüfung zu unterziehen. Diese Forderung ließe sich sogar mit der Rechtsprechung des

---

981 Vgl. dazu *Dänzer-Vanotti*, in: FS *Everling* 1995, S. 205; *Zuleeg*, JZ 1994, S. 1, 6; *Ott*, EuZW 2000, S. 293.

982 Vgl. *Pache*, DVBl 1998, S. 380, 382; FAZ vom 27.01.03 „Wir machen keine Politik" Ein Gespräch mit dem Präsidenten des Europäischen Gerichtshofs, Rodríguez *Iglesias*.

983 Insbesondere im Bereich der Wirtschaftpolitik. Vgl. *Schockweiler*, EuR 1995, S. 191, 195ff.

984 *Mancini*, CMLRev. 26 (1989), S. 595, 611ff.

985 Vgl. zu diesem Aspekt der Kritik insbesondere: *Schwab*, Der Europäische Gerichtshof und der Verhältnismäßigkeitsgrundsatz: Untersuchung der Prüfungsdichte, 2002; *Kingreen/Störmer*, EuR 1998, S. 263, 277f.; *Caspar*, DÖV 2000, S. 349, 359.

EuGH stützen, wonach supranationale und nationale Rechtsakte gerichtlich nach im Wesentlichen gleichen Standards zu überprüfen sind.[986]

I. Unterschied zwischen Grundrechten und Grundfreiheiten entscheidend

Es besteht aber ein entscheidender Unterschied zwischen der Rechtsprechung des EuGH zu den Grundfreiheiten und den Grundrechten, der eine andere Beurteilung gebietet. Die Grundfreiheiten beinhalten mit Ausnahme der Arbeitnehmerfreizügigkeit und des Zugangs zu Beschäftigungsverhältnissen[987] keine Grundrechte, und die Rechtsprechung des Gerichtshofs ist in diesen Bereichen keine Grundrechtsrechtsprechung. Der Unterschied zwischen beiden Gewährleistungen ist entscheidend. Insbesondere ist in diesem Zusammenhang von Bedeutung, dass die Grundfreiheiten nur dann direkt anzuwenden sind, wenn keine sekundärrechtliche Regelung besteht.[988] Der Gemeinschaftsgesetzgeber hat also prinzipiell die Möglichkeit durch den Erlass entsprechenden Sekundärrechts, einen Sachverhalt anders zu regeln als ihn der EuGH auf der Grundlage der Grundfreiheiten entschieden hat. Eine mitgliedstaatliche Ausführungsvorschrift, die gegen eine Grundfreiheit verstößt, kann also durch den Erlass einer späteren sekundärrechtlichen Norm (Richtlinie oder Verordnung) abgeändert werden. Grundfreiheiten sind daher weit eher als Grundrechte als Liberalisierungsprogramm zu verstehen. Aus diesem Grund – und das ist der entscheidende Unterschied zu Grundrechtsentscheidungen – entzieht eine Entscheidung, die auf der Grundlage der Grundfreiheiten erlassen wurde, einen Sachverhalt nicht dem Zugriff des politischen Prozesses und dem nach dem Gewaltenteilungsgrundsatz originär zuständigen Gesetzgeber.[989]

Bei Grundrechtsgewährleistungen hingegen gibt es keine sekundärrechtlichen Ausführungsvorschriften, die gegebenenfalls vom Gemeinschaftsgesetzgeber geändert werden können. Einer Entscheidung des Gerichtshof kommt also im Grundrechtsbereich eine ganz andere Bindungskraft zu als etwa im Bereich der Grundfreiheiten, insbesondere solange Grundrechte im Gemeinschaftsrecht maßgeblich richterrechtlich determiniert sind und es an einer verbindlichen Kodifikation mangelt.

---

986 EuGH verb. RS. C-46/93 und C-48/93, Brasserie de Pêcheur, Slg. 1996, I-1029. Ausführlich die Schlussanträge des GA Tesauro, Slg. 1996, I-1066, Rn. 61ff.

987 EuGH Rs. C-415/93, Bosmann, Slg. 1995, I-4921, Rn. 129; Rs. C-416/96, Eddline El-Yasini, Slg. 1999, I-1209, Rn. 45.

988 EuGH Rs. 120/78, Cassis de Dijon, Slg. 1979, 649, Rn. 8; Rs. C-470/93, Mars, Slg. 1995, I-1923, Rn. 12; Rs. C-51/94, Kommission/Deutschland, Slg. 1995, I-3599, Rn. 29. Diese Formel wird nicht durchgängig verwandt, vgl. etwa Rs. C-412/93, Leclerc, Slg. 1995, I-179, Rn. 18ff., was daran liegt, dass diese Herangehensweise des Gerichthofs als gefestigt angesehen werden kann, vgl. *Streinz*, Europarecht 2001, Rn. 742; *Hatje*, Jura 2002, S. 160.

989 Vgl. v. *Bogdandy*, JZ 2001, S. 157, 166, dort insbes. Fn. 98.

II. Absicherung der Grundrechte durch Grundfreiheiten

Darüber hinaus kann aber in der vergleichsweise detaillierten Rechtsprechung des Gerichtshofs zu den Grundfreiheiten zweierlei gesehen werden. Zum einen können grundfreiheitliche Gewährleistungen ihnen verwandte Grundrechte „absichern" helfen und so deren Schutzstandard festigen, so etwa im Bereich der Berufsfreiheit die Arbeitnehmerfreizügigkeit[990] oder die Niederlassungsfreiheit oder im Bereich des Eigentumsschutzes die Waren- und Kapitalverkehrsfreiheit.[991] Der durch die Arbeitnehmerfreizügigkeit gem. Art. 39 Abs. 2 EGV geschützte freie Zugang zur Beschäftigung innerhalb der Gemeinschaft ist vom EuGH sogar einmal – missverständlich – als Grundrecht der Arbeitnehmer in der Gemeinschaft bezeichnet worden.[992]

III. Historischer Hintergrund

Zum anderen darf auch der historische Hintergrund des Zusammenhangs zwischen der (politischen) Entwicklung der Gemeinschaft und den Grundfreiheiten nicht außer Betracht bleiben. Grundfreiheiten sind originär gemeinschaftsrechtlich, sie sind keine Rezeptionen aus den Mitgliedstaaten. Des Weiteren war das Ziel der Gemeinschaft primär die wirtschaftliche Integration, erst in jüngerer Zeit erfolgte eine starke Schwerpunktverlagerung, darüber hinaus auch eine Integration anzustreben, in der den Grundrechten größere Bedeutung zukommen soll.

IV. Mögliche Entwicklungsperspektiven

Gleichzeitig lässt die derzeitige Entwicklung aber auch Rückschlüsse für eine mögliche zukünftige Rechtsprechungstendenz des Gerichtshofs zu. Sollte der EU-Verfassungsvertrag mit der inkorporierten Grundrechtscharta[993] durch einen europäischen demokratisch legitimierten Prozess Rechtsverbindlichkeit erlangen, ist eine Schwerpunktverlagerung in der Rechtsprechung des Gerichtshofs von einer Grundfreiheitsrechtsprechung zu einer Grundrechtsrechtsprechung zu erwarten. Dies zum Einen, da die Grundrechtscharta – wie es ihr eigenes Anliegen ist – die Grundrechte sichtbarer macht und damit stärken wird. Zum Anderen aber auch, da sich im EU-Verfassungsvertrag insbesondere durch die ausdrückliche Aufnahme

[990] Vgl. etwa: *Tettinger* in: Sachs, Grundgesetz, 2002, Art. 12 Rn. 7d, der die Wirkkraft der Grundfreiheit des Art. 39 EGV (im Rahmen des Profisports) im Ergebnis als voll kongruent mit den Anforderungen der grundrechtlichen Gewährleistung der Berufsausübungsfreiheit in Deutschland ansieht. Vgl. ferner: *Wunderlich*, Das Grundrecht der Berufsfreiheit im Europäischen Gemeinschaftsrecht 2000, S. 66, 98ff.

[991] Vgl. *Frenz*, EuR 2002, S. 603, 606ff.

[992] EuGH Rs. 222/86, Unectef, Slg. 1987, 4097, Rn. 14.

[993] Vgl. dazu: *Leutheusser-Schnarrenberger*, ZRP 2002, S. 329, 332

der Achtung der Menschenwürde ganz zu Beginn des Dokuments (Art. I-2) und als ersten Artikel der Grundrechtscharta (Art. II-1) eine (vorsichtige) Schwerpunktverlagerung zugunsten des Menschenrechtsschutzes in der Union zu vollziehen scheint. In der derzeitigen Rechtslage stellen Grundrechte aber keine Ziele, sondern lediglich Schranken der öffentlichen Gewalt der Union dar[994], der Binnenmarkt bleibt das zentrale Projekt der Integration.[995]

B. Was bleibt von der deutschen Kritik übrig?

Die Kritik reduziert sich auf eine unterschiedliche Breite der Ausführungen im Einzelfall.[996] Das BVerfG hat zwar insbesondere im Hinblick auf die beiden Grundrechte der Berufs- und der Eigentumsfreiheit eine detaillierte Vorgabe für die Abwägungsentscheidung zur Rechtfertigung von Eingriffen in diese Grundrechte entwickelt, die zum Teil erheblich vom Rechtsprechungsstil des EuGH abweicht. Auf diese Abweichung kommt es aber – insbesondere im Hinblick auf die Vorgaben des Art. 23 Abs. 1 S. 1 GG – nicht an, da dessen Grenze, wie dargelegt, durch die generelle Vergleichbarkeit der jeweiligen Schutzstandards als gewahrt anzusehen ist. Die Forderung nach einer Intensivierung der Kontrolldichte des EuGH kann damit in zweifacher Hinsicht verstanden werden. Zum einen als Forderung nach einer stärkeren politischen Stellung des Gerichtshofs. Diese Forderung könnte aber zur Folge haben, den gemeinschaftsrechtlichen Grundsatz der Gewaltenteilung zu verletzen und wäre demzufolge mit der Stellung des Gerichtshofes im Institutionsgefüge des Gemeinschaftsrechts unvereinbar. Zum anderen kann die Forderung verstanden werden als der Wunsch, über eine intensivierte Grundrechtsrechtsprechung der Integration eine bestimmte Richtung im Hinblick auf eine grundrechtsgebundene Verfasstheit zu geben. Insbesondere der zweite Aspekt verdient eine genauere Betrachtung.

---

994 Vgl. nur *Limbach*, EuGRZ 2000, S. 417.

995 Vgl. dazu auch die Beitäge in: Hatje, Das Binnenmarktrecht als Daueraufgabe, EuR Beiheft I/2002, S. 7ff.

996 Auffällig ist insbesondere, dass die Formulierungen, welche die deutsche Kritik an der Verhältnismäßigkeitsrechtsprechung des EuGH erst bei den neueren Urteilen bemängelt, Standardformulierungen sind, welche bis an die Anfänge der Grundrechts- bzw. Verhältnismäßigkeitsrechtsprechung zurück verfolgt werden können. Was damals als Innovation und Etablierung einer (Grund-) Rechtsgemeinschaft gelobt wurde, sieht sich heute, in der gleichen sprachlichen Fassung massiver Kritik ausgesetzt. Dem könnte zwar entgegengehalten werden, dass es eine fortschreitende (Grundrechts-) Integration der Gemeinschaft erforderlich machte, den Grundsatz der Verhältnismäßigkeit nicht mehr so zu handhaben/prüfen, wie zu Beginn der siebziger Jahre. Selbst wenn man diese Auffassung teilt, gebietet eine solche Einschätzung aber noch lange keine Übernahme der Prüfstruktur des BVerfG, wie sie scheinbar von der deutschen Kritik intendiert ist.

C. Ausblick und Schluss: Grundrechtsgebundene Integration

Ausgehend vom Bestand des Vorhandenen: Kann die in den EU-Verfassungsvertrag inkorporierte Charta der Grundrechte einen Beitrag zu grundrechtsgebundener Integration leisten?[997]

I. Keine Neuschaffung von Rechten

Die Präambel der Charta (5. Erwägungsgrund) stellt klar, dass Sinn und Zweck der Charta keine Neuschaffung von Rechten sein soll, sondern die Zusammenfassung bestehenden Rechts. „Diese Charta bekräftigt (...) die Rechte, die sich vor allem aus den gemeinsamen Verfassungstraditionen und den gemeinsamen internationalen Verpflichtungen der Mitgliedstaaten, aus dem Vertrag über die Europäische Union und aus den Gemeinschaftsverträgen, aus der Europäischen Konvention zum Schutze der Menschenrechte und Grundfreiheiten, aus den von der Gemeinschaft und dem Europarat beschlossenen Sozialchartas sowie aus der Rechtsprechung des Gerichtshofs der Europäischen Gemeinschaften und des Europäischen Gerichtshofs für Menschenrechte ergeben."

II. Grundrechtsschranken

Im Gegensatz zur detaillierten Schrankensystematik der EMRK enthält die Charta der Grundrechte eine allgemeine Bestimmung in Art. II-52, in der die Voraussetzungen und Grenzen von Grundrechtseingriffen festgelegt werden. Diese Norm gilt grundsätzlich für alle Rechte der Charta. In Art. II-52 Abs. 1 S. 1 sind ein formeller Gesetzesvorbehalt und die Wesensgehaltsgarantie verankert. Art. II-52 Abs. 1 S. 2 enthält einen qualifizierten Gesetzesvorbehalt, der an den jeweiligen Abs. 2 der Art. 8 bis 11 EMRK einerseits und an der Rechtsprechung des EuGH andererseits orientiert ist und im Wesentlichen den Grundsatz der Verhältnismäßigkeit enthält.

Anderes gilt für Rechte der Charta, die in anderen Teilen des Verfassungsvertrages begründet sind, deren Ausübung gemäß Art. II-52 Abs. 2 der GRCH im Rahmen der in diesen einschlägigen Teilen festgelegten Bedingungen und Grenzen erfolgt. Das heißt, dass die Rechte der Charta insofern keine unmittelbare Veränderung der Rechtslage bewirken werden.

Eine ähnliche Regelung wird im Hinblick auf Rechte, die den EMRK-Rechten entsprechen, gewählt. Soweit Charta-Rechte den EMRK-Rechten „entsprechen", haben sie „die gleiche Bedeutung und Tragweite" wie die Rechte nach der EMRK

---

[997] Vgl. zur Grundrechtscharta auch: *Callies*, EuZW 2001, S. 261, 267, *Schröder*, JZ 2002, S. 849, 854. Vgl. auch: *Schwarze*, EuR 2003, S. 535, 563, nach dessen Auffassung die Grundrechtscharta den Grundrechtsschutz gegenüber EU-Organen deutlich verbessert.

(Art. II-52 Abs. 3 S. 1 GRCh).[998] Allerdings wird durch Art. II-52 Abs. 3 S. 2 eine Entwicklungsperspektive eröffnet, indem festgelegt wird, dass die Bestimmung des Art. 52 Abs. 3 S. 1 dem nicht entgegensteht, dass das Recht der Union einen weitergehenden Schutz gewährt als den durch die Rechte der EMRK verbürgten.

III. Rechte der Berufs- und der Eigentumsfreiheit in der Charta

Die wirtschaftlichen Grundrechte der Charta umfassen neben der Berufsfreiheit, welche die Freiheit der Berufswahl und der Berufsausübung erfasst, die „unternehmerische Freiheit" (Art. II-16), sowie das „Recht zu arbeiten" (Art. II-15 Abs. 1), worin allerdings kein „Recht auf Arbeit" gesehen wird. Art. II-15 Abs. 2 und 3 konkretisieren das Grundrecht, indem. sie für Unionsbürger die Arbeitnehmerfreizügigkeit, die Niederlassungsfreiheit und die Dienstleistungsfreiheit garantieren – und zwar ohne das für die Grundfreiheiten bislang bestehende Erfordernis eines grenzüberschreitenden Sachverhaltes. Hier wird erneut die starke Verbindung zwischen wirtschaftlichen Grundrechten und Grundfreiheiten deutlich und beide Verbürgungen de lege lata angeglichen.

Die in Art. II-17 niedergelegte Eigentumsgarantie entspricht dem Grundrecht nach Art. 1. 1. ZP EMRK und umfasst im Wesentlichen die auch bislang in der Rechtsprechung des EuGH geschützten Güter.

IV. Einbindung in den EU-Verfassungsvertrag

Bei aller Kritikwürdigkeit der Grundrechtscharta im Einzelnen[999] kann sie durch die Aufnahme in den EU-Verfassungsvertrag einen Beitrag zu grundrechtsgebundener Integration leisten.[1000] Denn Grundrechte kommen nur dann voll zur Geltung, wenn sie eingebunden sind in ein demokratisch legitimiertes und rechtsstaatlich[1001] verfasstes Gemeinwesen.[1002] Beim derzeitigen Stand der Integration ge-

---

[998] Zur Bedeutung dieser Formulierung vgl. *Grabenwarter*, DVBl 2001, S. 1, 2.

[999] Vgl. nur: *Nettesheim*, Integration 2002, S. 35 m. w. N; Callewaert, EuGRZ 2003, S. 198; vgl. auch: Everling, EuZW 2003, S. 225; sowie den Bericht von: *Szczekalla*, DVBl 2001, 345, 347.

[1000] Vgl. dazu auch *Einem*, EuR 2004, S. 202; *Weber*, DVBl 2003, S. 220; *Schwarze*, NJW 2002, S. 993, 996; ferner *Pache*, DVBl 2002, 1154, 1165, der darüber hinaus einen Kriterienkatalog aufstellt, dem eine Verfassung Europas genügen müsste, um identitätsstiftende Wirkung zu haben.

[1001] Die ist kein Plädoyer für eine zukünftige Staatlichkeit der Union. Die Form des Zusammenschlusses souveräner Staaten soll m.E. beibehalten werden, aber die Übertragung der rechtlichen Formen staatlicher Gemeinwesen ist sinnvoll, soweit es zur Begrenzung von durch die Gemeinschaft ausgeübter Hoheitsgewalt kommt.

[1002] Vgl. dazu etwa: *Magiera*, Integration 2002, S. 269; *Arnold*, EWS 2002, S. 216; ferner: *Pernice*, JZ 2000, S. 866, 872, der allerdings keine Notwendigkeit für die Schaffung eines Verfassungsvertrages sieht, sondern vielmehr in den bestehenden Verträgen eine (Mehrebenen-) Verfassung erkennt.

hört es nicht zu den Aufgaben der EU/EG, sicherzustellen, dass die Europäischen Grundrechte die Rechtswirklichkeit effektiv bestimmen.[1003] Die Aufnahme der Charta in den EU-Verfassungsvertrag könnte allerdings eine Rangerhöhung des unionalen Grundrechtsschutzes zur Folge haben. Ansatzpunkte dafür liefert die Charta selbst, etwa der Umstand, dass die Charta von dem unteilbaren und universellen Wert der Würde des Menschen, der Freiheit, der Gleichheit und der Solidarität ausgeht (Präambel, 2. Erwägung). Darüber hinaus lassen sich der Charta aber auch Anhaltspunkte dafür entnehmen, dass deren Verfasser ebenfalls von der konstitutionalisierenden und grundrechtseffektivierenden Rolle einer Aufnahme der Charta in einen europäischen Verfassungsvertrag ausgingen, etwa mit der Bezugnahme der Charta auf Freiheit und Solidarität oder die Grundsätze der Demokratie und Rechtsstaatlichkeit (Präambel, 2. Erwägung).

Da Sinn und Zweck der Charta in erster Linie war, das bestehende Recht zusammen zu fassen, „sichtbar" zu machen und nicht neu zu schaffen, entsprechen sowohl die Gewährleistungen der Berufsfreiheit als auch der Eigentumsgarantie im Wesentlichen den durch den EuGH gewährleisteten Rechten. Auch die Kodifizierung des Art. II-52 Abs. 2 entspricht der Rechtsprechung zum Grundsatz der Verhältnismäßigkeit. In der Sache sind also allein durch eine Rechtsverbindlichkeit der Charta keine Veränderungen der Rechtsprechung des EuGH zu erwarten.

[1003] Vgl. *Schilling*, EuGRZ 2000, S. 3, 33; *Schröder*, JZ 2002, S. 849, 850.

Zusammenfassung

1. Dem subjektivrechtlich geprägten deutschen Verwaltungsrechtssystem ist die Notwendigkeit eines Ausgleichs zwischen subjektivem Recht und öffentlichem Interesse systemimmanent. Der Verhältnismäßigkeitsgrundsatz ist als umfassende Schranke für alle hoheitlichen Eingriffe in subjektive Rechte anerkannt. In allen Mitgliedstaaten finden heute Methoden des Verhältnismäßigkeitsausgleichs Anwendung.

2. Der Verhältnismäßigkeitsgrundsatz ist in der Mehrzahl der Mitgliedstaaten und in der EMRK als allgemeines Rechtsprinzip anerkannt. Dabei erfolgt die Verhältnismäßigkeitsprüfung insbesondere in den Mitgliedstaaten oft zusammen mit anderen Prinzipien. Sie wird z.B. als Unterfall der „ordnungsgemäßen Verwaltung" angesehen, dem „allgemeinen Gerechtigkeitsgebot" zugeordnet oder findet im Zusammenhang mit der Wesensgehaltsgarantie Anwendung.

3. Die Verhältnismäßigkeit kommt in einigen Mitgliedstaaten nicht nur beim Ausgleich zwischen Individual- und Allgemeininteresse zum Tragen, sondern dient auch dazu, in einer vom Individualinteresse losgelösten Kosten-Nutzen-Bilanz einen Ausgleich zwischen mehreren Interessen zu schaffen.

4. Nur wenige der untersuchten Rechtsordnungen folgen der deutschen Verhältnismäßigkeitsdogmatik mit seiner dreigliedrigen Prüfung der Geeignetheit, Erforderlichkeit und Angemessenheit einer Maßnahme. Die meisten Mitgliedstaaten beschränken die Prüfung auf eine am Verhältnismäßigkeitsprinzip orientierte Interessenabwägung.

5. Die hohe gerichtliche Kontrolldichte ist ebenfalls eine Besonderheit deutscher Verhältnismäßigkeitsrechtsprechung.

6. Im Bereich des Wirtschaftsverwaltungsrechts ist die Kontrolldichte bei der Anwendung des Grundsatzes der Verhältnismäßigkeit in allen untersuchten Rechtsordnungen gering.

7. Der Verhältnismäßigkeitsgrundsatz hat durch den EuGH auch auf Gemeinschaftsebene Anwendung als allgemeines Rechtsprinzip gefunden. Obwohl er im Hinblick auf die dreistufige Prüfungsstruktur dem deutschen Grundsatz nachgebildet ist, entspricht die Prüfung eher dem französischen Modell einer objektiv-rechtlichen Legalitätskontrolle.

8. Dem Grundsatz der Verhältnismäßigkeit kommt auf Gemeinschaftsebene nicht nur bei der Prüfung von Eingriffen in Grundrechte und Grundfreiheiten, sondern auch in seiner Ausprägung als selbständig geprüfter Rechtsgrundsatz eine subjektivrechtliche Funktion zu, da er zumindest auch dazu dient, Eingriffe in individuelle Rechte des Einzelnen zu begrenzen. Zusätzlich zu dieser individualschützenden Funktion kommt ihm die Funktion als objektiver Verfassungsgrundsatz zu.

9. Der EuGH gewährt Grundrechtsschutz. Die konkrete Ausgestaltung des Rechtsschutzsystems lehnt sich an die französische Verwaltungsgerichtsbarkeit an. Danach dient der Rechtsschutz jedenfalls nicht vorrangig der Durchsetzung subjektiv-öffentlicher Rechte. Vielmehr bietet die Beschwerde des Einzelnen Anlass für eine objektiv-rechtliche Kontrolle des Verwaltungshandelns. Es existiert bislang keine gemeinschaftsrechtliche Individualverfassungsbeschwerde.

10. Der für die Beurteilung der Verhältnismäßigkeitsrechtsprechung des EuGH heranzuziehende Maßstab muss ein gemeinschaftsrechtlicher sein. Dafür spricht die Qualität der Gemeinschaftsrechtsordnung als Rechtsordnung eigener Art, der Vorrang des Gemeinschaftsrechts und die Ausprägung des Verhältnismäßigkeitsgrundsatzes durch die EuGH-Rechtsprechung als gemeinschaftsrechtlicher Grundsatz.

11. Ansatzpunkt der gemeinschaftsrechtlichen Maßstabsbildung ist Art. 6 EUV, dessen Grundsätze in Art. 7 EUV abgesichert werden und deren Erfüllung zugleich Voraussetzung für einen Beitritt in die EU sind.

12. Der EuGH muss im Hinblick auf den öffentlich-rechtlichen Kontext des Begriffes Freiheit in Art. 6 Abs. 1 EUV dem Bürger in jedem Einzelfall eine unantastbare Freiheitssphäre zubilligen und darf in einem privatrechtlichen Kontext die auf Selbstbestimmung beruhende Wirtschaftsordnung der EG, welche insbesondere in Art. 4 Abs. 1 und 2, Art. 98 und Art. 105 Abs. 1 EGV normativ verankert ist, nicht durch eine durch zentrale Planung gesteuerte Wirtschaftsordnung ersetzen.

13. Im Hinblick auf das in Art. 6 Abs. 1 EUV verankerte Demokratieprinzip bedarf es für die Legitimation von Grundrechtseingriffen eines demokratisch legitimierten Gesetzgebers. Diesem obliegt es, die politischen Ziele festzulegen, um deretwillen Grundrechte verkürzt werden und die zur Erreichung der Ziele notwendigen Mittel zu wählen.

14. Die in Art. 6 Abs. 1 EUV niedergelegte Achtung der Menschenrechte und Grundfreiheiten besagt für die Maßstabsbildung, dass der Schutz dieser Rechte durch den EuGH generell zu erfolgen hat.

15. Das gemeinschaftsrechtliche Prinzip der Rechtsstaatlichkeit gibt vor, dass Gemeinschaftsrechtsakte auf einer klaren Rechtsgrundlage beruhen müssen und dem Einzelnen Rechtsschutzmöglichkeiten gegen Gemeinschaftsrechtsakte eingeräumt werden. In der spezifischen Ausprägung des Grundsatzes der Gewaltenteilung gibt das Rechtsstaatsprinzip für die Maßstabsbildung vor, dass dem Gemeinschaftsgesetzgeber eine Gestaltungsfreiheit und Einschätzungsprärogative zur Regelung ihm obliegender Sachverhalte zusteht. Diese darf der EuGH nicht dadurch unterlaufen, dass er seine eigenen Wertungen an die Stelle des dafür zuständigen Gemeinschaftsgesetzgebers setzt.

16. Der Gestaltungsspielraum des Gemeinschaftsgesetzgebers entbindet diesen nicht davon, gegebenenfalls Übergangs- oder Entschädigungsregelungen für einen verhältnismäßigen Ausgleich kollidierender Interessen zu schaffen. Darüber hinaus ist er an das Rückwirkungsverbot und den Grundsatz des Vertrauensschutzes gebunden

17. Art. 6 Abs. 2 EUV und der darin enthaltenen Verbürgung von Grundrechten gegenüber den Unionsbürgern kommt für die Maßstabsbildung insofern Bedeutung zu, als der EuGH in seiner generellen Rechtsprechungspraxis zum einen ein einmal bereits anerkanntes Grundrecht nicht wieder aufgeben und als auf EU-Ebene nicht geschütztes (subjektives) Recht judizieren darf. Zu diesem Schutzstandard gehört auch die verfahrensrechtliche Absicherung individueller Rechte. Orientierungsmaßstab ist das Recht der EMRK.

18. Bezogen auf die Maßstabsbildung für die Verhältnismäßigkeitsrechtsprechung des EuGH bedeutet die Achtungsverpflichtung der mitgliedstaatlichen Identität in Art. 6 Abs. 3 EUV, dass der EuGH verpflichtet ist, durch seine Judikatur der Union keine Kompetenzen einzuräumen oder Souveränitätsrechte zu gewähren, die nicht von der Souveränitätsübertragung der Mitgliedstaaten umfasst sind und die nationale Identität der Mitgliedstaaten verletzen. Kernbereich dieser Identität in Deutschland ist Art. 79 Abs. 3 GG, der zugleich der Maßstabsbildung einen äußersten Rahmen zieht.

19. Nationales Verfassungsrecht kann Gemeinschaftsrecht begrenzen. Als Konsequenz kann Rechtsakten der Gemeinschaft potentiell die innerstaatliche Verbindlichkeit genommen werden, und zwar, da die Einschränkun-

gen, welche die nationalen Verfassungsbestimmungen der Mitgliedstaaten dem Vorrang des Gemeinschaftsrechts ziehen weder identisch noch konkret definiert sind, mit unterschiedlicher Wirkung in jedem einzelnen Mitgliedstaat.

20. Die (Letzt)Entscheidungsbefugnis, ob die verfassungsrechtlichen Grenzen der Mitgliedstaaten eingehalten wurden, wurde von den Mitgliedstaaten auf den EuGH übertragen. Dies ist die konsequente Folgerung aus dem Vorrang des Gemeinschaftsrechts und der gemeinschaftlichen Rechtsstaatlichkeit und überdies die einzige Lösungsmöglichkeit unter Berücksichtigung des Grundsatzes der Gewaltenteilung, wonach der EuGH als Organ der EG zu einer Entscheidung über die Begrenzung von Gemeinschaftsrecht durch nationales Recht legitimiert ist.

21. Die Grenzen für die Übertragung der Judikationsrechte sind identisch mit den im Rahmen des Vorrangverhältnisses gezogenen. Im Hinblick auf deutsches Verfassungsrecht bedeutet dies die Gewährleistung der Voraussetzungen des Art. 23 Abs. 1 S. 1 GG, insbesondere eines „im Wesentlichen vergleichbaren Grundrechtsschutzes“ .

22. Vergleichbarkeit des Grundrechtsschutzes „im Wesentlichen“ bedeutet keine Identität, sondern Übereinstimmung in den Grundzügen. Die Vergleichbarkeit muss die Aspekte des Grundrechtsschutzes betreffen, die für die Verwirklichung eines vereinten, demokratischen, rechtsstaatlichen, sozialen und föderativen Europas wesentlich sind. Zu wahren ist der Kern des Schutzgehalts der Grundrechte – insbesondere im Hinblick auf ihren Menschenwürdegehalt, der über Art. 79 Abs. 3 GG absolut geschützt ist, nicht aber notwendig jede Einzelausprägung.

23. Diese Schutzpflicht bezieht sich nicht nur auf den Schutzbereich, sondern auch auf die Schutzstruktur. Ein im Wesentlichen vergleichbarer Grundrechtsschutz erfordert also auch ein hinreichendes Maß an Kontrolldichte sowie prozessuale Durchsetzbarkeit. Dieser unabdingbare Mindeststandard muss jedoch nur generell gewährleistet sein, so dass Ausreißer im Einzelfall unschädlich sind.

24. Insbesondere in seiner Grundrechtsrechtsprechung fordert der EuGH, dass die grundrechtsbeschränkende Maßnahme zur Erreichung eines Gemeinwohlzieles eingesetzt wird. Dies sind nur gemeinschaftsverfassungslegitime Ziele, also solche, die in den Verträgen vorgesehen sind. Die Forderung eines verfassungslegitimen Ziels stimmt mit den mitgliedstaatlichen

Rechtsordnungen, insbesondere auch der deutschen sowie der EMRK überein.

25. Die wirtschaftspolitischen Zielsetzungen des EGV sind eingebunden in gemeinschaftsverfassungsrechtliche Strukturprinzipien als übergeordnete Ziele. Solche primärrechtlichen übergeordneten Strukturprinzipien sind etwa die Integration, die mit der Wahrung des gemeinschaftlichen Besitzstandes verbunden ist, sowie die Effizienz und Funktionsfähigkeit der Gemeinschaft.

26. Der Geeignetheitsprüfung des Gerichtshofs kommt nur eine untergeordnete Bedeutung zu, da dem Gemeinschaftsgesetzgeber ein weiter Prognose- und Gestaltungsspielraum eingeräumt wird. Der EuGH stellt, wie auch das BVerfG nicht positiv die Geeignetheit einer Maßnahme fest, sondern überprüft lediglich deren Ungeeignetheit.

27. Das Merkmal der Erforderlichkeit nimmt in der Verhältnismäßigkeitsrechtsprechung des Gerichtshofs die wichtigste Rolle ein. Danach ist eine Maßnahme nur zulässig, wenn zur Zielerreichung kein gleich geeignetes milderes Mittel zur Verfügung steht.

28. Auch bei der Überprüfung der Erforderlichkeit wird den Behörden bei rechtsetzenden Maßnahmen auf dem Gebiet der Wirtschaftspolitik ein weiter Ermessensspielraum zuerkannt. Dies lässt allerdings nicht zwangsläufig auf eine unzureichende Kontrolldichte schließen. So legte der EuGH selbst dort, wo der Grundsatz der Erforderlichkeit seiner Auffassung nach gewahrt blieb, des Öfteren dar, warum weniger eingreifende Alternativen das verfolgte Ziel nicht hinreichend sicherstellen konnten.

29. Die Angemessenheitsprüfung gilt der Beantwortung der Frage, ob die Auswirkungen einer Maßnahme und die mit dem Ziel verfolgten Gemeinwohlinteressen (nicht) in einem Missverhältnis zueinander stehen.

30. Sowohl die Eigentumsfreiheit als auch die freie Berufsausübung sind als gemeinschaftsrechtliche Grundrechte vom EuGH anerkannt worden. Der Gerichtshof differenziert bei der Frage der Rechtfertigung in der Regel nicht zwischen den beiden Grundrechten. Zur Rechtfertigung herangezogen werden der Grundsatz der Verhältnismäßigkeit, die Wesensgehaltsgarantie und der Grundsatz des Vertrauensschutzes.

31. Die Anwendung des Grundsatzes der Verhältnismäßigkeit als eigenen Prüfungspunkt in vielen Urteilen des EuGH stellt zwar einen – wenn auch

deutlichen – Unterschied zur Rechtsprechung des BVerfG dar, lässt aber keine Rückschlüsse auf einen Mangel an Prüfdichte zu.

32. Den Rechtsetzungsorganen der Gemeinschaft steht dort ein Entscheidungsspielraum zu, wo der Inhalt der Entscheidung zur Verwirklichung einer Politik im EGV nicht näher festgelegt ist. Die Ziele des EGV müssen grundsätzlich weit und dyna*Misch* verstanden werden, was notwendig zu einem bedeutenden Entscheidungsspielraum des Gemeinschaftsgesetzgebers führt.

33. Der EuGH unterscheidet beim Ermessensbegriff – in Anlehnung an das französische Recht – nicht wie im deutschen Recht üblich zwischen Tatbestands- und Rechtsfolgenseite und damit verbunden zwischen Beurteilungsspielraum und Ermessen. Die von ihm verwandten Begriffe bezeichnen allgemein einen Entscheidungsspielraum der rechtsetzenden Gemeinschaftsorgane.

34. Der EuGH grenzt die Zuständigkeiten des Gemeinschaftsgesetzgebers genau von seinen eigenen ab. Primäres Entscheidungsorgan im politischen Prozess der Gemeinschaftsrechtssetzung ist der Gemeinschaftsgesetzgeber, Überprüfungsinstanz der Gerichtshof.

35. Der EuGH verpflichtet den Gemeinschaftsgesetzgeber zum „Handeln im gemeinsamen Interesse“

36. Die Bedeutung des Grundsatzes der Verhältnismäßigkeit ist umso ausgeprägter, je größer der Ermessensspielraum der handelnden Organe ist und dementsprechend umso geringer, je genauer die zu treffende Entscheidung durch Rechtsvorschriften festgelegt ist.

37. Ausgehend vom Sinn des Grundsatzes der Verhältnismäßigkeit, die Freiheit des Einzelnen gegenüber Beschränkungen der öffentlichen Gewalt zu schützen, ist eine Abstufung innerhalb der Verhältnismäßigkeitsprüfung nach dem Rang des geschützten Freiheitsgutes, der Intensität seiner Beeinträchtigung und dem Gewicht des dem Individualinteresse gegenüberstehenden öffentlichen Interesses geboten.

38. Der Gerichtshof stellt den Gemeinwohlzielen die sich aus der angegriffenen Norm für den Betroffenen ergebenden Nachteile gegenüber, definiert diese im Rahmen der Verhältnismäßigkeitsprüfung aber oft nicht genauer. Der gemeinschaftsrechtliche Verhältnismäßigkeitsgrundsatz verlangt aber auch nicht, dass die Gemeinschaftsorgane ihr Handeln an den besonderen

Verhältnissen eines bestimmten Wirtschaftsteilnehmers oder einer bestimmten Gruppe von Wirtschaftsteilnehmern ausrichten.

39. Für die Beurteilung der Verhältnismäßigkeitskontrolle ist zu berücksichtigen, dass sich die Verhältnismäßigkeit einer Maßnahme sowohl auf mitgliedstaatlicher als auch auf gemeinschaftsrechtlicher Ebene nur eingeschränkt anhand objektiver Kriterien überprüfen lässt. Die Beurteilung der Verhältnismäßigkeit ist aufgrund bestehender Wertungs- und Prognoseentscheidungen selbst eine wertende Entscheidung.

40. Sowohl die Verhältnismäßigkeitsrechtsprechung als auch die Rechtsprechung zur Eigentumsfreiheit und zur freien Berufsausübung wahrt die gemeinschaftsrechtlichen Vorgaben des zugrundegelegten Maßstabes als auch die Grenze des Art. 23 Abs. 1 S. 1 GG.

41. Die Kritik an einer unzureichenden Kontrolldichte durch den Gerichtshof im Hinblick auf die EG-Bananenmarktordnung reduziert sich auf den Vorwurf, dass der EuGH die Verordnung nicht insoweit für ungültig erklärt hatte, als eine Härteklausel fehlte. Der EuGH löste dieses Grundrechtsproblem, indem er Art. 30 der entsprechenden Verordnung genau diese Bedeutung gab.

42. Da Sinn und Zweck der in den EU-Verfassungsvertrag inkorporierten Grundrechtscharta in erster Linie war, das bestehende Recht zusammen zu fassen, „sichtbar“ zu machen und nicht neu zu schaffen, entsprechen sowohl die Gewährleistungen der Berufsfreiheit als auch der Eigentumsgarantie im Wesentlichen den durch den EuGH gewährleisteten Rechten. Auch die Kodifizierung des Art. II-52 Abs. 2 GRCh entspricht der Rechtsprechung zum Grundsatz der Verhältnismäßigkeit. Allein durch eine Rechtsverbindlichkeit der Grundrechtscharta ist keine Veränderung der Rechtsprechung des EuGH zu erwarten.

Literaturverzeichnis

Alber, Siegbert/Widmaier, Ulrich: Die EU-Charta der Grundrechte und ihre Auswirkungen auf die Rechtsprechung in: EuGRZ 2000, S. 497

Amaral, Maria Lúcia/Polackiewicz, Jörg: Rechtsstaatlichkeit in Portugal in: Rainer Hofmann, Joseph Marko, Franz Merli, Ewald Wiederin (Hrsg.) Rechtsstaatlichkeit in Europa, Heidelberg 1996, S. 141

Anthony, Gordon/Morrison, John: The Role of Judges in the Formation of Public Law: Activism or Autolimitation? United Kingdom. in: REDP 10 (1998), S. 977

Arnauld, Andreas: Die normtheoretische Begründung des Verhältnismäßigkeitsgrundsatzes in: JZ 2000, S. 276

Arnold, Rainer: Ausgestaltung und Begrenzung von Grundrechten im französischen Verfassungsrecht, in: JöR Bd. 38 (1989), S. 197

Ders.: Das Verfassungsprinzip gerichtlicher Kontrolle von Legislative und Exekutive – Gemeinsamkeiten und Unterschiede, in: Peter-Christian Müller-Graff/Eibe Riedel (Hrsg.), Gemeinsames Verfassungsrecht in der Europäischen Union, 1998, S. 123

Ders.: Die Rolle der Mitgliedstaaten in der Europäischen Verfassungsordnung in: EWS 2002, S. 216

Bachof, Otto: Freiheit des Berufs in: Karl August Bettermann, Hans Carl Nipperdey, Ulrich Scheuner (Hrsg.) Die Grundrechte III/1, 2. unveränderte Auflage Berlin 1972 S. 154

Badura, Peter: Die „Kunst der föderalen Form“ – Der Bundesstaat in Europa und die europäische Föderation in: Albrecht Randelzhofer/Rupert Scholz/Dieter Wilke (Hrsg.), Gedächtnisschrift für Eberhard Grabitz München 1995, S. 369

Bergh, Carl Herman: Grundrechtsschutz im schwedischen Verfassungsrecht in: EuGRZ 1980, S. 579

Bernhardt, R.: Der Schutz der Grundrechte in der Europäischen Gemeinschaft in: Bulletin der Europäischen Gemeinschaften; Beilage 5/76

Berrisch, Georg M.: Zum „Bananen"-Urteil des EuGH vom 5.10.1994 – Rs. C-280/93, Deutschland ./.Rat der Europäischen Union in: EuR 1994, S. 461

Besselink, Leonard F.M.: Entrapped by the Maximum Standard: On Fundamental Rights, Pluralism and Subsidiarity in the European Union in: Common Market Law Review 35 (1998), S. 629

Beutler, Bengt/ Bieber, Roland/ Epiney, Astrid/ Haag, Marcel (Hrsg.): Die Europäische Union, 5. Auflage Baden-Baden 2001

Beyer, Thomas C.W.: Die Ermächtigung der Europäischen Union und ihrer Gemeinschaften in: Der Staat 35 (1996) S. 189

Bleckmann, Albert: Der Beurteilungsspielraum im Europa- und Völkerrecht in: EuGRZ 1979, S. 485

Ders.: Der Rechtsstaat in vergleichender Sicht. Zugleich ein Beitrag zur Rechtsquellenlehre des Europäischen Gemeinschaftsrechts, in: GYIL 20 (1977), S. 406

Ders.: Die Wahrung der „nationalen Identität" im Unionsvertrag, in: JZ 1997, S. 265

Ders.: Die wertende Rechtsvergleichung bei der Entwicklung europäischer Grundrechte, in: Jürgen F. Baur, Christian Müller-Graff, Manfred Zuleeg (Hrsg.), Europarecht Energierecht Wirtschaftsrecht, Festschrift für Bodo Börner München u.a. 1992, S. 29

Ders.: Europarecht 6. Auflage Berlin u.a. 1997

Ders.: Zu den Auslegungsmethoden des Europäischen Gerichtshofs, in: NJW 1982, 1177

Ders.: Zum Ermessensmißbrauch im europäischen Gemeinschaftsrecht in: Wilhelm G. Grewe, Hans Rupp, Hans Schneider (Hrsg.), Europäische Gerichtsbarkeit und nationale Verfassungsgerichtsbarkeit, Festschrift zum 70. Geburtstag von Hans Kutscher Baden-Baden 1981, S. 25

Böckenförde, Ernst-Wolfgang: Grundrechte als Grundsatznormen in: Der Staat 29 (1992), S. 1

Boes, Marc/Stuyck, Jules: Belgian Report in: Jürgen Schwarze (Hrsg.) Das Verwaltungsrecht unter europäischem Einfluß Baden-Baden 1996, S. 333

von Bogdandy, Armin : Grundrechtsgemeinschaft als Integrationsziel? in: JZ 2001, S. 157

Ders.: Europäische Verfassung und europäische Identität, in: JZ 2004, S. 53

Ders.: Zweierlei Verfassungsrecht in: Der Staat 2000, S. 163

Borchardt, Klaus-Dieter: Der Grundsatz des Vertrauensschutzes im Europäischen Gemeinschaftsrecht Kehl u.a. 1988

Ders.: Vertrauensschutz im Europäischen Gemeinschaftsrecht in: EuGRZ 1988, S. 309

von Borries, Reimer: Das Subsidiaritätsprinzip im Recht der Europäischen Union, Deutscher Landesbericht für den XVI. F.I.D.E.-Kongreß 1994 in Rom, in: EuR 1994, S. 263

Borrmann, Alexandra: Der Schutz der Berufsfreiheit im deutschen Verfassungsrechtund im europäischen Gemeinschaftsrecht Berlin 2002

Bradley, A. W.: The Sovereignty of Parliament – in Perpetuity? in: Jeffrey Jowell/Dawn Oliver (Hrsg.), The Changing Constitution, 3. Auflage Oxford 1997, S. 79

Braibant, Guy/Stirn, Bernard: Le droit administratif français, 4. Auflage Paris 1997

Brandt, Kerstin: Der Europäische Gerichtshof (EuGH) und das Europäische Gericht erster Instanz (EuG) – Aufbau, Funktionen und Befugnisse in: JuS 1994, S. 300

Breuer, Marten: Der Europäische Gerichtshof für Menschenrechte als Wächter des Gemeinschaftsrechts, in: JZ 2003, S. 433

Breuer, Rüdiger: Die Sackgasse des neuen Europaartikels (Art. 23 GG) in: NVwZ 1994, S. 417

Broß, Siegfried: Grundrechte und Grundwerte in Europa, in: JZ 2003, S. 429

Bullinger, Martin: Die Zuständigkeit der Länder zur Gesetzgebung in: DÖV 1970, S. 761

de Búrca, Gráinne: The Principle of Proportionality and its Application in EC Law, in: YEL 1993, S. 105

Busse, Christian: Die Geltung der EMRK für Rechtsakte der EU in: NJW 2000, S. 1074

Callewaert, Johan, Die EMRK und die EU-Grundrechtscharta / Bestandsaufnahme einer Harmonisierung auf halbem Weg, in: EuGRZ 2003, S. 198

Callies, Christian: Die Charta der Grundrechte der Europäischen Union – Fragen der Konzeption, Kompetenz und Verbindlichkeit in: EuZW 2001, S. 261

Ders.: Zwischen staatlicher Souveränität und europäischer Effektivität: Zum Beurteilungsspielraum der Vertragsstaaten im Rahmen des Art. 10 EMRK, in: EuGRZ 1996, S. 293

Callies, Christian/ Ruffert, Matthias (Hrsg.): Kommentar zu EU-Vertrag und EG-Vertrag, 2. Auflage Neuwied/Kriftel 2002

Canor, Iris: Primus inter pares. Who is the ultimate guardian of fundamental rights in Europe? in: E.L.Rev. 2000, S. 3

Capaccioli, Enzo: Manuale di diritto amministrativa, Bd. I, 2. Auflage Padua 1983

Caspar, Johannes: Nationale Grundrechtsgarantien und sekundäres Gemeinschaftsrecht, in: DÖV 2000, S. 349

Chapus, René: Droit du contentieux administratif, 10. Auflage, Paris 2002

Chitti, Mario: Italien Report, in: Jürgen Schwarze (Hrsg.) Das Verwaltungsrecht unter europäischem Einfluß Baden-Baden 1996, S. 229

Colla, Emmanuel: Le principe de proportionnalité en droit constitutionnel belge, in: Barreaux de Liège (Hrsg.), Le principe de proportionnalité en droit belge et en droit français, Liège 1995, S. 85

Colliard, Claude-Albert: Libertés Publiques 7. Auflage Paris 1989

Costa, Jean-Paul: Le principe de proportionnalité dans la jurisprudence du Conseil d´Etat, in: AJDA 1988, S. 434

Classen, Claus Dieter: Das nationale Verwaltungsverfahren im Kraftfeld des Europäischen Gemeinschaftsrechts in: Die Verwaltung 1998, S. 307

Classen, Claus Dieter: Die Bananenmarktordnung der EG - ein Fall für das Bundesverfassungsgericht? in: JZ 1997, S. 454

Coppel, Jason/ O´Neill, Aidan: The European Court of Justice: Taking Rights Seriously? in: Common Market Law Review 29 (1992), S. 669

Costello, Kevin: Administrative Law/Droit Administratif. Ireland/Irlande in: REDP 10 (1998), S. 391

Craig, Paul: Ultra Vires and the Foundations of Judical Review. United Kingdom. in: REDP 10 (1998), S. 825

Cremer, Wolfgang: Gemeinschaftsrecht und deutsches Verfassngsprozessrecht – Zum dezentralen Rechtsschutz gegenüber EU-Sekundärrecht, in: Die Verwaltung 2004, S. 165

Cremona, John Joseph: The Proportionality Principle in the Jurisprudence of the European Court of Human Rights, in: Ulrich Beyerlin, Michael Bothe, Rainer Hofmann, Ernst-Ulrich Petersmann (Hrsg.), Recht zwischen Umbruch und Bewahrung. Festschrift für Rudolf Bernhardt, Berlin u.a. 1995, S. 323

Daig, Hans-Wolfram: Nichtigkeits- und Untätigkeitsklagen im Recht der Europäischen Gemeinschaft, Baden-Baden 1985

von Danwitz, Thomas: Die Garantie effektiven Rechtsschutzes im Recht der Europäischen Gemeinschaft, in: NJW 1993, 1108

Ders.: Systemgedanken eines Rechts der Verwaltungskooperation, in: Eberhard Schmid-Aßmann/Wolfgang Hoffmann-Riem (Hrsg.) Strukturen des Europäischen Verwaltungsrechts Baden-Baden 1999, S. 171

von Danwitz, Thomas: Verwaltungsrechtliches System und Europäische Integration Tübingen 1996

Dänzer-Vanotti, Wolfgang: Der Europäische Gerichtshof zwischen Rechtsprechung und Rechtsetzung, in: Ole Due, Marcus Lutter, Jürgen Schwarze (Hrsg.), Festschrift für Ulrich Everling, Bd. I Baden.Baden 1995, S. 205

Dauses, Manfred A.:Eine Lanze für „Solange III", in: EuZW 1997, S. 705

Däubler-Gmelin, Herta: Eine europäische Charta der Grundrechte – Beitrag zur gemeinsamen Identität, in: EuZW 2000, S. 1

Denninger, Erhard: Menschenrechte und Staatsaufgaben – ein „europäisches" Thema, in: JZ 1996, S. 585

Denninger, Erhard: Vom Ende nationalstaatlicher Souveränität in Europa, in: JZ 2000, S. 1121

Di Fabio, Udo: Der neue Art. 23 des Grundgesetzes. Positivierung vollzogenen Verfassungswandels oder Verfassungsneuschöpfung? in: Der Staat 32 (1993) S. 191

Di Fabio, Udo: Eine europäische Charta, in: JZ 2000, S. 737

Doehring, Karl: Demokratiedefizit in der Europäischen Union? in: DVBl. 1997, S. 1133

Doehring, Karl: Die nationale „Identität" der Mitgliedstaaten der Europäischen Union, in: Festschrift für Ulrich Everling Baden-Baden 1995, S. 263

Dorau, Christoph: Die Verfassungsfrage der Europäischen Union, Baden-Baden 2001

Dreier, Horst (Hrsg.): Grundgesetz-Kommentar. Band I, Tübingen 1996 Grundgesetz. Kommentar Band II, Tübingen 1998

Dreier, Horst (Hrsg.): Grundgesetz-Kommentar. Band II, Tübingen 1998

Duverger, Maurice/ Sfez, Lucien: Die staatsbürgerlichen Freiheitsrechte in Frankreich und in der Union Française, in: Karl August Bettermann, Franz L. Neumann, Hans Carl Nipperdey (Hrsg.) Die Grundrechte Band I, 2. Halbband, Berlin 1967, S. 543

Efstratiou, Pavlos-Michael: Die gerichtliche Kontrolle administrativer Entscheidungen im griechischen Bau-, Umwelt- und Wirtschaftsverwaltungsrecht, in: Jürgen Schwarze/Eberhard Schmidt-Aßmann (Hrsg.), Das Ausmaß der gerichtlichen Kontrolle im Wirtschaftsverwaltungs- und Umweltrecht, Baden-Baden 1992, S. 111

Egger, Alexander:The principle of proportionality in Community anti-dumping law European Law Review 18 (1993), S. 367

Einem, Caspar, Eine Verfassung für Europa. Anmerkungen zu ausgewählten Aspekten des Verfassungsentwurfs, in: EuR 2004, S. 202

Eissen, Marc-André: The Principle of Proportionality in the Case-Law of the European Court of Human Rights, in: R. St. Macdonald, F. Matscher, H. Petzold (Hrsg.), The European System for the Protection of Human Rights, London u.a.1993, S. 125,

Emiliou, Nicholas: The Principle of Proportionality in European Law. A Comparative Study London u.a. 1996

Emmerich-Fritsche, Der Grundsatz der Verhältnismäßigkeit als Direktive und Schranke der EG-Rechtsetzung Berlin 2000

Emmert, Frank: Europarecht, München 1996

Engel, Christoph: Die Einwirkungen des Europäischen Gemeinschaftsrechts auf das deutsche Verwaltungsrecht, in: Die Verwaltung 1992, S. 437

Epiney, Astrid: Gemeinschaftsrecht und Föderalismus: „Landes-Blindheit" und Pflicht zur Berücksichtigung innerstaatlicher Verfassungsstrukturen, in: EuR 1994, S. 301

Ermacora, Felix: Das Verhältnismäßigkeitsprinzip im österreichischen Recht sowie aus Sicht der Europäischen Menschenrechtskonvention, in: Hans Kutscher u.a., Der Grundsatz der Verhältnismäßigkeit in europäischen Rechtsordnungen, Heidelberg 1985, S. 67

Everling, Ulrich: Bundesverfassungsgericht und Gerichtshof der Europäischen Gemeinschaften nach dem Maastricht-Urteil, in: Albrecht Randelzhofer/Rupert Scholz, /Dieter Wilke (Hrsg.), GS für Eberhard Grabitz München 1995, S. 57

Ders.: Der Gerichtshof als Entscheidungsinstanz, in: Jürgen Schwarze (Hrsg.) Der Gerichtshof als Verfassungsgericht und Rechtsschutzinstanz Baden-Baden 1983, S. 137

Ders.: Die Kontrolle des Gemeinschaftsgesetzgebers durch die Europäischen Gerichte, in: Carl Otto Lenz, Werner Thieme, Friedrich Graf von Westphalen(Hrsg.), Beiträge zum deutschen und europäischen Recht, Freundesgabe für Jürgen Gündisch, Köln u.a. 1999, S. 89

Ders.: Die Stellung des Bürgers in der Europäischen Gemeinschaft, in: ZfRV 1992, S. 241

Ders.: Durch die Grundrechtscharta zurück zu Solange I? in: EuZW 2003, S. 225

Ders.: Richterliche Rechtsfortbildung in der Europäischen Gemeinschaft, in: JZ 2000, S. 217

Ders.: Überlegungen zur Struktur der Europäischen Union und zum neuen Europa-Artikel des Grundgesetzes, in: DVBl. 1993, S. 936

Ders.: Will Europe slip on Bananas? The Bananas Judgment of the Court of Justice and National Courts, in: Common Market Law Review 33 (1996), S. 401

Ders.: Zur Begründung der Urteile des Gerichtshofs der Europäischen Gemeinschaften, in: EuR 1994, S. 127

Feger, Dieter: Die Grundrechte in den übrigen Mitgliedstaaten der EG einschließlich der Rechte der Europäischen Menschenrechtskonvention. in: Jura 1987, S. 6

Feger, Dieter: Grundrechtliche Aspekte des Rechts der Europäischen Gemeinschaften auf dem Gebiet der abhängigen Arbeit, in: RdA 1987, S. 13

Fitte-Duval, Annie: La fonction publique et le juge européen des droits de l'homme, in: AJDA 1997, S. 731

Flogaitis, Spyridon: Greek Report, in: Jürgen Schwarze (Hrsg.) Das Verwaltungsrecht unter europäischem Einfluß Baden-Baden 1996, S. 409

Folz, Hans-Peter: Demokratie und Integration, Berlin, Heidelberg 1999

Forstmann, Max: Der Rechtsschutz im schwedischen Verwaltungsverfahren, in: VerwArch 62 (1971), S. 313

Frenz, Walter: Grundfreiheiten und Grundrechte, in: EuR 2002, S. 603

Fromont, Michel: Le principe de proportionnalité, in: AJDA 1995, S. 156

Fromont, Michel: République Fédérale d´Allemagne, l´Etat de droit, in: RDP 1984, S. 1203

Frowein, Jochen Abr.: Das Maastricht-Urteil und die Grenzen der Verfassungsgerichtsbarkeit, in: ZaöRV 1994, S. 1

Frowein, Jochen Abr./Peukert, Wolfgang: Europäische Menschenrechtskonvention: EMRK-Kommentar, 2. Auflage, Kehl u.a. 1996

Gassner, Ulrich M.: Glücksspiel und Berufsfreiheit, in: NVwZ 1995, S. 449

Gassner, Ulrich M.: Rechtsgrundlagen und Verfahrensgrundsätze des Europäischen Verwaltungsverfahrensrechts, in: DVBl. 1995, S. 16

Gentz, Manfred: Zur Verhältnismäßigkeit von Grundrechtseingriffen, in: NJW 1968, S. 1600

Germer, Peter: Danish Report in: Jürgen Schwarze, (Hrsg.), Das Verwaltungsrecht unter europäischem Einfluß, Baden-Baden 1996, S. 377

Gerstner, Stephan/ Goebel, Burkhart: Grundrechtsschutz in Europa, in: Jura 1993, S. 626

Gornig, Gilbert/ Trüe, Christiane: Die Rechtsprechung des EuGH und des EuG zum Europäischen Verwaltungsrecht – Teil ,1in: JZ 2000, S. 395

Götz, Volkmar: Das Maastricht-Urteil des Bundesverfassungsgerichts, in: JZ 1993, S. 1081

Goetz, Volkmar: Verwaltungsrechtsschutz durch Entscheidung über einzelne schriftlich vorgebrachte Klagegründe – Zum Rechtsschutzmodell der europäischen Gerichtsbarkeit in: Carl-Eugen Eberle; Martin Ibler; Dieter Lorenz (Hrsg.), Der Wandel des Staates vor den Herausforderungen der Gegenwart Festschrift für Winfrid Brohm, München 2002, S. 69

Görlitz, Niklas: Europäischer Verfassungsvertrag und künftige EU-Kompetenzen – Materielle Kompetenzverschiebungen zwischen Europäischer Union und EU-Staaten nach den Vorgaben des Konventsebtwurfs eines künftigen EU-Verfassungsvertrags, in: DÖV 2004, S. 374

González Encinar, José Juan: Rechtsstaatlichkeit in Spanien, in: Rainer Hofmann, Joseph Marko, Franz Merli, Ewald Wiederin (Hrsg.), Rechtsstaatlichkeit in Europa, Heidelberg 1996, S. 167

Grabenwarter, Christoph: Die Charta der Grundrechte für die Europäische Union, in: DVBl. 2001, S. 1

Grabitz, Eberhard: Der Grundsatz der Verhältnismäßigkeit in der Rechtsprechung des Bundesverfassungsgerichts, in: AöR 98 (1973), S. 568

Ders.: Der Verfassungsstaat in der Gemeinschaft, in: DVBl. 1977, S. 786

Grabitz, Eberhard: Freiheit und Verfassungsrecht, Tübingen 1976

Grabitz, Eberhard/ Hilf, Meinhard (Hrsg.): Das Recht der Europäischen Union. Kommentar. Loseblattsammlung Stand: Juli 2000

Gralla, René: Pragmatischer Realismus versus Postulatorischer Konstruktivismus, in: JöR 42 (1994), S. 507,

Gralla, René.: Positivität und Konvention. Der Grundrechtsschutz in Dänemark, in: JÖR 38 (1989), S. 299

Grewe, Constance: Die Grundrechte und ihre richterliche Kontrolle in Frankreich, in: EuGRZ 2002, S. 209

Grimm, Dieter: Braucht Europa eine Verfassung? in: JZ 1995, S. 581

Ders.: Die Grundrechte in der Europäischen Union, in: RdA 1998, S. 194

Ders.: Europäischer Gerichtshof und nationale Arbeitsgerichte aus verfassungsrechtlicher Sicht, in: RdA 1996, S. 66

Ders.: Politikdistanz als Voraussetzung von Politikkontrolle, in: EuGRZ 2000, S. 1

von der Groeben, Hans: Aufbaujahre der Europäischen Gemeinschaft, Baden-Baden 1982

von der Groeben, Hans/ Thiesing, Jochen/ Ehlermann, Claus-Dieter (Hrsg.): Kommentar zum EU-/EG-Vertrag Bd. I, 5. Auflage Baden-Baden 1997

von der Groeben, Hans/ Thiesing, Jochen/ Ehlermann, Claus Dieter (Hrsg.): Kommentar zum EU-/EG-Vertrag Bd. IV, 5. Auflage Baden-Baden 1997

Grote, Rainer: Die Inkorporierung der Europäischen Menschenrechtskonvention in das britische Recht durch den Human Rights Act 1998, in: ZaöRV 58 (1998), S. 309

Grupp, Walter G./ Schäder, Gerhard: Neue Tendenzen in der Rechtsprechung des Europäischen Gerichtshofes zur Verhältnismäßigkeit, in: EWS 1993, S. 27

Günter, Johannes: Berufsfreiheit und Eigentum in der Europäischen Union, Heidelberg 1998

Häberle, Peter: Die Wesensgehaltgarantie des Art. 19 Abs. 2 Grundgesetz, 3. Auflage, Heidelberg 1983

Häde, Ulrich: Das Bundesverfassungsgericht und der Vertrag von Maastricht, in: BB 1993, S. 2457

Hahn, Georg: Die Grundrechte der schwedischen Regierungsform in der Fassung der Grundrechtsnovelle von 1976, in: AöR 102 (1977), S. 576

Haibach, Georg: Die Rechtsprechung des EuGH zu den Grundsätzen des Verwaltungsverfahrens, in: NVwZ 1998, S. 456

Hakenberg, Waltraud: Grundzüge des Europäischen Gemeinschaftsrechts, 2. Auflage 2000

Hannequart, Yvon: Le principe de proportionnalité en droit privé belge, in: Barreaux de Liège (Hrsg.), Le principe de proportionnalité en droit belge et en droit français, Liège 1995, S. 125

Hatje, Armin (Hrsg.): Das Binnenmarktrecht als Daueraufgabe, EuR Beiheft I/2002

Hatje, Armin: Der Rechtsschutz der Stellenbewerber im Europäischen Beamtenrecht, Baden-Baden 1988

Ders.: Die Niederlassungsfreiheit im europäischen Binnenmarkt, in: Jura 2003, S. 160

Ders.: Wirtschaftsverfassung, in: Armin von Bogdandy (Hrsg.), Europäisches Verfassungsrecht, Berlin u.a. 2003, S. 683

Heinsohn, Stephanie: Der öffentlichrechtliche Grundsatz der Verhältnismäßigkeit, Hamburg 1997

Heintzen, Markus: Die „Herrschaft" über die Europäischen Gemeinschaftsverträge – Bundesverfassungsgericht und Europäischer Gerichtshof auf Konfliktkurs? in: AöR 119 (1994), S. 564

Hendler, Reinhard: Zur Inhalts- und Schrankenbestimmung des Eigentums, in: Max-Emanuel Geis, Dieter Lorenz (Hrsg.), Staat, Kirche, Verwaltung, Festschrift für Hartmut Maurer, München 2001, S. 127

Herdegen, Matthias: Europarecht, 2. Auflage München 1999

Herdegen, Matthias: Die Eigentumsregelungen des Einigungsvertrages vor dem Bundesverfassungsgericht, in: Jura 1992, S. 21

Hesse, Konrad: Grundzüge des Verfassungsrechts der Bundesrepublik Deutschland Neudruck der 20. Auflage Heidelberg 2000

Hilf, Meinhard: Europäische Union und nationale Identität der Mitgliedstaaten, in: Albrecht Randelzhofer/Rupert Scholz/Dieter Wilke (Hrsg.), Gedächtnisschrift für Eberhard Grabitz München 1995, S. 157

Hilf, Meinhard/ Puth, Sebastian: The Principle of Proportionality on ist way into WTO/GATT Law in: Armin von Bogdandy, Petros C. Mavroidis, Yves Mény (Hrsg.), European Integration and International Co-ordination, 2002, S. 199

Hirsch, Günter: Der EuGH im Spannungsverhältnis zwischen Gemeinschaftsrecht und nationalem Recht, in: NJW 2000, S. 1817

Ders.: Die Grundrechte in der Europäischen Union, in: RdA 1998, S. 194

Ders.: Europäischer Gerichtshof und Bundesverfassungsgericht – Kooperation oder Konfrontation? in: NJW 1996, S. 2457

Hirschberg, Lothar: Der Grundsatz der Verhältnismäßigkeit, Göttingen 1981

Hölscheidt, Sven: Abschied vom subjektiv-öffentlichen Recht? in: EuR 2001, S. 376

Hoffmann-Riem, Wolfgang: Kohärenz der Anwendung europäischer und nationaler Grundrechte, in: EuGRZ 2002, S. 473

Hofmann, Rainer: Der oberste Gerichtshof Dänemarks und die europäische Integration, in: EuGRZ 1999, S. 1

Hogan, Gerard/Morgan, David: Administrative Law in Ireland, 2. Auflage London 1991

Hogan, Gerard/ Schuster, Alex: Europäische Einflüsse auf das nationale Verwaltungsrecht aus der Sicht der einzelnen Mitgliedstaaten – Irland, in: Jürgen Schwarze (Hrsg.) Das Verwaltungsrecht unter europäischem Einfluss, Baden-Baden 1996, S. 437

Horn, Hans-Detlef: „Grundrechtsschutz in Deutschland“ – Die Hoheitsgewalt der Europäischen Gemeinschaften und die Grundrechte des Grundgesetzes nach dem Maastricht – Urteil des Bundesverfassungsgerichts, in: DVBl 1995, S. 89

Huber, Peter M.: Recht der Europäischen Integration, München 1996

Huber, Peter M.: Das Kooperationsverhältnis zwischen BVerfG und EuGH in Grundrechtsfragen, in: EuZW 1997, S. 517

Hummer, Waldemar/ Obwexer, Walter: Die Wahrung der „Verfassungsgrundsätze“ der EU, in: EuZW 2000, S. 484

Iglesias, Gil Carlos Rodríguez: Zur "Verfassung“ der Europäischen Gemeinschaften, in: EuGRZ 1996, S. 125

Iliopoulos-Strangas, Julia: Die allgemeinen Rechtsgrundsätze in der Praxis der Straßburger Organe am Beispiel der Verhältnismäßigkeit. in: RabelsZ 63 (1999), S. 414

Ipsen, Hans Peter: Die Verfassungsrolle des Europäischen Gerichtshofs für die Integration, in: Jürgen Schwarze (Hrsg.), Der Europäische Gerichtshof als Verfassungsgericht und Rechtsschutzinstanz, Baden-Baden 1983, S. 29

Ders.: Europäische Verfassung – Nationale Verfassung, in: EuR 1987, S. 195

Ders.: Europäisches Gemeinschaftsrecht, Tübingen 1972

Ipsen, Hans Peter: Zehn Glossen zum Maastricht-Urteil, in: EuR 1994, S. 1

Ipsen, Jörn: BVerfG versus EuGH re „Grundrechte“, in: EuR 1975, S. 1

Ipsen, Jörn: Staatsrecht II (Grundrechte), 3. Auflage 2000

Isensee, Josef: Vorrang des Europarechts und deutsche Verfassungsvorbehalte, in: Joachim Burmeister (Hrsg.), Verfassungsstaatlichkeit. Festschrift für Klaus Stern zum 65. Geburtstag München 1997, S. 1239

Isensee, Josef/ Kirchhof, Paul: Handbuch des Staatsrechts der Bundesrepublik Deutschland, Band I: Grundlagen von Staat und Verfassung, 2. Auflage Heidelberg 1995

Dies.: Handbuch des Staatsrechts der Bundesrepublik Deutschland Band V: Allgemeine Grundrechtslehren, 2. Auflage Heidelberg 2000

Dies.: Handbuch des Staatsrechts der Bundesrepublik Deutschland, Band VII: Normativität und Schutz der Verfassung – Internationale Beziehungen, Heidelberg 1992

Jaeckel, Liv: Schutzpflichten im deutschen und europäischen Recht, Baden-Baden 2001

Jakobs, Michael, Ch.: Der Grundsatz der Verhältnismäßigkeit. Mit einer exemplarischen Darstellung seiner Geltung im Atomrechts Köln u.a. 1985

Jankowska-Gilberg, Magdalena: Verfassungsrechtliche Grundlagen des Beitritts und der Mitgliedschaft Polens in der Europäischen Union, in: EuR 2003, S. 417

Jarass, Hans D.: Besonderheiten des französischen Verwaltungsrechts im Vergleich in: DÖV 1981, S. 813

Ders.: Die Kompetenzverteilung zwischen der Europäischen Gemeinschaft und den Mitgliedstaaten, in: AöR 121 (1996), S. 173

Ders.: Elemente einer Dogmatik der Grundfreiheiten I, in: EuR 1995, S. 202

Ders.: Elemente einer Dogmatik der Grundfreiheiten II, in: EuR 2000, S. 705

Ders.: Inhalts- und Schrankenbestimmung oder Enteignung? in: NJW 2000, S. 2841

Ders.: Konflikte zwischen EG-Recht und nationalem Recht vor den Gerichten der Mitgliedstaaten, in: DVBl. 1995, S. 954

Jarass, Hans D./ Pieroth, Bodo: Grundgesetz für die Bundesrepublik Deutschland, 6. Auflage München 2002

Jowell, Jeffrey: Is Proportionality an Alien Concept? European Public Law 1996, S. 401

Jowell, Jeffrey/ Lester, Anthony: Proportionality: Neither novelnor dangerous, in: Jeffrey Jowell, Dawn Oliver (Hrsg.), New Directions in Judical Review, London 1988, S. 51

Jürgensen, Thomas/ Schlünder, Irene: EG-Grundrechtsschutz gegenüber Maßnahmen der Mitgliedstaaten, in: AöR 121 (1996), S. 200

Kadlebach, Stefan: Die rechtsstaatliche Einbindung der europäischen Wirtschaftsverwaltung, in: EuR Beiheft 2/2002, S.7

Kahl, Wolfgang: Grundrechtsschutz durch Verfahren in Deutschland und in der EU, in: Verwaltungs-Archiv 2004, S. 1

Kingreen, Thorsten/ Störmer, Rainer: Die subjektiv-öffentlichen Rechte des primären Gemeinschaftsrechts, in: EuR 1998, 263

Kingston, Paula/Imrie, Colin: Vereinigtes Königreich von Großbritannien und Nordirland, in: Eberhard Grabitz (Hrsg.) Grundrechte in Europa und USA, Band I: Strukturen nationaler Systeme, Kehl u.a. 1986, S. 719

Kirchhof, Paul: Deutsches Verfassungsrecht und Europäisches Gemeinschaftsrecht, in: EuR Beiheft I/1991, S. 11

Kirchhof, Paul: Die Gewaltenbalance zwischen staatlichen und europäischen Organen in: JZ 1998, S. 965

Kirchner, Christian/ Haas, Joachim: Rechtliche Grenzen für Kompetenzübertragungen auf die Europäische Gemeinschaft, in: JZ 1993, S. 760

Kischel, Uwe: Der unabdingbare grundrechtliche Mindeststandard in der Europäischen Union, in: Der Staat 39 (2000) S. 523

Kischel, Uwe: Die Kontrolle der Verhältnismäßigkeit durch den Europäischen Gerichtshof, in: EuR 2000, S. 380

Klein, Eckard: Grundrechtsdogmatische und verfassungsprozessuale Überlegungen zur Maastricht-Entscheidung des Bundesverfassungsgerichts, in: Albrecht Randelzhofer/Rupert Scholz/Dieter Wilke (Hrsg.), Gedächtnisschrift für Eberhard Grabitz München 1995, S. 271

Klein, Eckart: Der Verfassungsstaat als Glied einer europäischen Gemeinschaft, in: VVDStRL 50 (1991), S. 56

Knill, Christoph/Becker, Florian: Divergenz trotz Diffusion? Rechtsvergleichende Aspekte des Verhältnismäßigkeitsprinzips in Deutschland, Großbritannien und der Europäischen Union Preprints aus der Max-Planck-Projektgruppe Recht der Gemeinschaftsgüter Bonn 2003/1 im Internet unter: www.mpp-rdg.de/pdf_dat/2003_1.pdf

Koch, Oliver: Der Grundsatz der Verhältnismäßigkeit in der Rechtsprechung des Gerichtshofs der Europäischen Gemeinschaften, Berlin 2003

Koenig, Christian/ Haratsch, Andreas: Europarecht, 3. Auflage Tübingen 2000

Kohler-Koch, Beate: Ziele und Zukunft der Europäischen Union: Eine Frage der Perspektive, in: Integration 2000, S. 185

Kokott, Juliane: Der Grundrechtsschutz im europäischen Gemeinschaftsrecht, in: AöR 121 (1996), S. 599

König, Doris: Das Urteil des Bundesverfassungsgerichts zum Vertrag von Maastricht – ein Stolperstein auf dem Weg in die europäische Integration? in: ZaöRV 1994, S. 17

Kortmann, Constantijn, A. J. M.: Das niederländische Grundgesetz vom 17. Februar 1983, in: JöR 33 (1984), S. 175,

von Krauss, Ruprecht: Der Grundsatz der Verhältnismäßigkeit, Hamburg 1954

Krüger, Hans Christian/Polakiewicz, Jörg: Vorschläge für ein kohärentes System des Menschenrechtsschutzes in Europa, in: EuGRZ 2001, S. 92

Ktistaki, Stavroula/Papadimitriou, Vassilis: Le Rôle de Juges dans la Formation du Droit Public: Activisme ou Autolimitation? in: REDP 10 (1998), S. 925

Kühling, Jürgen: Grundrechtskontrolle durch den EuGH Kommunikationsfreiheit und Pluralismussicherung im Gemeinschaftsrecht, in: EuGRZ 1997, S. 296

Kulla, Heikki: The Role fo Judges in the Formation of Public Law: Activism or Autolimitation? Finland, in: REDP 10 (1998), S. 881

Kutscher, Hans: Zum Grundsatz der Verhältnismäßigkeit im Recht der Europäischen Gemeinschaften, in: Hans Kutscher u.a. (Hrsg.): Der Grundsatz der Verhältnismäßigkeit in europäischen Rechtsordnungen, Heidelberg 1985, S. 89

of Lairg, Irvine (Lord): The Development of Human Rights in Britain under an Incorporated Convention on Human Rights, in: Public Law 1998, S. 221

Lamprecht, Rolf: Untertan in Europa – Über den Mangel an Demokratie und Transparenz, in: NJW 1997, S. 505

Langer, Stefan: Strukturfragen der Berufsfreiheit, in: JuS 1993, S. 203

Larenz, Karl: Methodische Aspekte der „Güterabwägung", in: Fritz Hauss; Reimer Schmidt (Hrsg.) Festschrift für Ernst Klingmüller, Karlsruhe 1974, S. 235

Lavagna, Carlos: La Costituzione Italiana, Turin 1970

Leisner, Walter: Effizienz als Rechtsprinzip, Tübingen 1971

Ders.: Der Abwägungsstaat, Berlin 1997

Ders.: Verfassungswidriges Verfassungsrecht, in: DÖV 1992, S. 432

Lenz, Carl Otto: Der europäische Grundrechtsstandard in der Rechtsprechung des Europäischen Gerichtshofes, in: EuGRZ 1993, S. 585

Ders.: Der Vertrag von Maastricht nach dem Urteil des Bundesverfassungsgerichts, in: NJW 1993, S. 3038

Lenz, Carl Otto (Hrsg.): EG-Vertrag Kommentar, 2. Auflage Köln u.a. 1999

Lenz, Christofer: Anmerkung zur Entscheidung „Matthews" des EGMR, in: EuZW 1999, S. 311

Ders.: Das Grundgesetz und die Verteilung der Sitze im Europäischen Parlament, in: NJW 1996, S. 1328

Ders.: Ein einheitliches Verfahren für die Wahl des Europäischen Parlaments, Baden-Baden 1995

Lepsius, Oliver: Geld als Schutzgut der Eigentumsgarantie, in: JZ 2002, S. 313

Lerche, Peter: Die „nicht-erlaubte" Betätigung und das Grundrecht der Berufsfreiheit, in: Bernhard Großfeld, Rolf Sack, Thomas M.J. Möllers, Josef Drexl, Andreas Heinemann (Hrsg.), Festschrift für Wolfgang Fikentscher, Tübingen 1998, S. 541

Lerche, Peter: Übermaß und Verfassungsrecht, Köln u.a. 1961

Lester of Herne Hill (Lord): European Human Rights and the British Constitution, in: Jeffrey Jowell/Dawn Oliver (Hrsg.), The Changing Constitution, 3. Auflage, Oxford 1997, S. 33

Leutheusser-Schnarrenberger, Sabine: Die Entwicklung des Schutzes der Grundrechte in der EU, in: ZRP 2002, S. 269

Lewalle, Paul: Le principe de proportionnalité en droit administratif belge, in: Barreaux de Liège (Hrsg.), Le principe de proportionnalité en droit belge et en droit français, Liège 1995, S. 23

Liesch, Léon: Bestand und Bedeutung der Grundrechte in Luxemburg, in: EuGRZ 1981, S. 84

Limbach, Jutta: Die Kooperation der Gerichte in der zukünftigen europäischen Grundrechtsarchitektur, in: EuGRZ 2000, S. 417

Lorz, Ralph Alexander: Die Erhöhung der verfassungsgerichtlichen Kontrolldichte gegenüber berufsrechtlichen Einschränkungen der Berufsfreiheit, NJW 2002, S. 169

Losch, Bernhard/ Radau, Wiltrud Christine: Europäische Grundrechte als Integrationsfaktor,in: NJ 1999, S. 632

Mäenpää, Olli: Administrative Law/Droit administratif. Finland/Finlande. in: REDP 10 (1998), S. 183

Magiera, Siegfried: Die Europäische Gemeinschaft auf dem Wege zu einem Europa der Bürger, in: DÖV 1987, S. 221

Magiera, Siegfried: Zur Kompetenzneuordnung zwischen der europäischen Union und den Mitgliedstaaten, in: Integration 2002, S. 269

Mahrenholz, Ernst Gottfried: Europäische Verfassungsgerichte, in: JöR 49 (2001), S. 15

Mancini, G. Frederico: The Making of a Constitution for Europe, in: Common Market Law Review 26 (1989), S. 595

Manessis, Aristovoulos: La protection constitutionnelle des droits de l´homme en Grèce et dans les autres États membres de la Communauté Européenne, in: Julia Iliopoulos-Strangas (Hrsg.), Grundrechtsschutz im europäischen Raum Baden-Baden 1993, S. 15,

Marauhn, Thilo: Zum Verhältnismäßigkeitsgrundsatz in Großbritannien, in: VerwArch 85 (1994), S. 52

Maunz, Theodor/ Dürig, Günter u.a. (Hrsg.): Grundgesetz. Kommentar.Loseblatt-Sammlung München 1958ff.

Maurer, Hartmut: Die Eigentumsregelung im Einigungsvertrag, in: JZ 1992, S. 183

Mayer, Franz C.: Kompetenzüberschreitung und Letztentscheidung, München 2000

Mayer, Franz C.: Nationale Regierungsstrukturen und europäische Integration, in: EuGRZ 2002, S. 111

Meier, Gert: Anmerkung zum Beschluß des BVerfG vom 29.05.1974 (NJW 1974, S. 1697), in: NJW 1974, S. 1704

Meessen, Karl M.: Maastricht nach Karlsruhe, in: NJW 1994, S. 549

Meeùs, A./ Velu, J.: Bestand und Bedeutung der Grundrechte in Belgien, in: EuGRZ 1981, S. 66

Misch, Hans-Horst: Der Rat der Europäischen Gemeinschaften als Gesetzgeber, in: DÖV 1970, S. 364

Monaco, Luciano: Italien, in: Eberhardt Grabitz (Hrsg.) Grundrechte in Europa und USA Band I: Strukturen nationaler Systeme, Kehl u.a. 1986, S. 365

Moor-van Vugt, de Adrienne J. C.: Proportionality in Dutch Administrative Law, in: Tilburg Foreign Law Review 7 (1998), S. 7,

Moreira Cardoso da Costa, José Manuel: Länderbericht Portugal, in: Christian Starck (Hrsg.) Grundgesetz und deutsche Verfassungsgerichtsbarkeit im Spiegel ausländischer Verfassungsentwicklung, Baden-Baden 1990, S. 171

Mors, Wolff-Michael: Das dänische Højesteret als Verfassungsgericht, in: EuGRZ 2001, S. 201

Mosler, Hermann: Völkerrecht als Rechtsordnung, in: ZaöRV 36 (1976), S. 6

Münch, Ingo von/ Kunig, Philip (Hrsg.): Grundgesetz-Kommentar Band 2, 3. Auflage München 1995

Nettesheim, Martin: Art. 23 GG, nationale Grundrechte und EU-Recht, in: NJW 1995, S. 2083

Ders.: Grundrechtliche Prüfdichte durch den EuGH, in: EuZW 1995, S. 106

Ders.: Der Grundsatz der einheitlichen Wirksamkeit des Gemeinschaftsrechts, in: Albrecht Randelzhofer, Rupert Scholz, Dieter Wilke, Gedächtnisschrift für Eberhard Grabitz, München 1995, S. 447

Nettesheim, Martin: Die Charta der Grundrechte der Europäischen Union: Eine verfassungstheoretische Kritik, in: Integration 2002, S. 35

Nicolaysen, Gert: Europarecht I, 2. Auflage Baden-Baden 2002

Nicolaysen, Gert: Rechtsgemeinschaft, Gemeinschaftsgerichtsbarkeit und Individuum, in: Carsten Nowak/Wolfram Cremer (Hrsg.) Individualrechtsschutz in der EG und der WTO, Baden-Baden 2002, S. 17

Notthoff, Martin: Grundrechte in der Europäischen Gemeinschaft, RIW 1995, S. 541

Novak, Richard: Verhältnismäßigkeitsgebot und Grundrechtsschutz, in: Bernhard Raschauer (Hrsg.), Beiträge zum Verfassungs- und Wirtschaftsrecht, Festschrift für Günther Winkler, Wien u.a. 1989, S. 39

O'Dowd, John T.: Irish Public Law in the 1990s in: REDP 10 (1998), S. 705

Oppermann, Thomas: Europarecht, 2. Auflage München 1999

Ders.: Sinn und Grenzen einer EG-Angehörigkeit in: Kay Hailbronner, Georg Ress, Torsten Stein (Hrsg.) Staat und Völkerrechtsordnung, Festschrift für Karl Doehring, Berlin u.a. 1989, S. 713

Ders.: Die Europäische Gemeinschaft als parastaatliche Superstruktur, in: Rolf, Stödter, Werner Thieme (Hrsg.) Hamburg Deutschland Europa Festschrift für Hans Peter Ipsen Tübingen 1977, S. 685

Ossenbühl, Fritz: Die Interpretation der Grundrechte in der Rechtsprechung des Bundesverfassungsgerichts, in: NJW 1976, S. 2100

Ders.: Maßhalten mit dem Übermaßverbot, in: Peter Badura; Rupert Scholz (Hrsg.) Weg und Verfahren des Verfassungslebens, Festschrift für Peter Lerche, München 1993, S. 151

Ders.: Die Kontrolle von Tatsachenfeststellungen und Prognoseentscheidungen durch das Bundesverfassungsgericht, in: Meinhard Schröder, Wolfgang Löwer, Udo di Fabio, Thomas von Danwitz (Hrsg.) Freiheit Verantwortung Kompetenz, Köln u.a. 1994, S. 53

Ott, Andrea: Die anerkannte Rechtsfortbildung des EuGH als Teil des gemeinschaftlichen Besitzstandes (acquis communautaire), in: EuZW 2000, S. 293

Pache, Eckhard: Der Grundsatz der Verhältnismäßigkeit in der Rechtsprechung der Gerichte der Europäischen Gemeinschaften, in: NVwZ 1999, S. 1033

Pache, Eckhard: Die Kontrolldichte in der Rechtsprechung des Gerichtshofs der Europäischen Gemeinschaften, in: DVBl 1998, S. 380

Panagopoulos, Theodor J.: Das Verwaltungsverfahrensrecht in Griechenland, DVBl. 1977, S. 154

Papier, Hans-Jürgen: Die Weiterentwicklung der Rechtsprechung zur Eigentumsgarantie des Art. 14 GG, in: DVBl. 2000, S. 1398

Pauly, Walter: Strukturfragen des unionsrechtlichen Grundrechtsschutzes, in: EuR 1998, S. 242

Pauly, Walter/ Hesselbarth, Franziska: Art. 12 GG und arbeitsmarktpolitisch motivierte Altersgrenzen, in: NJ 1999, S. 464

Pellonpää, Matti: Nationaler Individualrechtsschutz und europäischer Menschenrechtsstandard in Finnland, in: EuGRZ 1993, S. 590

Penski, Ulrich/ Elsner, Roland: Eigentumsgewährleistung und Berufsfreiheit als Gemeinschaftsgrundrechte in der Rechtsprechung des Europäischen Gerichtshofs, in: DÖV 2001, S. 265

Peters, Anne: Elemente einer Theorie der Verfassung Europas, Berlin 2001

Pernice, Ingolf: Die dritte Gewalt im Europäischen Verfassungsverbund, in: EuR 1996, S. 27

Ders.: Eine Grundrechte-Charta für die Europäische Union, in: DVBl 2000, S. 847

Ders.: Grundrechtsgehalte im Europäischen Gemeinschaftsrecht, Baden-Baden 1979

Ders.: Kompetenzabgrenzung im Europäischen Verfassungsverbund, in: JZ 2000, S. 866

Petersmann, Ernst-Ulrich: European and International Constitutional Law: Time for Promoting „Cosmopolitan Democracy" in the WTO in: Gráinne de Búrca, Joanne Scott (Hrsg.), The EU and the WTO Legal and Constitutional Issues, Oxford – Portland Oregon 2001, S. 81

Piris, Jean-Claude: Hat die Europäische Union eine Verfassung? Braucht sie eine? in: EuR 2000, S. 311

Pieroth, Bodo/ Schlink, Bernhard: Grundrechte Staatsrecht II, 18. Auflage Heidelberg 2002

Dies.: Menschenwürde- und Rechtsschutz bei der verfassungsrechtlichen Gewährleistung von Asyl Art. 16 a Abs. 2 und Art. 79 Abs. 3 GG, in: Herta Däubler-Gmelin, Klaus Kinkel, Hans Meyer; Helmut Simon (Hrsg.) Gegenrede. Aufklärung – Kritik – Öffentlichkeit, Festschrift für Ernst Gottfried Mahrenholz, Baden-Baden 1994, S. 669

Pieters, Danny: Belgien, in: Eberhardt Grabitz (Hrsg.) Grundrechte in Europa und USA, Band I: Strukturen nationaler Systeme Kehl u.a. 1986, S. 1

Pieters, Danny: Luxemburg, in: Eberhardt Grabitz (Hrsg.) Grundrechte in Europa und USA, Band I: Strukturen nationaler Systeme, Kehl u.a. 1986, S. 437

Polackiewicz, Jörg: Die Entwicklung der Enteignungsregelungen im portugiesischen Verfassungsrecht seit der „Carta Constitucional" von 1826, in: JöR 41 (1993), S. 367

Pollak, Christiana: Verhältnismäßigkeitsprinzip und Grundrechtsschutz in der Judikatur des Europäischen Gerichtshofs und des Österreichischen Verfassungsgerichtshofs, Baden – Baden 1991

Prats-Canut, Jose Miguel: Spanien, in: Eberhardt Grabitz (Hrsg.), Grundrechte in Europa und USA Band I: Strukturen nationaler Systeme, Kehl u.a. 1986, S. 651

Prechal, S./ Heukels, T.: Algemene beginselen in het Nederlandse recht en het Europese recht: rechtsvergelijking en interactie, in: SEW 1986, S. 287, 301.

Randelzhofer, Albrecht: Marktbürgerschaft – Unionsbürgerschaft – Staatsbürgerschaft in: Albrecht Randelzhofer/Rupert Scholz/Dieter Wilke (Hrsg.), Gedächtnisschrift für Eberhard Grabitz München 1995, S. 581

Rau, Christian: Selbst entwickelte Grenzen in der Rechtsprechung des United States Supreme Court und des Bundesverfassungsgerichts, Berlin 1996

Rausch, Rolf: Die Kontrolle von Tatsachenfeststellungen und -würdigungen durch den Gerichtshof der Europäischen Gemeinschaften Berlin 1994

Reich, Norbert: Zur Notwendigkeit einer Europäischen Grundrechtsbeschwerde, in: ZRP 2000, S. 375

Rengeling, Hans-Werner: Brauchen wir die Verfassungsbeschwerde auf Gemeinschaftsebene? in: Ole Due, Marcus Lutter, Jürgen Schwarze (Hrsg.) Festschrift für Ulrich Everling Bd. II Baden-Baden 1995, S. 1187

Ders.: Eine Europäische Charta der Grundrechte in: Jörn Ipsen, Edzard Schmidt-Jortzig (Hrsg.) Recht – Staat – Gemeinwohl, Festschrift für Dietrich Rauschning, Köln u.a. 2001, S. 225

Ders.: Europäische Normgebung und ihre Umsetzung in nationales Recht in: DVBl. 1995, S. 945

Ress, Georg: Die Europäische Union und die neue juristische Qualität der Beziehungen zu den Europäischen Gemeinschaften, in: JuS 1992, S. 985

Ring, Gerhard/ Olsen-Ring, Line: Souveränitätsübertragung nach dänischem Verfassungsrecht, in: EuZW 1998, S. 589

Rivero, Jean: Le Conseil Constitutionnel et les libertés, 2. Auflage Paris 1987

Rodríguez Iglesias, Gil Carlos: Der EuGH und die Gerichte der Mitgliedstaaten – Komponenten der richterlichen Gewalt in der Europäischen Union, in: NJW 2000, S. 1889

Röper, Erich: EU-Demokratisierung mittels der EU-Regionen/Euregios, in: Verwaltungs-Archiv 2004, S. 301

Roth, Wolfgang: Faktische Eingriffe in Freiheit und Eigentum, Berlin 1994

Rüber, Hans-Josef: Der Gerichtshof der Europäischen Gemeinschaften und die Konkretisierung allgemeiner Rechtsgrundsätze, Köln, 1970

Ruffert, Matthias: Die Mitgliedstaaten der Gemeinschaft als Verpflichtete der Gemeinschaftsgrundrechte, in: EuGRZ 1995, S. 518

Rupp, Hans Heinrich: Ausschaltung des Bundesverfassungsgerichts durch den Amsterdamer Vertrag? in: JZ 1998, S. 213

Ders.: Die Grundrechte und das Europäische Gemeinschaftsrecht, in: NJW 1970, S. 353

Ders.: Maastricht – Eine neue Verfassung? in: ZRP 1993, S. 211

Ders.: Wahlrechtsgleichheit bei der Verteilung der Sitze im Europäischen Parlament auf die Mitgliedstaaten, in: NJW 1995, S. 2210

Sachs, Michael (Hrsg.): Grundgesetz. Kommentar, München 1999

Savoie, Eric: Frankreich, in: Eberhardt Grabitz (Hrsg.) Grundrechte in Europa und USA, Kehl u.a. 1986, S. 203

Schachtschneider, Karl Albrecht/ Emmerich-Fritsche, Angelika/ Beyer, Thomas C.W.: Der Vertrag über die Europäische Union und das Grundgesetz, in: JZ 1993, S. 751

Schiller, Klaus-Volker: Der Verhältnismäßigkeitsgrundsatz im Europäischen Gemeinschaftsrecht nach der Rechtsprechung des EuGH, in: RIW 1983, S. 928

Schilling, Theodor: Bestand und allgemeine Lehren der bürgerschützenden allgemeinen Rechtsgrundsätze des Gemeinschaftsrechts, in: EuGRZ 2000, S. 3

Schilling, Theodor: Eigentum und Marktordnung nach Gemeinschafts- und nach deutschem Recht, in: EuGRZ 1998, S. 177

Schlink, Bernhard: Abwägung im Verfassungsrecht, Tübingen 1976

Schlink, Bernhard: Der Grundsatz der Verhältnismäßigkeit, in: Peter Badura, Horst Dreier, Festschrift 50 Jahre Bundesverfassungsgericht II, Tübingen 2001, S. 445

Schmidt-Aßmann, Eberhard: Deutsches und Europäisches Verwaltungsrecht, in: DVBl. 1993, S. 924

Schmidt-Aßmann, Eberhard: Verwaltungsverantwortung und Verwaltungsgerichtsbarkeit, in: VVDStRL 34 (1976), S. 221

Schnapp, Friedrich E.: Die Verhältnismäßigkeit des Grundrechtseingriffs, in: JuS 1983, 850

Schneider, Hans: Zur Verhältnismäßigkeits-Kontrolle insbesondere bei Gesetzen, in: Christian Starck (Hrsg.), Festgabe aus Anlass des 25-jährigen Bestehens des BVerfG, Bd. II Tübingen 1976, S. 390

Schneider, Hartmut: Die einstweilige Anordnung gem. Art. 186 EWGV und der Grundsatz der Verhältnismäßigkeit in: DÖV 1990, S. 924

Schoch, Friedrich: Die Europäisierung des Allgemeinen Verwaltungsrechts, in: JZ 1995, S. 109

Schockweiler, Fernand: Die richterliche Kontrollfunktion: Umfang und Grenzen in Bezug auf den Europäischen Gerichtshof, in: EuR 1995, S. 191

Schönberger, Christoph: Normenkontrollen im EG-Föderalismus. Die Logik gegenläufiger Hierarchisierungen im Gemeinschaftsrecht, in: EuR 2003, S. 600

Schohe, Gerrit/Arhold, Christoph: Betroffen und kein Klagerecht?-Zum Individualrechtsschutz gegen Eingriffsnormen der Europäischen Gemeinschaft, in: EWS 2002, S. 320

Scholz, Rupert: Das Subsidiaritätsprinzip im europäischen Gemeinschaftsrecht – Ein tragfähiger Maßstab zur Kompetenzabgrenzung? in: Klaus Letzgus u.a. (Hrsg.) Für Recht und Staat. Festschrift für Herbert Helmrich zum 60. Geburtstag, München 1994, S. 411

Ders.: Europäische Union und deutscher Bundesstaat, in: NVwZ 1993, S. 817

Ders.: Verwaltungsverantwortung und Verwaltungsgerichtsbarkeit, in: VVDStRL 34 (1976), S. 145

Schorkopf, Frank: Homogenität in der Europäischen Union – Ausgestaltung und Gewährleistung durch Art. 6 Abs. 1 und Art. 7 EUV, Berlin 2000

Schröder, Meinhard: Das Bundesverfassungsgericht als Hüter des Staates im Prozeß der europäischen Integration – Bemerkungen zum Maastricht-Urteil, in: DVBl. 1994, S. 316

Ders.: Vertikale Kompetenzverteilung und Subsidiarität im Konventsentwurf für eine europäische Verfassung, in: JZ 2004, S. 8

Ders.: Wirkungen der Grundrechtscharta in der europäischen Rechtsordnung, in: JZ 2002, S. 849

Schwab, Florian: Der Europäische Gerichtshof und der Verhältnismäßigkeitsgrundsatz: Untersuchung der Prüfungsdichte, Frankfurt a.M. u.a. 2002

Schwarze, Jürgen: Das Verwaltungsrecht unter europäischem Einfluß. Zur Konvergenz der mitgliedstaatlichen Verwaltungsrechtsordnungen in der Europäischen Union Baden-Baden 1996

Ders.: Der Beitrag des Europäischen Gerichtshofs zur Europäisierung des Verwaltungsrechts, in: EuR 1997, S. 419

Ders.: Der Rechtsschutz Privater vor dem Europäischen Gerichtshof: Grundlagen, Entwicklungen und Perspektiven des Individualrechtsschutzes im Gemeinschaftsrecht, in: DVBl. 2002, S. 1297

Ders.: Der Schutz des Gemeinschaftsbürgers durch allgemeine Verwaltungsrechtsgrundsätze im EG-Recht, in: NJW 1986, S. 1067

Ders. (Hrsg.): Die Entstehung einer europäischen Verfassungsordnung Baden-Baden 2000

Ders.: Die Entwicklung der französischen Verwaltungsgerichtsbarkeit aus deutscher Sicht, in: DVBl 1999, S. 261

Ders.: Die gerichtliche Kontrolle der europäischen Wirtschaftsverwaltung in: Ders./Eberhard Schmidt-Aßmann (Hrsg.), Das Ausmaß der gerichtlichen Kontrolle im Wirtschaftsverwaltungs- und Umweltrecht, Baden-Baden 1992, S. 203

Ders.: Ein pragmatischer Verfassungsentwurf – Analyse und Bewertung des Entwurfs eines Vertrages über eine Verfassung für Europa, in: EuR 2003, S. 535

Ders. (Hrsg.): EU-Kommentar, Baden-Baden 2000

Ders.: Europapolitik unter deutschem Verfassungsrichtervorbehalt, in: NJ 1994, S. 1

Ders.: Europäische Verfassungsperspektiven nach Nizza, in: NJW 2002, S. 993

Ders.: Europäisches Verwaltungsrecht: Entstehung und Entwicklung im Rahmen der Europäischen Gemeinschaft Bd. II, Baden-Baden 1988

Ders.: Judical Review in EC Law – Some Reflections on the Origins and the Actual Legal Situation, in: International and Comparative Law Quarterly, Vol. 51, 2002, S. 17

Schweitzer, Michael: Staatsrecht III, Staatrecht, Völkerrecht, Europarecht, 7. Auflage Heidelberg 2000

Schweitzer, Michael/ Hummer, Waldemar: Das Recht der Europäischen Union – Das Recht der Europäischen Gemeinschaften (EGKS, EG, EAG) mit Schwerpunkt EG, 5. Auflage Neuwied, Kriftel, Berlin 1996

Selmayr, Martin/ Prowald, Nicola: Abschied von den „Solange"-Vorbehalten, in: DVBl. 1999, S. 269

Selmer, Peter: Die Gewährleistung der unabdingbaren Grundrechtsstandards durch den EuGH, Baden-Baden 1998

Simons, David: Bestand und Bedeutung der Grundrechte in den Niederlanden, in: EuGRZ 1978, S. 450

von Simson, Werner/Schwarze, Jürgen: Europäische Integration und Grundgesetz Berlin, New York 1992

Slynn, Gordon (Sir): Statement, in: Jürgen Schwarze, Roland Bieber (Hrsg.), Eine Verfassung für Europa, Baden-Baden 19984, S. 121

de Smith, Stanley/Brazier, Rodney: Constitutional and administrative Law, 8. Auflage, London u.a. 1998

Sommermann, Karl-Peter: Der Schutz der Grundrechte in Spanien nach der Verfassung von 1978, Berlin 1983

Stadler, Rupert: Die Berufsfreiheit in der Europäischen Gemeinschaft, München 1980

Stahl, Klaus: Die Sicherung der Grundfreiheiten im öffentlichen Recht der Fünften Französischen Republik, Hamburg 1970

Starck, Christian: Die Anwendung des Gleichheitssatzes in: Christoph Link (Hrsg.), Der Gleichheitssatz im modernen Verfassungsstaat, Symposium zum 80. Geburtstag von Gerhard Leibholz, Baden-Baden 1982, S. 51

Stein, Torsten: „Bananen-Split"? Entzweien sich BVerfG und EuGH über den Bananenstreit? in: EuZW 1998, S. 261

Steinberger, Helmut: Das Grundgesetz auf dem Weg zur Europäischen Einheit, in: Klaus Letzgus/Hermann Hill/Hans Hugo Klein/Detlef Kleinert/Georg-Berndt Oschatz/Hans De With (Hrsg.), Für Recht und Staat Festschrift für Herbert Helmrich München 1994, S. 427

Steinberger, Helmut: Die Europäische Union im Lichte der Entscheidung des Bundesverfassungsgerichts vom 12. Oktober 1993, in: Ulrich Beyerlin, Michael Bothe, Rainer Hofmann, Ernst-Ulrich Petersmann (Hrsg.), Recht zwischen

Umbruch und Bewahrung, Festschrift für Rudolf Bernhardt Berlin u.a. 1995, S. 1313

Steindorff, Ernst: Die Nichtigkeitsklage im Recht der Europäischen Gemeinschaft für Kohle und Stahl, Frankfurt am Main 1952

Stern, Klaus: Das Staatsrecht der Bundesrepublik Deutschland, Band I, 2. Auflage München 1984

Ders.: Das Staatsrecht der Bundesrepublik Deutschland, Band II, München 1980

Ders.: Das Staatsrecht der Bundesrepublik Deutschland, Band III/2, München 1994

Ders.: Verfassungsgerichtsbarkeit und Gesetzgeber in: Nordrhein-Westfälische Akademie der Wissenschaften (Hrsg.) Opladen 1997

Storr, Stefan: Zur Bonität des Grundrechtsschutzes in der Europäischen Union, in: Der Staat 36 (1997) S. 547

Streil, Jochen: Das Vorabentscheidungsverfahren als Bindeglied zwischen europäischer und nationaler Rechtsprechung, in: Jürgen Schwarze (Hrsg.), Der Europäische Gerichtshof als Verfassungsgericht und Rechtsschutzinstanz, Baden-Baden 1983, S, 69

Streinz, Rudolf: Bundesverfassungsgerichtlicher Grundrechtsschutz und Europäisches Gemeinschaftsrecht, Baden-Baden 1989

Streinz, Rudolf: Europarecht, 5. Auflage Heidelberg 2001

Szczekalla, Peter: Grundrechte für Europa – Die Europäische Union nach Nizza, in: DVBl. 2001, S. 345

Tatham, Allan Francis: The sovereignty of Parliament after Factotame, in: EuR 1993, S. 188

Teitgen, Francis: Le principe de proportionnalité en Droit Français, in: Hans Kutscher, u.a.(Hrsg.): Der Grundsatz der Verhältnismäßigkeit in europäischen Rechtsordnungen, Heidelberg 1985, S. 53

Tettinger, Peter J.: Das Grundrecht der Berufsfreiheit in der Rechtsprechung des Bundesverfassungsgerichts, in: AöR 108 (1983), S. 92

Tettinger, Peter J.: Die Charta der Grundrechte der Europäischen Union, in: NJW 2001, S. 1010

Thewes, Marc: Rapport Luxembourgeois, in: Jürgen Schwarze (Hrsg.) Das Verwaltungsrecht unter europäischem Einfluss Baden-Baden 1996, S. 487

Thomashausen, André: Der Freiheitsbegriff, die Grundrechte und der Grundrechtsschutz in der neuen Portugiesischen Verfassung vom 2.April 1976, in: EuGRZ 1981, S. 1

Thygesen, Frants: Bestand und Bedeutung der Grundrechte in Dänemark, in: EuGRZ 1978, S. 438

Tiemann, Axel: Gerichtliche Kontrolle der Verwaltung in Schottland, Berlin 1988

Tomuschat, Christian: Aller guten Dinge sind III? Zur Diskussion um die Solange-Rechtsprechung des BverfG, in: EuR 1990, S. 340

Ders.: Das Endziel der europäischen Integration. Maastricht ad infintium?, in: DVBl 1996, S. 1073

Ders.: Die Europäische Union unter der Aufsicht des Bundesverfassungsgerichts, in: EuGRZ 1993, S. 489

Ubertazzi, Giovanni Maria: Le principe de proportionnalité en Droit Italien, in: Hans Kutscher u.a., Der Grundsatz der Verhältnismäßigkeit in europäischen Rechtsordnungen, Heidelberg 1985, S. 79

Uerpmann, Robert: Mittelbare Gemeinschaftsverwaltung durch gemeinschaftsgeschaffene juristische Personen des öffentlichen Rechts, in: AöR 125 (2000), S. 551

Verhoeven, Amaryllis: How Democratic Need European Union Members Be? Some Thoughts After Amsterdam, in: ELRev. 23 (1998), S. 217

Viout, Jean-Olivier: La Cour européenne des droits de l'homme et la principe de proportionnalité, in: Barreaux de Liège (Hrsg.), Le principe de proportionnalité en droit belge et en droit français, Liège 1995, S. 187

Vitzthum, Wolfgang Graf: Die Identität Europas, in: EuR 2002, S. 1

Ders.: Gemeinschaftsgericht und Verfassungsgericht – rechtsvergleichende Aspekte, in: JZ 1998, S. 161

Voss, Reimer: Das „Maastricht"-Urteil und die Folgen, in: RIW 1996, S. 324

Wahlgren, Göran: The Role of Judges in the Formation of Public Law: Activism or Autolimitation? Sweden, in: REDP 10 (1998), S. 955

Weber, Albrecht: Die Bananenmarktordnung unter Aufsicht des BVerfG? in: EuZW 1997, S. 165

Ders.: Die Europäische Grundrechtscharta – auf dem Weg zu einer europäischen Verfassung in: NJW 2000, S. 537

Ders.: Einheit und Vielfalt der europäischen Grundrechtsordnung(en), in: DVBl 2003, S. 220

Wegener, Bernhard W.: Die Neuordnung der EU-Gerichtsbarkeit durch den Vertrag von Nizza, in: DVBl. 2001, S. 1258

Weiler, J.H.H./ Lockhart, Nicolas J.S.: „Taking Rights Seriously" Seriously: The European Court and ist Fundamntal Rights Jurisprudence – Part I, in: Common Market Law Review 32 (1995), S. 51

Weiß, Wolfgang: Verteidigungsrechte im EG-Kartellverfahren Köln, Berlin, Bonn, München 1996

Wendt, Rudolf: Der Garantiegehalt der Grundrechte und das Übermaßverbot, in: AöR 104 (1979), S. 414

Widdershoven, Rob/de Lange, Roel: Dutch Report, in: Jürgen Schwarze (Hrsg.), Das Verwaltungsrecht unter europäischem Einfluß Baden-Baden 1996, S. 529

Wieacker, Franz: Geschichtliche Wurzeln der verhältnismäßigen Rechtsanwendung in: Marcus Lutter, Walter Stimpel, Herbert Wiedemann (Hrsg.) Festschrift für Robert Fischer Berlin/New York 1979, S. 867

Wiegand, Manfred H.: Methodische Bedenken zur Entscheidungsfindung des BVerfG im Bereich der Außenpolitik, in: NJ 1996, S. 113

Winkelmann, Ingo: Das Maastricht-Urteil des Bundesverfassungsgerichts vom 12.Oktober 1993, Berlin 1994

de Witte, Bruno: The Past and Future Role of the European Court of Justice in the Protection of Human Rights, in: Philip Alston (Hrsg.) The EU and Human Rights, New York u.a. 1999, S. 859

Wivenes, Georges: Europäische Integration und nationales Verfassungsrecht in Luxemburg, in: Ulrich Battis; Dimitris Th. Tsatsos; Dimitris Stefanou (Hrsg.), Europäische Integration und nationales Verfassungsrecht, Baden-Baden 1995, S. 303

Woehrling, Jean-Marie: Die französische Verwaltungsgerichtsbarkeit im Vergleich mit der deutschen, in: NVwZ 1985, S. 21

Wunderlich, Nina: Das Grundrecht der Berufsfreiheit im Europäischen Gemeinschaftsrecht, Baden-Baden 2000

Zeidler, Wolfgang: Die Unverbrüchlichkeit der Grundrechte, DVBl 1950, S. 598

Zuleeg, Manfred: Die föderativen Grundsätze der Europäischen Union, in: NJW 2000, S. 2846

Ders.: Bananen und Grundrechte – Anlaß zum Konflikt zwischen europäischer und deutscher Gerichtsbarkeit, in: NJW 1997, S. 1201

Ders.: Demokratie in der Europäischen Gemeinschaft, in: JZ 1993, S. 1069

Ders.: Deutsches und europäisches Verwaltungsrecht – wechselseitige Einwirkungen, in: VVDStRL 53 (1994), S. 154

Ders.: Die Europäische Gemeinschaft als Integrationsverband in: Bodo Börner, Hermann Jahrreiß; Klaus Stern (Hrsg.) Einigkeit und Recht und Freiheit Festschrift für Karl Carstens Bd. I Köln u.a. 1984, S. 289

Ders.: Die Europäische Gemeinschaft als Rechtsgemeinschaft, in: NJW 1994, S. 545

Ders.: Die Rolle der rechtsprechenden Gewalt in der europäischen Integration, in: JZ 1994, S.1

Ders.: Zum Verhältnis nationaler und europäischer Grundrechte, in: EuGRZ 2000, S. 511

Olaf Langner

Der Europäische Gerichtshof als Rechtsmittelgericht

Der Prüfungsumfang im europäischen Rechtsmittelverfahren

Frankfurt am Main, Berlin, Bern, Bruxelles, New York, Oxford, Wien, 2003.
V, 255 S.
Europäische Hochschulschriften: Reihe 2, Rechtswissenschaft. Bd. 3725
ISBN 3-631-50956-1 · br. € 45.50*

Das europäische Rechtsmittelverfahren hat sich in den letzten dreizehn Jahren zu einem wesentlichen Rechtsschutzinstrument innerhalb des europäischen Gerichtssystems entwickelt. In diesem Zusammenhang ist von besonderer Bedeutung, in welchem Umfang die erstinstanzlichen Entscheidungen durch den EuGH im Rechtsmittelverfahren überprüft werden können. Die Arbeit stellt nach eingehender Analyse der bisherigen Rechtsprechung den Rechtsmittelgegenstand, den Prüfungsmaßstab und die Kontrolldichte im Rechtsmittelverfahren dar. Anschließend werden Reformvorschläge bezüglich des Rechtsmittelverfahrens diskutiert. Zuletzt werden die durch den Vertrag von Nizza eingeführten Neuerungen innerhalb des Rechtsmittelverfahrens dargestellt und analysiert.

Aus dem Inhalt: Grundlagen des europäischen Rechtsmittelverfahrens · Die Nachprüfung der erstinstanzlichen Entscheidung durch den Gerichtshof · Vorschläge zur Reform des europäischen Rechtsmittelverfahrens · Das europäische Rechtsmittelverfahren nach dem Vertrag von Nizza

Frankfurt am Main · Berlin · Bern · Bruxelles · New York · Oxford · Wien
Auslieferung: Verlag Peter Lang AG
Moosstr. 1, CH-2542 Pieterlen
Telefax 00 41 (0) 32 / 376 17 27

*inklusive der in Deutschland gültigen Mehrwertsteuer
Preisänderungen vorbehalten

Homepage http://www.peterlang.de

FSC
www.fsc.org
MIX
Papier | Fördert gute Waldnutzung
FSC® C083411

Kolibri 360 GmbH
Ferdinand-Jühlke-Straße 7
99095 Erfurt, Deutschland
produktsicherheit@kolibri360.de

Druck:
CPI Druckdienstleistungen GmbH
im Auftrag der
Kolibri 360 GmbH
Ferdinand-Jühlke-Str. 7
99095 Erfurt